PRO POPE **FRANCIS**

Weltweite Unterstützung für den Papst aus dem Kirchenvolk

Paul M. Zulehner/Tomáš Halík

PRO POPE FRANCIS

Weltweite Unterstützung für den Papst aus dem Kirchenvolk

Unter Mitarbeit von Inna Naletova und Lisa Huber

Patmos Verlag

VERLAGSGRUPPE PATMOS

PATMOS
ESCHBACH
GRÜNEWALD
THORBECKE
SCHWABEN

Die Verlagsgruppe
mit Sinn für das Leben

Bitte beachten Sie auch das eBook zum Thema:

978-3-8436-1116-9
Paul M. Zulehner / Tomáš Halík
Wir teilen diesen Traum
Theologinnen und Theologen aus aller Welt argumentieren Pro Pope Francis

MIX
Papier aus verantwortungsvollen Quellen
FSC
www.fsc.org
FSC® C083411

Für die Verlagsgruppe Patmos ist Nachhaltigkeit ein wichtiger Maßstab ihres Für die Verlagsgruppe Patmos ist Nachhaltigkeit ein wichtiger Maßstab ihres Handelns. Wir achten daher auf den Einsatz umweltschonender Ressourcen und Materialien.

ein Unternehmen der Verlagsgruppe Patmos
in der Schwabenverlag AG, Ostfildern
www.patmos.de

Umschlaggestaltung: Finken & Bumiller, Stuttgart
Umschlagabbildung: shutterstock_683238139
Satz: Schwabenverlag AG, Ostfildern
Druck: CPI books GmbH, Leck
Hergestellt in Deutschland
ISBN 978-3-8436-1115-2

Inhalt

Einführung

Dieses Buch ist keine trockene Analyse, sondern eine theologisch gut fundierte kirchenpolitische Intervention. Einem Papst, der in der Welt geachtet, aber innerkirchlich von manchen angefeindet wird, wird Unterstützung gegeben. Dies geschieht nicht nur *emotional* durch die Unterstützung eines Offenen Briefes, sondern auch *argumentativ* durch Beiträge von Theologinnen und Theologen aus aller Welt sowie durch Stellungnahmen Tausender engagierter Menschen aus dem Kirchenvolk.

Papst Franziskus ist nunmehr fünf Jahre im Amt. Er setzt nicht nur Zeichen. Er bewegt die Kirche. Die Segel der Weltkirche setzt er in den »göttlichen Rückenwind«. Ein neues Pfingsten ereignet sich.

Dass 2013 ein Papst aus Argentinien gewählt wurde, war für die Weltkirche eine große Überraschung. Das betraf nicht nur seine lateinamerikanische Herkunft. Auffällig ist auch sein einfacher Lebensstil. Er bewohnt nicht die ehrwürdigen päpstlichen Gemächer, sondern lebt in einer modernen Suite im Gästehaus Santa Marta. Protzige Limousinen lehnt er ab. Seine Kleidung ist ohne feudalen Prunk. Unter dem weißen Talar trägt der franziskanische Jesuit eine schwarze Hose. Seine orthopädischen Schuhe hat er aus Buenos Aires mitgebracht.

Überraschend ist sein Leitungsstil. Klerikalismus ist ihm zuwider. Zentralismus ebenso. Dagegen setzt er auf eine prozesshafte, bestens geleitete Synodalität. Ihm liegt daran, dass das Wirken des Heiligen Geistes in der Kirche nicht überhört wird. Dieses ortet er aber nicht nur im Vatikan, sondern gestreut über die ganze Weltkirche. Daher zitiert er in seiner Regierungserklärung »Evangelii gaudium« (EG) vierzigmal lokale Bischofskonferenzen: »wie es die Bischöfe Indiens vorschlagen« (EG 250)[1].

Nicht zuletzt hat sich die Pastoralkultur der katholischen Kirche in seiner kurzen Amtszeit markant verändert.[2] Sie ist zugleich biblischer,

1 In EG zitiert Papst Franziskus unentwegt Bischöfe aus unterschiedlichsten Regionen der Weltkirche: Lateinamerika (EG 15), Ozeanien (EG 27,118), Nordost-Indien (EG 48), Synoden in Afrika, Asien (EG 62), in den Vereinigten Staaten (EG 64), französische Bischöfe (EG 66), Brasilien (EG 191), Philippinen (EG 215), Kongo (EG 230), Indien (EG 250); in den Fußnoten wiederholt Lateinamerika und Karibik (Fußnoten 4, 13, 21, 62 ,84, 98, 102, 103, 106, 147, 165).

2 Zulehner, Paul M.: »Ich träume von einer Kirche als Mutter und Hirtin«. Die neue Pastoralkultur von Papst Franziskus, Ostfildern 2018.

also jesusförmiger, und (deshalb) menschenfreundlicher geworden. Der Papst spricht ungern von Sünden, sondern lieber von Wunden und Verwundungen, die Menschen einander, sich selbst oder der Natur zufügen. Er moralisiert nicht, sondern will heilen. In der Nachfolge des Heilands kann so die Kirche für die Menschen zum »Heil-Land« werden. Er führt die Menschen nicht in den Gerichtssaal, sondern möchte, dass die Kirche für die Menschheit eine Art Feldlazarett (Interview mit Spadaro; AL 305) ist. Er urteilt nicht, sondern begleitet. Er exkommuniziert nicht, sondern integriert. Er ist kein Legalist, der einfach Gesetze auf das menschliche Leben anwendet. (AL 306) Vielmehr schaut er dem einzelnen Menschen ins Gesicht und fragt, wie ihm das Gesetz auf seinem holprigen Lebensweg Unterstützung und Trost sein kann. Er unterstützt das Gewissen der Menschen, ersetzt es aber nicht. Er ist kein Ideologe, sondern ein Hirte.

Amoris laetitia

Diese neue Pastoralkultur hat bereits die beiden Familiensynoden 2015/2016 geprägt. Der Papst hieß die Bischöfe der Welt, zunächst den betroffenen Menschen zuzuhören. Eine weltweite Umfrage wurde gemacht. Es sollte ans Licht gebracht werden, wie jene, die in Ehe und Familie mit Kindern und Alten leben, aber auch jene, denen das Treueversprechen aus Schuld und Tragik zu halten nicht gelungen ist, diese oftmals moralisch prekären Situationen mit dem Evangelium im Herzen meistern. Er wollte die implizite Theologie des Volkes Gottes heben. Des Papstes »Experten« für die pastorale Entwicklung der katholischen Weltkirche waren vorrangig die betroffenen Menschen, also die »Lebens- und Leidenserfahrenen«. Es sind jene, die verstanden haben, was der spirituelle Lehrer Richard Rohr einmal so formuliert hat: »It is not necessary to be perfect, but to be connected!« Über diese gläubigen Lebenserfahrungen hätten die Bischöfe aufmerksam zu beraten, und das im Licht des Evangeliums und der reichhaltigen Lehrtradition der Kirche.

Evangelisierung bedeutet daher für Papst Franziskus also nicht, dass die Kirche bloß lehrt, sondern auch lernt. Dieses Verständnis von Evangelisierung hat er von seinem Vorbild Kardinal Carlo M. Martini übernommen. Im Apostolischen Schreiben über die Freude der Liebe »Amoris laetitia« (AL, Rom 2015) fasste dann Papst Franziskus zusammen, was sich an Einsichten im langen synodalen Lernprozess für ihn ergeben hat.

Dieses Schreiben teilt freilich das Schicksal vieler päpstlicher Schreiben zuvor. Die wundersamen Texte werden überflogen, die Diskussion aber macht sich an ganz wenigen Punkten fest. Das war schon bei Humanae vitae von Paul VI. (1968) so; nach dem Erscheinen dieser Enzyklika über Leben und Sexualität wurde nur über die Pille heftig diskutiert.

Ähnlich erging es Johannes Paul II. mit Familiaris consortio (FC, 1981). Statt dass über die familiale Schicksalsgemeinschaft beraten wurde, ging es letztlich nur um die Frage, ob KatholikInnen, die geschieden sind und gegen den erklärten Willen der Kirche wieder heiraten, Zugang zu den Sakramenten finden können. Johannes Paul II. hatte im Rahmen der traditionellen Moraltheologie zu dieser pastoral leidvollen Frage befunden, dass dies aus objektiven Gründen nicht möglich sei, es sei denn, die neuerliche Verbindung sei »objektiv« keine »Ehe« mehr – entweder, weil sich die Betroffenen trennen, oder, wenn sie das nicht können und auch nicht dürfen, ohne neuerlich schuldig zu werden, »sich jener Akte enthalten, die Eheleuten vorbehalten sind« (FC 84).

Und dann kommt Papst Franziskus, erinnert daran, dass ein Mensch zwar objektiv schuldig und dennoch zugleich in der Gnade Gottes leben könne, und vermerkt in der Fußnote 351 von Amoris laetitia (AL 305), dass auf dem Heilungsweg wachsender Verbundenheit mit Gott und damit wachsenden Liebens in der Spur des Evangeliums nach dem Zerbrechen einer ehelichen Gemeinschaft die Eucharistie Nahrung und Heilmittel sein könne:

»In gewissen Fällen könnte es auch die Hilfe der Sakramente sein. Deshalb ›erinnere ich [die Priester] daran, dass der Beichtstuhl keine Folterkammer sein darf, sondern ein Ort der Barmherzigkeit des Herrn‹ (Apostolisches Schreiben Evangelii gaudium [14. November 2013], 44: AAS 105 [2013], S. 1038). Gleichermaßen betone ich, dass ›die Eucharistie nicht eine Belohnung für die Vollkommenen, sondern ein großzügiges Heilmittel und eine Nahrung für die Schwachen‹ ist (ebd., 47: AAS 105 [2013], S. 1039).«[3]

3 Fußnote 351.

Für die um die Lehre der Kirche und die traditionelle strenge Sakramentenpraxis der römisch-katholischen Kirche Besorgten war dies eine nur schwer verdauliche Entwicklung der Pastoral rund um Scheidung und Wiederheirat. Manche sahen einen nahezu »häretischen Verrat« an Dogma und Kirchenrecht. Vier Kardinäle kleideten ihren Vorwurf in die Gestalt eines »Dubiums« – ein mittelalterliches Instrument, um einen vom Glauben abgewichenen Papst zur Umkehr zur wahren Lehre zu bewegen. Der Papst gab ihnen keine direkte Antwort (was manche irritierte). Er verwies auf die gründlichen Argumente im Schreiben und die breite Akzeptanz seiner Positionen auf der Weltbischofssynode über die Familie. Als das alles nichts nützte und keine Ruhe einkehrte, gab er eine indirekte Antwort, indem er die argentinischen Bischöfe für sich sprechen ließ. Er verlieh dem ortskirchlichen Pastoralschreiben den Rang eines »magisterium authenticum«.[4] Das hat freilich die Gemüter kaum beruhigt.

Der Offene Brief

Für die Medien in aller Welt war dies ein willkommener Vorgang. Endlich konnte man auch etwas Kritisches – bad news also, mit welchen die Medien um Aufmerksamkeit buhlen – über Papst Franziskus berichten. Manchen Medien war der weltweite Ruhm des Mannes in Weiß ungeheuerlich und »Antiklerikalen« unter ihnen auch unerträglich. Sie fingen an, das bevorstehende Ende des Pontifikats herbeizuschreiben. Er sei »angezählt«, kurz vor seiner Entlassung aus dem Papstamt. Impeachment auf römisch-katholisch.

4 Eine Orientierungshilfe der Bischöfe der Pastoralregion Buenos Aires zu »Amoris laetitia« und ein Brief von Papst Franziskus, in dem dieser die Richtlinien gutheißt, wurden in den Acta Apostolicae Sedis (AAS) amtlich veröffentlicht. Der vatikanische Staatssekretär Pietro Kardinal Parolin erklärte auf Wunsch des Papstes, die beiden veröffentlichten Dokumente gehörten zum »authentischen Magisterium«. Inhaltlich besagt die Orientierungshilfe der argentinischen Bischöfe Folgendes: Kein »unbeschränkter Zugang zu den Sakramenten« für Katholiken in jedweden Lebensumständen; Rücksicht auf Empfindlichkeiten in Pfarrgemeinden; Festhalten an der Lehre der Unauflöslichkeit der Ehe; Ermutigung von wiederverheirateten Geschiedenen zu sexueller Enthaltsamkeit oder einer Teilnahme am kirchlichen Leben ohne Sakramente – und, in Einzelfällen sowie nach einem »Weg der Unterscheidung« zusammen mit einem Geistlichen, die Möglichkeit, die Hilfe der Sakramente der Versöhnung und der Eucharistie zu suchen: https://www.erzdioezese-wien.at/site/menschenorganisation/lebendigekirche/familie/bischofssynodezurfamilie/article/61741.html

Aber die Gruppe derer, welche lautstark Widerstand leisten, erscheint bei näherem Hinsehen überschaubar. Die Zahl der stillen Unterstützenden hingegen ist mit Sicherheit größer, außerhalb wie innerhalb der Kirche. Aber sie blieben bislang in der Öffentlichkeit unsichtbar.

In dieser Situation schlug Tomáš Halík vor – er ist ein im Untergrund geweihter tschechischer Priester, Dissident und Mitglied der Charta 77, Religionsphilosoph –, öffentlich sichtbar zu machen, dass Papst Franziskus nicht nur außerhalb der katholischen Weltkirche, sondern auch innerhalb dieser breite Unterstützung für seinen Kurs der Erneuerung der Pastoralkultur der römisch-katholischen Kirche genießt.

Die Aktion hat klein begonnen. Ein Offener Brief wurde verfasst, in zwölf Sprachen auf eine Homepage gesetzt. Es wurde um Unterstützung ersucht. 75.000 Personen haben sich eingetragen bzw. in die Liste der Unterstützenden (»supporters«)[5] aufnehmen lassen.

Dies ist der Wortlaut des Offenen Briefes an Papst Franziskus:

Hochgeschätzter Papst Franziskus!
Ihre pastoralen Initiativen und deren theologische Begründung werden derzeit von einer Gruppe in der Kirche scharf attackiert. Mit diesem öffentlichen Brief bringen wir zum Ausdruck, dass wir für Ihre mutige und theologisch wohl begründete Amtsführung dankbar sind.
Es ist Ihnen in kurzer Zeit gelungen, die Pastoralkultur der katholischen Kirche von ihrem jesuanischen Ursprung her zu reformieren. Die verwundeten Menschen, die verwundete Natur gehen Ihnen zu Herzen. Sie sehen die Kirche an den Rändern des Lebens, als Feldlazarett. Ihr Anliegen ist jeder einzelne von Gott geliebte Mensch. Das letzte Wort im Umgang mit den Menschen soll nicht ein legalistisch, sondern ein barmherzig interpretiertes Gesetz haben. Gott und seine Barmherzigkeit prägen die Pastoralkultur, die Sie der Kirche zumuten. Sie träumen von einer »Kirche als Mutter und Hirtin«. Diesen Ihren Traum teilen wir.
Wir bitten Sie, von diesem eingeschlagenen Weg nicht abzuweichen, und sichern Ihnen unsere volle Unterstützung und unser stetes Gebet zu.
Die Unterzeichnenden

5 www.pro-pope-francis.com/site/unterstuetzende

Bildergalerie

Zur visuellen Verstärkung der Unterstützung für den Papst wurde auf der Homepage[6] eine Bildergalerie eingerichtet. Führende Persönlichkeiten aus aller Welt wurden eingeladen, sich nicht nur mit einem Foto sichtbar zu machen, sondern auch ein ganz kurzes Testimonial zu verfassen, in dem sie darlegen, warum sie Papst Franziskus unterstützen.

Hier einige ausgewählte Beispiele:

- Ackermann, Sr. Lea (Gründerin von SOLWODI, Deutschland): Herzlich danke ich Papst Franziskus, dass er das Evangelium nicht nur durch Worte, sondern durch sein Tun und Verhalten den Menschen nahebringt.
- Berthold, Martina (Mitglied der Landesregierung Salzburg, Österreich): Respekt! Dass Papst Franziskus einem muslimischen Mädchen die Füße wäscht, schutzsuchenden Menschen sein Haus öffnet und selbstkritisch die Kirche als zu macho beschreibt, zeigt seinen beherzten Einsatz für eine unverhandelbare Geschwisterlichkeit.
- Brudereck, Christina (Evangelische Kommunität Kirubai: Theologin und Schriftstellerin, Deutschland): Franziskus rückt das Erbarmen in die Mitte der Kirche, des Herzens, des Engagements für diese Welt. Dafür liebe ich ihn. Auf Erbarmen sind alle Menschen angewiesen und ansprechbar.
- Büning, Markus (Jurist, Theologe und Buchautor, Deutschland): Auch wenn ich mitunter meine Fragen habe, über eines bin ich mir gewiss: Sie, lieber Heiliger Vater, zeigen uns, wer Jesus wirklich ist: der gute Hirte, der dem Verlorenen nachgeht. Danke für Ihr Zeugnis und Beispiel!
- Buttiglione, Rocco (Europaminister 2001–2005, Italien): Pope Francis stands entirely within the great Tradition of the Church renewed by the II Vatican Council and re/proposed by his great predecessors St. John Paul II and Benedict XVI. His spirit is that of the »Reform from the Source« of Romano Guardini.

6 www.pro-pope-francis.com

- Chittilappilly, Paul-Chummar CMI (Moral- und Pastoraltheologe, Kenia und Indien): As a Missionary, Pastoral Counsellor and Teacher of Theology, I have been seen the brokenness of many lives. I am deeply grateful to Pope Francis for his words and actions which are human, compassionate and healing, and fully in the spirit of Jesus.
- Courau, Thierry-Marie OP (Institut Catholique de Paris, Frankreich): Le courage et la détermination, la finesse de jugement et l'ouverture du cœur du pape François nous montrent comment l'Esprit travaille l'Église pour créer avec elle une civilisation du dialogue et de la rencontre. Merci pape François.
- Halík, Tomáš (Theologe und Philosoph, Tschechien): I act in a highly secular part of the world, where the traditional form of the Church often resembles a »valley of dry bones« (cf. Ezekiel). Still, here the prophetic voice of Pope Francis poured the reviving Spirit and hope into many minds and hearts.
- Hinder, Paul (Bischof in Arabien, Abu Dhabi, Oman): Pope Francis reminds us constantly that only a Church that serves is a serviceable Church. He wants us to be shepherds who walk with the people in the way as Jesus did. He made the humans feel that »God is greater than our hearts«.
- Kearney, Richard (Seelig Chair of Philosophy at Boston College, USA): Francis' mission to serve as shepherd rather than rule as overlord is an inspiration to all those of Christian – or non-Christian – faith committed to a God of the fragile, wounded, courageous and forgotten. The world needs him more than ever.
- Klasnic, Waltraud (Landeshauptfrau a.D., Opferbeauftragte der österreichischen katholischen Kirche, Österreich): Die Ausstrahlung und der erfrischende offene Zugang von Papst Franziskus gerade auch zu heiklen Themen sind eine große Chance für die Weltkirche im 21. Jahrhundert. Wir wollen sie nützen und Papst Franziskus bestmöglich unterstützen.
- Kräutler, Dom Erwin (Bispo do Xingu, Brasilien): Os pobres, os indígenas, os excluídos no Brasil agradecem diariamente a Deus pelo Papa Francisco que conhece de perto a realidade latino-americana e tem um coração tão sensível e fraterno para com o povo das periferias existenciais da sociedade.

- Leitl, Christoph (Präsident der Europäischen Wirtschaftskammer, Österreich): Das Unterzeichnen ist mir wichtig, um Solidarität mit dem mutigen Papst zu signalisieren, der überkommene Strukturen überwinden und die Kirche damit in eine moderne Gesellschaft integrieren will. Kirche braucht Zukunft – unterstützen wir daher Franziskus!
- Malý, Václav (Weihbischof von Prag, Tschechien): Franziskus hat keine Angst vor engem Kontakt mit Menschen an der Peripherie. Seine Reformen sind nicht billiger Populismus, aber sie entspringen seinem Herzen, das für den Herrn schlägt.
- Prata de Carvalho, Diamantino OFM (Bischof em. in Campanha, Brasilien): Pela simpatia que Francisco irradiava na JMJ, no Rio de Janeiro, Brasil, e na atenção que dava a cada pessoa, só podemos apoiar nosso querido Papa!
- Sólyom, László (Ung. Staatspräsident 2005–2010, Ungarn): Papst Franziskus kennt die Armen und spricht glaubwürdig gegen das Unrecht in der Welt. Seine Betonung der Barmherzigkeit Gottes und der Freude des Evangeliums wirkt befreiend für die Kirche.
- Steindl-Rast, Br. David (spiritueller Lehrer, USA): »Heart speaks to heart,« said Saint Augustine. And because you, Pope Francis, speak from the heart, you reach the hearts of people of many different traditions. Thank you for your truly all-embracing = catholic heart.
- Sternberg, Thomas (Präsident des Zentralkomitees der deutschen Katholiken, Münster, Deutschland): Der Papst aus Argentinien verändert unsere Perspektive: man sieht alte christliche Positionen in einem neuen, anderen Licht: Christsein als Dienst an konkreten Menschen, an »Freude und Hoffnung, Trauer und Angst, besonders der Armen und Bedrängten«.
- Taylor, Charles (Philosoph, Canada): Yes, my enthusiasm for Pope Francis comes from his courageous stance, which really puts the Gospel at the centre of his teaching, and that means that he teaches us to reach out to those in need.
- Thiel, Marie-Jo (Vorsitzende der Europäischen Gesellschaft für Katholische Theologie, Frankreich): Par sa triple attention à l'expérience des croyants, à l'intelligence des personnes, au cœur et aux affects, François ouvre un chemin d'audace et de miséricorde évangéliques que je salue.

Weltweite fachkundige Unterstützung

Das zunächst überschaubare Projekt hat sich sodann »im Gehen« rasch weiterentwickelt. Aus der großen Zahl der Unterstützenden (»supporters«) aus aller Welt wurden jene Persönlichkeiten herausgefiltert, die an Universitäten arbeiten oder im öffentlichen Leben eine führende Position einnehmen. Über 2.500 Personen gelangten so auf eine Spezialliste der Unterzeichnenden (»signatories«)[7].

Die Unterzeichnenden wurden mit einer eMail angefragt, ob sie der Aktion, die vor allem auf eine emotionale Unterstützung setzte, durch Expertisen nicht auch theologische Schützenhilfe geben wollten. Das ist der Wortlaut des (in sechs Sprachen abgefassten) Briefes an die herausgefilterte Personengruppe der Unterzeichnenden:

Geschätzte!
Der Offene Brief an Papst Franziskus hat uns als Theologen/Innen und theologisch Interessierte interkontinental vernetzt. Damit ist uns für theologische Arbeit in der Kirche ein großer Schatz geschenkt worden.
Wir, Tomáš Halík und Paul M. Zulehner, verstehen die spontane Entstehung eines informellen Netzwerks von Theologen als Zeichen der Zeit und zugleich eine Herausforderung und Chance. Papst Franziskus öffnete mit seinem pastoralen Stil und seinen theologischen Impulsen einen Raum der Hoffnung. Wir sind davon überzeugt, dass dies eine Gabe und zugleich Aufgabe für uns Theologen/Innen ist.
Wir schlagen vor, eine Sammlung von Essays über die Vision der Kirche der Zukunft als Buch unter dem Arbeitstitel »Wir teilen diesen Traum« zu sammeln und zu veröffentlichen. (Der Arbeitstitel bezieht sich auf den Satz in unserem Brief: »Sie [Papst Franziskus] träumen von einer ›Kirche als Mutter und Hirtin‹. Diesen Ihren Traum teilen wir.«)
Bei der Realisierung des Traumes des Papstes stellen sich drei Fragen, die von Gaudium et spes ausgehen und bei Lumen gentium ankommen:

7 www.pro-pope-francis.com/site/home/unterzeichnende

1. Welches sind die »Zeichen der Zeit«, welche die Kirche in Ihrem Land, in Ihrer Region, auf Ihrem Kontinent herausfordern?
2. Welchen Beitrag kann und soll die Kirche zur Bewältigung der Herausforderungen leisten?
3. Welche Entwicklung der Kirche (auf Ihrem Kontinent) ist erforderlich, damit die Kirche angesichts der Herausforderungen der Zeit im Sinn des Evangeliums handlungsfähig ist?
Wir möchten Sie gewinnen, dies in einem kompakten Text (10–15 Seiten maximal, kann durchaus auch kompakter sein) darzustellen. Geben Sie uns bitte bis 15. Dezember 2017 Nachricht, ob Sie an diesem Projekt mitmachen möchten. Lassen Sie uns für den Text selbst eine Deadline mit 1. März 2018 setzen.
Das Ziel wird dann sein, diese Texte zu »synchronisieren«. Wie das geschehen wird, hängt – wie wir hoffen – auch von Ihrer engagierten Teilnahme ab.
Mit herzlichen Grüßen aus Prag und Wien,
Tomáš (Halík) und Paul (M. Zulehner)

Ein stattlicher Teil der Angefragten hat sich zur Mitarbeit bereit erklärt. Nunmehr liegen 150 *Expertisen* vor. Von sechs Personen sind zwei Texte vorhanden. Diese Beiträge werden in einem eBook ungekürzt dokumentiert.[8]

Die Beiträge kommen aus aller Welt, vorrangig aus Europa (Osteuropa 14, Westeuropa 111), aber auch aus Asien (5), Lateinamerika (5) und Nordamerika (10).[9] Sie stammen von AutorInnen aus 20 verschiedenen Ländern. 20 Beiträge sind von Autorinnen, 114 von Autoren. Bei zwei Texten haben Frauen und Männer kooperiert. Unter den Teilnehmenden sind 78 Theologinnen und Theologen.[10]

8 Zulehner, Paul M./Halík, Tomáš: Wir teilen diesen Traum. Theologinnen und Theologen aus aller Welt argumentieren PRO POPE **FRANCIS**. Mit einer Einführung von Paul M. Zulehner, Ostfildern 2018. – Die Texte sind alphabethisch nach dem Familiennamen der Autorinnen und Autoren geordnet. In einem ausführlichen Vorwort wird der Versuch gemacht, die vielfältigen Ideen zu »synchronisieren«: also einen Überblick zu geben und die vorgelegten inspirierenden Gedanken ein wenig zu systematisieren. Eine Liste aller Beiträge findet sich im Anhang dieses Buches.

9 Die wenigen Afrikaner, die sich beteiligt haben, leben alle in Europa.

10 Das ist der Steckbrief der Autorinnen und Autoren:

Taiwan	2	ASIEN		Frauen	28
Indien	3			gemischt	2

Online-Umfrage

Nun sollten nicht nur ausgewählte Fachleute dem Papst und seinem Pastoralstil argumentative Unterstützung geben. Vielmehr wurde die Umfrage »demokratisiert«. Theologisch formuliert: Papst Franziskus ortet das Wirken Gottes nicht nur an Lehrstühlen – obgleich der Papst in seinem jüngsten Schreiben »Veritatis gaudium« (2018) den theologischen Fakultäten eine wichtige Rolle in seinem Bild von der Kirche in der Welt von heute zumutet. Vielmehr ist er am Wirken des Geistes in der Breite des Kirchenvolks interessiert.

Wir folgen dieser Logik des Papstes in unserer Aktion ProPopeFrancis. Um tief ins Kirchenvolk hineinzuhorchen, wurden die drei an die

Brasilien	3	LATEIN-AMERIKA		Männer	115
Paraguay	1				
Bolivien	1			Akademiker	109
USA	7	NORD-AMERIKA		davon TheologInnen	78
Canada	3			Bischof	2
Tschechien	5	OST-EUROPA		Journalist	2
Polen	5			anderes	8
Slowakei	2			Politiker	3
Ungarn	1			Spiritual	21
Moldawien	1				
Niederlande	1	WEST-EUROPA		ALLE	145
Frankreich	1				
Belgien	2			Länder	Beiträge
England	4		ASIEN	2	5
Italien	6		LATEIN-AMERIKA	3	5
Schweiz	12		NORD-AMERIKA	2	10
Österreich	31		OST-EUROPA	5	14
Deutschland	54		WEST-EUROPA	8	111

Fachleute gestellten Fragen in einer Online-Umfrage auch »offen« den Unterstützenden gestellt: Es wurde für die persönliche Antwort ausreichend Platz zur Verfügung gestellt.[11]

Die »supporters« wurden (in sechs Sprachen) mit der folgenden informativen Bitte angeschrieben:

Geschätzte!
Langsam neigt sich die Aktion Offener Brief an Papst Franziskus dem Ende zu. Die Namen der Unterstützenden wie der Unterzeichnenden werden zusammengefügt. Eine Überreichung an Papst Franziskus wird diplomatisch vorbereitet.
In der Zwischenzeit ist eine Bitte an die Unterzeichnenden gerichtet worden, bis Anfang März einen Text zu drei Fragen zu beantworten. Bis Mitte Dezember 2017 werden wir wissen, wer mitmacht.
Zugleich bereite ich einen Online-Fragebogen vor. Dieser wird an alle Unterstützenden geschickt. Auch dort stehen die drei Fragen im Mittelpunkt. Man wird mit einem persönlichen Code Zugang zum Fragebogen erhalten. Zugleich wird eine Offene Version ins Netz gestellt werden. Ich hoffe sehr, dass sich viele daran beteiligen werden.
Das sind die drei Fragen. Sie gehen von Gaudium et spes aus und kommen bei Lumen gentium an:
1. Welches sind die »Zeichen der Zeit«, welche die Kirche in Ihrem Land, in Ihrer Region, auf Ihrem Kontinent herausfordern?
2. Welchen Beitrag kann und soll die Kirche zur Bewältigung der Herausforderungen leisten?
3. Welche Entwicklung der Kirche (auf Ihrem Kontinent) ist erforderlich, damit die Kirche angesichts der Herausforderungen der Zeit im Sinn des Evangeliums handlungsfähig ist
Haben wir im ersten Schritt unserem Gefühl für Papst Franziskus Ausdruck gegeben, sollen nunmehr im zweiten Schritt die (pastoral-)

11 Zum Start erhielten nahezu 70.000 »supporters« einen Zugangscode zur Umfrage. Dieses kontrollierte Vorgehen soll sicherstellen, dass die Hauptzielgruppe der Umfrage bekannt ist; Missbrauch beim Ausfüllen sollte unwahrscheinlich gemacht werden. Zugleich wurde ein öffentlicher Zugang zur Umfrage über die Homepage eingerichtet (www.pro-pope-francis.com). Die Daten beider Zielgruppen können nunmehr verglichen werden, was die Ergebnisse des öffentlich zugänglichen Umfragemoduls absichert. – Eine Dokumentation aller eingelangten Antworten kann von der Homepage im PDF-Format abgerufen werden.

theologischen Argumente im Vordergrund stehen. Ich hoffe, wir können Sie gewinnen mitzumachen.
Herzlich grüßt Sie,
Ihr Paul M. Zulehner mit Tomáš Halík

Der Fragebogen enthält zunächst eingangs die drei auch an die Fachleute gestellten »offenen Fragen«. Sodann folgen in drei Blöcken 21 »geschlossene Aussagen«, welche die Amtsausübung des Papstes und deren Hintergründe betreffen. Ein Nebenziel der Umfrage war zudem, nicht nur etwas über jene Personen zu erfahren, welche den Fragebogen ausfüllen, sondern dahinter auch über die große Zahl der »supporters«: auf welchem Kontinent sie leben, in welchem Land; erfragt wurden Geschlecht, Alter, Schulbildung, Beruf, Konfession/Weltanschauung, kirchliches Commitment. Angenommen wurde bei der Auswertung, dass zwar ein großer Teil der Befragten ähnlich denkt, dass es aber auch »typologische« Unterschiede zwischen ihnen gibt. Wir hofften, dass sich nicht nur Personen beteiligen, die den Papst und seinen Kirchenkurs unterstützen, sondern auch andere, die skeptisch bis ablehnend sind. Das Profil von Papstfreundlichen und Papstskeptischen sollte herausgearbeitet werden können.

Beteiligung an der Online-Umfrage

Die »Bögen« von 5.258 Personen konnten ausgewertet werden.[12] Die Befragten kommen mehrheitlich aus Europa (87 %, N=4575). Aber auch die anderen Kontinente sind mit einer kleinen, aber (in statistischen Grenzen) auswertbaren Gruppe vertreten: Afrika 22 Personen, Asien 10, Australien 9, Nordamerika 21, Lateinamerika 44. Die Herkunft von 577 Personen ist unbekannt.

Die Befragten aus Europa leben vor allem im deutschsprachigen Raum (Deutschland 2175, Österreich 1597 und Schweiz 259).

Frauen (46 %) und Männer (54 %) sind in der Umfrage ausgewogen vertreten. Diesbezüglich gibt es Abweichungen zwischen den Kontinenten. In Asien (70 %), Afrika (64 %) und Lateinamerika (60 %) haben sich

12 Stand 15.2.2018. – Es gibt zur Umfrage einen Tabellenband, der als PDF-File abrufbar ist auf www.pro-pope-francis.com. Der Fragebogen lag in acht Sprachen vor. Am häufigsten (93 %) wurde das deutschsprachige Formular verwendet. Die Verwendung der übrigen Sprachen schwankt zwischen 8 (español) und 176 (english) Personen.

überdurchschnittlich viele Männer beteiligt, in Australien mehr die Frauen (56 %).

Der Großteil der Befragten ist zwischen 50 und 80 Jahre alt: Drei Viertel der Beteiligten gehören in Europa zur Alterskategorie der 50–79-Jährigen. Aus Afrika kommen mehr Jüngere, aus Nordamerika die meisten über 80-Jährigen. Beteiligt haben sich vermutlich vor allem Personen aus der Konzilsgeneration.

An der Online-Umfrage haben sich erwartungsgemäß vorwiegend Personen mit höherem Schulabschluss beteiligt. Man musste ja in der Lage sein, sich in das Netz einzuklinken und den Onlinefragebogen im Internet zu beantworten. Mit Ausnahme der Befragten aus Afrika hat die Mehrheit der Beteiligten einen (Fach-)Hochschulabschluss. Die Ergebnisse stammen also von Menschen, zu denen Beruf das Reflektieren gehört. Die Stellungnahmen haben dank des hohen Bildungsgrads der Befragten großes Gewicht.

Der angehobene Altersdurchschnitt erklärt mit, dass nicht wenige der Befragten – nach Kontinenten allerdings stark verschieden – bereits im Ruhestand (46 %) sind. Nur 54 % sind in ihrem Beruf aktiv. Das spiegelt neuerlich den angehobenen Altersschnitt der Befragten wider. Der Ausbildung entsprechend ist die Mehrheit der Befragten beamtet oder angestellt (58 %). Ein Fünftel (21 %) hat sich »arbeitslos« zugeordnet, wobei sich in dieser Kategorie viele Pensionisten untergebracht haben.

Drei Viertel (77 %) der Befragten sind römisch-katholisch. Eine starke Gruppe (19 %) kommt aus einer orthodoxen Kirche. Auch Nichtzugehörige haben sich an der Umfrage beteiligt (1 %).

Hinsichtlich des kirchlichen Engagements sind die Befragten gut durchmischt. Die stärkste Kategorie bilden die Ehrenamtlichen (45 %). Aber auch Hauptberufliche sowie Amtsträger und Ordensleute sind in einer Anzahl vertreten, die eine Auswertung der Daten möglich macht.

Grundergebnisse

Das sind nun einige Themenfelder, zu denen »geschlossene Fragen« gestellt wurden. Dokumentiert werden hier die Items zusammen mit den jeweiligen Grundergebnissen.

Zur Lage der Kirche

Ein erster Frageblock ist der Lage der (römisch-katholischen) Kirche gewidmet. Diese wird von Papst Franziskus durchaus kritisch gesehen. Wiederholt hat er die Selbstbeschäftigung der Kirche mit sich selbst beklagt:

> »Andare – gehen: auf die anderen zugehen, denn eine in sich verschlossene Kirche ist eine tote Kirche; eine Kirche, die nicht aus der eigenen Umzäunung herausgeht, um alle zu suchen, aufzunehmen und zu Christus zu führen, ist eine Kirche, die ihre Sendung und ihre Berufung Lügen straft.«[13]

> »Brechen wir auf, gehen wir hinaus, um allen das Leben Jesu Christi anzubieten! Ich wiederhole hier für die ganze Kirche, was ich viele Male den Priestern und Laien von Buenos Aires gesagt habe: Mir ist eine ›verbeulte‹ Kirche, die verletzt und beschmutzt ist, weil sie auf die Straßen hinausgegangen ist, lieber, als eine Kirche, die aufgrund ihrer Verschlossenheit und ihrer Bequemlichkeit, sich an die eigenen Sicherheiten zu klammern, krank ist. Ich will keine Kirche, die darum besorgt ist, der Mittelpunkt zu sein, und schließlich in einer Anhäufung von fixen Ideen und Streitigkeiten verstrickt ist. Wenn uns etwas in heilige Sorge versetzen und unser Gewissen beunruhigen soll, dann ist es die Tatsache, dass so viele unserer Brüder und Schwestern ohne die Kraft, das Licht und den Trost der Freundschaft mit Jesus Christus leben, ohne eine Glaubensgemeinschaft, die sie aufnimmt, ohne einen Horizont von Sinn und Leben. Ich hoffe, dass mehr als die Furcht, einen Fehler zu machen, unser Beweggrund die Furcht sei, uns einzuschließen in die Strukturen, die uns einen falschen Schutz geben, in die Normen, die uns in unnachsichtige Richter verwandeln, in die Gewohnheiten, in denen wir uns ruhig fühlen, während draußen eine hungrige Menschenmenge wartet und Jesus uns pausenlos wiederholt: ›Gebt ihr ihnen zu essen!‹ (Mk 6,37).« (EG 49)

Ebenso heftig attackiert Franziskus den in der Kirche von ihm georteten Klerikalismus. Auch dieser Aspekt wurde mit einem Item bedacht. Eruiert wurde zudem, ob das Christentum wachse, was ja in den meisten Kontinenten der Fall ist – lediglich Europa gilt als Ausnahme; hier gebe

13 Franziskus nach der Bischofssynode für die Familie am 24.10.2015.

es eine »Krise«: Und wenn eine solche diagnostiziert wird: Ist es eine Krise des Glaubens, der Kirche oder von beiden?

Diesem Themenblock ist als theologischer Hintergrund die Frage nach dem universellen Heilsoptimismus zugeordnet, zu dem Papst Franziskus sich hoffend bekennt.[14]

TABELLE 1: FRAGEN ZUR LAGE DER KIRCHE

	4+5	1	2	3	4	5
Ich hoffe zuversichtlich, dass am Ende der Zeiten Gott alle rettet. [19]	85 %	4 %	3 %	8 %	16 %	69 %
Nicht der Glaube, sondern die Kirche ist in einer tiefen Krise. [30]	67 %	3 %	8 %	23 %	34 %	33 %
Die Kirche beschäftigt sich bei uns zu sehr mit sich selbst. [4]	66 %	3 %	6 %	25 %	35 %	31 %
Es gibt in unserem Land eine tiefe Glaubenskrise. [29]	50 %	4 %	14 %	33 %	30 %	20 %
In unserer Region gibt es keinen Klerikalismus. [5]	17 %	28 %	28 %	27 %	11 %	6 %
Die Kirche wird sich in den nächsten zehn Jahren erholen. [31]	13 %	19 %	35 %	34 %	10 %	3 %
Das Christentum wächst in unserer Region stark. [10]	4 %	63 %	25 %	8 %	1 %	3 %

4+5=ZUSTIMMUNG; 1=stimme überhaupt nicht zu, 2=stimme nicht zu, 3=teils-teils, 4=stimme zu, 5=stimme voll und ganz zu

Unter den Befragten hofft nun die überwiegende Mehrheit, dass Gott am Ende alle rettet. Der universelle Heilsoptimismus prägt die heutige römisch-katholische Kirche aus der Sicht der Befragten.

Die Lage der römisch-katholischen Kirche wird freilich kritisch beur-

14 Dazu sein Interview in DIE ZEIT vom 9.3.2017. Bezugnehmend auf ein Kapitel, das die Rettung des Judas durch den Auferstandenen darstellt, bekennt sich Franziskus zur Hoffnung, dass Gott am Ende aller Ewigkeiten alle retten wird.

teilt. Zwei Drittel sehen eine tiefe Krise: der Kirche wie des Glaubens. Das habe auch damit zu tun, dass die Kirche sich zu sehr mit sich selbst beschäftigt, was sie laut Franziskus krank mache. Nur wenige sehen für die nächsten Jahre ein Wachstum vorher. Noch weniger beobachten derzeit ein solches.

Klerikalismus wird allerdings (im Gegensatz zum Papst) nur von einer Minderheit geortet.

Kirche und heutige Welt

Papst Franziskus ist der erste Papst, der am Zweiten Vatikanischen Konzil nicht teilgenommen hat. Er will aber die Konzilsbeschlüsse für die Entwicklung der katholischen Weltkirche engagierter als bisher fruchtbar machen. Die Stagnation hinsichtlich der Umsetzung des Konzils unter seinen Vorgängern beklagte er in einer Predigt öffentlich mit folgenden harschen Worten:

> »Das Konzil war ein großartiges Werk des Heiligen Geistes. Denkt an Papst Johannes: Er schien ein guter Pfarrer zu sein, aber er war dem Heiligen Geist gehorsam und hat dieses Konzil begonnen. Aber heute, 50 Jahre danach, müssen wir uns fragen: Haben wir da all das getan, was uns der Heilige Geist im Konzil gesagt hat? In der Kontinuität und im Wachstum der Kirche, ist da das Konzil zu spüren gewesen? Nein, im Gegenteil: Wir feiern dieses Jubiläum und es scheint, dass wir dem Konzil ein Denkmal bauen, aber eines, das nicht unbequem ist, das uns nicht stört. Wir wollen uns nicht verändern und es gibt sogar auch Stimmen, die gar nicht vorwärts wollen, sondern zurück: Das ist dickköpfig, das ist der Versuch, den Heiligen Geist zu zähmen. So bekommt man törichte und lahme Herzen.«
>
> »Der Heilige Geist drängt zum Wandel, und wir sind bequem... Um es klar zu sagen: Der Heilige Geist ist für uns eine Belästigung. Er bewegt uns, er lässt uns unterwegs sein, er drängt die Kirche, weiterzugehen. Aber wir sind wie Petrus bei der Verklärung, ›Ah, wie schön ist es doch, gemeinsam hier zu sein.‹ Das fordert uns aber nicht heraus. Wir wollen, dass der Heilige Geist sich beruhigt, wir wollen ihn zähmen. Aber das geht nicht. Denn er ist Gott und ist wie der Wind, der weht, wo er will. Er ist die Kraft Gottes, der uns Trost gibt und auch die Kraft, vorwärts zu gehen. Es ist dieses ›Vorwärtsgehen‹, das für uns so anstrengend ist. Die Bequemlichkeit gefällt uns viel besser.«

In diesem Rahmen der erneuten Konzilsrezeption durch Papst Franziskus wollten wir von den Teilnehmenden der Umfrage erfahren, wie sie das Verhältnis von Kirche und moderner Welt sehen. Dieses zu verbessern war ein zentrales Anliegen des Konzils. Die Kirche sollte gleichsam nach einer langen schwierigen Risikoschwangerschaft in dieser modernen Zeit endlich »zur Welt kommen«. Papst Johannes XXIII. wollte dazu die Fenster der mit hohen Abwehrmauern gegen die moderne Welt versehenen Kirchenburg öffnen. Auf dem von ihm einberufenen Konzil wurde um diese Öffnung zur heutigen Welt heftig gerungen. Bis heute gibt es Befürworter und Gegner einer solchen Öffnung: Die einen beklagen in ihrem Gefolge eine »Verweltlichung der Kirche«, eine Anpassung an den Zeitgeist. Anderen hingegen – wie auch dem Papst Franziskus – geht die Öffnung der Kirche zur modernen Welt zu schleppend voran. Öffnung, aggiornamento, solle aber nicht zu einer Verweltlichung der Kirche führen, sondern eine prophetische Präsenz der Kirche in der heutigen Welt ermöglichen. Nur so kann sie im Auftrag Jesu Licht der Welt und Salz der Erde (Mt 5,13f.) sein. Die Kirche sollte »nicht von der Welt«, aber »in der Welt« präsent sein.

Ein Teilaspekt der Öffnung der Kirche ist die Begegnung mit anderen Religionen, aber auch mit den Atheismen der heutigen Zeit.

TABELLE 2: FRAGEN ZUM VERHÄLTNIS KIRCHE UND HEUTIGE WELT/ZUM ZWEITEN VATIKANISCHEN KONZIL

	4+5	1	2	3	4	5
Die Kirche muss sich der Welt noch viel mehr öffnen, sich aussetzen, auf sie einlassen. [8]	87 %	4 %	3 %	5 %	21 %	67 %
Ich bin mit der tatsächlichen nachkonziliaren Entwicklung in der Kirche unzufrieden. [28]	61 %	6 %	11 %	22 %	31 %	30 %
Die Kirche ist keine politische Partei, aber sie ist in der Politik parteiisch. [12]	61 %	5 %	9 %	25 %	30 %	31 %

	4+5	1	2	3	4	5
Ich bin mit den Entwicklungsperspektiven des Zweiten Vatikanischen Konzils zufrieden. [26]	45 %	8 %	16 %	32 %	28 %	16 %
Die moderne Lebenskultur bietet für den christlichen Glauben eine gute Chance. [24]	44 %	5 %	14 %	38 %	28 %	16 %
Die Kirche muss sich von der Welt deutlicher unterscheiden. [27]	28 %	16 %	24 %	32 %	19 %	9 %
Die Zusammenarbeit mit anderen Religionen, aber auch mit Suchenden und Atheisten gelingt bei uns gut. [11]	18 %	11 %	27 %	44 %	15 %	3 %
Wenn sich die Kirche der heutigen Welt öffnet, ist sie in Gefahr, verweltlicht zu werden. [7]	8 %	56 %	26 %	10 %	4 %	4 %

4+5=ZUSTIMMUNG; 1=stimme überhaupt nicht zu, 2=stimme nicht zu, 3=teils-teils, 4=stimme zu, 5=stimme voll und ganz zu

Die Befragten zählen überwiegend zu jener Gruppe von Kirchenmitgliedern, die – Papst Franziskus dabei unterstützend – auf der Linie des Zweiten Vatikanischen Konzils eine Öffnung der römisch-katholischen Kirche zur modernen Welt wünschen. 45 % teilen die Entwicklungsperspektiven des Konzils. Dass dabei die Kirche in Gefahr gerate, »verweltlicht« zu werden, sieht lediglich eine Minderheit von 8 %. Mit der faktischen nachkonziliaren Entwicklung – damit mit der erhofften Öffnung zur modernen Welt – sind unter den Befragten allerdings nahezu zwei Drittel unzufrieden. Dabei biete die moderne Lebenskultur für den christlichen Glauben durchaus eine gute Chance, davon ist fast die Hälfte überzeugt. Eine mutige Öffnung zur modernen Welt führe auch zu einer Zusammenarbeit mit anderen Religionen, Suchenden und Atheisten: Nur 18 % sind aber der Ansicht, dass es um diese bislang gut bestellt sei.

So sehr die Mehrheit für eine Öffnung zur modernen Welt plädiert, wird damit nicht unbedingt eine Anpassung im Sinn einer Verweltlichung verlangt. Ein starkes Viertel plädiert für eine deutlichere Unterscheidung der Kirche von der Welt.

Synodalität/Subsidiarität

Was Papst Franziskus schon als Vorsitzender des Rates der Lateinamerikanischen Bischofskonferenzen (CELAM) irritiert hat, war der streng kontrollierende Zentralismus Römischer Behörden. In diesem Uniformitätszwang liegt einer der Gründe für die Stagnation der katholischen Kirche. Eine zentralistisch geführte Kirche, ängstlich um ihre Einheit besorgt, trage vor allem zur Entfremdung zwischen den vielen Kulturen und dem »einen« Evangelium bei und behindere so den Grundauftrag der Kirche, die Freude des Evangeliums (Evangelii gaudium) in allen Kulturen einzupflanzen.

Wer wirkliche Öffnung der Kirche hin zur Welt von heute mit ihren vielfältigen Kulturen will, kommt also um eine Dezentralisierung der Weltkirche nicht herum. Der Begriff dafür aus der Katholischen Soziallehre heißt Subsidiarität. Die Kirche fordert diese in der heutigen Welt ein, praktiziert sie aber selbst intern nur sehr zögerlich bis gar nicht. Der theologische Begriff dafür wiederum ist »Synodalität«, also den Weg (odos) gemeinsam (syn) gehen. Der Papst wünscht sich, dass auch in dieser Hinsicht die katholische Kirche von den orthodoxen Kirchen lernt, in denen die Synodalität eine lange Tradition hat:

> »Und wenn wir wirklich an das freie und großherzige Handeln des Geistes glauben, wie viele Dinge können wir voneinander lernen! Es handelt sich nicht nur darum, Informationen über die anderen zu erhalten, um sie besser kennenzulernen, sondern darum, das, was der Geist bei ihnen gesät hat, als ein Geschenk aufzunehmen, das auch für uns bestimmt ist. Um nur ein Beispiel zu geben: Im Dialog mit den orthodoxen Brüdern haben wir Katholiken die Möglichkeit, etwas mehr über die Bedeutung der bischöflichen Kollegialität und über ihre Erfahrung der Synodalität zu lernen.« (EG 246)

Eine Auswirkung des Prinzips der Synodalität ist die Aufwertung der Bischofskonferenzen, vor allem ihrer kontinentalen Zusammenschlüsse.

Synodalität ist kein Widerspruch zur Notwendigkeit des Amtes in der Kirche. Beide sind zueinander in eine gute schöpferische Beziehung zu bringen. Gerade in einer synodalen Kirche braucht es ein starkes Amt, dieses aber versehen mit einer der Synodalität angemessenen Amtskultur. Eine solche ist nicht mehr monokratisch, feudal, klerikal, in einem autoritär verstandenen Sinn »hierarchisch«, sondern heiligen Ursprungs (hieros arché), bringt das Wirken des Geistes in der ganzen Kirche zur Geltung, unterscheidet dabei die Geister sorgfältig und hält so die Verschattung des Geistwirkens durch Macht und Interesse hintan.

TABELLE 3: FRAGEN ZUR SYNODALITÄT

	4+5	1	2	3	4	5
Es braucht in der katholischen Kirche mehr Subsidiarität. [14]	84 %	2 %	2 %	12 %	28 %	56 %
Die katholische Kirche braucht, bei aller Bedeutung des Amtes, mehr synodale Beteiligung. [6]	82 %	3 %	3 %	12 %	25 %	57 %
Den Bischofskonferenzen und ihren kontinentalen Zusammenschlüssen ist mehr Entscheidungsvollmacht zuzuweisen. [15]	75 %	3 %	5 %	17 %	31 %	45 %
Wenn die Bischofskonferenzen mehr Rechte bekommen, bedroht das die Einheit der katholischen Kirche. [23]	11 %	42 %	29 %	18 %	6 %	4 %

4+5=ZUSTIMMUNG; 1=stimme überhaupt nicht zu, 2=stimme nicht zu, 3=teils-teils, 4=stimme zu, 5=stimme voll und ganz zu

Eine überwältigende Mehrheit der Befragten (84 %) tritt für mehr Subsidiarität in der katholischen Kirche ein. Mehr synodale Verantwortung wird – bei aller bleibenden Bedeutung des Amtes – gewünscht. Das gewünschte Modell kann mit »gut geleiteter Synodalität« umrissen werden. Für die Weltkirche bedeutet diese aber eine Aufwertung der Bischofskonferenzen und deren kontinentalen Zusammenschlüssen. Nur eine Minderheit der Befragten erblickt in einer solchen Neugewichtung der Bischofskonferenzen eine Gefahr für die Einheit der Kirche (11 %).

Amoris laetitia

Eine Hand voll Fragen sind konkreten pastoralen Themen gewidmet. Dazu zählt neben der Frauenfrage und dem Einsatz des Papstes für das eine Welthaus mit seiner epochalen Enzyklika Laudato sí' insbesondere die Pastoral im Umkreis von Ehe und Familie und hier wiederum der Aspekt von Scheidung und Wiederheirat.

Die Fragen zu Amoris laetitia kreisen um die »strittigen Themen«: dass die katholische Kirche von der orthodoxen Kirche bei akribischem Festhalten an den Weisungen Jesu für den Einzelfall nach dem Prinzip der »Oikonomia« einen Weg der Eingliederung ins volle sakramentale Leben der kirchlichen Gemeinschaft finden kann; dass dabei das Gewissen der Betroffenen unersetzlich ist. Es geht um das sensible Verhältnis von Gerechtigkeit und Erbarmen und möglichen Grenzen der Vergebungskompetenz der Kirche.

TABELLE 4: FRAGEN ZU PASTORALEN THEMEN (FRAUEN, ÖKOLOGIE, EHE UND FAMILIE)

	4+5	1	2	3	4	5
Ich halte es theologisch für gerechtfertigt, dass Geschiedene, die ein zweites Mal heiraten, im Einzelfall zur Kommunion gehen können. [21]	96 %	2 %	1 %	2 %	11 %	85 %
Wem Gott in seinem Erbarmen vergibt, dem muss auch die Kirche ohne Wenn und Aber vergeben. [22]	94 %	2 %	1 %	3 %	12 %	82 %
Die Rolle der Frauen in der katholischen Kirche ist einschließlich des Zugangs zum Diakonat aufzuwerten. [13]	91 %	3 %	2 %	4 %	10 %	81 %

	4+5	1	2	3	4	5
Wir sind berufen, die Gewissen zu bilden, nicht aber dazu, den Anspruch zu erheben, sie zu ersetzen. [17]	91 %	2 %	1 %	6 %	20 %	72 %
Es ist richtig, dass die katholische Kirche auf der Familiensynode von der orthodoxen Tradition die pastoralen Prinzipien der »Akribia« (strenge Treue zum Gebot) und der »Oikonomia« (Berücksichtigung des Einzelfalls) übernommen hat. [9]	49 %	6 %	10 %	35 %	23 %	26 %
Die Gerechtigkeit kann nicht zu Gunsten des Erbarmens aufgegeben werden. [18]	40 %	12 %	19 %	28 %	18 %	22 %
Die Enzyklika von Papst Franziskus über die Umwelt (Laudato si´) hat meinen Lebensstil nachhaltig verändert. [20]	32 %	9 %	15 %	44 %	23 %	9 %

4+5=ZUSTIMMUNG; 1=stimme überhaupt nicht zu, 2=stimme nicht zu, 3=teils-teils, 4=stimme zu, 5=stimme voll und ganz zu

Amoris laetitia findet unter den Befragten breiteste Zustimmung. Die Einzelfalllösung beim Zugang Geschiedener, die wieder in einer ehelichen Verbindung leben, zur Kommunion wird voll unterstützt. Klar wird gesehen, dass die Kirche ohne Wenn und Aber vergeben müsse, wenn Gott vergibt. Die Positionen manch wohlmeinender Papstgegner, dass Gott ja vergeben mag, aber die Kirche dazu nicht in der Lage sei, stößt auf breites Unverständnis. Mit der Unterstützung der Einzelfalllösung geht auch die Freude über die Aufwertung des Gewissens einher.

Die Frage nach der Übernahme der orthodoxen Pastoralprinzipien der Akribia und der Oikonomia hat die Hälfte positiv beantwortet. Hier hätte möglicherweise die Formulierung der Aussage besser erklärt werden müssen. Bemerkenswert sind die Antworten zum Item über das

Wechselspiel von Gerechtigkeit und Barmherzigkeit. Das Ergebnis scheint zu signalisieren, dass beide nicht gegeneinander ausgespielt werden sollen. Die Sorge, dass die Gerechtigkeit einer billigen Barmherzigkeit, die der Papst nicht will, geopfert wird, schimmert durch.

Ein Drittel sieht eine nachhaltige Veränderung des eigenen Lebensstils durch die Umweltenzyklika des Papstes. Hier scheint noch mehr möglich.

Zukunft der Pfarrgemeinden

In einigen Regionen der Weltkirche wird derzeit über die Zukunft der herkömmlichen Pfarrgemeinden diskutiert. Um den Mangel an Priestern, Kirchenmitgliedern und Finanzen zu bewältigen, werden in vielen Diözesen pastorale Großräume gebildet und diese manchmal »Pfarre neu« mit vielen »Gemeinden« (ohne Priester, in der Hand von Laien) bezeichnet.

Dem Papst selbst ist an den Pfarrgemeinden sehr gelegen. Dabei stützt er sich auf pastorale Erfahrungen als Erzbischof von Buenos Aires. Unter Papst Johannes Paul II. begann sich – und das in beträchtlicher Spannung zum Mailänder Erzbischof Carlo M. Martini – die Annahme zu verbreiten und in die pastorale Politik des Vatikans umzusetzen, dass die Zukunft der Kirche nicht mehr den Pfarrgemeinden, sondern den neuen Geistlichen Bewegungen gehöre. Der Papst hat zu dieser Entwicklung in Evangelii gaudium klar Position bezogen. Die Zukunft (sich weiter entwickelnder) Pfarrgemeinden steht für ihn nicht zur Debatte. Den Geistlichen Gemeinschaften und anderen Einrichtungen spricht er dabei nicht ihre Bedeutung für die Entwicklung der Kirche und ihr Tun ab, sieht sie aber auf die Kernstruktur der Kirche, nämlich die Pfarrgemeinde bezogen:

> »28. Die Pfarrei ist keine hinfällige Struktur; gerade weil sie eine große Formbarkeit besitzt, kann sie ganz verschiedene Formen annehmen, die die innere Beweglichkeit und die missionarische Kreativität des Pfarrers und der Gemeinde erfordern. Obwohl sie sicherlich nicht die einzige evangelisierende Einrichtung ist, wird sie, wenn sie fähig ist, sich ständig zu erneuern und anzupassen, weiterhin ›die Kirche [sein], die inmitten der Häuser ihrer Söhne und Töchter lebt‹. Das setzt voraus, dass sie wirklich in Kontakt mit den Familien und dem Leben des Volkes steht und nicht eine weitschweifige, von den Leuten getrennte Struktur oder eine Gruppe von Auserwählten wird, die sich selbst be-

trachten. Die Pfarrei ist eine kirchliche Präsenz im Territorium, ein Bereich des Hörens des Wortes Gottes, des Wachstums des christlichen Lebens, des Dialogs, der Verkündigung, der großherzigen Nächstenliebe, der Anbetung und der liturgischen Feier. Durch all ihre Aktivitäten ermutigt und formt die Pfarrei ihre Mitglieder, damit sie aktiv Handelnde in der Evangelisierung sind. Sie ist eine Gemeinde der Gemeinschaft, ein Heiligtum, wo die Durstigen zum Trinken kommen, um ihren Weg fortzusetzen, und ein Zentrum ständiger missionarischer Aussendung. Wir müssen jedoch zugeben, dass der Aufruf zur Überprüfung und zur Erneuerung der Pfarreien noch nicht genügend gefruchtet hat, damit sie noch näher bei den Menschen sind, Bereiche lebendiger Gemeinschaft und Teilnahme bilden und sich völlig auf die Mission ausrichten.

29. Die anderen kirchlichen Einrichtungen, Basisgemeinden und kleinen Gemeinschaften, Bewegungen und andere Formen von Vereinigungen sind ein Reichtum der Kirche, den der Geist erweckt, um alle Umfelder und Bereiche zu evangelisieren. Oftmals bringen sie einen neuen Evangelisierungs-Eifer und eine Fähigkeit zum Dialog mit der Welt ein, die zur Erneuerung der Kirche beitragen. Aber es ist sehr nützlich, dass sie nicht den Kontakt mit dieser so wertvollen Wirklichkeit der örtlichen Pfarrei verlieren und dass sie sich gerne in die organische Seelsorge der Teilkirche einfügen. Diese Integration wird vermeiden, dass sie nur mit einem Teil des Evangeliums und der Kirche verbleiben oder zu Nomaden ohne Verwurzelung werden.« (EG 28 f.)

TABELLE 5: FRAGEN ZUR PFARRGEMEINDE

	4+5	1	2	3	4	5
Den Pfarrgemeinden kommt auch künftig im Leben der Kirche große Bedeutung zu. [16]	84 %	2 %	4 %	10 %	23 %	61 %
Die Kirche ist in vielen Pfarrgemeinden heute sehr lebendig. [25]	30 %	6 %	22 %	42 %	22 %	8 %

4+5=ZUSTIMMUNG; 1=stimme überhaupt nicht zu, 2=stimme nicht zu, 3=teils-teils, 4=stimme zu, 5=stimme voll und ganz zu

Die überwiegende Mehrheit der Befragten sieht wie Papst Franziskus in den Pfarrgemeinden kein kirchliches Auslaufmodell. Zugleich ist es aber um deren Lebendigkeit derzeit nicht gerade gut bestellt: Nur ein schwaches Drittel meint, die Kirche sei in vielen Pfarrgemeinden heute sehr lebendig.

Papstfreundliche und Papstskeptische

Die Grunddaten zeigen, dass die große Mehrheit der Befragten Papst Franziskus und damit seinen Pastoralkurs unterstützt. Mit ihm treten sie für ein »aggiornamento« (Verheutigung, Updating, Inkulturation) der Kirche in der Welt von heute ein. Sie unterstützen den Papst hinsichtlich einer Weiterentwicklung der Pastoralkultur der Kirche unter dem Leitwort der Barmherzigkeit, die sich konkret im Umkreis von Scheidung und Wiederheirat zeigt. Um die Reformdynamik zu begünstigen, treten sehr viele auch für eine kluge Dezentralisierung der römisch-katholischen Weltkirche ein, und dies unter dem Begriff der Subsidiarität. Eine Aufwertung der Entscheidungsbefugnisse in den kontinentalen Räten der Bischofskonferenzen sowie in den Ortkirchen findet breite Unterstützung.

Das ist bei einem Großteil der Befragten so. Aber es gibt unter den Befragten eine Minderheit, die anderer Ansicht ist. Die Ergebnisse der Umfrage bilden daher die Polarisierung der Kirchenmitglieder hinsichtlich der Einschätzung von Papst Franziskus und seines Kirchenkurses ab.

Gestützt auf die große Zahl der Befragten ist es möglich, zwei gegensätzliche »Randtypen« herauszuarbeiten und ihr Profil darzustellen.[15] Damit wird anschaulich, worum es inhaltlich im gegenwärtigen kirchenpolitischen Ringen geht. Als Kurzbezeichnung bieten sich die Labels »Moderne« und »Antimoderne« an.[16] Es ist auch möglich, sie als »Papstfreundliche« und »Papstskeptische« zu bezeichnen.[17]

15 Dazu wurden alle Daten einer Clusteranalyse unterzogen. Vier Cluster wurden errechnet. Drei von diesen sind in unterschiedlicher Stärke papstfreundlich, ein Typ hingegen ist deutlich papstskeptisch. Hier werden die beiden gegensätzlichen Randtypen vorgestellt.

16 Zur Bezeichnung der errechneten Typen werden jene Einzelaussagen, die bei diesen eine hohe Zustimmung (oder auch klare Ablehnung) erhalten.

17 Es liegt in der Natur der Umfrage (zu ihr wurde ja im Rahmen der Unterstützungsaktion für den Papst eingeladen), dass der Anteil der extrem Papstfreundlichen mit 28,5 % erheblich höher ist als jener der Papstskeptischen (2,1 %). Dank der hohen Beteiligung an der Umfrage sind diese beiden Gruppen für eine gediegene Auswertung stark genug besetzt: Die Anzahl der Papstfreundlichen beträgt 1.234 Personen, jene der Papstskeptischen 102 Befragte.

TABELLE 6: PROFILE DER PAPSTSKEPTISCHEN (ANTIMODERNEN) UND DER PAPSTFREUNDLICHEN (MODERNEN)

	Papst-kriti-sche	Papst-freund-liche	Diffe-renz
Wenn sich die Kirche der heutigen Welt öffnet, ist sie in Gefahr, verweltlicht zu werden. [7]	**58 %**	3 %	55 %
Das Christentum wächst in unserer Region stark. [10]	**55 %**	1 %	54 %
Wenn die Bischofskonferenzen mehr Rechte bekommen, bedroht das die Einheit der katholischen Kirche. [23]	**61 %**	8 %	53 %
In unserer Region gibt es keinen Klerikalismus. [5]	*46 %*	*11 %*	*35 %*
Die Kirche wird sich in den nächsten zehn Jahren erholen. [31]	*31 %*	*2 %*	*29 %*
Die Kirche muss sich von der Welt deutlicher unterscheiden. [27]	*41 %*	*21 %*	*20 %*
Die Zusammenarbeit mit anderen Religionen, aber auch mit Suchenden und Atheisten gelingt bei uns gut. [11]	*28 %*	*8 %*	*20 %*
Die Kirche ist in vielen Pfarrgemeinden heute sehr lebendig. [25]	*29 %*	*11 %*	*18 %*
Ich bin mit den Entwicklungsperspektiven des Zweiten Vatikanischen Konzils zufrieden. [26]	*21 %*	*12 %*	*9 %*
Die Enzyklika von Papst Franziskus über die Umwelt (Laudato si´) hat meinen Lebensstil nachhaltig verändert. [20]	*28 %*	*24 %*	*4 %*
Die moderne Lebenskultur bietet für den christlichen Glauben eine gute Chance. [24]	*27 %*	*34 %*	*–7 %*

	Papst-kriti-sche	Papst-freund-liche	Diffe-renz
Die Gerechtigkeit kann nicht zu Gunsten des Erbarmens aufgegeben werden. [18]	*27 %*	*37 %*	*–10 %*
Es ist richtig, dass die katholische Kirche auf der Familiensynode von der orthodoxen Tradition die pastoralen Prinzipien der »Akribia« (strenge Treue zum Gebot) und der »Oikonomia« (Berücksichtigung des Einzelfalls) übernommen hat. [9]	*16 %*	*32 %*	*–16 %*
Es gibt in unserem Land eine tiefe Glaubenskrise. [29]	*44 %*	*61 %*	*–17 %*
Die Kirche ist keine politische Partei, aber sie ist in der Politik parteiisch. [12]	*26 %*	*55 %*	*–29 %*
Die Kirche beschäftigt sich bei uns zu sehr mit sich selbst. [4]	28 %	**80 %**	–52 %
Ich hoffe zuversichtlich, dass am Ende der Zeiten Gott alle rettet. [19]	25 %	**79 %**	–54 %
Ich bin mit der tatsächlichen nachkonziliaren Entwicklung in der Kirche unzufrieden. [28]	33 %	**88 %**	–55 %
Nicht der Glaube, sondern die Kirche ist in einer tiefen Krise. [30]	23 %	**79 %**	–56 %
Den Pfarrgemeinden kommt auch künftig im Leben der Kirche große Bedeutung zu. [16]	18 %	**82 %**	–64 %
Den Bischofskonferenzen und ihren kontinentalen Zusammenschlüssen ist mehr Entscheidungsvollmacht zuzuweisen. [15]	9 %	**76 %**	–67 %
Die katholische Kirche braucht, bei aller Bedeutung des Amtes, mehr synodale Beteiligung. [6]	19 %	**87 %**	–68 %

	Papst-kriti-sche	Papst-freund-liche	Diffe-renz
Wir sind berufen, die Gewissen zu bilden, nicht aber dazu, den Anspruch zu erheben, sie zu ersetzen. [17]	16 %	**91 %**	-75 %
Die Kirche muss sich der Welt noch viel mehr öffnen, sich aussetzen, auf sie einlassen. [8]	14 %	**95 %**	-81 %
Es braucht in der katholischen Kirche mehr Subsidiarität. [14]	2 %	**88 %**	-86 %
Wem Gott in seinem Erbarmen vergibt, dem muss auch die Kirche ohne Wenn und Aber vergeben. [22]	11 %	**97 %**	-86 %
Die Rolle der Frauen in der katholischen Kirche ist einschließlich des Zugangs zum Diakonat aufzuwerten. [13]	8 %	**97 %**	-89 %
Ich halte es theologisch für gerechtfertigt, dass Geschiedene, die ein zweites Mal heiraten, im Einzelfall zu Kommunion gehen können. [21]	8 %	**99 %**	-91 %

Das sind Einstellungen der *Papstfreundlichen*[18]:

- Sie treten in großer Mehrheit für *Subsidiarität*, damit eine Aufwertung der Bischofskonferenzen und der kontinentalen Zusammenschlüsse ein.
- Sie unterstützen den Papst mit großer Mehrheit in der (ihrer Meinung nach) theologisch gut begründeten *Weiterentwicklung der Pastoral rund um Scheidung und Wiederheirat*.
- In der *Frauenfrage* (Diakonat) vertreten sie eine offen-fordernde Position.

18 Addiert man die (fett gedruckten) Zustimmungswerte der beiden Typen zu den papstfreundlichen Items, erhält man für die Papstfreundlichen eine Summe von 1138 und bei den Papstskeptischen eine von 214. Die Werte der Papstfreundlichen sind im Schnitt um 5,3 Mal höher als bei den Papstskeptischen.

- Sie sehen mehr eine *Krise der Kirche denn des Glaubens*. Diese habe mit ihrer Selbstbeschäftigung zu tun.
- Den *Pfarrgemeinden* bescheinigen sie eine gute Zukunft.

Seitenverkehrt erweist sich das Profil der *Papstskeptischen*:[19]

- Sie wollen, dass die *zentrale Rolle des Vatikans* und damit allein des Papstes in der römisch-katholischen Kirche unangetastet bleibt. Offensichtlich sehen sie darin die Garantie der Einheit der kulturell spannungsreichen Weltkirche. Dezentralisierung würde dagegen in manchen Regionen der Weltkirche zu unterschiedlichen Entwicklungen führen, sie würden sich auseinanderentwickeln und entfremden. Die Einheit käme in Gefahr.
- Die Papstskeptischen sind auch sehr besorgt, dass eine Öffnung für die Welt und ihre Kulturen zu einer *Verweltlichung* der Kirche führe. Deshalb lehnen sie auch die pastorale Entwicklung rund um Scheidung und Wiederheirat entschieden ab.
- Die Papstskeptischen können als antimodern charakterisiert werden. Das zeigt sich besonders in der Frauenfrage, beispielsweise an einer klaren Ablehnung der »Zulassung« von *Frauen selbst zum Diakonat*.

19 Addiert man neuerlich die (fett gedruckten) Zustimmungswerte, erhält man für die Papstskeptischen eine Summe von 174 und bei den Papstfreundlichen eine von 12. Die Werte der Papstfreundlichen sind im Schnitt um 14,5 Mal niedriger als bei den Papstskeptischen.

Was Sie in diesem Buch erwartet

Quellen

Für die pastoraltheologischen Analysen in diesem Buch zur Aktion ProPopeFrancis stehen zwei große Datenpools zur Verfügung:

- Der eine Pool sind die 150 Essays, die von Fachleuten aus dem informellen interkontinentalen Netzwerk geschrieben worden sind.[20] Diese Texte werden im Folgenden als »Expertisen« bezeichnet.
- Der andere Pool enthält die Daten der Online-Umfrage, die im Rahmen der Aktion gestartet worden war. Der größte Teil des Materials besteht aus den Antworten von über 5.200 Personen auf die drei offenen Fragen.[21] Dazu kommen die zuvor bereits präsentierten Antworten auf die »geschlossenen Fragen«.

Diese vielfältigen Materialien und die in diesen abgehandelten Themen werden in diesem Buch gemeinsam, also ineinander verschachtelt, vorgestellt. Es wird sich dabei zeigen, dass sowohl die Theologinnen und Theologen wie die Befragten im Online-Survey Positionen favorisieren, die sich auch im kirchenpolitischen Handeln von Papst Franziskus finden.

Zuweg zu einer kompakten Synthese

Um einen verlässlichen Überblick über das reichhaltige Material zu gewinnen, wurden in einem ersten Schritt die 150 Expertisen aus aller Welt durchleuchtet. Die wichtigsten aufgegriffenen Themen wurden herausgearbeitet. Es ist nicht geplant, dass alle Themen der Expertisen und auch nicht der Online-Umfrage in diesem Buch vorkommen.

Eine erste Orientierung über gewichtige Themen geben die Überle-

20 Dieses Material umfasst rund 1.100 DIN-A4-Seiten. Es ist in einem eBook vollständig veröffentlicht.

21 Diese Materialien machen gleichfalls einen Textpool von rund 1.100 enggeschriebenen DIN-A4-Seiten aus. Sie lassen sich von der Homepage ProPopeFrancis als PDF-Datei abrufen.

gungen von drei Fachleuten. Einer ist Naturwissenschaftler, einer Politiker, einer Politologe.

- Nach Ansicht von *Anselm Eder*, Naturwissenschaftler, zählen zu den wichtigsten Herausforderungen unserer Zeit »die ökologische Entwicklung, die ökonomische Entwicklung und die kriegerische Entwicklung«. Er befürchtet in der laufenden Entwicklung einen »drohenden Sieg der Gier über das langfristige kollektive Überleben«.
- Der erfahrene Politiker *Alois Glück* wiederum, langjähriger Präsident des Bayerischen Landtags und des Zentralkomitees der deutschen Katholiken, skizziert in seiner Expertise Veränderungen in den Jahren 2008–2018. Er bezieht sich dabei schwerpunktmäßig, aber nicht exklusiv auf Europa. Stichworte sind für ihn: der Zusammenbruch des Kommunismus, die Flüchtlinge und Migranten, politisch-ideologische Auseinandersetzungen und kulturelle Wertekonflikte, die digitale Kommunikation. Zunehmend werden für ihn Ängste zu einer prägenden politischen Kraft.
- Der renommierte Münchner Politologe *Werner Weidenfeld* wiederum sieht als eine der zentralen Herausforderungen (in westlichen Kulturen), dass die Quellen des Orientierungswissens versiegen. Solches konnte in früheren Zeiten die Kirche als »öffentliche Repräsentanz des Transzendenzbezugs des Menschen« bereitstellen. »In der Moderne sind diese kulturellen Rahmenbedingungen nicht mehr gegeben.« Die sozialen Organisationen sind komplexer geworden, die Lebenswelten pluralisiert, soziale Regelungen anonymisiert. Traditionswissen hat heute eine hohe Verfallgeschwindigkeit. Länder ohne Orientierungswissen aber sind nach Ansicht des Politologen Länder in vielfältiger Not.

Rangliste

In einem nächsten Schritt wurde eine EDV-gestützte vertiefende Analyse der reichhaltigen Materialien gemacht. Mit dieser Datenanalyse ließen sich zu den erstgenannten Herausforderungen weitere Challenges hinzufügen.[22] Eine Rangliste der in den Texten diskutierten Themen konnte erstellt werden:

- Die Reflexionen der Autoren aller Welt kreisen einerseits (wie bei

22 Die dafür hilfreiche Methode ist relativ einfach und zuverlässig. Es wird (Computer-gestützt) mit allen Texten zunächst ein gemeinsames Wörterbuch erstellt. Sachlich zusammengehörige

Wordcloud der Challenges

Weidenfeld angedeutet) um die *religiöse Dimension der Kulturen*: um Glaube, Religion, die Ökumene und den interreligiösen Dialog.[23]

- Sodann findet sich ein Wortfeld, das mit *Ehe, Familie(n), Kindern, Schule, Alten(Pflege)* zu tun hat.
- Zu den globalen Challenges zählen in den Texten *Frieden/Krieg/Terror, Gerechtigkeit/Armut und Bewahrung der Schöpfung/Ökologie*. Es sind Themen, an welchen christliche Kirchen in Europa in mehreren Ökumenischen Versammlungen engagiert zusammengearbeitet haben. Diese drei Themen sind zuvor schon bei Anselm Eder aufgetaucht.
- Großes Gewicht erhält die Herausforderung der *Digitalisierung*. Mit dieser befassen sich AutorInnen aus verschiedenen Kontinenten in keineswegs einheitlicher Weise.
- Ein mit anderen Themen verwobenes Challenge ist *Flucht/Migration*.
- Herausragendes Gewicht unter den Challenges erhielt das *Frauenthema*. Es rangiert gleich nach dem sozioreligiösen Wortfeld.

Es zeugt von der Zeitsensibilität von Papst Franziskus, dass ihn viele

Wörter werden Wortfeldern zugeordnet. Anhand der Häufigkeit der Verwendung der so gebündelten Wörter kann eine Priorisierung vorgenommen werden.

23 Das Wortfeld Kirche wird in Verbindung mit dem Stichwort »Glaubwürdigkeit« durchleuchtet.

dieser Challenges bereits intensiv beschäftigt haben. Er hat zu manchen Themen tiefschürfende und wegweisende Aussagen gemacht, so zum Bereich der familialen Lebenswelt (in Amoris laetitia zu Ehe, Familie, Eltern/Kinder/Jugend/Schule, Alte) oder zu ökonomischen oder ökologischen Themen (in Evangelii gaudium sowie in Laudato si´).

Reichweiten

Die Analyse der Expertisen aus aller Welt ergab nicht nur eine gewichtete Rangliste an Herausforderungen. Vielmehr zeigte sich, dass diese vielfältigen Challenges eine unterschiedliche »räumliche Reichweite« haben:

- Manche Challenges können als *global* gelten. Dazu gehören Frieden, Ökologie, Digitalisierung und Arbeitswelt, Migration/Flucht/ Wandern der Religionen sowie Ehe und Familie (mit dem Schwerpunkt Scheidung, Epikie).
- Andere Challenges hingegen erscheinen *kontinental* »verortet«. Aussagen zu diesen werden bevorzugt von AutorInnen von jenen drei Erdteilen gemacht, die sich an der Erstellung der Texte beteiligt haben: Asien (Indien, Taiwan), Lateinamerika, Europa mit Nordamerika (USA, Canada). Die Akzente werden zudem in Ost- und Westeuropa etwas anders gesetzt.[24]

In den verschiedenen Kontinenten werden jeweils einige Themen bevorzugt, wenngleich nicht ausschließlich, abgehandelt. Der Fokus ist jeweils auf andere Themen gerichtet:

- In *Lateinamerika* ist der Fokus *sozial*. Die Texte drehen sich um Armut, Ungerechtigkeit und fragen nach Ursachen im herrschenden Weltwirtschaftssystem.
- Anders die Texte aus *Asien*: Hier ist der Fokus *kulturell*. Der interreligiöse Dialog mit dem Hinduismus, dem Buddhismus, dem Konfuzianismus steht im Mittelpunkt.
- Die Texte aus Europa haben vielfach einen *»geistigen«* Fokus und insofern er in diesem geistigen Horizont auf eine Entwicklung der Kirche zielt, einen *»ekklesialen«* Fokus. Viele wünschen von der

24 Afrikaner haben sich zwar an der Umfrage beteiligt – sie schreiben (was bedauerlich ist) aber nicht über ihren Herkunftskontinent, sondern über Europa, wo sie leben und (wissenschaftlich) als Priester arbeiten.

Kirche einen Dialog mit der Aufklärung, und das in einer zweifachen Hinsicht:

- Die eine Dimension ist die Frage nach der *Verkündigung und Theologie* und deren *Sprache* – wie also die alte Botschaft modernen ZeitgenossInnen erschlossen werden kann und wie die ZeitgenossInnen ihrerseits mit ihrer Weltdeutung und Lebensführung die Botschaft der Kirche mitformen können.
- Die andere Dimension dreht sich um die *Menschrechte* und den Einsatz der Kirche dafür sowohl im Welthaus wie im eigenen Haus. Es gelte, Diskriminierungen zu überwinden. An der Spitze der hier zugeordneten Themen steht die Frauenfrage. Es ressortiert hier aber auch das weite Feld der Sexualität, wobei Variationen die Homosexualität, aber auch der Zölibat der römisch-katholischen Priester sind.

Alle diese Themen tauchen auch in den Wortmeldungen der Online-Umfrage auf. Beiträge der Befragten werden den Positionen aus den weltweiten Expertisen thematisch zugeordnet.

Auftakt

Vorangestellt werden den folgenden Analysen kurze Reflexionen zu zwei Papstworten; bedacht wird zudem auch das Bildwort von den »Zeichen der Zeit«.

- Das eine Zitat ist die Formel von der *»Mutter und Hirtin«,* mit welcher der Papst seinen Kirchentraum bildlich verdichtet.
- Sodann werden Aussagen zur Person und Bedeutung des Papstes zusammengestellt, wie sie in den Texten verstreut vorkommen. Dies erfolgt unter der Überschrift, die einem Ausspruch von Papst Franziskus vor der italienischen Bischofskonferenz entnommen ist: *»Wir leben nicht in einer Ära des Wandels, sondern erleben einen Wandel der Ära.«* Der Papst ist Protagonist dieser neuen Ära, ganz entsprechend des Schlusssatzes von Eugenio Scalfari im Interview mit Papst Franziskus: Der dritte Teil vom 3.10.2013 endet mit der »Prophezeiung«: »Das ist Papst Franziskus. Wenn die Kirche so werden wird, wie er sie denkt und will, wird sich eine Epoche ändern.«
- Das dritte Stichwort, zu dem nachdenkliche Anmerkungen vorgelegt werden, ist jener Begriff, der dem Papst sehr nahe ist: nämlich *»Zeichen der Zeit«*. Papst Johannes XXIII. und das von ihm einberufene Zweite Vatikanische Konzil sind mit diesem Wort eng verbunden. Jesus hat mit ihm die »messianische Blindheit« der religiösen Führer seines Volkes gegeißelt: »Außerdem sagte Jesus zu den Leuten: Sobald ihr im Westen Wolken aufsteigen seht, sagt ihr: Es gibt Regen. Und es kommt so. Und wenn der Südwind weht, dann sagt ihr: Es wird heiß. Und es trifft ein. Ihr Heuchler! Das Aussehen der Erde und des Himmels könnt ihr deuten. Warum könnt ihr dann die Zeichen dieser Zeit nicht deuten?« (Lk 12,54–57)

»Mutter und Hirtin«

Nicht allen AutorInnen schmeckt die Formulierung von Papst Franziskus, er träume von einer »Kirche als Mutter und Hirtin«. Es wird als ein »unglückliches Konzept« (Paul Wess) angesehen. Von »bischofszentriert« ist die Rede, das »kollegiale Zusammenwirken der Bischöfe mit Priestern oder Laien« komme nicht vor. Aber will der Papst wirklich eine »mütterliche Hirtenfürsorge *vor allem der Bischöfe für ihre Kinder oder Herde*«? Oder doch mehr »für die Welt, besonders für die Notleidenden und Armen«, so fragt sich der Innsbrucker Pastoraltheologe Paul Wess selbst.

Als der evangelische Altbischof Herwig Sturm aus Österreich gefragt wurde, ob er für ProPopeFrancis ein Testimonial verfassen wolle, meinte er nachdenklich: Das sei nicht sein evangelisches Kirchenbild. Nun kennt freilich die evangelische Kirche in manchen Regionen die Berufsbezeichnung Pastorin. Oder ein anderes Beispiel aus einer Kirche der Reformation: Die »Gesamtsynode der Evangelisch-reformierten Kirche« in Deutschland setzte auf die Titelseite eines Reformpapiers eine Herde mit ihrer Hirtin. Mit »Mutter und Hirtin« wird also in manchen evangelischen Kreisen eher das Kirchenvolk, die »Herde« selbst, weniger die Leitung verstanden. Ähnlich sieht es auch Daniel Stosiek aus São Paulo: Wir müssen »selber Kirche sein, selber Mutter und Hirtin«. Aber meint es nicht ohnedies der Papst genau so? Er sagt nicht von sich, dass er selbst Mutter und Hirtin sei, sondern bezieht diese Aussage auf die gesamte Kirche und alle ihre getauften Mitglieder, Frauen wie Männer, einschließlich jener, die in der Kirche mit einem Amt dienen.

Heribert Köck mag dennoch Recht haben, wenn er meint: »Metaphern führen leicht dazu, die ›Bemutterten‹ und ›Behirteten‹ zu infantilisieren, unmündig zu halten (›Kinder‹ und ›Schafe‹); und überdies können sie leicht in verkappte Herrschaftsstrukturen umschlagen.« Ähnliche Sorgen äußert der österreichische Theologe und Journalist Peter Pawlowsky. Besteht nicht gar die Gefahr, so fragt er, dass die Rede von einer »Kirche als Mutter und Hirtin« die »kirchliche Zweiklassengesellschaft in einer freundlichen Variante« verfestigt?

Papst Franziskus geht es aber bei diesem Bild vermutlich nicht um eine »Infantilisierung des Kirchenvolks«. Ihm liegt vielmehr an einem *anderen pastoralen Stil, einer erneuerten Pastoralkultur*[25]. Da erhebt sich niemand mehr selbstgerecht über Menschen, beurteilt sie gnadenlos legalistisch, wirft die »Gesetze wie Felsblöcke« auf sie, drängt hinaus, statt hereinzuholen. Es wird nicht mehr moralisiert, sondern geheilt. Die Kirche hat deshalb, so die starken Leitbilder des Papstes, die Menschen nicht in den Gerichtssaal, sondern in ein Feldlazarett zu führen. Er ist kein legalistischer Ideologe,

25 Zulehner, Paul M.: »Ich träume von einer Kirche als Mutter und Hirtin.« Die neue Pastoralkultur von Papst Franziskus, Ostfildern 2018.

sondern ein am Einzelfall interessierter Hirte. Mehrmals (Edmund Arens, Manfred Belok, Klaus Lüdicke, Marian J. Prachár) wird in den Texten eine einschlägige Aussage des Papstes zitiert. In dieser verdeutlicht er, welchen pastoralen Stil er nicht haben will. Der Text stammt aus Amoris laetitia (305). Der Kontext sind jene »Ehen von KatholikInnen«, die mit dem Kirchenrecht nicht übereinstimmen. Dazu der Papst:

> »Daher darf ein Hirte sich nicht damit zufriedengeben, gegenüber denen, die in ›irregulären‹ Situationen leben, nur moralische Gesetze anzuwenden, als seien es Felsblöcke, die man auf das Leben von Menschen wirft. Das ist der Fall der verschlossenen Herzen, die sich sogar hinter der Lehre der Kirche zu verstecken pflegen, ›um sich auf den Stuhl des Mose zu setzen und – manchmal von oben herab und mit Oberflächlichkeit – über die schwierigen Fälle und die verletzten Familien zu richten‹ [...]. Aufgrund der Bedingtheiten oder mildernder Faktoren ist es möglich, dass man mitten in einer objektiven Situation der Sünde – die nicht subjektiv schuldhaft ist oder es zumindest nicht völlig ist – in der Gnade Gottes leben kann, dass man lieben kann und dass man auch im Leben der Gnade und der Liebe wachsen kann, wenn man dazu die Hilfe der Kirche bekommt.«

In anderen Texten wird die Vision von einer »Kirche als Mutter und Hirtin« unhinterfragt positiv empfunden. Ruth Zenkert und P. Georg Sporschill SJ. widmen sich seit Jahrzehnten Straßenkindern, zuerst in Rumänien, nun in Moldawien. In ihrem Essay erzählen sie Geschichten von Kindern am Rand. Damit tun sie genau das, was Franziskus von der »mütterlichen Kirche« erwartet. Ihre konkreten Erfahrungen bündeln sie in »Sieben Fragen, auf die die gute Hirtin hört«.

Keine Probleme mit der Vision des Papstes von einer »Kirche als Mutter und Hirtin« hat auch Wolfgang Oberndorfer. Er lehrt als Naturwissenschaftler an der technischen Universität in Wien. Sein Nachdenken über die Kirche in der Welt von heute lässt ihn ein paar Leitsätze einer konkreten »mütterlichen Pastoral« formulieren:

- »Eine Mutter würde für ihre Kinder von dritter Seite Hilfe suchen, wenn sie es nicht mehr schafft, alles allein zu machen (Diakonat für Frauen, Netzwerke mit Nichtmitgliedern z. B. Flüchtlingsarbeit).
- Eine Mutter würde notfalls den Vater der Kinder bitten, ihr zu helfen, und sich dann überraschen lassen, ob und wie gut das geht.

- Eine Mutter würde notfalls ihre großen Kinder bitten, sich um die kleinen Geschwister zu kümmern.
- Eine Mutter würde mit ihren Kindern nicht in Metaphern sprechen.
- Eine gute Mutter würde ihre Kinder nie züchtigen.«

Ähnlich konkret wird Pavel Mikluščák, der als Slowake aus einem Land kommt, das sich schwertut, Kriegsflüchtlinge aufzunehmen, zumal wenn sie dem islamischen Glauben angehören. Kantig betont er: »Die Kirche als Mutter und Hirtin steht für die Hilfe für Flüchtlinge.« Karin Heller aus den USA wendet die Vision des Papstes kirchenpolitisch in die Richtung ihres Anliegens: »Wenn Mutter und Hirtin: dann Frauen als gleichwertige Partnerinnen.« Das große Thema Frau in der Kirche bricht immer wieder durch.

Schon in dieser Reflexion über die Vision des Papstes von einer »Kirche als Mutter und Hirtin« wird klar: Selbst unter jenen, die ihn unterstützen, finden sich breite Zustimmung und eingestreute Skepsis nebeneinander. Dabei neigen manchmal jene, die in den letzten Jahrzehnten engagiert Kirchenreformen gefordert haben, eher zur Skepsis (Peter Pawlowsky, Herbert Kohlmaier). Auch Othmar Förster, Professor an der Medizinischen Universität Wien, sieht gleichzeitig »große Hoffnungen und zähen Fortschritt«.

Heribert Köck diskutiert Gründe, mit denen erklärt wird, warum es seiner Ansicht nach bislang kaum handfeste Reformen durch Franziskus gegeben habe: Er verweist auf eine »Angst vor Spaltung«, fügt aber bei, dass es eine solche längst gebe. Die Hoffnung, »dass ein zukünftiger Papst nicht hinter Franziskus zurück« könne, hält er für irrational. Allerdings wäre, käme nach Franziskus ein Papst, der die Reformen von Papst Franziskus wieder sistieren wollte, das Entstehen einer »Parallelkirche« innerhalb der katholischen Kirche vorprogrammiert: Ansätze dazu gebe es »schon heute in der Form jener Gruppen von Gläubigen, die nicht nur ihr persönliches Leben nicht mehr an den vielfach naturwissenschaftlich und soziologisch, aber auch theologisch überholten Vorgaben Roms – für die der sog. Katechismus der Katholischen Kirche steht – orientieren wollen, sondern auch zeitgemäße Formen des Gottesdienstes, insbesondere der Eucharistiefeier, suchen und erproben«.

Von diesen skeptischen Anfragen unterscheiden sich zwei Beiträge von Markus Büning deutlich. Dieser ist Theologe und Autor aus Nottuln in Deutschland. Er ist, wenn man ihn mit zwei Begriffen charakterisieren will, ein »bekennender Konservativer«. Ihm liegt an den Traditionen seiner Kirche. Verehrt werden von ihm die Vorgänger von Papst Franziskus, nämlich die Päpste Johannes Paul II. und Benedikt XVI. Zugleich bricht er aber eine Lanze für den jetzigen Papst. In seinem Netzwerk muss er sich deshalb gegen heftige Kritik wehren. Das ändert aber seine Sympathie zu Papst Franziskus nicht. Mehr noch: Seine Gesinnungsgenossen ruft er zu einem »Nein zum Krieg unter uns!« auf. Insbesondere Amoris laetitia kann er viel abgewinnen. Denn hier gehe es dem Papst um nicht weniger als »um eine evangeliumsgemäße Pastoral für Menschen in schwieriger Lebenssituation«. »Ich danke Gott dafür, dass er uns einen Papst geschenkt hat, der uns mahnt, geistlich abzurüsten.«

Das Votum von Markus Büning bestätigt die Vermutung von Antonio Spadaro SJ., dass der Papst nicht rechts und nicht links einzuordnen ist. Vielmehr ist er Hirte, nicht Ideologe. Markus Büning ruft Stefan Oster, den Bischof von Passau, für seine Position zu Hilfe: »Auch die sogenannten Konservativen sind oft nicht fruchtbarer. Sie beharren zwar vielfach auf Dogma und Liturgie, aber nicht selten ist auch bei ihnen wenig zu erleben von einem wirklichen liebenden Dienst am Nächsten.« Die Hoffnungen, die er auf Papst Franziskus setzt, verdichtet Markus Büning so:

> »Bleibt zu hoffen, dass innerchristlich jedweder Fundamentalismus überwunden wird. Ich erkenne in der Aufklärung und der damit einhergehenden Entdeckung der menschlichen Freiheitsrechte auch das Wehen des Heiligen Geistes, der immer wieder neu die Menschen in die Tiefe der Weisheit einzuführen vermag. Gott ist eben wirklich ein Gott der Geschichte. Es bleibt zudem zu hoffen, dass der Islam auch durch diesen Scheuersack der Aufklärung in seiner Gesamtheit zu einer Religion wird, die fundamentalistischen und gewaltverherrlichenden Varianten religiöser Existenz ein für alle Mal abschwört. Wenn dem so wäre, würde das Phänomen der Religion vor den Augen aller Menschen wieder mehr an Überzeugungskraft gewinnen.«

Nicht Ära des Wandels, sondern Wandel der Ära

Kirchenhistoriker und Vatikanisten unter den AutorInnen riskieren es, Papst Franziskus schon zu Lebzeiten einen historischen Platz zuzuweisen. Er gilt ihnen als ein Papst inmitten eines tiefgreifenden Wandels einer historischen Ära.

Pablo Argaráte zeichnet den Weg von Jorge Bergoglio zum Papstamt nach. Er versucht den Papst und seine bewegte und bewegende Entwicklung zu verstehen. Die Kirche übernimmt Franziskus in einer tiefen Krise. Noch als Kardinal im Konklave analysierte er: »Es gibt zwei Kirchenbilder: die verkündende Kirche, die aus sich selbst hinausgeht... und die weltliche Kirche, die in sich, von sich und für sich lebt.«

Zwischen diesen beiden Kirchenbildern liegt wohl auch eine persönliche Bekehrung von Jorge Bergoglio zu den Armen. Diese werden für ihn ein Ort der Gottesbegegnung, ein Ort für theologisches Lernen, ein Ort zur Änderung der Pastoralkultur. Sie lassen Papst Franziskus unentwegt sagen: »Come vorrei una Chiesa povera e per i poveri!« Dafür prägt der Papst eine Reihe inzwischen vertrauter positiver wie negativer Kirchenbilder, in deren Kontext sich seine Vision von einer Kirche als Mutter und Hirtin erhellt: Feldlazarett, Zollstation, keine Folterkammer, »Geruch der Schafe«, kein »spirituelles Alzheimer«. Nicht nur der Kirche reicht er die Medizin der göttlichen Barmherzigkeit, sondern noch mehr der bedrohten Welt. Franziskus ist mehr ein Weltpfarrer als das Oberhaupt einer Weltkirche.

Ähnlich erhellend sind die Ausführungen des Kirchenhistorikers Josef Gelmi von Brixen. Franziskus setzt das Werk Johannes XXIII. und des von diesem Papst einberufenen Konzils fort. Er will eine Kirche, welche jene Wunden heilt, welche die Menschen sich selbst, einander (Scheidung), den zahllosen Armengemachten und Armgehaltenen der Welt und nicht zuletzt der Natur (Ökologie) schlagen:

> »Die Kirche ist aufgerufen, aus sich selbst heraus und an die Peripherie zu gehen. Nicht nur an die geographische Peripherie, sondern an die Grenzen der menschlichen Existenz: die des Mysteriums der Sünde, die des Schmerzes, die der Ungerechtigkeit, die der Ignoranz, die der fehlenden religiösen Praxis, die des Denkens, die jeglichen Elends.«[26]

26 Schwabeneder, M.: Geht an die Ränder der Gesellschaft, in: E.-M. Merz/M. Schwabeneder, Franziskus. Vom Einwandererkind zum Papst, Wien-Graz-Klagenfurt 2013, 148.

Die historische Bilanz nach fünf Jahren bringen einzelne AutorInnen mit wenigen Worten auf den Punkt: Der Papst ist ein »Gottesgeschenk für die Gegenwart« (Edmund Arens), ein »politischer Pontifex«, »pastoral imprägniert«, »Protagonist einer kommunikativen Kirche«. »Papst Franziskus fungiert nicht nur als das pontifikale Oberhaupt einer globalen Glaubensgemeinschaft, die allen offensteht, er verkörpert als deren päpstlicher Protagonist eine verbeulte, unfertige, eine aus sich herausgehende, solidarische und heilsame, eine kommunikative, inklusive und integrative Kirche.« (Josef Gelmi)

Daniel Pastirčak, slowakischer Poet, Schriftsteller und Essayist, ist evangelischer Pastor. »I began to call him ›my first Pope‹.« Für ihn ist Franziskus ein wirklicher Pontifex, ein typischer Brückenbauer: »He is neither liberal, nor conservative; he bridges the gap, firmly anchored on both sides of this regrettable gap.« Ähnlich wirkt er in einer gespaltenen »Welt«, für welche aussöhnender Dialog überlebenswichtig ist: »For progressives, even moderate conservatives are often nothing more than a mere bunch of fascists; while for conservatives, progressives are simply libertarians and neo-Marxists. In such a situation, nothing is more necessary than a new culture of dialogue, new respect for the opponent, and a new ground for negotiation.«

Für Georg Lang-Wojtasik, Professor für Erziehungswissenschaft/Pädagogik der Differenz an der Pädagogischen Hochschule Weingarten in Deutschland, ist Papst Franziskus zu einem »hoffnungsstiftenden weltbürgerlichen Lehrmeister« geworden. Lang-Wojtasik teilt die Ansicht des Papstes, dass die Welt nicht mehr viel Zeit hat, um ihre großen ökologischen, ökonomischen und weltanschaulichen Probleme zu lösen. Es geht nicht mehr an, »es uns in einer ›Globalisierung der Gleichgültigkeit‹ (Franziskus, LS 63) bequem zu machen«.

Zeichen der Zeit

Das Zweite Vatikanische Konzil wünschte für die Kirche einen offenen, wohlwollenden und zugleich prophetischen Blick auf die Welt von heute. Das gehört zu ihrer Grundverfassung – ist ihre »Pastoralkonstitution«. Die erste den Fachleuten gestellte Frage greift diesen Wunsch des Konzils auf. Es sollte in dieser konziliaren Logik aufgespürt werden, welche Herausforderungen gesehen werden.

So wie das Bildwort des Papstes von der »Kirche als Mutter und Hirtin« von einigen TheologInnen kritisch bedacht wird, wird auch der Begriff von den »Zeichen der Zeit« differenzierend ausgelotet. Seine Geschichte reicht ja bis in die biblischen Urkunden zurück. Jesus ist irritiert, dass die religiösen Fachleute seiner Zeit die »Wetterzeichen« lesen können, aber nicht die »Zeitzeichen« (Lk 12,54–57). Sie merken nicht, dass sich in Jesus von Gott her Bedeutendes für Israel und damit für die Welt ereignet. Johannes XXIII. hatte schon vor dem Konzil in Pacem in terris (1963) Zeichen der Zeit benannt, das Streben der Völker nach Freiheit, den Aufbruch der Arbeiter und die neue Rolle der Frauen, worauf Eva-Maria Faber in ihrem Beitrag hinweist. Das Erkennen der Zeichen der Zeit wurde dann zu einer Grundaufforderung des Konzils. Der Begriff erfreute sich in der Folge auch hoher Beliebtheit.

Es mag nun durchaus sein, dass der Begriff nach und nach an Inhalt und Kraft verloren hat. Daher vermerkt Richard Hartmann, Pastoraltheologe von Fulda (Deutschland): »Die Rede von den ›Zeichen der Zeit‹ nutze ich sehr vorsichtig. Der Begriff verleitet dazu, bestimmte Wahrnehmungen zu sakralisieren und damit unangreifbar zu machen. Wenn er benutzt wird, ist es schwierig, diese Nutzung zurückzuweisen. Objektive Kriterien gibt es nicht. Es sind Bewertungen von bestimmten Prozessen, die kommunikativ errungen werden müssen. Mir scheint angemessener zu sein, eine Stimmung und gesellschaftliche Tendenz mit dem Begriff ›Zeichen der Zeit‹ zu belegen und damit eine Richtung zu bezeichnen, ohne letztlich behauptete Gewissheit.«

Auch der Münchner Sozialethiker Markus Vogt hat sich in seinem Beitrag für das Ausloten des Bildworts viel Zeit genommen, wohl auch um ihn zu sichern und notfalls theologisch unangreifbar zu bestimmen. »Was sind ›Zeichen der Zeit‹«, fragt er direkt, und führt aus:

> »Eine Theologie der ›Zeichen der Zeit‹ versteht die Gegenwart prophetisch als Anruf Gottes: Sie wendet sich den Herausforderungen, Umbrüchen und Aufbrüchen der jeweiligen geschichtlichen Situation zu, um in diesen nach der verborgenen Gegenwart Gottes, der sich als ein Mitgehender offenbart hat und je neu offenbart, zu suchen. Glaube ist demnach interpretatio temporis: Daseinsauslegung, nicht bloß ein Festhalten an überkommener Wahrheit, sondern deren je neue Er-

schließung als befreiende Antwort auf biografische und geschichtliche Erfahrungen. Indem der Glaube auf die Erfahrungen der Menschen hört, sich in die Deutung der Zeichen der Zeit einmischt und an der Suche nach Antworten beteiligt, wird er lebendig und gewinnt einen aktuellen Zeugnischarakter.«

Auch Markus Vogt verweist auf die biblische Grundlage des Begriffs. Er betont, dass es sich bei den Zeichen der Zeit um »Phänomene [handelt], die durch ihre Allgemeinheit und Intensität oder Häufigkeit eine Epoche prägen«. Sie »betreffen wesentliche Fragen des Menschseins, durch welche sich die Nöte und Sehnsüchte einer bestimmten Zeit aussprechen«. Der hermeneutische Schlüssel für eine zeitgenössische Theologie der Zeichen der Zeit sei die »Option für die Armen« – »eine der am meisten und sogar absichtlich vergessenen Lehren des Konzils«. Eben dieses tiefe Selbstverständnis des Begriffs sei für Papst Franziskus ganz wesentlich.

Subsidiarität – Kontinentalisierung der Globalkirche

In den bisherigen Ausführungen wurde schon mehrmals auf den im Rahmen der Aktion ProPopeFrancis geäußerten breiten Wunsch hingewiesen, in die katholische Weltkirche (es wird hier auch mit dem Wort »Globalkirche« gespielt) durch die Implementierung von Subsidiarität Bewegung zu bringen. Dieses Thema spielt sowohl in der Online-Umfrage wie in den Ausführungen der Experten eine Schlüsselrolle. Einhellig wird in den Fachbeiträgen verlangt, die *Subsidiarität* in der Weltkirche künftig ernster zu nehmen, strukturell auszubauen sowie kirchenrechtlich abzusichern. Subsidiarität sei dabei jene Haltung, »welche die Freiheit der jeweils unteren Ebene gegenüber Einmischungen der höheren sichert«. (Nikolaus Knöpfler)

Die vielfältigen Gedanken aus beiden Materialien werden in einem ersten Schritt vorgelegt. Dabei werden Aussagen aus den Expertisen wie Beiträge aus der Onlineumfrage ineinander verwoben.

Schlecht bestellt

In den Expertisen wird zunächst enttäuscht darauf verwiesen, dass es um Subsidiarität in der Kirche schlecht bestellt sei: »Der in der Katholischen Soziallehre entwickelte Grundsatz der Subsidiarität, der sogar zum Leitprinzip der Europäischen Union wurde, wird von der Kirche nicht beachtet.« (Heribert Köck) Auch Renold Blank vermerkt mit Bedauern, es »fällt manchen schwer, diese Konzeption eines ›Sensus fidei‹ in ihren praktischen Konsequenzen zu akzeptieren«. Auch die Glaubwürdigkeit der Kirche stehe auf dem Spiel: Man könne nicht Subsidiarität einmahnen und selbst nicht praktizieren

Starker Wunsch nach mehr Subsidiarität

Diesem negativen Befund versuchen mehrere AutorInnen beratend entgegenzusteuern. Mehrere AutorInnen haben sich mit der Implementierung von Subsidiarität ins Leben der Kirche befasst, so etwa ganz allgemein Herbert Denicoló oder Josef Eckl Hermann/Michael Hauber. Theologisch besehen komme die Kirche um Subsidiarität nicht herum. Denn »die Kirche ist beides: geheimnisvoller Leib Christi und menschliche Organisation (ungetrennt und unvermischt), und deshalb gelten in gewisser Weise auch die Prinzipien der Soziallehre der Kirche für ihren eigenen Bereich, so die Prinzipien der Solidarität, der Subsidiarität und der Personalität«.[27] (Adrian Loretan-Saladin) Auch der Lateinamerikaner Pedro Piza verweist auf die schöpferische Spannung zwischen Einheit und Vielfalt, die dem Prinzip der Subsidiarität innewohnt: »What should be highlighted in the writings of Saint Irenaeus is his willingness both to defend the unicity of the Gospel preached in the whole world and to re-affirm (as Saint Polycarp once did before him[28]) the right inherent to the local Churches to maintain their own pastoral practices.«

Der Ruf nach der Implementierung des Subsidiaritätsprinzips der Katholischen Soziallehre im kirchlichen Leben ist auch unter den Befragten der Online-Studie stark.[29] Es gelte endlich, die »katholische Soziallehre (Solidarität, Subsidiarität, Personalität) in der Kirche [zu] realisieren« (Mann, 1939). Ein Befragter wird gleich sehr konkret: »Sie [die Kirche] muss sich gründlich ändern. Ihre Einstellung zu Frauen, zu synodalen und subsidiären Strukturen ist einfach nicht mehr von dieser Welt. Sie muss theologisch einfach wieder besser werden. Sie muss Bischöfe von unten wählen und von oben bestätigen lassen, sie muss die Gemeinden erlebbarer Größe Vorsteher/innen wählen (und vom Bischof bestätigen) lassen.« (Mann, 1943)

Subsidiarität und Synodalität werden von vielen als »seit langem bekannte Hausaufgaben« (Mann, 1968) bezeichnet (Mann, 1936; 1956, 1970, 1939, 1943, 1956, 1958, 1944, 1949, 1952; Frau, 1951, 1948). »Wir brauchen dringend eine Synodalkirche« (Mann, 1927), müssen »einen synodalen Weg finden« (Mann, 1965).

Begriffe

Die Begriffe Subsidiarität und Synodalität werden in den Texten häufig zusammen und im gleichen Sinn verwendet. Manche fügen diesem Wunsch nach einer Neuordnung der kirchlichen Entscheidungsprozesse das profanpolitische Wort »demokratisch« hinzu: So fordert ein Befragter »demokratische – synodale und transparente Entscheidungsprozesse in allen kirchlichen Fragen« (Mann, 1945). Und ein anderer Befragter:

27 Marx, Kardinal Reinhard: Die Leitungsaufgabe des Bischofs. Anmerkungen und Perspektiven, in: Ludger Müller/Wilhelm Rees (Hg.), Geist – Kirche – Recht. Festschrift für Libero Gerosa zur Vollendung des 65. Lebensjahres, Berlin 2014, 39–47, 44.

28 Historia Ecclesiastica V.24.16.

29 Das Interesse an diesem Aspekt der Gestaltung des kirchlichen Lebens zeigt sich allein daran, dass Wortverbindungen mit »Subsid*« 163 Mal und jene mit »synod*« 149 Mal vorkommen.

»Das synodale Prinzip (Demokratie!) muss sich in der Kirche durchsetzen, sonst wird sie nicht mehr ernst genommen.« (Mann, 1955) Auch mit der Idee des Dialogs wird die Reform der Kirchenverfassung verbunden: »A new paradigm of church, in dialogue ad extra and ad intra (a synodal church).« (Mann, 1947) Unabhängig von den Begriffen geht es einer Befragten – und wohl der Mehrzahl derer, die dieses Thema aufgegriffen haben – um eine »Demokratisierung samt Gewaltenteilung und Mitbestimmung« und die Verfasserin dieser Textpassage fügt wohl auf Grund schlechter Erfahrungen mit raschen verbalen Zugeständnissen bei: eine »echte, nicht nur synodal!« (Frau, 1966)

Subsidiarität habe übrigens auch eine oft übersehene, vorteilhafte finanzielle Nebenwirkung: »Wir müssen uns von Überflüssigem entlasten, das heißt: Strukturenbereinigung, einsparen auf der oberen Ebene, Subsidiaritätsprinzip... eine angreifbare, durchschaubare Kirche.« (Mann, 1950)

Dezentralisierung

Wenn die Kirche Subsidiarität und Synodalität achtet, werden ererbte Nachteile und Missstände abgebaut. Zunächst sei es für die Kirche von Vorteil, wenn es »weniger Zentralismus und mehr Subsidiarität und Solidarität« gebe (NN.). Als Prinzip müsse gelten: »So wenig Zentralismus wie unbedingt nötig, so viel Subsidiarität wie irgendwie möglich!« (Mann, 1954) Ein Befragter verlangt lapidar: »Dezentralisierung der Kirche/Synodale Strukturen« (Mann, 1943).

Die Vision der Dezentralisierung könne in Erfüllung gehen, wenn »die Entscheidungen in der Kirche nicht mehr autokratisch getroffen werden, sondern synodal« (Mann, 1941). Es sei erforderlich, »synodale Strukturen [zu] errichten, in denen auch Laien mitentscheiden können« (Mann, 1932) – dies sei auch für die Beteiligung von Frauen an Entscheidungsprozessen ein wichtiger Schritt, weil die Ämter, die mit der Ordination verbunden sind, derzeit nur männlich besetzt sind: »Synodale (demokratische) Strukturen schaffen auch Zugänge für Frauen.« (Mann, 1956) Jedenfalls ereigne sich auf dem Weg der Synodalisierung eine »radical structural reform based on Subsidiarity and openness to external values and opinions« (Mann, 1942). Das erhoffte Ergebnis sei »a synodal church, inverted pyramid, voices of laity and women in particular to be heard in teaching and governance« (Mann, 1947). Durch diese »synodale – nicht hierarchisch-monarchische – Entwicklung« komme es zu einer »Einbindung möglichst vieler in den Entscheidungsprozess« (Mann, 1945), noch mehr, möglich werde eine »Mitbestimmung von allen Gläubigen« (Mann, 1963).

Auch in den Expertisen wird betont, dass eine besonnene Dezentralisierung der römisch-katholischen Weltkirche unabdingbar sei und unbesorgt durchgeführt werden könne. Das Hauptargument für die Zentralisierung der letzten Jahrhunderte war ja wohl die nahezu panische Sorge um die Einheit der Weltkirche, um den Zusammenhalt der Kirche in vielfältigen Kulturen. Einheit sollte durch Uniformität gesichert werden. Wichtige Entscheidungen wurden deshalb zentralisiert. Sie kamen von Rom und gelangten von dort aus bis in die entlegensten Winkel der Weltkirche.

Subsidiarität wird möglich, sobald die Angst um die Einheit kleiner wird. Papst Franziskus hat deshalb geringere Angst als seine Vorgänger, weil er an das Wirken des Geistes Gottes in allen Teilen der Weltkirche glaubt. Deshalb zitiert er in Evangelii gaudium wiederholt ortskirchliche Texte und begründet mit diesen sein gesamtkirchliches Lehren. Dabei wird er ganz konkret: Als er gebeten wurde, seine pastoralen Positionen in Amoris laetitia zu begründen, nimmt er ein Hirtenwort der argentinischen Bischöfe und verleiht diesem gesamtkirchliches Gewicht.

Ergebnis: nicht Uniformität, sondern Universalität

Dem Papst schwebt freilich eine andere Art von Einheit in der römisch-katholischen Weltkirche vor. Einheit, basierend auf Subsidiarität, ist nicht mehr Uniformität, sondern Universalität: Nikolaus Knöpfler/Martin O'Malley vermerken in ihrem Beitrag »Incarnating Authority: »The Time is Ripe for a Fresh Look at Rahner's Ecumenical Theology: But for the sake of unity, there is no need to require a definite agreement to all the propositions which are conceived as objectively given along with divine revelation in the historical development of Roman Catholic religious consciousness.«

Eine wirklich universelle, also im ursprünglichen Sinn »katholische« Kirche lernt, vielfältige Lösungen von pastoralen und theologischen Herausforderungen als Reichtum zu schätzen. Sie kennt beides: Gemeinsamkeit im Fundament, Vielfalt in Teilaspekten. Eine Art innerkirchliche versöhnte Verschiedenheit, oder – vielleicht zukunftsoffener formuliert – differenzierte Einheit wächst. Der Kirche gelingt die »right balance between globalization and inculturation«. (Staf Hellemans/Peter Jonkers)

Bleibende Verantwortung des Petrusamtes

Anders als Gegner von mehr Subsidiarität in der Kirche befürchten, hebt diese die Verantwortung des Petrusamtes und damit der kirchlichen Zentrale nicht auf. Es ändern sich aber mit ihr sehr wohl die päpstliche Amtskultur und mit ihr die Entscheidungsvorgänge in tiefgreifender Weise. Entscheidungen laufen dann nicht mehr von der Zentrale an die Peripherie oder, noch lapidarer formuliert, »von oben nach unten«. Das bleibt zwar eine mögliche Variante. Aber im kirchlichen Alltag können Entscheidungsprozesse auch umgekehrt ablaufen: Entscheidungen von der Peripherie werden dann zur Grundlage weltkirchlicher Veränderungen. So kann es sein, dass die Bischofssynode in Amazonien im Herbst 2019 die Ordination verheirateter und nicht vollakademisch ausgebildeter Katechisten beschließt und der Papst diese Entscheidung gutheißt. Es ist dann möglich, dass diese Entscheidung nach und nach auch andere Regionen der Weltkirche erfasst und am Ende der Weltkirche eine Neuregelung der Zugangsbedingungen zur Ordo eröffnet.

Klerikalismus

Die Implementierung von Subsidiarität kann aber nicht nur die lähmende Stagnation des Uniformismus abbauen. Abgemildert werden könnte durch sie auch nach Ansicht von Befragten der nach wie vor vorhandene Klerikalismus. Die Kultur der Machtausübung in der Kirche würde sich ändern: »Mehr synodales Prinzip und Abbau der klerikalen ›Voll-Machten‹« (Mann, 1944). Ohne amtliche Verantwortung zu leugnen, verlangt ein Befragter den »Abbau der hierarchischen Struktur zu Gunsten einer mehr synodalen Struktur« (Mann, 1963). Probleme ergeben sich, wenn die »Kirche... synodal argumentiert und hierarchisch handelt und durch pastoraltechnokratische Strukturreformen unter vermeintlicher Suche nach dem Willen Gottes weiter Boden und Halt verliert« (Mann, 1964). Beim Abbau des Klerikalismus handelt es sich aber nicht nur um die Frage der Macht in der Kirche. Dahinter steht vielmehr eine vertiefte ekklesiale Vision: »Sie muss Ernst machen mit dem alternativen Kirchenmodell von der ›Communio‹ oder dem ›Wandernden

Gottesvolk‹«. Das heißt: »Synodale Strukturen und im Sinne des ›Katakombenpaktes‹ eine dienende und arme Kirche.« (Frau, 1934) Kantig formuliert eine Befragte: »mehr Synodalität, mehr überhaupt miteinander reden, Klerikalismus als Karikatur der Weihe wahrnehmen und abschaffen«. (Frau, 1964)

Ins Positive gewendet geht es nicht nur um Egalität aller Getauften auf Grund der Taufe, sondern auch um ein schöpferisches Zusammenwirken aller: »Grundlegend verbessertes Zusammenarbeiten zwischen ›Klerikern‹ und ›Laien‹: Dieses Thema ist keineswegs erledigt. D. h. auch stärkere Synodalisierung, wie wir es bereits einmal (!) erlebt haben: Würzburger Synode.« (Mann, 1934) Ähnlich theologisch tiefschürfend argumentiert ein anderer Befragter: »Das gemeinsame Priestertum der Christgläubigen konsequent ernst nehmen! Statt Hierarchie sollten synodale und demokratische Strukturen angestrebt werden!« (Mann, 1944) Ein Teilnehmer aus Frankreich schlägt in dieselbe Kerbe: »Suivre la conviction établie à Vatican II que l'Eglise est d'abord Peuple de Dieu avant que d'être une institution hiérarchique: revaloriser le sacerdoce baptismal… Développer la pratique synodale dans l'Eglise en valorisant le caractère inachevé de nos formulations ecclésiales pour désigner le Christ parole ultime.« (Mann, 1948) Es geht also um nicht weniger, als »synodale Strukturen [zu] errichten, in denen auch Laien mitentscheiden können – die Rechtlosigkeit der Laien im Kirchenrecht beenden!« (NN). Diese »Öffnung für eine synodale Struktur« werde nicht einfach sein, gibt eine Befragte zu bedenken: Denn »das Wachsen der Beteiligungskirche aller Getauften ist mit einem Machtverlust der ›Herrscherpriester‹ verbunden«. Beklagend fährt sie fort: »Die meisten jungen Priester, die jetzt nachkommen, sind auffällig wieder an Hierarchie und Klerikalismus orientiert.« (Frau, 1959) Dennoch sei an einem »Abbau der kirchlichen Hierarchien in Richtung einer geschwisterlichen und synodalen Struktur« zu arbeiten (Mann, 1962). Kurzum: »Eine grundsätzliche Wandlung müsste dahingehend erfolgen, dass nicht der Klerus die Kirche repräsentiert, sondern das Kirchenvolk. Die hierarchische Pyramide müsste auf den Kopf gestellt werden. Ohne synodales Denken werden kirchliche Entscheidungen nicht mehr mitgetragen. Räte, die nur beratende Funktion haben, sind nutzlos.« (Mann, 1949)

Änderung der Verfassung

Würde die Kirche im eigenen Haus Subsidiarität ernster nehmen, hätte das für sie weitreichende Folgen. So wünscht der Brixner Kirchenhistoriker Josef Gelmi nichts weniger als »eine Änderung der Verfassung der Kirche«, also der »Stellung des Papstes und des Episkopates in der Kirche« in Richtung »Subsidiarität, Konziliarität und Kollegialität«. Josef Gelmi wird konkret, wenn er beispielsweise fordert: Die »Bischofskonferenzen müssten in die Lage versetzt werden, die Bischöfe selbst zu bestellen (Subsidiaritätsprinzip)«.

Ähnlich votieren Befragte aus der Online-Studie: »Die Kirche soll sich auch in ihrer Verfassung an das Subsidiaritätsprinzip halten.« (Mann, 1937) Und das »auf allen Ebenen der Kirche« (Mann, 1933). »Synodale Formen von Kirchenleitung bis zur obersten Stufe.« (Frau, 1942)

Weil es Subsidiarität bislang in der Kirchenverfassung kaum gebe, kann Heribert Köck kritisch »Mängel in der kirchlichen Verfassung« orten. Die Kirche gleiche einer »absoluten Monarchie«, habe ein »*top down*-System«. Es gelte daher, mehr »Mitsprache auf allen Ebenen ein[zu]räumen!« Im jetzigen System »bleiben nicht nur die Grundsätze der Freiheitlichkeit und der Demokratie auf der Strecke, sondern auch der Grundsatz der Rechtsstaatlichkeit«. Dies gründe auch darin, dass es »keine klare Trennung der Justiz von der Verwaltung, sondern nur eine praktizierte Kabinettsjustiz« gebe. Köck resümiert: »Dass es in einem solchen *top down*-System keine Subsidiarität geben kann, ist klar; denn das Subsidiaritätsprinzip schützt ja die Freiheit der unteren Ebene, ihre Angelegenheiten selbst zu regeln, vor Eingriff von oben; wo die untere Ebene ihre Angelegenheiten von vornherein nicht selbst regeln darf, bedarf sie auch keines solchen Schutzes.«

Hubert Wolf verweist in seinem tiefschürfenden Essay, das er allein der Subsidiarität in der Kirche gewidmet hat, freilich etwas verschmitzt auf das Paradox, dass Papst Franziskus Subsidiarität just »top down« praktiziert und in die Strukturen der Kirche implementieren will.

Subsidiarität sei auch ein Element, um Frauen in der Kirche mehr Gehör und Einfluss zu verschaffen. Nach der US-amerikanischen Theologin Karin Heller müsse die Kirche – vor allem mit Blick auf die Frauen – »Strukturen schaffen, die es den *Christifideles laici* erlauben, an einer Erneuerung der Kirche als gleichwertige Partner kreativ und unkonventionell tätig werden zu können. Das heißt weniger ›Kontrolle von oben‹ und mehr eigenständiges Handeln.« Die Kirche benötige »eine neue Konstitution«: Der »Papst und zwei Häuser, in dem Klerus und die *Christifideles laici* debattieren, müssten sich ›die Macht‹ teilen. Nur so kann Subsidiarität sichtbar und Wirklichkeit werden: Die jetzige Regierungsform, die aus Frauen und *Christifideles laici* nur konsultative Stimmen macht, wenn auch als ›große Ehre‹ aufgebauscht, ist eine Augenauswischerei, um die Kirche handlungsfähiger zu machen.«

Die kritischen Stimmen von Gelmi, Heller oder Köck treffen einen wunden Punkt der Kirchenentwicklung. Verdankt sich nicht die derzeitige Stagnation der katholischen Weltkirche einem um die Einheit ängstlich besorgten Uniformismus? Uniformismus verträgt sich aber nicht mit Subsidiarität. Theologisch zeugt dieser vielmehr von einem gerüttelten Misstrauen gegenüber dem Wirken des Geistes Gottes in der Gesamtkirche und deren Regionen. Subsidiarisierung kommt einer dezentralisierenden Synodalisierung der Kirche gleich und traut Gottes Geist zu, zu wehen, wo er will.[30]

Wirken des Heiligen Geistes

Die Wortmeldung eines Befragten fasst mehrere Aspekte rund um Subsidiarität in der Kirche zusammen: »Mehr Mut auf allen Ebenen. Seit 1978 sind bevorzugt Bischöfe ins Amt gekommen, die außer einer tendenziell konservativen Richtung ein möglichst geringes Maß an Eigeninitiative und Bereitschaft, sich in Frage stellen zu lassen, versprachen. Das hat zu einer strukturellen Ängstlichkeit geführt, die sich schlimmstenfalls… in der Bespitzelung von Priestern und Laien geäußert hat, generell im Rückzug auf einige wenige, vermeintlich leicht kompatible soziale Milieus… Überprüfung der seit 1815 errichteten spätabsolutistischen Kirchenstrukturen; Fortsetzung und Verstetigung synodaler Prozesse, der Einbeziehung von Gremien und weder klerikalen noch der kirchlichen Verwaltung angehörigen Personen mit Expertise in Entscheidungsvorgänge – auf inhaltlicher wie personeller Ebene (z.B. Rückkehr zur Bischofswahl durch die Gemeinden). / Fortsetzung der Entwicklung vom Selbstverständnis des Klerus als Obrigkeit zu einer dienenden, Anregungen aufnehmenden Rolle, die durch breit gefächerte kirchliche Dienste

30 Zur pneumatologischen Spannung, die in diesen Aussagen zu Subsidiarität und Synodalität enthalten ist: Nicholas M. Healy.

und Ämter vor der Selbstüberhöhung ebenso geschützt wird wie vor der aktuell stetig steigenden Überlastung.« (Mann, 1970)

Ähnlich sieht es ein anderer Befragter: »Mehr Subsidiarität. Mehr Laienverantwortung. Neue Spiritualität. Den Geist wirken lassen, nicht ihn in vorgefertigte Bahnen einzwängen wollen. Mehr Offenheit. Mehr Kritikfähigkeit nach innen und außen. Eine neue Gemeinschaftlichkeit entwickeln, in der die Basis wirklich etwas zu sagen und zu gestalten hat. Sich bedingungslos, auch gegen manche Tradition in Lehre und Praxis und auch gegen manche Autoritäten, auf die Seite der Schwächeren stellen. Mut und Begeisterung vermitteln. Die Ökumene leben und sich zu ihrem Ziel hin entwickeln lassen.« (Mann, 1961) Er verweist in seinem kompakten Statement auf einen der tiefsten Gründe für eine Dezentralisierung, Synodalisierung und Stärkung der Subsidiarität – das Wirken des Heiligen Geistes, das überall anzutreffen ist, wo die Kirche gläubig lebt und Geist-offen ist. Ausgangspunkt der gewünschten Strukturreform ist daher das »Hören auf den Geist Gottes/Seinen Ruf, seine Zeichen und IHM folgen, auch wenn dadurch Liebgewonnenes oder Tradiertes zum Teil losgelassen werden muss«. Daher gelte es »Solidarität wie Subsidiarität in der Kirche, ihren Strukturen [zu] stärken« (Mann, 1969).

Praktizierte Subsidiarität in der Weltkirche setzt somit ein tiefes Vertrauen in das Wirken des Heiligen Geistes in allen ihren Teilen voraus.

Sie verlangt dann aber, gestützt auf ihr Fundament im Wirken des Heiligen Geistes, nach neuen Formen des Miteinanders, der Kommunikation, des Zusammenkommens, also der *Synodalität*. Und das auf den unterschiedlichen Ebenen der Kirche: in den Ortskirchen selbst[31], in den Bischofskonferenzen[32], den kontinentalen Verbünden der Bischofskonferenzen (wie CELAM, CCEE, ASEAN, AMECEA) auf weltkirchlicher Ebene. Auch das Papstamt entwickelt sich in seiner praktischen Arbeitsweise synodal. Das Wechselspiel zwischen dem Zuhören, dem Unterscheiden der Geister und dem Mut zum (vielleicht nur vorläufigen) Entscheiden charakterisieren diesen synodalen Arbeitsstil des Papstamtes.

31 So Renold Blank: »Die Schafe verlangen zunehmend Mitsprache«; Jörg Dantscher/Theo Kellerer: »Gemeinde bei Zusammenlegungen Mitsprache und Mitentscheidungsrechte!«; Helen Schüngl-Straumann fordert für Frauen »Mitsprache in allen maßgebenden theologischen Anliegen«.

32 Nach Adrian Loretan-Saladin sollen »Diözesen bei der Berufung ihrer Bischöfe echte und nicht nur scheinbare Mitspracherechte erhalten«.

Ebenen

Subsidiarität, so betonen viele in der Online-Umfrage sowie in den Expertisen, braucht die römisch-katholische Weltkirche auf allen Ebenen: auf der weltkirchlichen Makroebene, der ortskirchlichen Mesoebene, der (basis-)gemeindlichen Mikroebene. Klipp und klar formuliert es ein Befragter so: »Statt einer hierarchisch-klerikal eine zunehmend synodal verfasste Kirche auf Welt-, Diözesan- und Gemeindeebene.« (Mann, 1949) Ein anderer Befragter bezieht sich auch auf diese drei Ebenen, wenn er sich mehr Subsidiarität wünscht: »mehr ortskirchliche Subsidiarität und damit verbundener Gestaltungsspielraum;/ortskirchliche Verantwortungsträger, die sich eine solche Subsidiarität in jenem Geiste zutrauen, in dem Jesus einst diese Kirche gegründet hat;/basiskirchliche Mitverantwortung bei Personalentscheidungen;/aber: Mitentscheiden heißt auch Mitverantworten!« (NN.)

Makroebene

Die Einheit in einer Weltkirche mit vielen Völkern und Kulturen ist unbestrittenermaßen eine enorme Herausforderung. Bislang wurde auf großer Sorge die Einheit eher durch einen Hang zur Uniformität zu sichern versucht. Das führte allerdings dazu, dass die Implementierung des Evangeliums in vielen Kulturen mit großen Problemen zu rechnen hatte. Auch führte der »Zentralismus aus Angst« zu einer lähmenden Stagnation der Kirchenentwicklung: »Reformen gehen zu langsam, weil die Subsidiarität, welche die Kirche anderen immer predigt, selbst nicht umsetzt.« (Frau, 1940) Die Mehrzahl der Befragten hält weltkirchlichen Uniformismus für unnötig. Denn erforderlich sei kirchliche Einheit in der »Weltkirche nur bei zentralen Glaubensaussagen – nicht beim Vollzug« (Mann, 1948).

Mesoebene

Subsidiarität in der Weltkirche führt zu ihrer Dezentralisierung, Kontinentalisierung. Römisch-katholische Patriarchate können entstehen. Aufgewertet werden die Räte der kontinentalen Bischofskonferenzen, die Ortskirchen und ihre Bischofskonferenzen. »Unabhängig von der sog. ›Weltkirche‹ mehr Entscheidungen in kulturell ›verorteten‹ europäischen ›Verhältnissen‹ vorbereiten und durchsetzen, wie Frauenordination, Aufnahme und Annahme von Geschiedenen und Homosexuellen in alle

›kirchlichen‹ Bezüge und Einrichtungen usw.« (Mann, 1934) »Trotz Bedeutung und Erhalt der Weltkirche erweiterte Subsidiarität (Ortskirche, Synoden usw.).« (Mann, 1946)

Das verlangt freilich nach Bischöfen anderer Art, mutigere Bischöfe, als sie es bisher waren: »Synodales Prinzip, mutige Bischöfe, die Entscheidungen treffen und nicht nach Rom verlagern, offene Ohren für die Menschen und deren Lage, aktives Handeln und nicht Warten auf eine ›Änderung‹ der Zeiten, in der die Menschen wieder von selbst kommen.« (Mann, 1986). Eine Befragte denkt in eine ähnliche Richtung: »Die Kirche soll sich wieder auf das von ihr entworfene und in Vergessenheit geratene Subsidiaritätsprinzip berufen. Nicht die Entmündigung des Christen, sondern die Selbstständigkeit und – in Notfällen – das Hilfsangebot machen Sinn. Die Bischöfe können dann viel mehr selbst entscheiden, was auf ihrem Kontinent, Land und Region wichtig ist. Rom – Vatikan – wäre ein Dienstleister, der Unsicheren den Rücken stärkt und würde kein Eigenleben führen.« (Frau, 1950)

Subsidiarität wird aber nicht nur im Verhältnis der Ortskirchen zur Weltkirche gefordert. Ihrer bedarf es auch innerhalb der Ortskirchen, Man müsse also »Subsidiarität achten bei der Besetzung von Pfarrstellen und Bischofsämtern, in Finanz- und Administrationsangelegenheiten« (Mann, 1944). Es sei auch von Nutzen, »konziliare Prozesse [zu] schaffen, die endlich zu folgenden Veränderungen führen: stärkere Demokratisierung der Kirche, Wahl der Bischöfe durch Synoden/Wahl der Synodalen durch Pfarrgemeinden« (Mann, 1958).

Mikroebene

Schließlich sollen Subsidiarität und Synodalität auch in die Mikroebene einfließen. Es würde zunächst die Pastoralkultur verändern, würde Subsidiarität auch im alltäglichen pastoralen Handeln der Kirche eine größere Rolle spielen. So möchte beispielsweise Wolfgang Hanglberger »Subsidiarität von Gott her verstehen« und fragt deshalb: »Was heißt christlich ›dienen‹, ›zumuten‹, ›begleiten‹?« Und der Weihbischof von Rottenburg-Stuttgart, Matthäus Karrer, fragt sich bei all seinen »Entscheidungen, Impulsen, Ideen und Konzeptionen, ob sie dem Personalitäts-, Gemeinwohl-, Subsidiaritäts- und Solidaritätsprinzip der Katholischen Soziallehre entsprechen«.

Betroffen wären neben der Pastoralkultur auch die lokalen Pastoralstrukturen. Praktisch könnte das bedeuten, »Räte mit wirklich synodalen Kompetenzen ausstatten!« (Mann, 1980) Mit Blick auf laufende Strukturreformen sollte die »Logik der Subsidiarität« leitend sein: »Die kleinen Gemeinden müssen wieder mehr Selbstständigkeit erlangen. Das Subsidiaritätsprinzip muss stärker berücksichtigt werden. Die Kirchensteuer sollte direkt an die kleinen Gemeinden fließen, die dann Abgaben ans Bistum leisten für Leistungen, die es wirklich gibt.« (Mann, 1955) Erweiterte Selbstverantwortung könne in müde Gemeinden neue Dynamik bringen: »Mehr Eigenständigkeit der lokalen Kirchengemeinden. Entmachtung der Bremser in der Kurie und mehr Synodalgemeinschaften unter Einbeziehung der einfachen Gläubigen.« (Mann, 1949) Unmissverständlich verlangt daher ein Befragter »mehr Rechte und Verantwortung für Laien, gleich welchen Geschlechts… mehr Subsidiarität auf das Niveau der einzelnen Kirchengemeinden« (Mann, 1961).

Das führe zu einem neuartigen Verständnis der Ausübung kirchlicher Autorität auf der untersten Ebene der Kirche, die sich an der frühen Kirche orientieren könne: »The early church was one of powerful women and laity, and the early Irish church one where bishops were subordinate to abbots. We need to think about new authority structures in the church where Subsidiarity rules, where parishes are run by laypeople with a different sort of role for priests.« (Mann, 1951) Das könne beispielsweise dazu führen, dass »Gemeindeleitung durch fähige Gemeindemitglieder vor Ort [wahrgenommen wird]; Verwaltungsaufgaben sollen Fachleute übernehmen, synodale Strukturen einführen und ernst nehmen.« (Mann, 1949) Es liegt nahe, dass in diesem Kontext auch die »Demokratisierung bei der Bischofswahl (Mitsprache, dann sind es unsere Bischöfe), Subsidiarität ohne Bevormundung« (Mann, 1943) aufs Reformprogramm gesetzt wird.

Im lateinamerikanischen Kontext konzentriert sich diese Debatte auf die Bildung und das Wirken von Basisgemeinden: »Valorizar a Subsidiariedade (Ensino Social da Igreja), investindo e acreditando no potencial das comunidades que se inspiram nas Primeiras Comunidades Cristãs.« (Mann, 1975) Manche Gruppen in Europa übernehmen das Anliegen. Subsidiarität verbinden sie mit dem Wortteil »Basis«. Subsidiarität habe daher auch zu tun mit der »Herausbildung und Unterstützung von ›Basisgruppen‹ und ›Gemeinschaften‹ nicht-fundamentalistischer Herkunft« (Mann, 1934).

Ökumenisch attraktiver

Ein Befragter öffnet das Thema ökumenisch und entdeckt im Ringen um Subsidiarität und Synodalität auch neuartige Akzentsetzungen in den einzelnen christlichen Kirchen. Zunächst wünscht er sich ein »Ernstnehmen des Vorrangs der Subsidiarität in Entscheidungen, die regional gut begründet und gefordert sind«, um sodann mit ökumenischem Scharfblick zu raten: »Lernen voneinander – bei den evangelischen Kirche Überwindung der Selbstgenügsamkeit – wie bei den katholischen Diözesen umgekehrt.« (Mann, 1935)

Eine Kirche mit strukturell verankerter und praktizierter Subsidiarität erweist sich ökumenisch als höchst attraktiv. Subsidiarität könnte sich, auf der gemeinsamen Basis des Evangeliums, über die Grenzen der römisch-katholischen Kirche ausweiten und den Reichtum der verschiedenen Kirchen unter einem gemeinsamen Dach beherbergen.

Auch die Rolle des Papstes könnte in diesem Rahmen ökumenisch akzeptabel umrissen werden: »The universal primate must discern and declare, with the assured assistance and guidance of the Holy Spirit, in fidelity to Scripture and Tradition, the authentic faith of the whole church, that is, the faith proclaimed from the beginning. It is this faith, the faith of all the baptised in communion, and this only, that each bishop utters with the body of bishops in council. It is this faith which the Bishop of Rome in certain circumstances has a duty to discern and make explicit.« (Nikolaus Knöpfler/Martin O'Malley)

Subsidiarität nicht nur als Exportschlager

In seinem ausführlichen und fundierten Beitrag nennt Hubert Wolf Subsidiarität einen Exportschlager der römisch-katholischen Kirche. Der Zentralismus im mystischen Leib Christi widerspreche aber dem, was die Kirche der Welt nahelegt. Wolf zeichnet die mühsame Geschichte der Realisierung des Subsidiaritätsprinzips sowohl in der Praxis wie in den Strukturen der katholischen Kirche nach. Das Zweite Vatikanische Konzil habe auf dem Weg der Synodalisierung der historisch gewachsenen Kirchengestalt einen wertvollen Schritt gemacht. Die begonnene Reform der zentralistischen Kirchengestalt sei aber noch längst nicht vollendet. Papst Franziskus traut er diesbezüglich viel zu.

Kontinentalisierung von den Expertisen unterstützt

Die vorliegenden Texte unterstützen nicht nur mit ausdrücklicher Forderung die Implementierung von Subsidiarität in das Leben und die Strukturen der Kirche. Auch die Textsammlung selbst und deren thematische Schwerpunkte können zeigen, dass eine subsidiäre Kontinentalisierung der Kirche großen Gewinn brächte.

Unter den eingelangten Expertisen gibt es einerseits solche mit gemeinsamen, globalen Themen, die in angemessener Weise nur weltkirchlich behandelt werden können. Andere Themen erweisen sich hingegen (derzeit) als kontinental verortet. Diese müssen (zumindest in einem ersten Schritt) zunächst einmal kontinental diskutiert werden: weil eben dort die Dringlichkeit groß und die erforderliche Kompetenz der kontinental organisierten Kirchen nachweislich hinreichend ist. Das bedeutet nicht, dass kontinentale Themen nicht auch andere Erdteile betreffen (wie wegen der weltwirtschaftlichen Verflechtung eben Armut und Ungerechtigkeit oder auch der interreligiöse Dialog, zumal mit den fernöstlichen Religionen). Es macht aber Sinn, räumlich begrenzte Challenges zunächst kontinental anzupacken, um dann gewonnene Einsichten, die für alle von Bedeutung sind, auf die Ebene der Weltkirche zu heben.

Das wirkt sich konkret auf die weitere Präsentation von wichtigen Themen aus. In einem ersten Schritt werden Themen von globaler Bedeutung aufgegriffen. Im zweiten Schritt hingegen stehen kontinentale Themen auf dem Programm.

Globale Herausforderungen

Adams Kinder sind als Glieder fest miteinander verbunden,
Da sie der Schöpfung aus einer einzigen Perle entstunden.
Fügt schon ein einziges Glied Leid hinzu der Welt,
Die anderen Glieder solches Tun in Aufruhr hält.
Dir, der dich Not und Pein der anderen nicht berührt,
Geziemt es nicht, dass dir der Name »Mensch« gebührt.

Saadi (um 1210–um 1292)
in der Halle des Gebäudes der Vereinten Nationen zu New York angebracht

Im folgenden Abschnitt wird ein Überblick über globale Herausforderungen gegeben. Sie erscheinen in den Expertisen und den Wortmeldungen aus der Online-Umfrage als »weltweit«. Niemand kann sich ihnen letztlich entziehen. Sie verlangen nach einer gemeinsamen Antwort aller Völker und aller Menschen guten Willens. Es gelte, wo immer möglich, »Fäden [zu] knüpfen mit anderen Menschen und Gruppierungen guten Willens/Zusammenarbeit« (Mann, 1967). Unabdingbar ist »Zusammenarbeit mit allen Menschen (und Institutionen), die ›guten Willens sind‹« (Mann, 1947). »Im Sinne von Papst Franziskus: Einsatz für den Erhalt unserer Umwelt, für gerechte Wirtschaftsordnung, für eine friedvolle Welt im Kleinen und Großen gemeinsam mit allen Menschen guten Willens, auch wenn dabei das ›christlich‹ nicht mehr als Werbeslogan erscheint, ethisch verantwortungsvolles Dasein und Miteinander kann aus dem christlichen Glauben schöpfen, wobei der Einsatz für das Leben/für die Welt Vorrang vor jeder Religion hat.« (Frau, 1967)

Gestützt auf die vorliegenden Materialien (Expertisen, Online-Umfrage) werden Positionen zu folgenden Themenfeldern kompakt vorgestellt:

- Ökologie (Bewahrung der Schöpfung)
- Ökonomie (Gerechtigkeit; Armut)
- Digitalisierung/Arbeit
- Frieden
- Menschen auf der Flucht: Religionen wandern mit. Islam(isierung)
- Ehe und Familie in der Welt von heute

Ökologie: Sorge um das gemeinsame Haus

Das Thema Ökologie hat bei den Teilnehmern der Umfrage wie in den Expertisen der Fachleute aus aller Welt großes Interesse hervorgerufen.[33] Die globale ökologische Krise, mangelnde Ressourcen, steigende Verschmutzung der Erde sowie die wachsende Bevölkerung sind Themen, welche die Sorge über das Überleben des gesamten Planeten zum Ausdruck bringen. »Die Zeichen der Zeit sind Zeichen einer materialistischen Welt, in der der Mensch den Kontakt zu sich selber und damit zur Mutter Erde und zur geistigen Welt verloren hat« (Frau, 1969).

Diese Themen sind mit globaler sozialer Ungerechtigkeit verbunden und benötigen moralische Handlungen von Regierungen, Unternehmen, Gemeinschaften und jedem einzelnen Menschen.

Ökologische Herausforderungen

In einem ersten Schritt wird dargestellt, wie die Befragten die ökologische Herausforderung konkret beschreiben. Stichworte sind: Ressourcen, Verschmutzung, Überbevölkerung und Menschenwürde.

Ressourcen

Das Thema »Ressourcen« ist den Befragten sehr wichtig, nicht nur wegen des enormen Ressourcenverbrauchs, sondern auch wegen der mangelnden ökologischen Verantwortung und dem unsensiblen Bewusstsein vieler Menschen. In der Enzyklika Laudato si´ nimmt Papst Franziskus weltweiten Wassermangel als Beispiel für diese mangelnde Verantwortung. Es ist ein Problem, das »zum Teil eine Frage der Erziehung und ein kulturelles Problem ist, denn es fehlt das Bewusstsein der Schwere dieses Verhaltens in einem Kontext großer Ungleichheit« (LS 30). Ganz im

33 Wir nähern uns der Thematik über das Wörterbuch aller Texte zu den Offenen Fragen in der Online-Umfrage. Die Wörter »Schöpfung«, »Umwelt« und »Klima« erscheinen jeweils mehr als 100 Mal in dem gesamten Wörterbuch der Umfrage: Umwelt*– 383, Schöpfung* – 278 und Klima* – 237, deren Häufigkeit vergleichbar mit der von Armut* –342, Ungerecht(igkeit) – 214, und Ungleich(heit) – 112 ist. – Die erste Gruppe, »Schöpfung«, umfasst alle folgenden Wörter/Wortteile: Schöpfung, Umwelt, Natur, Wetter, Klima und Planet. Die zweite Gruppe umfasst alle Wörter/Wortteile, die mit Naturressourcen zu tun haben: Wasser, Boden, Luft, Nahrung, Lebensmittel, Lebewesen, Erde, Energie, Rohstoff, Nachhaltigkeit und Ökologie, und die dritte Gruppe – alle Wörter/Wortteile, die sich auf das Thema Verschmutzung beziehen: Schmutz, Müll, Abfall und Verschwendung. Das Thema »Überbevölkerung« wird theologisch und sozio-ökologisch interpretiert und ist eng mit den Themen Menschenwürde, Krankheiten/AIDS, Hunger und Familienplanung verbunden.

Einklang mit dieser Aussage fragt eine Teilnehmerin der Umfrage: »Wie gehen wir mit unserer Erde um?« und antwortet: »Das Hauptthema (ist) unsere Existenz und unsere Verantwortung.« (Frau, 1948) Wir leben in einer Wegwerfgesellschaft – so schreiben mehrere gleichlautend (Mann 1940, 1961, Frau 1928, 1934). Andere betonen verschiedene Aspekte dieser Situation. So beklagt ein Befragter: »Wie viele Lebensmittel werden täglich entsorgt, obwohl in vielen Teilen der Erde Hunger herrscht!« (Mann, 1940) Es gebe einen »Überfluss an Lebensmitteln in den Supermärkten und die Verschwendung der ›abgelaufenen‹ Produkte« (Frau, 1965). Von diesem fahrlässigen Umgang mit Lebensmitteln werde schließlich auch der Mensch erfasst: »Der Mensch wird zur Ware, es gibt immer mehr Wegwerfmenschen« (Frau, 1961) und er dehne sich auf die ganze Welt aus: »Stress im Alltag, diktiert von Investoren des immer MEHR. Das züchtet die Wegwerfgesellschaft und es besteht die globale Gleichgültigkeit: wenn es nur mir gut geht.« (Frau, 1928) Unerträglich sei, dass beispielsweise »in Südafrika es hunderte Golfplätze [gibt], aber es herrscht gravierender Wassermangel – Golfplätze benötigen unheimlich viel Wasser!« (Mann, 1926)

Verschmutzung

Das Thema »Verschmutzung« ist mit dem Thema »Ressourcen« sehr eng verbunden: In der obengenannten Enzyklika appelliert Papst Franziskus an nachhaltige Ressourcennutzung: Recycling, Schutz der Erde, Bewahrung der Schönheit der Natur und die Gesundheit der Menschen: »Die Erde, unser Haus, scheint sich immer mehr in eine unermessliche Mülldeponie zu verwandeln… häufig werden Maßnahmen erst dann ergriffen, wenn die Auswirkung auf die Gesundheit der Menschen bereits irreversibel sind« (LS 21). Dieses Thema lässt die Teilnehmenden nicht gleichgültig: »Klimaschutz ist Nächstenliebe – die Menschen, die am stärksten unter dem Klimawandel leiden, gehören zu den ärmsten der Welt!« (Mann, 1972) Ein neuer Weitblick ist nötig: »Wir sind eine Welt. Die Probleme und Schwierigkeiten in einem Teil der Welt betreffen auch die Menschen in anderen Teilen. Der Umgang mit Ressourcen und zugleich die Verschmutzung des Meeres und der Erde muss uns auf den Plan rufen, nach gemeinsamen Lösungen zu suchen.« (Mann, 1949)

Überbevölkerung

Das Thema »Überbevölkerung« ist ein weiteres Problem unserer Zeit, denn soziale Fragen wie Kriege, Krankheiten/AIDS, Hunger und Migration sind unmittelbar mit wachsender Bevölkerung in den sogenannten »armen Ländern« verbunden. »Tragisch ist«, so Papst Franziskus, dass »die Zunahme der Migranten, die vor dem Elend flüchten, durch die Umweltzerstörung immer schlimmer wird« (LS 25). Und umgekehrt, ökologische Herausforderungen, wie Naturkatastrophen und unzureichende Ressourcen, sind oft durch Überbevölkerung verursacht. »Doch wenn es zutrifft, dass die ungleiche Verteilung der Bevölkerung und der verfügbaren Ressourcen die Entwicklung und den vertretbaren Umgang mit der Umwelt behindern, muss auch anerkannt werden, dass eine wachsende Bevölkerung mit einer umfassenden und solidarischen Entwicklung voll und ganz zu vereinbaren ist« (LS 50). Mehrere Umfrageteilnehmer geben der mangelnden Solidarität mit bedürftigen Menschen den gleichen Stellenwert wie den ökologischen Herausforderungen: Sorge machen einem Befragten »die fehlende Solidarität mit ärmeren Ländern auf der Welt; die Ausbeutung der Erde, ohne an die Zukunft zu denken« (Mann, 1944). Ein anderer denkt in die gleiche Richtung und ist besorgt um »die dauerhafte hohe Einwanderung aus Drittweltstaaten auf Grund von Armut einhergehend mit massivem Bevölkerungswachstum… weiter fortschreitende Zerstörung der Natur und Ausbeutung von Ressourcen, Klimawandel« (Mann, 1983). Die Situation der Erde gilt als bedrohlich: »Bevölkerungswachstum! Raubbau, Verschmutzung der Biosphäre.« (Mann, 1956)

Einige Teilnehmer sehen das Problem der Überbevölkerung im Kontext von Familienplanung und betonen die Notwendigkeit, eine verantwortbare Familienplanungspolitik zu entwickeln, andere aber stellen den Schutz des Lebens, die Gleichheit und Menschenwürde aller in den Vordergrund: »Die Zeichen der Zeit, die die Kirche in der Welt von heute herausfordern, sind zum einen die immer größer werdende Ungleichheit zwischen Arm und Reich, die Millionen hungernder Menschen auf der Welt und die Ausbeutung der Länder der sogenannten Dritten Welt.« (Mann, 1994) Eine Befragte argumentiert theologisch: »Jeder Mensch ist ein Kind Gottes, jeder Mensch verdient Achtung, die Welt ist für alle da und ist unbedingt zu schützen.« (Frau, 1957) Ähnlich ein Befragter: »Den befreienden Geist der frohen Botschaft glaubwürdig verkünden, das Leben schützen, ungeborenes, krankes, altes...« (Mann, 1963) Elementar vermerken zwei Befragte: »Leben schützen. Mut machen.« (Mann, 1962, 1945)

Menschenwürde

Das sieht man auch in den Antworten von Umfrageteilnehmern, die bei modernen Anforderungen des Umweltschutzes auch den Einsatz für die Menschenwürde erwähnen. Eine Befragte verlangt »Unterstützung eines menschenwürdigen Lebens samt Schutz der Natur, von der wir Menschen Teil sind« (Frau, 1959). Lebensschutz und Umweltschutz werden zusammen gesehen: »Schutz des Lebens (besonders am Lebensanfang und Ende) und die Menschenwürde... Umweltschutz angesichts von Erderwärmung und Klimawandel.« (Frau, 1949) Die Forderungen werden ganz konkret: »Umweltschutz von Bienen bis Wasser, von Plastik bis neue Energien. Menschenwürde, in allen Facetten, d.h. gerechte Einkommensverteilung und Grundeinkommen, Bewahrung der Ruhe (Sonntag) und die Frage: Wo ist Gott?« (Mann, 1963), aber auch grundsätzlich: »Glaube an einen ›menschenfreundlichen‹ Gott, Einsatz für die Menschenwürde jedes Menschen, Gerechtigkeit, Solidarität, Bewahrung der Schöpfung.« (Frau, 1962)

Ökonomie und Ökologie

In einem gewichtigen Beitrag reflektiert der international renommierte Münchner Sozialethiker Markus Vogt das Thema ausführlich und differenziert. Er beobachtet derzeit eine Akzentverlagerung innerhalb des Themas: »Die Verschiebung der Fragestellung von der Begründung für Klimaschutz, Energiewende, Ressourcenschonung, Wohlstand, Arbeitsschutz, soziale Sicherung etc. zur Frage nach den Bedingungen, die einen jeweils wünschenswerten Wandel fördern, ist charakteristisch für die Rede von der Großen Transformation.« Auch Gregor Lang-Wojtasik verweist darauf, dass »die dritte Große Transformation der Menschheit zu bewältigen« sei. Einer der Aspekte dieses tiefen Wandels sei eine »Dekarbonisierungsrevolution«. Er nennt aber auch die Stichworte Nachhaltigkeit, internationale Gerechtigkeit, Kultur der Achtsamkeit (aus ökologischer Verantwortung), der Teilhabe (als demokratischer Verantwortung) und der Verpflichtung gegenüber zukünftigen Generationen (Zukunftsverantwortung). Wichtig ist ihm der Hinweise darauf, dass »»alles miteinander verbunden ist‹ in der Perspektive einer ganzheitlichen Ökologie« (vgl. Laudato si', 117.138)«.

In der Enzyklika Laudato si´, die im Juni 2015 veröffentlicht wurde, stellte Papst Franziskus das Thema der Sorge um das gemeinsame Haus der ganzen Menschheit in den Mittelpunkt. Gleichzeitig äußerte er eine starke Kritik am derzeitigen Wirtschaftssystem, am Glauben an den grenzenlosen technologischen Fortschritt sowie an der Verbreitung der Konsumgesellschaft. Die Folgen von Verantwortungslosigkeit in ökologischen Fragen sind enorm, und die Armen sind dabei am meisten betroffen. Die Krise der Umwelt und die Krise der Gesellschaft, laut Papst Franziskus, gehören einheitlich zusammen und sollen zusammen bekämpft werden (LS, 139).

Einige AutorInnen von Expertisen folgen in dieser Analyse dem Papst und verweisen auf die enge Verwobenheit von Ökonomie und Ökologie. Der Sozialethiker aus Mainz, Johannes Meier, beanstandet, dass »hohe Gewinnerwartungen nicht selten deren Blick für Sicherheit und ökologische, soziale und kulturelle Nachhaltigkeit trüben«. Karin Heller wiederum entdeckt den ökologischen Aspekt im Kontext der von ihr leidenschaftlich diskutierten Frauenfrage. Mit Blick auf das in Kirchenkreisen verbreitete Unverständnis für Gender und deren Abwertung zur Gender-Ideologie vermerkt sie schützend, dass es der Gendertheorie »hauptsächlich um soziale, wirtschaftliche und ökologische Gerechtigkeit« gehe.

Herausgeforderte Kirche

In der katholischen Kirche haben während der letzten Jahren die ökologischen Probleme eine zunehmende Aufmerksamkeit erhalten. Welchen Beitrag kann und soll aber die Kirche konkret zur Bewahrung der Schöpfung leisten? Welche Entwicklung muss es in den Kirchen geben, um in der ökologischen Frage im Sinne des Evangeliums handlungsfähig zu sein?

Um Antworten auf diese Fragen zu finden, wurde analysiert, was die Befragten darüber denken. Dabei haben sich vier Teilthemen herauskristallisiert: Schöpfung, Ressourcen, Verschmutzung und Überbevölkerung. Die Umfrageteilnehmer diagnostizieren also nicht nur die ökologische Situation klar und dramatisch, sondern haben die Befragung auch dazu benutzt, um ihre Einstellungen, Überzeugungen, Werte und Botschaften auszudrücken. Sie sind vom Anliegen bewegt, als individuelle

Christen, als christliche Gemeinde, das Umweltverhalten der Menschheit positiv zu entwickeln. Daher fragen sie: Was können wir tun, um die Umwelt und in diesem Rahmen die Würde aller Menschen zu schützen? Wie sollen wir unser Leben leben?

In dieser Hinsicht haben sich die Teilnehmenden an der Online-Umfrage als konkreter und pragmatischer erwiesen als die VerfasserInnen der internationalen Expertisen.

Botschaften, Handlungen, Spiritualität

Umweltbewusstsein stärken: Die Teilnehmer der Online-Studie haben nicht nur ihre Sorge für die Umwelt und die Zukunft der Menschheit zum Ausdruck gebracht. Sie sind sich auch der Notwendigkeit bewusst, in ihrem Land, ihrer Stadt, ihrer Gemeinschaft und in ihrem eigenen Haus ökologische Probleme konkret zu behandeln: »Wir sollten Klima nicht als etwas Äußeres sehen, als eine Macht, die unabhängig von einem Menschen funktioniert« – schreibt einer der Teilnehmer (NN.); »wir können selber unser Umweltverhalten ändern und weniger Wasser und Lebensmittel verschwenden« (Frau, o.J.), weniger oder sogar »kein Plastik« (Mann, 1962) benutzen und uns mehr um Wärmeschutz in unseren Gebäuden kümmern (Mann, 1959). Um eine ökologischere, solidarischere Wirtschaft zu etablieren, sollte ein fairer Handel (Frau, 1959, 1961, 1977; Mann, 1971; NN.) und regionaler Einkauf (Mann, 1959) in jeder Region unterstützt werden. Um Grund und Boden zu schützen, sollen wir auf das »Zubetonieren von atmendem Boden« verzichten (Mann, 1938). Es sollten »öffentlicher Verkehr gefördert« (Frau, 1957) und »umweltfreundliche PKW« (Mann, 1959) benutzt werden. Auch können wir unsere Gewohnheiten aus ökologischen Gründen ändern und lernen, unsere »eigenen Ressourcen mit anderen Menschen zu teilen« (Frau, 1937).

Ökologische Bildung fördern: Auch das Thema ökologische Bildung entging der Aufmerksamkeit der Teilnehmer nicht: Wir sollen »Demut haben vor der Schöpfung, sie lehren und selbst leben« (NN, 1974). Besonderes Augenmerk wurde auf die Entwicklung des Energiebewusstseins gelegt. Neue Forschungsergebnisse der Naturwissenschaften sollten herangezogen werden. Auch die Weisungen des heiligen Franz von Assisi können ein Vorbild abgeben für ökologisches Bewusstsein und Verhalten. Ein Unbekannter zitiert aus Laudato si´: »Umweltschutz muss mehr

Thema im Religionsunterricht werden, dazu braucht es nicht nur technisch-bauliche Maßnahmen, sondern auch verstärkt eine Spiritualität, Pädagogik und Ethik der Schöpfung.« (1963, NN, zit. LS 217)

Solidarität in den Vordergrund stellen: In der Online-Umfrage wird das Thema »Solidarität« in verschiedenen Kontexten, vor allem aber im ökologischen Kontext thematisiert. Für Menschen, die ein starkes ökologisches Bewusstsein haben, führt wahre Solidarität zur Änderung des eigenen Lebensstils: »Wille für einen bescheideneren Lebensstil« (Frau, 1940), »Bescheidenheit und Teilen-Können« (Mann, 1953), »Teilen des Vermögens« (Frau, 1952) und »Menschlichkeit, Hilfe zum Zufrieden-Sein (und immer bewusst sein), was ist wichtig« (Mann, 1952). Der Weg dahin erscheint nicht leicht: »Im Westen haben die Menschen noch nicht begriffen, dass sie ihren Lebensstil vereinfachen müssen – aus Solidarität und aus Umweltgründen... also zum Nutzen aller.« (Frau, 1954)

Ökologische Spiritualität: Einige Expertisen umkreisen den Aspekt einer dringlich erforderlichen ökologischen Spiritualität. Leider seien oftmals auch Kirchgänger für eine solche taub. Der »Gedanke wie der des ökologischen Fingers... erzeugt Kopfschütteln bei Kirchgängern«, vermerkt Josef Ocker kritisch.

Ökologische Spiritualität zu fördern, hat sich die schulische Initiative PILGRIM zum Ziel gesetzt. Ihr Gründer Johann Hisch: »Eine spirituelle Sichtweise gibt im Leben als ›Vierte Dimension‹ Orientierung im Spannungsfeld von Ökonomie, Ökologie und Sozialem.« Bei der Entwicklung einer ökologischen Spiritualität seien die Kirchen »oft mehr Lernende und Vermittelnde als Wissende. Deshalb sind ökumenische und interreligiöse sowie natur- und sozialwissenschaftliche Dialoge auf der Suche nach einer ganzheitlichen Ökologie unverzichtbar.« (Edmund Arens) Eine solche »ganzheitliche Ökologie« könne einen »despotischen Anthropozentrismus« ablösen. Es sei zu respektieren, dass »der letzte Zweck der anderen Geschöpfe nicht die Menschen seien, sondern Gott«. Das würde zudem Raum schaffen für die Einbeziehung der Tierwelt in die Mitwelt. (Kurt Remele)

Schöpfungsspiritualität entwickeln: Auch die Teilnehmenden der Online-Umfrage weisen auf die Dringlichkeit hin, dass die Kirche zur Entwicklung einer kraftvollen Schöpfungsspiritualität beiträgt. Das Thema Schöpfungsverantwortung ist eine der größeren Anforderungen der heutigen Zeit, denn die Umwelt wurde von Industriegesellschaften so stark beschädigt wie nie zuvor in der Geschichte der Menschheit. Wir müssen »Schöpfungsverantwortung wirklich in die Hände nehmen« (Frau, 1959).

Es ist klar, dass die Bewahrung der Schöpfung nicht nur ein industrielles oder naturwissenschaftliches Thema ist. Die Umfrageteilnehmer betonen nicht nur den Schutz der Natur, sondern auch die Notwendigkeit für »persönliches Wachstum vor Gott« (Mann, 1954) und sorgen sich um den »Sinnverlust in der Gesellschaft generell, Verlust der Transzendenzorientierung« (Mann, 1954), »Wertewandel – wachsende Gleichgültigkeit, Umgang mit ›Wahrheit‹« (Mann, 1951). Sie erwarten, dass die Kirche ein christliches Weltbild im Sinne der Schöpfungsbewahrung weiterentwickelt, und sie haben viele Schlüsselworte für eine erforderliche Schöpfungsspiritualität genannt. Viele der Teilnehmenden sehen in der Natur das »gemeinsame Haus« verstanden: In diesem Haus sind die Menschen keine Eigentümer, sondern Mieter oder Gäste. Die Erde wird Mutter Erde genannt und die Natur Schwester. Ein Befragter sieht in der Ökologiebewegung viele traditionelle religiöse Aspekte in profanem Gewand wiederkehren: »Wir sollen in der Ökologiebewegung viele Elemente wiederfinden, die aus klassischen religiösen Zusammenhängen gut bekannt sind. Etwas zugespitzt könnte man sagen, dass die Bandbreite von Essvorschriften (›Veggie Day‹) über Endzeiterwartungen (›Erst stirbt der Wald, dann stirbt der Mensch‹), himmlische Strafen (›Die Natur schlägt zurück‹) und Drohungen gegen Abweichler (›Klimaleugner‹) bis hin zum Ablasshandel reicht (Abgaben für Flugreisende, um sich ›CO2-neutral‹ zu machen).« (Mann, o.J.)

Im Umgang mit Ressourcen ist es notwendig, »Konsumismus und unsere Wegwerfmentalität« zu beschränken (Mann, 1934). Wir sollen »materiell arm und geschwisterlich im Umgang mit den Menschen, den Tieren und den Pflanzen unserer Erde werden« (Frau, 1948) und alle Produkte der Natur als Geschenk Gottes betrachten. Erforderlich sei, so eine Befragte, die »Mitwelt (Menschen, Tiere, Pflanzen) [zu] schätzen und dann entdecken wir wieder die Dankbarkeit (Eucharistie!)« (Frau, o.J.).

Jedenfalls sollen wir »treu zur Erde« sein (Mann, 1950) und die »wunderbare Diversität der Schöpfung« (NN.) bewahren. Das verlangt: »Zurück zur Einfachheit, sich an die Natur halten, Franz v. Assisi als Vorbild für gelebten Glauben und Neubeginn.« (Frau, 1961)

Die spirituelle Sicht auf die Natur geht Hand in Hand mit einer kritischen Haltung gegenüber den wirtschaftlichen Aktivitäten und Eigentumsverhältnissen. Viele Teilnehmende der Online-Umfrage wünschen sich, dass wirtschaftliches Handeln nicht am Profit, sondern an Menschen und Umwelt orientiert wird. Sie wünschen kompetente Beiträge der Kirche zur Diskussion um nachhaltige Ressourcennutzung, Lebensmittelsicherheit und Umweltverschmutzung, um »Ökologie und Ökonomie zu versöhnen« (Mann, 1972) und die Erhaltung der Erde zu ermöglichen. Der Wunsch nach »Versöhnen« geht aber darüber hinaus: »Naturwissenschaft und Gottesglaube: Glaube und Vernunft – Mit der aufgeklärten und gebildeten Bevölkerung gemeinsam forschen, besprechen und beantworten! Kapitalismus und unbegrenztes Wirtschaftswachstum in Frage stellen und nach neuer Wirtschaftsordnung forschen!« (Mann, 1944)

Es gibt großen Bedarf nach »Fairness und Verantwortungsbewusstsein in Wirtschaft und Politik: Große schützen Kleine, Reiche helfen Armen. Der Mensch muss das Maß sein, nicht das Geld und der Profit! Wenn wir uns nicht um die Schöpfung kümmern, wird das Leben auf der Erde keine Zukunft haben, Umweltkatastrophen müssten längst als Warnung verstanden werden!« (Frau, 1961) »Die Kirche sollte sich dafür aussprechen, dass die westliche Welt im Geist von Laudato si´ ihre Verantwortung ergreift, Schulden erlässt, Waffenverkäufe beendet, die Länder des Südens nicht zu ihren Müllkippen macht!« (Mann, 1989)

Ökologie und Gottesfrage: Der Sozialethiker Markus Vogt sieht nicht zuletzt die »ökologische Krise als Zeichen der Zeit«. Folglich ist »der ökologische Dialog als locus theologicus für die Gottesfrage« einzustufen. Das bedeutet näher hin: »Als produktive Verunsicherung durch die Entdeckung eines ›Überschusses an Kontingenz‹ schafft die ökologische Frage zugleich einen neuen Bedarf an Religion.« Das Verhältnis von Gott, Mensch und Natur müsse neu ausbuchstabiert werden. Papst Franziskus sei es in seiner Umweltenzyklika gelungen, »die ethische und religiöse Tiefendimension der ökologischen Krise zu thematisieren«. Die reiche Erfahrung mit Debatten in der ökologischen Szene lässt Vogt vermerken: »In vieler Hinsicht ist die Gegenwart keineswegs so säkular, wie es aus der Warte des sinkenden kirchlichen Einflusses scheint.«

Projekte

Die Kirche kann nicht die bedrohliche Umweltzerstörung wahrnehmen und zugleich zulassen, dass die Schöpfung Gottes zerstört wird. »Gott wartet, dass wir das wieder in Ordnung bringen und die Natur wieder überall ›aufatmen‹ kann.« (Frau, o.J.) Die Teilnehmenden der Online-Umfrage haben viele konkrete Tätigkeiten vorgeschlagen, in denen die Stärkung eines vertieften Natur-, Umwelt-, Schöpfungsbewusstseins in den Mittelpunkt gestellt wurde.

INNERKIRCHLICH

Zunächst soll das innerkirchliche Leben ökologisch-nachhaltig gestaltet werden. Über das ökologische Handeln im kirchlichen Bereich sollte auch in der Öffentlichkeit berichtet werden. Die Vorschläge über kirchliche Initiativen können in drei Bereiche geteilt werden: ökologische Maßnahmen in kirchlichen Häusern, Verbesserung der kirchlichen Mahlzeiten und Ideen zur kirchlichen Mobilität.

Modellbetriebe: Kirchliche Betriebe sollen sich zu sozial- und ökologischen »Modellbetrieben« entwickeln (Mann, 1965) und die bestehenden »Anlagen in allen Kirchen modernisieren« (Mann, 1992). Existierende kirchliche Gebäude sollen an Umweltstandards »mit entsprechenden Energiesparmaßnahmen und Maßnahmen der ökologischen Sanierung« (NN.) angepasst werden. Friedhöfe sollten ohne Pflanzengift gepflegt werden. Neue Gebäude müssen ökologisch gebaut werden. Für die Beheizung sollen keine fossilen Brennstoffe erforderlich sein (Mann, 1969, 1943; NN, 1963). Kirchendächer könnten mit PV-Anlagen/Solaranlagen ausgestattet werden (Frau, 1963; Mann, 1983). Und alle kirchlichen Einrichtungen sollten durch den »Grünen Hahn« zertifiziert werden (Mann, 1961). Womöglich sollten auch Messen »in der Natur« gefeiert und dort auch Religionsunterricht abgehalten werden (Mann, 1945, 1949; Frau, 1941, 1965). Eine Teilnehmerin regte an, dass dadurch die »weibliche Göttlichkeit stärker in den Fokus genommen werden (Mutter-Erde)« könne (Frau, 1971).

Die kirchlichen Einrichtungen sollten solche Projekte aber nicht nur in Angriff nehmen, sondern auch der Öffentlichkeit präsentieren: »Aktiv werden und auch in der Presse die eigene Meinung publik machen, am besten indem sie selbst mit gutem Beispiel vorangeht, z. B. eigene landwirtschaftliche Flächen an Biobauern verpachtet, auf Pestizide verzichtet, selbst in ihren Einrichtungen (Caritas) fair gehandelte Produkte verwendet.« (Frau, 1972) Dazu müssten die Kirchen Personal einstellen: »Nachhaltigkeitsbeauftragte, Umweltbeauftragte in allen Diözesen müssen personell, finanziell und strukturell besser und einheitlich aufgestellt werden.« (NN, 1975)

Vegetarische Ernährung: Vegetarische Ernährung sollte bevorzugt werden. Bei Pfarrfesten soll mit öko-sozialem Bewusstsein gekocht werden (NN, 1963), kirchliche Mahlzeiten sollen fleischlos sein (Frau, 1954, 1956, 1964, 1967; Mann, o.J.), Coca-Cola soll nicht mehr bei kirchlichen Veranstaltungen angeboten werden (Frau, 1986). Und, nicht zuletzt, sollen Produkte nicht weggeworfen werden: »Anstelle in kirchlichen Krankenhäusern jeden Tag Hunderte von Essensportionen in den Müll zu werfen, weil es die ›Hygiene‹ verlangt, könnte man mit den übriggebliebenen und nicht genutzten Tagesrationen arme und obdachlose Menschen speisen!« (Mann, 1973)

Sanfte Mobilität: Verschiedene Formen einer »Sanften Mobilität« sollten in Kirchengemeinden und diözesane Dienststellen implementiert wurden. So könnten Seelsorgerinnen mit dem Fahrrad fahren; Fahrgemeinschaften sollen durch kirchliche Institutionen organisiert werden; Pfarrausflüge sollen Flugreisen meiden und Wallfahrtsorte im eigenen Land sollten bevorzugt werden. Um glaubwürdig zu sein, müssten kirchliche Einrichtungen »Forderungen, die sie an den Umweltschutz stellt, selbst erfüllen. Beispiel: Müssen Wallfahrten per Flugzeug stattfinden, hört Gott Gebete, die in der Heimat (Wallfahrtsorten im eigenen Land) gesprochen werden weniger oder gar nicht?« (Mann, 1936) Ein Befragter wird ganz konkret und sieht es als unakzeptabel an, dass der »Bischof mit dem Rad zur Sitzung fährt, (aber) der Chauffeur fährt mit dem Dienstfahrzeug (Limousine) die Aktentasche nach, weil sein Sport-Rad keinen Gepäcksträger hat« (1959, o.J.).

Zusammenarbeit mit NGOs, Medien und anderen sozialen Akteuren

Die Kirche muss ökologisch vorbildhaft agieren und mit verschiedenen sozialen Akteuren zusammenarbeiten. Dazu wurde für die Kommunikation/Zusammenarbeit eine Reihe von Maßnahmen vorgeschlagen:

- durch moderne Medien zu aktuellen ökologischen Problemen Stellung nehmen (fairer Handel, Achtung der Tierrechte, Aktionen der

Nachhaltigkeit, industrielle Lebensmittelproduktion etc.); ein neues Menschenbild und neues Verhalten der Natur gegenüber propagieren;

- mit lokalen Betrieben zusammenarbeiten (z. B. Projekte zur Unterstützung des Verkaufs von Bio- und Fair-trade-Produkten vor Ort): »Kooperation statt Konkurrenz« (Mann, 1972);
- gegen schadenverursachende Energiekonzerne eintreten;
- mit lokalen Gemeinschaften kooperieren (z. B. Gemeinschafts-Gemüsegärten Projekte); Gemeinwohlökonomie unterstützen;
- NGOs unterstützen, effektive Umweltschutzmaßnahmen durchführen;
- Kontakt zu den Naturwissenschaften halten und neue Forschungsergebnisse der Naturwissenschaften zur Kenntnis nehmen;
- mit großen Weltreligionen Umweltschutzthemen besprechen und zusammen nach Lösungen suchen.

Kirche in Vorreiterrolle

Manche Autoren erwarten sich eine Kirche, die ökologisch eine Vorreiterrolle einnimmt. Dabei werden sie auch sehr konkret. Johannes Hoffman verlangt, dass die Kirchen ihre »Geldanlagen nur in solche Unternehmen investieren, die keinerlei Kosten auf die ökologischen, sozialen und kulturellen Gemeingüter abwälzen«.

Ökonomie und Armut

Ökonomische Herausforderungen

Der Themenkreis Wirtschaft (Ökonomie) in Verbindung mit Gerechtigkeit, Kapitalismus, Konsum, Solidarität hat viele Befragte in der Online-Studie zu Wortmeldungen angeregt.[34] So sagt eine Frau pointiert: »Hin zur Armut und Glaubwürdigkeit; weg von Kommerz!« (Frau, 1965)

34 Wir nähern uns der Thematik über das Wörterbuch aller Texte zu den offenen Fragen. Die Wörter »Wirtschaft«, »Kapitalismus« und »Finanzen« erscheinen jeweils mehr als 100 Mal im gesamten Wörterbuch der Umfrage: Wirtschaft* – 334 Mal, Konsum* – 199, Finanz* – 180, und Kapital* – 154. Deren Häufigkeit ist vergleichbar mit der von Solidar(ität)* – 437, Armut* -342, Gerecht*(igkeit) – 581 und Carita*(s) – 154. – Dementsprechend wurden die Äußerungen und Meinungen der Teilnehmer in zwei große Gruppen aufgeteilt. Die erste themati-

Der erste Teil dieses Kapitels, indem die Wortmeldungen geordnet vorgestellt werden, hat zwei Abschnitte:

- Im ersten Themenfeld geht es um die ökonomische Lage, vor allem deren negative Seiten. Die wichtigsten Stichwörter sind: Kapitalismus, Neoliberalismus und Konsumismus.
- Auf dem zweiten Themenfeld werden unter dem weiten Titel »Armut« negative Folgen der dunklen Seite heutigen Wirtschaftens zusammengestellt. Hier sind Stichworte: die Entmenschlichung des Lebens als Ganzes (Ökonomisierung), wachsende Ungerechtigkeit, wirtschaftliche Migration, Leistungsdruck, Überforderung, Sinnleere, soziale Kälte, Entsolidarisierung und zunehmende Schere zwischen Arm und Reich.

Der zweite Teil des Kapitels trägt den Titel »Herausgeforderte Kirche«. Jetzt konzentriert sich das Interesse auf Botschaften, Handlungen und Werte, die gewünscht oder vorgeschlagen wurden, um mit beschriebenen ökonomischen Herausforderungen umzugehen.[35]

Kapitalismuskritik

Kapitalismus ist eine Wirtschaftsform, die aus der Sicht der meisten Umfrageteilnehmenden viele negative und schreckliche Gesichter zeigt. Diese bedrohen die Würde und Rechte der Menschen und stellen eine große Herausforderung für Christen dar. Diese dunklen Gesichter des Kapitalismus haben die Teilnehmer der Umfrage klar und deutlich identifiziert. Das sind einige wörtliche Einschätzungen durch Befragte: »eiskalte Diktatur des Kapitals« (NN.) und die »Macht, die beim Kapital liegt« (Frau, 1978), »zunehmender Kapitalismus« (Frau, 1954; Mann, 1959), »zunehmender Radikal-Kapitalismus« (Frau, 1960), »zügelloser Kapitalismus« (Mann, 1962), »ungezügelter Kapitalismus« (Mann, 1969), der »herrschende radikale Kapitalismus« (Mann, 1966), »global grassierender Kapitalismus« (Mann, 1950), »zu viel an Kapitalismus« (Mann, 1953), der »›Götze‹ Kapitalismus« (Mann, 1934), »Kapita-

sche Gruppe – Ökonomie – umfasst alle Wörter/Wortteile, die mit der ökonomischen Lage zu tun haben: Ökonom*(ie), Kapital*(ismus), Neoliberal*(ismus), Markt*, Konsum*, Leistung*, Wachstum*, Wirtschaft*, Industr*(ie), Geld und Finanz*(wirtschaft). Die zweite Gruppe – Armut – umfasst die folgenden Wörter/Wortteile: Arm*(e), Reich*(e), Option für, Benachteil*(igte), (Unter)privileg*(ierten), Solidar*(ität), und Gerecht*(igkeit), und Caritas.

35 Einige dieser Themen überschneiden sich teilweise mit den Themen, die im Kapitel »(Un) Werte« behandelt wurden. Die entsprechenden Referenzen wurden in den Fußnoten gegeben.

lismus als Religion« (Frau, 1964), »Kapital als Ersatzreligion« (Mann, 1970), »aggressiver Kapitalismus« (Frau, 1959), das »kalte Klima des Kapitalismus« (Mann, 1959), der »stärker werdende Kapitalismus« (Frau, 1951), »Kapitalismus als krankmachende Entwicklung« (Frau, 1966), »materialistischer Kapitalismus« (Frau, 1984), »reiner Kapitalismus« (Frau, 1958), »neoliberaler Kapitalismus« (Mann, 1947), »ungehemmter neoliberaler Kapitalismus« (Mann, 1947), »erbarmungsloser Kapitalismus, der auf unserem Globus wütet« (Mann, 1960). Ein Mann hat das Hauptproblem unserer Zeit als das Problem des »verinnerlichten Kapitalismus« bezeichnet und erklärt: »Durch den verinnerlichten Kapitalismus gibt es alles für Geld zu kaufen, alles und jedes, jede und jeder haben ihren Preis. Das macht Beziehungen fragwürdig, den Selbstwert vieler kaputt und die Botschaft der Liebe wird nicht gehört, weil sie gegen die Frage: ›Was bringt mir das?‹ nichts anzubieten hat.« (Mann, 1973)

Neoliberalismus

Verbunden mit dem Kapitalismus sehen viele die Problematik einer neoliberalen Wirtschaftslogik, die Markt-, Wirtschafts- und Machtinteressen in den Vordergrund stellt und mit Egoismus und Ungerechtigkeit assoziiert wird. »Konzerne und vor allem Großkonzerne«, schreibt ein Teilnehmer, »nehmen auf die Meinungsbildung, die Gesetzwerdung und auch auf die Rechtsordnung und Rechtsprechung starken Einfluss... und werden immer noch mächtiger und erhalten ständig noch mehr Einfluss in den meisten wichtigsten Bereichen. Schade! Wir dürfen nicht zulassen, dass sich der Markt ständig nur selber regelt... Besonders hier ist unsere christliche Weltanschauung nach dem Evangelium gefragt.« (Mann, 1950) Und ein anderer Teilnehmer trägt dazu bei mit: »Am schlimmsten finde ich die ›Ideale‹ des Neoliberalismus, der letztlich propagiert, dass man den Staat nicht brauche, da die Märkte ohnedies alles regeln. Das bedeutet aber letztlich nichts anderes als die Durchsetzung eines nackten Egoismus oder noch besser ausgedrückt, die Durchsetzung eines wirtschaftlichen Faustrechtes. Da bleibt dann klarerweise die Solidarität der Menschen untereinander und der Glaube (an das Gute und an Gott) auf der Strecke.« (Mann, 1944)

Für andere Teilnehmer fördert der Neoliberalismus das »stärker werdende Konkurrenzdenken, den wirtschaftlichen Wettbewerb und die

›Vergötterung‹ der freien Marktwirtschaft« (Mann, 1972). Mit ihm einher geht der »ungebremste marktwirtschaftliche Wettbewerb« (Mann, 1969), die »Religion des Marktes« (Mann, 1949), »die Vergötzung des neoliberalen Marktes zum Schaden des Menschen und der Umwelt« (Mann, 1946), »immer größerer Einfluss durch den Markt – der Mensch bleibt auf der Strecke« (Mann, 1940). Es kommt zu einer »zunehmenden Beschleunigung in vielen Lebensbereichen (Stress), das gesamte Leben wird unter Marktlogik gesehen« (Mann, 1959). »Der freie Markt ist zum ›allgemeingültigen Wertsystem‹ geworden.« (Mann, 1978) Eine Schattenseite ist »meist nur kurzfristiges Denken und Entscheiden, Dominanz der Finanzwirtschaft über die Politik« (Mann, 1939). Ausgeprägt ist das »Streben vor allem nach dem eigenen Vorteil, der Macht; Orientierungslosigkeit als Folge all dieser Aspekte« (Mann, 1966). Besondere Aufmerksamkeit wird dem Phänomen des Konsumzwangs und des Leistungsdrucks gewidmet.

Bemerkenswert ist, dass eine Kritik des modernen Kapitalismus und Neoliberalismus häufiger von Männern geäußert wurde, während Frauen eher eine kritische Haltung gegenüber dem modernen Konsum- und Leistungsdruck geäußert haben.

Konsumerismus

Konsum[36] wird nicht nur für lebensnotwendige Bedürfnisse ausgeübt, sondern entwickelt sich mehr und mehr zu einem Statussymbol und zu einem Mittel der sozialen Selbstdarstellung und Selbstverwirklichung. Auf Basis von statistischen Daten der EVS Studien (European Value Studies) haben die Konsumforscher gezeigt, dass der Anteil des Einkommens, das Menschen in europäischen Ländern für lebensnotwendige Bedürfnisse wie Ernährung und Bekleidung ausgeben, im Sinken ist und der Anteil des Einkommens, der für Gesundheit, Mobilität, Kommunikation, Bildung und Freizeit ausgegeben wird, ständig steigt. Durch Konsum versuchen die Menschen einen »entsprechenden« Lebensstil zu erreichen und konsumieren – bewusst oder unbewusst – unter sozialem

36 Das Thema »Konsumerismus« wird auch in Verbindung mit »Materialismus« im Kapitel »(Un) Werte« thematisiert.

Druck.[37] Andere Forscher[38] betrachten den Konsum von psychologischer Seite. Ein permanenter Konsumdruck ist für psychische Störungen wie Existenzangst und Kaufsucht mitverantwortlich.[39] Der Konsum scheint den Menschen zu helfen, Glück und Anerkennung zu kaufen. Konsum formt die Persönlichkeit, prägt zwischenmenschliche Beziehungen und stellt sich in den Mittelpunkt des Lebens. Das Motto lautet: »consumo ergo sum« (Zygmunt Baumann[40]). Immer mehr Menschen stellen sich freilich die Frage, ob wir in der Konsumgesellschaft uns wirklich glücklich fühlen können. Ob wir in der Lage sind, dem Konsumdruck zu widerstehen oder sogar radikal aus der Konsumgesellschaft auszusteigen?

Viele Teilnehmer der Umfrage identifizieren permanenten Konsum als das zentrale Problem der modernen Gesellschaft. Dazu finden sich viele einander ähnliche Formulierungen: »uneingeschränkter und unreflektierter Konsum« (Mann, 1951), »Konsum als Religionsersatz« (Mann, 1954), »Konsum als Lebensziel« (Frau, 1959), »Konsumgeist« (NN.), »Konsumwille« (Frau, 1949), »Konsum – moderner Götze« (Mann, 1927; Frau, 1963), »Konsumterror« (Frau, 1942, 1944), »Konsumzwang« (Mann, 1955, 1959; Frau, 1962, 1964, 1972; NN.), »maßloses Konsumverhalten« (Frau, 1964), »ungebremster Konsum« (Frau, 1955), »extremer Konsumrausch (Werbung)« (Frau, 1963), »konsumorientierte Gesellschaft« (Frau, 1948, 1954), »eine oberflächliche Orientierung am Konsum« (Frau, 1944), »Haben statt Sein« (NN.), »eine starke Fokussierung auf Konsum« (Frau, 1945), schnelllebiger Konsum (Frau, 1981), »Sinnverlust, bzw. Konsum« (Frau, 1944), »Konsum als Ideologie« (NN.), »Diktatur des Konsums« (Mann, 1973), »Konsummentalität« (Frau, 1964), »zu viel Konsum« (Frau, 1951), »Konsum als Ablenkung von den Fragen des eigenen Menschseins und der Gesellschaft« (Mann, 1966).

Einige Äußerungen klingen nicht nur kritisch, sondern sogar apokalyptisch: »Der Konsumismus führt uns zum Ende« (Mann, 1956), »diese Wirtschaft tötet« (NN.). Der überlieferte Glaube habe in einer Art Kon-

37 Hörstermann, Katharina: »Der Wandel der Konsumstruktur in Deutschland – ein Indiz für die Individualisierung von Lebensstilen oder doch die Folge soziodemografischer Entwicklungen?«, KZfSS (2016) 68: 713–730. (*Frankfurter Allgemeine*, 06.02.2017).

38 Schramm, Stefanie und Wüstenhagen, Claudia: Diskussion zum Thema »Konsumverhalten: die tägliche Verführung«, *Zeit Online*, 10.04.2012.

39 Mehr über Existenzangst in den Themenbereichen »Existentielle Ängste«, »Angst zu kurz zu kommen« und »Soziale Abstiegsängste – Angst um Wohlstand« im Kapitel »Un(Werte)«.

40 Baumann, Zygmunt: Die Angst vor den anderen. Ein Essay über Migration und Panikmache, Wien 2017.

sumreligion eine Ablösung gefunden: »Glaube ist längst unwichtig geworden. Unsere moderne Konsumgesellschaft wendet sich zu oft modernen Götzen in Form von Karriere, Wohlstand, Technik, Wellnessaposteln zu.« (Frau, 1951) Dadurch werden aber nachteilhafte Seiten im Menschen begünstigt: »Eine Vielzahl von Angeboten und Nachrichten bietet bequeme Lösungen für die Gestaltung des Lebens und fördert Narzissmus oder Konsum als Lebenszweck.« (Frau, 1959)

Auswirkungen der ökonomischen Situation auf Menschen und Gesellschaft

Viele kritische Bemerkungen hinsichtlich des gefährlichen Einflusses des Kapitalismus, der neoliberalen Wirtschaftslogik und des Konsumerismus auf den Menschen und die Gesellschaft wurden geäußert. Wachsende Armut ist eine Hauptkonsequenz der gegenwärtigen wirtschaftlichen Entwicklung. Viele Menschen machen sich Sorgen um die Entmenschlichung des gesamten Lebens als Folge des derzeitigen Wirtschaftsmodells. Wachsende Ungerechtigkeit und wirtschaftliche Migration werden als Folgen des Kapitalismus bezeichnet. Leistungsdruck und Überforderung, soziale Kälte, Entsolidarisierung, Sinnleere und seelische Vereinsamung sind weitere Aspekte dieser umfassenden Kritik an der Moderne.

Entmenschlichung des Lebens als Ganzes: Die »Überbetonung von Kapital und Wirtschaft« (Frau, 1955) führt zu drastischen Veränderungen in der Lebenswelt des modernen Menschen. Man ist heute Mensch nur als »effizienter Mensch, funktionierender Mensch, erschöpfter Mensch« (Mann, 1965). »Die durch den Kapitalismus geprägte Wirtschaft führt die Menschen unversehens durch Wettbewerb, ungehemmtes Streben nach Gewinn und Wachstum sowie durch massive Werbung zu Egoismus und Individualismus (Homo oeconomicus).« (Mann, 1931) Das ganze Leben des Menschen ist in Gefahr – seine Freiheit, Identität, Menschlichkeit. »Heute wird das Leben (im persönlichen und umfassenden Sinn) einem materialistischen Kapitalismus unterworfen.« (Frau, 1984)

Ein nahezu totalitärer Charakter dieses Einflusses wurde von vielen Teilnehmern und Teilnehmerinnen betont und wiederholt: Der Mensch ist in den »Fesseln des Kapitalismus« gefangen (Frau, 1967). »Wirtschaftslogik (neoliberal und globalisiert) hat religiösen Charakter und durchdringt alle Sphären.« (Frau, 1960) Es gebe eine »vom Kapitalismus stammende Monetarisierung (Käuflichkeit) fast des gesamten Lebens« (Mann, 1940).

»In unserer Welt regiert der Kapitalismus. Das heißt: ›Maximaler Gewinn, sofort‹. Dem wird alles Handeln untergeordnet«. (Mann, 1942) Das bedeute aber eine »Kolonialisierung der Lebenswelten durch Kapitalismus« (Mann, 1984). Eine Befragte sieht den »Kapitalismus als krankmachende Entwicklung, die alle Bereiche menschlichen Lebens infizieren kann« (Frau, 1966). »Die Freiheit des Menschen ist massiv gefährdet durch einen Totalitarismus der Weltwirtschaft in Bezug auf Kontrolle aller Informationsströme, Vorgabe des Konsum- und Lebensmodells. Alles wird der Kapitalmaximierung untergeordnet.« (Mann, 1960)

Beobachtet wird ein »Auseinanderdriften von Mensch und Kapital« (Frau, 1963) mit der Folge einer »Entmenschlichung der Arbeitswelt« (Mann, 1964).

Wachsende Ungerechtigkeit: In »Evangelii gaudium« kritisiert Papst Franziskus die derzeitige wirtschaftliche Ordnung der westlichen Länder als eine Ordnung, die von »ungehemmtem Konsumismus« (EG 70) geprägt sei. Das moderne Wirtschaftssystem sei ein System des »vergötterten Marktes« (EG 56), in dem das Geld »regiert, statt [zu] dienen« (EG 57). Dieses System ist »an der Wurzel ungerecht« (EG 59), denn dort herrscht das Gesetz des Starken und die Schwachen bleiben auf der Strecke. Und auch die Umfrageteilnehmer, die das Thema des modernen Kapitalismus/Neoliberalismus als zentrale Herausforderung unserer Zeit genannt haben, widmen ihre Aufmerksamkeit dem Problem der Ungerechtigkeit: Es herrsche heute »ein ungehemmter neoliberaler Kapitalismus, der zum Himmel schreiende Ungerechtigkeit produziert« (Mann, 1956). Die Ungerechtigkeit zeige sich in »Lohnungerechtigkeit, Lohnabhängigkeit« (Frau, 1989). Es komme zu einer »Übermacht des kapitalistischen Denkens und Handelns in allen Lebensbereichen. Damit zusammenhängend die zunehmende Ungleichheit der Einkommens-/Vermögensverteilung« (Mann, 1937). Das habe zur Folge, dass »durch den stärker werdenden Kapitalismus viele auf der Strecke bleiben: leistbare Wohnungen, Job, von dem man leben kann, gleicher Lohn für gleiche Arbeit« (Frau, 1951). Von einer immer »größer werdenden Zahl von ›Verlierern‹« (Frau, 1959) ist die Rede, von einer wachsenden »Kluft zwischen Armen und Reichen, Kapital und Arbeit Besitzenden und Mittel- und Arbeitslosen« (Mann, 1956, 1969).

Wirtschaftliche Migration: Obwohl das Thema »Migration« in einem anderen Kapitel im Detail analysiert wird, ist es wichtig, es hier nochmal kurz zu erwähnen, weil nicht wenige die weltweite Migration als eine Folge der modernen wirtschaftlichen Entwicklung ansehen: »Zunehmende Ungerechtigkeit durch globale Spekulation und Kapitalkonzentration [zeitige als] Folge Migration.« (Mann, 1953) Ähnlich beklagt ein Befragter »die zunehmende ungleiche Verteilung der Reichtümer, besser: die an sich unsinnige Ansammlung von Kapital in den Händen einiger weniger und aus den letzten Punkten folgend die weltweiten Migrationsbewegungen« (Mann, 1955).

Leistungsdruck: Die Bertelsmann-Stiftung hat 2015 eine repräsentative Umfrage[41] unter etwa 1.000 deutschen Arbeitnehmern durchgeführt. Die Studie ergab, dass eine hohe Arbeitsbelastung und steigende Anforderungen in der Arbeitswelt immer mehr Menschen unter Druck setzen: Mehr als 40 Prozent der Befragten meinen, dass ihr Arbeitsumfeld durch steigende Leistungsziele geprägt ist. Man muss immer schneller und immer besser arbeiten, immer erfolgreicher sein, mehr Gehalt haben und mehr Leistungen bringen. Etwa 20% der Arbeitsnehmer berichten, dass sie schon einmal ihre eigene Leistungsgrenze gespürt haben, und mehr als 20% sagen, dass sie ohne Pause arbeiten. Ca. 12% bleiben nicht zu Hause, wenn sie krank sind, sondern gehen zur Arbeit.[42] Immer mehr Menschen, so die Bertelsmann-Stiftung, setzen ihre eigene Gesundheit aufs Spiel. Sie können das hohe Arbeitstempo und die enormen Anforderungen auf Dauer nicht durchhalten.

Einige Teilnehmende der Online Umfrage stimmen diesen Ergebnissen völlig zu: »Lebens- und Entfaltungsräume werden kleiner. Leistungsdruck in Schule und Beruf hat massiv zugenommen, Stress und Burnout nehmen zu.« (NN.) »Alles soll der kapitalistischen Doktrin geopfert werden, Gesundheit ist kein Wert an sich, auch nicht Lebensfreude, sondern es geht darum, möglichst gut wirtschaftlich verwertbar zu sein.« (Frau, 1959) Gewinner seien »nur die Starken und Leistungsfähigen« (Frau, 1974).

Insgesamt nennen mehr als 50 Teilnehmende der Umfrage Leistungs-

41 Bertelsmann-Stiftung: Gesundheitsmonitor. »Arbeitsvorgaben gefährden die Gesundheit« 16.03.2015.

42 Kettner, Martina: »Leistungsdruck: Destruktives Verhalten nicht auch noch loben.« *Karriere.at*, 14.07.2015.

druck als Hauptproblem unserer Zeit: Sie bezeichnen dieses Problem als »Leistungs-/Erfolgsorientierung« (Frau, 1979), sprechen von »enormem Leistungsdruck und Existenzängsten« (Frau, 1962). Beklagt wird »steigender Leistungsdruck« (Frau, 1970), »Kapitalismus, Überforderung ganz allgemein, Vereinsamung« (Frau, 1945), »starke Leistungsorientierung und wegen langen Arbeitszeiten wenig Zeit fürs Wesentliche und für sich selbst« (Frau, 1964). Wir leben eben in einer »marktorientierten Leistungsgesellschaft« (Frau, 1959).

Einige Teilnehmer verbinden die moderne Leistungsorientierung direkt mit dem Problem des Kirchenaustritts und Glaubensverlustes: Ein Befragter vermutet, dass Leistungsorientierung fragen lässt: »Was bringt/nützt es mir – deswegen Kirchenaustritte der jungen Menschen.« (Mann, 1968) Noch mehr: »Das tiefe, innere Vertrauen auf Gott kann nicht wachsen in dieser schnelllebigen, oberflächlichen Leistungsgesellschaft.« (Frau, 1955). Glaube und Leistungsdenken widersprechen einander. (Frau, 1959)

Unter Leistungsdruck leiden auch Kinder und Jugendliche. Sie stehen unter Schulstress und leiden unter den hohen Erwartungshaltungen ihrer Eltern. Laut einer Studie in Deutschland fühlen sich Kinder und Jugendliche als Versager, werden aggressiv oder entwickeln eine negative Selbstwahrnehmung.[43] »Wie keine Generation vor ihnen leiden die heutigen Jugendlichen unter der Leistungs-Gesellschaft« – das ist das Ergebnis der österreichischen Studie »Jugend unter Druck«, die Bernhard Heinzlmaier, Vorsitzender des Wiener Instituts für Jugendkulturforschung 2007 durchgeführt hat: »Die Anforderungen sind höher, die Konkurrenzsituation größer... Über 60% der Befragten geben an, dass der Druck in Arbeit, Schule oder beim Studium von Jahr zu Jahr größer wird. Der Aussage ›Ich habe das Gefühl, dass nur meine Leistungen, nicht aber ich selbst für die Umgebung wichtig sind‹, stimmen 44% der 11- bis 14-Jährigen zu. Einen derartigen Druck hat die Generation davor nicht erlebt.«[44]

Äußerungen von Umfrageteilnehmenden decken sich mit solchen wissenschaftlichen Ergebnissen: Der Leistungsdruck beginne schon in

43 »Stress-Studie 2015: Burn-Out im Kinderzimmer: Wie gestresst sind Kinder und Jugendliche in Deutschland?« – eine Studie des Erziehungswissenschaftlers Holger Ziegler von der Universität Bielefeld: http://xn--kinderfrderung-1pb.bepanthen.de/static/documents/03_Abstract_Ziegler.pdf

44 Marits, Mariam: »Studie: ›Jugend zerbricht am Leistungsdruck‹«, *Die Presse*, 18.09.2007.

der Schule (Mann, 1970). Das habe Auswirkungen auf die Jugend. Denn die »bekommt zweifelhafte Vorbilder gezeigt und spürt im Bildungssystem schon den massiven Leistungsdruck« (Frau 1968).

Das Problem Leistungsdruck und Überforderung ist einer von vielen Aspekten der sozialen Spaltung zwischen Menschen, die arbeiten, und Menschen, die aus dem Arbeitsleben gedrängt werden, zwischen Armen und Reichen, zwischen Gewinnern und Verlierern. Immer wieder werden fragwürdige Polaritäten beobachtet, wie »Leistungs- und Erfolgsgesellschaft versus Solidargesellschaft« (Frau, 1974) oder »menschenwürdiges Leben vs. profitorientierte Leistungsgesellschaft« (NN.). Das spalte auch die Gesellschaft in »Leistungsträger gegenüber Armen« (Mann, 1968).

Beide Gruppen, die sogenannten »Gewinner« und »Verlierer«, sind, so die Umfrageergebnisse, Opfer der Gesellschaft. Burnout, Stress, Sucht und Verlust des menschenwürdigen Lebens und der echten Freiheit, aber auch Müdigkeit und Indifferenz sind Folgen der modernen Leistungsgesellschaft: »Eine Leistungs- und Neidgesellschaft lässt die Schwächsten zurück.« (Frau, 1968) Eine unaufhaltsame Spirale nach unten wird gesehen: »Die Menschen werden immer unfreier, obwohl augenscheinlich eine große Freiheit herrscht. Man hat sich vielen ›Sachzwängen‹ zu unterwerfen, um ein funktionierendes Rädchen in unserer Leistungsgesellschaft zu bleiben. Wenn du da nicht mitmachst, landest du schnell in einer sog. Randgruppe.« (NN.)

Überforderung: Das Problem der Überforderung bleibt nicht unbemerkt. Mehr als 40 Mal wurde von Befragten der Begriff »Überforderung« verwendet. Was genau bedeutet aber dieser Begriff für die Umfrageteilnehmer? Von welchen Aktivitäten oder Anforderungen fühlen sie sich überfordert?

»Überforderung« meint zunächst ganz allgemein Stress in der Arbeitswelt: »Hektik und Überforderung in der Arbeitswelt« (Mann, 1952). Tatsächlich wurde die Arbeitswelt von vielen Teilnehmern als Problemzone der modernen Gesellschaft betrachtet. Überfordert wird man jedoch nicht nur durch die Arbeit, sondern auch »durch zu hohe Erwartungen« (Mann, 1952), »durch Umwelteinflüsse« (Frau, 1942), »durch Informationsflut, Riesen-Überangebot an Konsumsachen, aber auch an spirituellen Angeboten, häufige Reizüberflutung« (Mann, 1987) und sogar »durch Konsum, Freizeit« (Mann, 1946). Überforderung bedeutet allgemeine Müdigkeit und Indifferenz: »Überforderung ganz allgemein« (Frau, 1945), »Überforderung des Einzelnen, seinem Leben Sinn und Halt zu geben« (Frau, 1966) und Überforderung in Sinne »Überfrachtung der vorhandenen Zeit« (Frau, 1958). Eine Teilnehmerin schreibt über »eine vielfältige Überforderung durch das hohe Arbeits- und Gesellschaftstempo, das oft nicht die nötige Zeit und Energie übriglässt, um sich nach sicheren Ankerplätzen umzuschauen, wo die Seele wieder aufatmen kann« (Frau, 1950).

Informations- und Pluralismus-Überforderung ist ein spezifischer Bestandteil der modernen Überforderung: Überfordert kann man werden »durch Pluralismus in vielen Bereichen« (Frau, 1950), »durch zu viele Wahlmöglichkeiten und Freiheiten, einem wahrgenommenen Zuviel an Vielfalt« (Mann, 1970), »durch zu viele Einflüsse« (Frau, o.J.), und »durch die zahlreichen, überbordenden Einflüsse der heutigen digitalen Welt« (Frau, 1947). Eine Teilnehmerin schreibt über eine »völlige Überforderung angesichts einer sich rasant ändernden Welt« (Frau, 1968), eine andere über »die wachsende Überforderung der Menschen durch ein ›immer mehr‹ oder ›zu viel‹ an Wissen, bzw. Wissen um Unwissen, durch Globalisierung, mehr Vielfalt, höhere Geschwindigkeit im Leben und Entwicklungen, letztlich die ständige Konfrontation mit Neuem, Unbekanntem, Unvertrautem, Ungewohntem, das Wegfallen von Verlässlichkeit, Sicherheiten« (Frau, 1961). Für einen Teilnehmer bedeutet Überforderung »(Ab-)Wählenmüssen der Informationsangebote und Unterhaltungsangebote« (Mann, 1957) und für andere – ganz kurz und klar: »Überforderung durch Komplexität«. (Mann, 1968)

Überforderung im Bereich Familie und Kinder wurde auch von einigen Teilnehmern erwähnt: »Überforderung vieler Familien in der Erziehung« (Mann, 1963), »Überforderung der Eltern (und als Folge) Verwahrlosung der Kinder« (Frau, 1974), »mediale Überforderung von Kindern und Jugendlichen« (Frau, 1969).

Im kirchlichen Bereich hat dieses Problem eine spezifische Bedeutung: »Überforderung der hauptamtlichen Mitarbeiter (wegen) abnehmender Priester« (Frau, 1962) und »Überforderung und oft Einsamkeit von (zölibatär lebenden) Priestern« (Frau, 1950; Mann, 1966) sowie »der Priester bei gleichzeitiger Entfremdung der Gemeindemitglieder« (Mann, 1963), »der Priester (weil) zu wenig, überaltert« (Mann, 1947; Frau, 1953). Auch die »Überforderung der sog. Laien!!!« (Frau, 1959), »der Ehrenamtlichen« (Frau, 1970), und »der Seelsorger, die Manager werden oder sein müssen« (Frau, 1958) wurden erwähnt.

Sinnleere, seelische Vereinsamung: Ein Teilnehmer weist darauf hin, dass »der zunehmende Verlust eines kritischen Bewusstseins von immer mehr Menschen« eine Folge des »lebensfeindlichen Systems des globalen Kapitalismus und seiner Profitlogik« ist (Mann, 1950). Verlust von kritischem Denken, Müdigkeit, Gleichgültigkeit, Sinnleere – diese Probleme könnten verschiedene soziale, kulturelle und psychologische Wurzeln haben. In der Online-Umfrage haben mehrere Personen auf eine direkte Verbindung zwischen der modernen ökonomischen Entwicklung und seelischen Krankheiten von Menschen hingewiesen: Das »Diktat des Kapitals [verursache] seelische Vereinsamung der Menschen« (Mann 1963), sei für die Seele »erdrückend« (NN.), führe zu einer »Sinnleere in vielen Menschen, die sich von Kapitalismus und Berufsfußball nicht füllen lässt« (Mann, 1943). Sorge bereitet einem Befragten »die vom Kapitalismus und persönlicher Gier, von Angst, etwas zu verlieren, und von Lieblosigkeit getriebenen Menschen, die zutiefst unglücklich sind und ohne Lebenssinn dahinvegetieren« (Mann, 1946). Letztlich würden »Materialismus und Kapitalismus... Tod und Transzendenz verdrängen« (Mann, 1959).

Soziale Kälte: Soziale Kälte (emotionale Kälte/menschliche Kälte/Kälte gegenüber den Schwachen/Kälte in der Politik und in der Bevölkerung oder einfach Kälte) bildet eine Reihe von Begriffen, die 30 Mal in der Umfrage genannt wurden, oft in Verbindung mit kritischen Gedanken über die derzeitige wirtschaftliche Situation in den westlichen Ländern bzw. die wachsende Kluft zwischen Armen und Reichen und Mangel an Solidarität mit den Schwachen: »Kapitalismus, soziale Kälte, Werteverlust« (Frau, 1966), »zunehmende ›Kälte‹ in den zwischenmenschlichen Beziehungen« (Mann, 1947), »die immer größer werdende menschliche Kälte, Respektlosigkeit, Geld spielt immer mehr Rolle« (Mann, 1972). »Statt Nächstenliebe regiert die materielle Gier und Egoismus. Die menschliche Kälte lässt mich manchmal seelisch erfrieren.« (Frau, 1978) Langfristig führe »die Maxime ›Hauptsache ich‹... [zum] Verlust des sozialen Gedankens« (Mann 1956).

Entsolidarisierung: Viele Befragte identifizieren einen wachsenden Solidaritätsmangel.[45] Dieser habe seine Ursache in den aktuellen ökonomi-

45 Weitere Reflexionen zum Thema »Entsolidarisierung« im Kapitel »Un(Werte)«.

schen Entwicklungen (Kapitalistische Ideologie, Diktat der Ökonomie, Leistungsdruck). Entsolidarisierung bedeutet schwaches Zusammengehörigkeitsgefühl, fehlende gesellschaftliche Verbundenheit und mangelnde Nächstenliebe. Die Diagnose der gegenwärtigen Situation und ihre mögliche zukünftige Entwicklung wirken oft traurig und entmutigend. »Die durch den Kapitalismus verursachten Probleme werden immer größer. Gedanken wie Solidarität verschwinden. Die Welt wird immer kälter.« (Frau, 1946) »Die Kapitalistische Ideologie und ihre Hauptprofiteure versuchen das ›Jeder gegen Jeden‹ anzuheizen… In ca. 10 Jahren wird es die Kirche schwer haben, die Gemeinnützigkeit aufrecht erhalten zu können, da die Hauptprofiteure des Kapitalismus auch die Projekte der Nächstenliebe bekämpfen werden, da sie der gewünschten Hoffnungslosigkeit entgegenstehen.« (Mann, 1969) Durch diese »Entsolidarisierung unserer Gesellschaften« (Mann, 1960) komme es zu einer »Verdrängung der Schwächeren/›nicht-Leistungsfähigen‹« (Mann, 1963).

Schere zwischen Arm und Reich: Manche Befragte verwenden das Bild von einer offenen Schere oder Kluft – von einer dramatischen Trennung zwischen den Armen und den Reichen, zwischen denen, die zu viel verdienen, und denen, die nichts haben. Das geschehe innerhalb von gesellschaftlichen Gruppen, aber auch zwischen den Ländern. Dieses Bildwort enthält in sich sowohl eine Diagnose der gegenwärtigen Situation als auch eine traurige Prognose ihrer zukünftigen Entwicklung. Der Ausdruck »Schere/Kluft zwischen Armen und Reichen« wurde von mehr als 150 Teilnehmenden verwendet, und das in verschiedenen Variationen: »Schere zwischen Macht und Ohnmacht« (Mann, o.J.), »Schere zwischen Superreichen und Normalmenschen« (Mann, 1952), »soziale Schere« (Mann, 1946), »zunehmende Polarisierung der Gesellschaft« (Mann, 1952), »Schere zwischen Systemgewinnern und Systemverlieren« (Frau, 1971), »Schere zwischen gegensätzlichen Gruppen« (Mann, 1952), »Schere zwischen wenigen sehr Reichen und immer mehr Menschen in prekären Lebenssituationen« (Mann, 1962), »Prekarisierung des sozialen Mittelstands« (Mann, 1962), »zerbröckelnder sozialer Zusammenhalt in der Gesellschaft« (Mann, 1970). Ein Mann aus Deutschland weist darauf hin, dass unterschiedliche soziale Gruppen voneinander immer mehr getrennt werden, obwohl sie unter dem gleichen gesellschaftlichen Druck leben und beide – ohne solidarische Annäherung aneinander – soziale Modernisierungsverlierer sind: »Es entsteht eine absurde Trennung von der einen Gruppe, die sich im Hamsterrad der Leistungsgesellschaft durch übermäßige Anstrengung in der Konsumgesellschaft noch über Wasser halten kann – und der anderen Gruppe, die in Armut und Arbeitslosigkeit versinkt.« (Mann, 1957)

Drei Teilnehmerinnen aus Deutschland haben das Phänomen für ihr Land kurz zusammengefasst:

> »Die Schere zwischen ›arm‹ und ›reich‹ klafft in Deutschland immer mehr auseinander. Ein bisher vorhandener Mittelstand nimmt mehr und mehr ab. Dadurch ergeben sich gesellschaftliche Spannungen. Die Altersarmut wird (monetär und psychisch) zunehmen.« (Frau, 1968)
>
> »Größer werdende Kluft zwischen Arm und Reich... Wer keine reichen Eltern hat und nicht zur Generation der Erbenden gehört, hat trotz guter Ausbildung kaum Chancen, sich Eigentum zu schaffen.« (Frau, 1963)
>
> »Die Kluft zwischen arm und reich, die zunehmende Gewaltbereitschaft, der Rechtsradikalismus, die verschwindende Toleranz.« (Frau, 1951)

Und eine Teilnehmerin aus der Schweiz stimmt zu: »Die Schere zwischen Arm und Reich wird grösser, der Zusammenhalt in der Gesellschaft verliert an Bedeutung.« (Frau, 1974)

In Österreich bedenken weibliche Stimmen die gleichen Probleme, welche sie mit persönlichen Frustrationen, Unsicherheiten, Sehnsüchten verbinden: »Die Schere zwischen arm und reich wird größer, die Menschen hören auf populistische Parolen, Angst und Unsicherheit nehmen zu. Der Eindruck, man könnte sowieso nichts machen, es gäbe keine Alternativen, steigt.« (Frau, 1961) »Einerseits immer weiter öffnende Schere zwischen arm und reich und andererseits die Unplanbarkeit des eigenen Lebens, weil weder Arbeitsplatz noch Beziehung eine sichere Konstante sind.« (Frau, 1961) »Die immer größere Schere zwischen arm und reich, und dann der Sehnsucht, die ja doch in uns schlummert, zeitgemäß und ansprechend entgegenzutreten.« (Frau, 1970)

Herausgeforderte Kirche: Botschaften, Handlungen, Werte

Welchen Beitrag kann und soll die Kirche in einer solchen angespannten Zeit leisten? Wie können wir die unmenschlichen neoliberalen/kapitalistischen Entwicklungen verändern und die Lebenssituation der Schwachen und Benachteiligten verbessern? Wie können die Kirchen an einer nachhaltigen Armutsbekämpfung mitwirken? Bleibt der »Kapitalismus mit einem menschlichen Gesicht« einfach nur ein Traum? Wie können wir dem Zwang zu Konsum und Leistung entgegentreten? Auf welchen Werten können wir unser Leben aufbauen?

Ein Befragter hat klare Vorstellungen: »Herausgefordert wird die Kirche vor allem durch die mittlerweile alle Lebensbereiche durchdringende Denkweise, die der herrschende radikale Kapitalismus mit sich bringt und die die Menschen auf Nützlichkeit reduziert und Handlungen, die nicht nützlich sind, leider sehr in den Hintergrund treten lässt«. (Mann, 1966)

Von der Kirche wird »prophetische Kritik der kapitalistischen Wirtschaftsordnung von der katholischen Soziallehre (z. B. gemeinsame Bestimmung der Güter)« (Mann, 1948) erwartet. Viele wünschen konkrete Botschaften, Handlungen, Werte und auch Projekte, die im Rahmen einer »Option für die Armen« entwickelt werden und den Menschen einen Weg jenseits der schädlichen wirtschaftlichen Entwicklungen zeigen.

Option für die Armen

Viele Umfrageteilnehmer, die sich mit den Wirtschaftsproblemen unserer Zeit befassten, äußerten sich über Gerechtigkeit und Solidarität mit den Armen. Die »Option für die Armen« – ein Hauptthema der katholischen Soziallehre und lateinamerikanischer Theologien der Befreiung: damit ein Kernanliegen von Papst Franziskus – wurde in verschiedenen Formulierungen mehr als 45 Mal erwähnt. Beispiele sind: »Option für Unterprivilegierte« (Mann, 1943), »Option für Benachteiligte« (Mann, 1937), »Option für Schwache, Ausgegrenzte« (Frau, 1968), »Option für die Armen, Heimatlosen, Entrechteten« (Mann, 1953), »Option für die Armen, Ausgegrenzten und Entrechteten unter uns« (Frau, 1967), »Option für Flüchtlinge, Arme, Obdachlose« (Frau, 1949), »Option für die Zukurzgekommenen« (Mann, 1958), »Option für die an den Rand Gedrängten« (Mann, 1963) und »Option für die, die am Rand sind« (Frau, 1955).

Der Begriff »Option für die Armen« bedeutet nicht nur konkrete Hilfeleistungen für die Armen, sondern auch eine kritische Einstellung, welche strukturell denkt und die Armut als Folge der modernen ökonomischen Entwicklungen sieht, und dies in enger Verwobenheit mit Umweltzerstörungen, Kriegen und anderen Konfliktfaktoren und Spaltungen der Gesellschaft, die Armut verursachen. Diese globale Perspektive auf die Armut und die Notwendigkeit, regional wie weltweit zu handeln, wird von den Teilnehmenden in vielen sprachlichen Variationen ausgedrückt: »Option für die Armen ernst nehmen.« (Frau, 1964) »Option für die Armen verkörpern, nicht nur propagieren.« (Mann, 1950) »Option für die Armen, globales Denken und lokales Handeln.« (Mann, 1971) »Die ›Option für die Armen‹ darf nicht auf reine Spendenaktionen verengt werden, sondern muss zu einer weltweiten Umverteilung vor allem der materiellen Ressourcen führen... Einbeziehung struktureller Sünden (Konsumverhalten!) in einen neuen Bußkatalog.« (Mann, 1937) »Das Evangelium Jesu und seine Option für die Armen verkünden und selber leben in den Ortsgemeinden.« (Mann, 1942) »100%-ige Option für die Armen, Ausgegrenzten und Entrechteten unter uns; nicht müde werden, Widerstand zu leisten gegen politische oder gesellschaftliche Tendenzen, die dieser Option entgegenstehen.« (Frau, 1967)

»Option für die Armen« verlangt auch eine Bekehrung der Kirche. Denn die Kirche ist zum Dienst an den Armen verpflichtet. Papst Franziskus wünscht sich »eine arme Kirche mit den Armen«. Die Christen sind aufgefordert, mit Hunger, Krankheiten, Obdachlosigkeit, Heimatlosigkeit, Ausgrenzung, Benachteiligung, Unterprivilegierung, Ungerechtigkeit verschiedene Facetten der Armut im Blick zu halten und die armen Menschen, so wie sie sind, in ihrem Anderssein ernst zu nehmen. Die Kirche habe immer den Menschen in den Vordergrund zu stellen.

Der Mensch ist keine Ware!

Während der letzten 20–30 Jahre haben der Markt, der Konsum und Wettbewerb das Leben des Menschen bestimmt, geändert und geregelt – auch in verschiedenen sozialen Bereichen wie im Gesundheitssystem, in der Jugendarbeit, in den Schulen, bei Hilfeleistungen und hinsichtlich der internationalen Entwicklungshilfe. Es scheint, dass der Mensch hinter der Wirtschaft verschwunden ist. Er verwandelte sich in ein soziologisches Objekt, einen Wirtschaftsfaktor, eine »Ware«. Seine Gefühle, Einstellungen, Träume scheinen irrelevant zu sein für das ordnungsgemäße Funktionieren dieser gigantischen Maschine namens »moderne Wirtschaft«. Sollte Papst Franziskus Recht haben mit seinem umstrittenen Satz, dass nicht jede Wirtschaft, aber diese eine »Wirtschaft, die tötet« sei?

Umfrageteilnehmende scheinen ihm beizupflichten. Denn das Hauptproblem unserer Zeit, so sehen es manche, ist die »Beschränkung menschlicher Beziehungen auf den Warencharakter« (NN.) und die durch die »Umwandlung der Schöpfung (Menschen, Tieren, Pflanzen, Materie und Geist) in ausbeutbare Ware entstandenen Missstände« (Mann, 1941). Sogar die sozialen Bereiche wurden ökonomisiert und neoliberal umgebaut. Der Mensch und alles Menschliches ist »zur Ware« geworden (Frau, 1937; NN.). »Es gibt immer mehr Wegwerfmenschen.« (Frau, 1961)

Diese Entwicklung regte manche zu kritischen Reflexionen und zur Suche nach Alternativen an: »Folgende Fragen scheinen mir dabei wichtig: Wer bin ich? Welchen Sinn hat mein Leben? Wie gestalten wir ein Zusammenleben, in dem jeder Mensch als wertvoll und gleichwertig geachtet wird? Wie gehen wir mit den negativen Auswüchsen unserer kapitalistischen Leistungsgesellschaft um?« (Frau, 1964) Zumindest Widerstand ist angebracht, so ein Befragter: »Der Unkultur der Kaltherzigkeit und Lieblosigkeit, der Unkultur des Hasses und der Ausgrenzung, der Erosion sozialer Kohäsion, des Ware-Mensch-Denkens (nach dem Motto: der Mensch soll Kapitalinteressen dienen und nicht umgekehrt) entschieden entgegenzuwirken.« (Mann, 1971)

Alternative Gemeinschaft bilden

Eine Umfrageteilnehmerin befürchtet, dass es keine leichte Aufgabe sei, »eine neue Form des Zusammenlebens aufzubauen« (Frau, 1964). Aber genau das sehen manche Befragte als beste Zukunftsoption für die Gesellschaft an. Sie erwarten, dass die Kirche Unterstützung gibt, dass entscheidende Schritte in diese Richtung gemacht werden: »Es ist schwer, sich den Zwängen des Finanz-Kapitalismus, der Konzerne, der Märkte, der Finanz-Spekulation zu entziehen, um eine solidarischere Gesellschaft und ökologischere, solidarischere Wirtschaft zu etablieren.« (Frau, 1967) Vom Aufbau einer »Alternativgesellschaft« ist die Rede: »Kirche sollte den Menschen in unserer Zeit, die immer stärker durch den Kapitalismus und die Individualisierung geprägt wird, Gemeinschaft und Heimat ermöglichen und so etwas wie eine Alternativgesellschaft werden.« (Mann, 1955)

Eine alternative Gesellschaft könne aber nur auf alternativen Werten aufgebaut werden, eine alternative Logik der menschlichen Beziehungen fordern und eine alternative Sicht auf das Leben ermöglichen. Es brauche neue »Modelle der Gemeinschaft, [die sich] über die Grenzen der Armut hinaus« ausweiten (Mann, 1942): »In der Kirche soll nicht die Marktlogik, sondern die Logik der Nächstenliebe herrschen.« (Mann, 1978) In die gleiche Richtung denkt eine Befragte: Die Kirche »könnte Menschen eine alternative Sicht des Lebens und der Erfüllung vermitteln. Jenseits von Konsum, Selbstoptimierung und permanenter Leistungssteigerung. Sie könnte Vorbild für Begrenzung im positiven Sinn sein und die Angst entkräften, dass man zu kurz kommt, wenn man im Wahnsinn des ›Höher, Schneller, Weiter, immer Mehr‹ nicht mitmacht.« (Frau, 1964) Zu finden sei also »eine andere Form des Wirtschaftens (statt Sparen und Gewinnmaximierung im Sinne des Kapitalismus und der Konsumgesellschaft, Konsumverzicht und Konzentration auf das Wesentliche« (Frau, 1966).

Eine alternative Gesellschaft, in der nicht Leistungen, sondern Menschlichkeit und Respekt im Vordergrund stehen, könnten wie »Inseln« in der modernen Gesellschaft gebaut werden. Eine österreichische Frau betont, dass es heute viele »überforderte Menschen – bis zu den Führungskräften« gebe, wünscht sich in dieser Situation, dass die Kirche »Inseln schaffen (könnte), um zu erkennen, was wichtig ist« (Frau, 1951). Ähnlich votiert eine junge Frau, auch aus Österreich; sie vergleicht die modernen überforderten Menschen mit »Masken«, die immer »strahlend und großartig sein müssen« und träumt von einer »stillen Kirche«, die eine Alternative zur Überforderungs-Gesellschaft bietet. In einer solchen angespannten Zeit »wäre vielleicht eine schlichte, ehrliche, stille (Stille gefüllt mit hingebungsvollem Gebet), authentische Kirche passend« (Frau, 1991).[46]

Zusätzlich findet man unter den Äußerungen den Umfrageteilnehmer eine Reihe von konterten Vorschlagen und Anweisungen, die als Richtlinien für konkrete Aktivitäten, Projekte, Initiativen angewandt werden können:

46 Weitere Diskussion zum Thema »Wirtschaft« im Themenbereich »Für eine parteiliche Kirche«, im Kapitel »(Un)Werte«.

Mit kirchlichen und nicht-kirchlichen Entwicklungshilfe-Organisationen kooperieren

Konkrete Einsätze der Kirche werden oft von der Caritas gewünscht.[47] Der Begriff »Caritas« wurde in der Befragung mehr als 100 Mal genannt: »Caritas als Kern der Gemeinden« (Mann, 1964), »weniger Autos, mehr Caritas« (Frau, 1962), »klassische Caritas mit Blick auf globale Verantwortung« (Mann, 1951), »Größtmögliche Unterstützung der Hilfswerke (Misereor, Caritas, Sternsinger)« (Mann, o.J.). »Caritas... muss in der Gemeinde wieder einen zentralen Stellenwert bekommen« (Mann, 1992).

Mehrere Wortmeldungen versuchen, die Wichtigkeit der Caritas hervorzukehren: »Caritas ist ein Zugang, der von vielen gut verstanden wird, daher mehr Unterstützung auf diesem Gebiet, auch der Ehrenamtlichen.« (Frau, 1953) Ihre Arbeit realisiere auch bei uns die »Option für die Armen durch Bekämpfung ungerechter Strukturen, aber auch durch direkte Hilfe – Caritas, Misereor, etc.« (Mann, 1946). Ihre Aufgabe solle die Caritas in engem Kontakt mit kirchlichen Einrichtungen wahrnehmen, wie jenen, die sich der Entwicklungszusammenarbeit widmen. Das ermögliche eine gewichtige »kritische Begleitung der Prozesse der Globalisierung und des Welthandels, mit klarer Option für die Armen und für die Umwelt – gemäß der Haltungen und Maßnahmen der kirchlichen Entwicklungshilfe-Organisationen« (Mann, 1964).

Gesellschaftliche Bewusstseinsbildung stärken

»Wir leben in einer ungerechten Diktatur des Kapitals, zu der die Kirche devot schweigt«, schreibt ein Teilnehmer aus Deutschland (Mann, 1939). Dies ist nicht nur eine beschreibende Aussage, sondern eine Aufforderung zu einer kraftvollen öffentlichen Rede. Aktivitäten werden erwartet zu Gunsten einer Sensibilisierung das Thema »Wirtschaft und Werte« in den Medien, in Unternehmen und auf politischer Ebene. Erwartet wird »eine klare Distanzierung vom Kapitalismus« (Mann, 1955). Die »Grenzen der Marktwirtschaft« gilt es aufzuzeigen (Mann, 1970). In prophetischer Sprache sollten die Kirchen die »zunehmende Gier der Unternehmer anprangern: Finanzwirtschaft, Rohstoffhändler, Pharmalobby, Großkonzerne, Rüstungsindustrien etc.« (Mann, 1945). Eine Befragte versucht es behutsamer: »Ich würde mich freuen, wenn die Kirche den

47 Mehr zum Thema »Caritas« im Kapitel »*Für eine glaubwürdige Kirche*«, Themenbereich: »Eine Kirche der ›Caritas‹«.

Dialog mit dem Götzen ›Kapital‹ aufnimmt und aufzeigt, dass die klaffende Schere der Ungerechtigkeit zwangsläufig zu einem verheerenden Bumerang wird, wenn wir nicht gerechter aufteilen.« (Frau, 1960) Jedenfalls sei es hilfreich, »den öffentlichen Diskurs mit[zu]gestalten, weg von dem Gedanken, der Mensch schöpfe seine Würde aus seiner Leistungsfähigkeit« (NN.).

Die Kirchen sollten den Menschen bei vielen Gelegenheiten dabei Unterstützung geben, von positiven Beispielen zu lernen und Wissen zu teilen: »Beispiele in Medien präsentieren von Caritas, von Mitmenschlichkeit.« (Frau, 1962)

Ernüchternd ist freilich das Statement einer Befragten: Für sie ist die »soziale Marktwirtschaft ein Wunschtraum, der global nicht realisierbar ist. Ich wünsche mir, dass an kirchlichen Universitäten wirtschaftliche Zukunftsforschung betrieben wird. Wie den Sprung!!! vom Kapitalismus (Wachstum bis zum Zusammenbruch der Ressourcen) zur – tcha – Kreislaufwirtschaft??? schaffen??? Bis zu einem solchen Plan sollte die Kirche deutlich die Wahrheit sagen, wo Entwicklungen schieflaufen und wo Unrecht geschieht.« (Frau 1958)

Ethisch-bewusst handeln

Zu schärfen sei auch das ethische Bewusstsein für alle Akteure in der heutigen Wirtschaft. Dazu reichten aber Worte allein nicht. Es brauche auch klare Entscheidungen der Kirche, die ethisch gut sind und eine Vorbildwirkung haben können. »Alle Geistlichen und Laien dürfen sich nicht darauf beschränken, den Missständen nur verbal entgegenzutreten, sondern haben die Pflicht, ihre marktwirtschaftliche Macht als Verbraucher bewusst einzusetzen und nur bei ethisch einwandfrei handelnden Produzent(inn)en zu kaufen und nur Dienstleister(inn)en zu beauftragen, die anständig handeln. Dabei ist unbedingt zu beachten, dass wir nur Wirtschaftsbeziehungen zu Firmen unterhalten, die ihre abhängig Beschäftigten zu einwandfreien Konditionen bzgl. Lohn und Arbeitsbedingungen beschäftigen und des Weiteren möglichst ökologisch und friedenserhaltend handeln.« (Mann, 1959) Das könne auch zur »Aufgabe aller Verbindungen zu Finanzinstituten [veranlassen], die an der wirtschaftlichen Benachteiligung nicht industrialisierter Länder beteiligt sind« (Mann, 1937).

Ethik brauche in solchen ökonomisch kritischen Zeiten auch die

Konsumenten. Die Frage, wofür wir Geld ausgeben und wie wir es anlegen, hat auch eine ethische Dimension. Die Kirche könne diesbezüglich auch ihre Mitglieder ethisch bilden. Das könnten angemessene ethische Leitsätze sein: »Keine Geldanlagen in menschenrechtswidrige Projekte oft in Afrika, was zur Verarmung und Hunger der Urbevölkerung führt.« (Frau, 1953) »Geldausgaben müssen auf allen Ebenen überprüft werden, ob sie den Weisungen des Evangeliums entsprechen.« (Frau, 1965) »Mehr Geld für Arme und Hilfsprojekte ausgeben!« (Frau, 1954)

Solidarität und Gerechtigkeit fördern: Kirche als Brückenbauerin

Die Option für die Armen bedeutet auch die Option mit den Armen.[48] Es ist ein Weg für die Reichen und die Armen, an einer gemeinsamen Kultur der Solidarität teilzunehmen. Dazu soll die Kirche mit all ihren Kräften beitragen. Eine »pontifikale«, Brücken bauende Kirche wird gewünscht: Die »Kirche muss ›Brückenbauerin‹ sein: Solidarität mit den Armen und Reichen, mit den Schwachen und Starken, mit den Kleinen und Großen« (NN.). Sie muss »nicht Grenzen ziehen, sondern Brücken bauen« (Mann, 1949), »nicht Ängste, sondern Brücken bauen« (Mann, 1968), »... zwischen Armen und Reichen« (NN.), »...zwischen den Menschen« (Mann, 1957); »... zwischen sozialen Schichten, politischen Einstellungen, Religionen und Kulturen« (Frau, 1974; Mann, 1962), »... zu den Menschen der Umgebung« (Frau, 1946); und »... zu Menschen an den Rändern der Gesellschaft« (Frau, 1938). Aufgabe der Kirchen ist es, »Brücken zu bauen durch Dialog« (Frau, 1961). »Die Kirche kann Brücken zwischen den Gruppen bauen und sie wieder ins Gespräch führen, sie kann Hoffnung ausstrahlen und Perspektiven aufzeigen« (Mann, 1965) und »als Brückenbauerin Menschen miteinander verbinden« (Frau, 1965), »die größer werdenden Klüfte zwischen Arm und Reich überbrücken« (Mann, 1968). Es gelte, »immer wieder die Ungerechtigkeit der Weltwirtschaft anzuprangern« (Frau, 1959), eine »gerechtere Verteilung des Kapitals« (Mann, 1968) zu fordern, »Soziale Gerechtigkeit und Armut, also Wohlstand für alle statt Kapitalkonzentration in den Händen weniger« (Mann, 1963) als moderne Herausforderung zu betrachten.

48 Mehr zu den Themen »Solidarität« und »Gerechtigkeit« im Kapitel »Un(Werte)«.

Sich auf die Seite der Armen stellen

Zum christlichen Glauben gehöre dazu, sich auf die Seite der Armen zu stellen. Viele Menschen folgen dem Beispiel des Franz von Assisi oder ihrer eigenen inneren Überzeugung und kommen zu den Armen nicht nur mit Spenden aus ihrem Überfluss zu Hilfe, sondern gehen einen Schritt weiter. Sie sind bereit, ihre Sicherheit und Bequemlichkeit aufzugeben, ihre Komfortzone zu verlassen, um bedürftigen Menschen wirklich zu begegnen. Das bedeutet für sie konkret, die Menschen wirklich ernst zu nehmen[49]. Es finden sich Appelle an Pfarreien: »Mehr für Arme und Benachteiligte in den Pfarreien anbieten – nicht nur über Caritas« (Mann, 1980), aber auch an die Kirche als Ganze: »Kirche sollte sich unmissverständlich (so wie es Papst Franziskus bereits tut) auf die Seite der Armen, sozial Benachteiligten stellen. Sie sollte dem Kapitalismus den Kampf ansagen.« (Mann, 1950) Die erforderliche Hilfe beginne mit dem Hinschauen: »Verlierer der Globalisierung und der Leistungsgesellschaft müssen gesehen und integriert werden können.« (Frau 1974)

»Den Schwachen, Armen und Gestrauchelten Hilfe geben« (NN.), die Armen »in die Mitte nehmen« (Frau 1940), »die Armen zu lieben« (NN.), »heruntersteigen zu den Armen, nicht: ›Wir beseelsorgen euch‹« (NN.), »wertschätzen der Armen« (Frau, 1979), »aber auch all diejenigen, die sich von der Leistungsgesellschaft überfordert und von der Konsumgesellschaft ›abgehängt‹ fühlen, weil sie zwar ›über die Runden‹ kommen, aber an dem neuesten Hype der materialistischen Gesellschaft nicht teilnehmen können. Die Kirche ›vor Ort‹ kann hier einen sehr wesentlichen Beitrag leisten – ganz konkret durch aktive Hilfe und Unterstützung in materieller, aber eben auch in geistiger/geistlicher Not.« (NN.)

Gegen Konsumzwang und Leistungsdruck agieren

Durch den gesellschaftlichen Drang, zu konsumieren, und durch die omnipräsente Werbung werden wir ständig verführt, Produkte zu kaufen und Dienstleistungen zu nutzen. Aber brauchen wir diese Dinge unbedingt? Können wir selbst das Ausmaß unseres Konsums bestimmen? Können wir uns bewusst für oder gegen die Werbung entscheiden? Und können wir, während wir konsumieren, unserer eigenen Konsumlogik

49 Mehr zum Thema »Barmherzigkeit« im Kapitel »Un(Werte)«.

folgen, unsere eigenen Prinzipien bewahren? Viele Umfrageteilnehmer bejahen solche Fragen.

Die Kirche und kirchliche Gemeinden sowie individuelle Christen sollen »gegen Leistungs- und Effizienzdenken« auftreten (Mann, 1948), »die materialistische Weltanschauung und die aggressiv geförderten Konsumbedürfnisse mit guten Argumenten kritisieren« (Mann, 1969), »den Menschen zeigen, dass Konsum und Besitz allein nicht glücklich machen« (Frau, 1950), »aufzeigen, wie es besser geht, was ein erfülltes Leben abseits von Konsum ist« (NN.) und »dass Gott kein Konsumgut ist, sondern eine Lebenseinstellung« (Mann, 1974). »Die Kirche in Deutschland... hat als ›reiche‹ Kirche die Verpflichtung, sich sichtbar vom Konsum und der Habenwollen-Mentalität abzusetzen.« (Frau, 1965) Eine starke und konsequente »Konsumkritik« (Frau, 1960) wird von der Kirche erwartet: »Kritische Sicht zur Konsumhaltung« (Mann, 1945) und sogar »Verzicht auf Konsum« (Mann, 1954). Außerdem soll das »Konsumverhalten der Priester Vorbildcharakter haben« (NN.).

Die Beschränkung des Konsumerismus und unsere Wegwerfmentalität wurden auch im Kapitel Ökologie thematisiert. Die Menschen beklagen »die Klimaveränderung und die Nichtveränderung des Konsumismus in den Industrieländern, Gedankenlosigkeit und fehlender Wille für einen bescheideneren Lebensstil« (Frau, 1940) und »eine industrielle Landwirtschaft, die auf Dauer unsere Lebensgrundlagen zerstört (Boden, Insekten, Vögel, ...), die Tiere in der Massentierhaltung quält« (Frau, 1952). Die Umfrageteilnehmenden fordern Christen und christliche Gemeinschaften auf, ökologisch bewusst zu agieren: in allen kirchlichen Projekten und alltäglichen Aktivitäten (einkaufen, reisen, Gebäude verwalten, Häuser bauen, Gemeindefeste organisieren, etc.) der Logik der Schöpfungsbewahrung zu folgen anstatt der Logik der Konsumwirtschaft (Profitmaximierung, Leistungen, Geldsparen).

Dem Leben Sinn geben

Die Ablehnung der Konsum- und Leistungsgesellschaft eröffne den Menschen von heute die Chance, eine wahre, geistliche Identität zu entdecken, dem Leben eine neue Wendung zu geben und das Leben erfüllt und sinnvoll zu gestalten. Konkret wird daher von einer Befragten vorgeschlagen: »Die Kirche müsste sich gegen die allgegenwärtige Leistungsgesellschaft stellen, sie müsste den Menschen helfen, ihre wahre, geistliche Identität zu entdecken, und das Trugbild unseres Lebensstils, das uns Sicherheit vorgaukelt, entlarven. Dies kann Kirche nur gelingen, wenn sie sich von einer Institution, die den Glauben verwaltet, in eine Gemeinschaft verwandelt, die den Menschen transformiert und ihn somit befähigt, sein Leben in Verbundenheit mit Gott zu gestalten. Aus dieser spirituellen Reife heraus kann es dem Menschen gelingen, sich von den bisher gängigen Mustern des Leistungsdrucks und des Erfolgsdrucks zu befreien.« (Frau, 1964)

Aufmerksamkeit gewinnt in Wortmeldungen die sensible Frage, wie in einer auf Leistung und Starksein getrimmten Erfolgsgesellschaft Leid einen Sinn haben kann. Ein Befragter meint dazu: »Die Kirche vermittelt ›Gemeinschaft‹, sie zeigt ›Werte‹ auf, dass es noch etwas Anderes gibt als Konsum... Sie kann aufzeigen, dass auch das Leiden einen Sinn haben kann.« (Mann, 1938) Ähnlich schreibt eine Befragte: »Der moralische Zerfall des Kapitalismus, Egoismus/Selbstverwirklichung, auf ›nichts‹ verzichten wollen, keine Leiden wollen, Fokus auf diese Welt, – nicht auf das Danach – unser wahres Zuhause.« (Frau, 1975)

Aber hat die Kirche diese spirituelle Kraft? Ein Umfrageteilnehmer äußert Zweifel, wenn er schreibt: »Menschen suchen nach Sinn – finden ihn aber weniger in der Kirche, sondern gehen ›Heilsversprechen‹ von Wellness, Weltanschauungen und dem Kapitalismus auf den Leim. Dabei hätte die Kirche so viel an ›Mehr‹ anzubieten – für Zeit und Ewigkeit!« (Mann, 1982)

Dennoch bleibe die Maxime in dieser Zeit: »Auf das Wesentliche, die Wurzeln konzentrieren; nicht der Konsum macht glücklich, sondern die Liebe – dazu Perspektiven aufzeigen.« (Frau, 1969)

Arm werden

Es gibt Klagen[50] darüber, dass die Kirche selbst zu reich und mit den Reichen verbündet ist, dass sie nicht genug für die armen Menschen macht: »Oft fehlt ein Hingehen zu den Armen, den Schwachen, denen am Rande...« (NN.) Diesbezüglich machen die Befragten viele Vorschläge:

Die Kirche muss »arm werden« (Frau, 1944, 1945, 1963, 1963, 1967, 1986; Mann, 1949). »Armut-Bekämpfung heißt: selber einfachen Lebens-

50 Mehr dazu in »Arme Kirche« im Kapitel »Für eine glaubwürdige Kirche«.

stil beobachten« (Frau, 1943), »eine Kirche der Armen und der Peripherie« werden (NN.), »jeden Pomp ablegen und noch viel mehr eine Kirche der Armen werden« (NN.), »Ballast ablegen« (Mann, 1949), »Sich von möglichst viel Ballast (Vermögen, teure Kirchen ...) trennen« (Mann, 1946), »Besitzverzicht« (NN.), »Bündnis von Armut und Altar« (Mann, 1946), »eigenen Besitz aufgeben« (Mann, 1963), »mehr Armut leben« (Mann, 1938); »Horten und Sammeln von ›Kirchenschätzen‹, luxuriöse Bauten und Umbauten darf es nicht geben« (Frau, 1965), »weniger Prunk und mehr Bescheidenheit« (NN.). »Verzicht auf luxuriösen Lebensstil. Vorbildfunktion kirchlicher Würdenträger. Negativbeispiele gibt es genug.« (Mann, 1946)

Glaubwürdigkeit der Kirche stärken

Das Thema »Glaubwürdigkeit der Kirche«[51] hat viele Facetten. Der Wunsch nach einer authentischen und glaubwürdigen Kirche ist sehr groß. »Arm werden« und »eine Kirche mit den Armen werden« gehören zu den wichtigsten Wegen, die Glaubwürdigkeit der Kirche zu stärken: »Kirche muss arm werden, um glaubwürdig zu sein« (Mann, 1949; Frau, 1959, 1983). Eine »arme Kirche ist glaubwürdiger« (Frau, 1957), »...authentischer« (NN.), eine arme Kirche ist »eine dienende Kirche« (Frau, 1937, 1934), »eine Kirche ohne Privilegien« (Frau, 1951), »wie Franziskus von Assisi sie sich gewünscht hat« (Frau, 1993). »Eine verfolgte und/oder arme Kirche ist besser als eine angepasste, schweigende, reiche, unglaubwürdige!« (Frau, 1958) Ein Teilnehmer aus Österreich stimmt zu: die Kirche »muss eine arme Kirche werden« und bemerkt: »Ich habe bis heute nicht verstanden, warum (die Kirche) so viel Grundbesitz braucht«. (Mann, 1995) »Kirche müsste sich glaub-würdig machen und damit den Glauben glaub-würdig machen, indem sie sich sehr stark einbringt in die Notsituationen der Menschen und sie auch politisch zur Sprache bringt (Armut, Obdachlosigkeit).« (Frau, 1949)

51 Dieses Thema wird im Kapitel »Für eine glaubwürdige Kirche« ausführlich thematisiert.

Frieden: Dritter Weltkrieg auf Raten

In seiner Botschaft zur Feier des Weltfriedenstages 2018 nannte Papst Franziskus die Ursache von globalen Migrationsbewegungen, Kriegen, Konflikten, Völkermorden und ethnischen Säuberungen: »Die bewaffneten Konflikte und die anderen Formen organisierter Gewalt verursachen weiterhin Bevölkerungswanderungen innerhalb der nationalen Grenzen und über sie hinaus«.[52] Die Welt ist in Gefahr – das wurde auch in anderen Dokumenten wiederholt: »Der Mensch ist in Gefahr« (EU Parlament[53], 24), das gesamte Leben ist in Gefahr: »Gott droht, die Menschheit zu vernichten wegen ihrer andauernden Unfähigkeit, entsprechend den Anforderungen von Gerechtigkeit und Frieden zu leben« (LS 70). Und auch die Gefahr eines nuklearen Schlagabtauschs wurde vom Papst als ein »Selbstmord der Menschheit« bezeichnet.[54]

Ähnlich wie der Papst sehen es Autoren der Expertisen. Für sie zählt zu den großen Herausforderungen der Menschheit die Gefährdung des Friedens durch Krieg und Terror. Der »Zusammenhalt in Europa zum Ziel das Leben in Frieden und Freundschaft« ist dem Slowaken Pavel Mikluščák ein Anliegen. Jörg Dantscher/Theo Kellerer erwarten von der Kirche, »solidarisch mit den Menschen nach Frieden und Gerechtigkeit zu suchen«. Es gehe um ein entschlossenes »Erkennen und Wahrnehmen des möglichen Beitrags der kirchlichen Organisation(en) zum Weltfrieden« (Anselm Eder). Sie müssten neben anderen Formen diakonalen Einsatzes vor allem eine »Friedens-Diakonie« leisten (Leo Karrer).

Sorge um Frieden

Auch viele Teilnehmer der Online-Umfrage teilten ihre tiefe Sorge über die Welt und die Zukunft der Menschheit: »wachsende Bedrohung des Friedens weltweit« (Frau, 1975), »Mangel an Frieden« (Mann, 1947), »Krieg in der Ukraine« (NN.) und »Krieg in Nahost« (Mann, 1941), »Spannungen nach dem Krieg auf dem Westbalkan« (Frau, 1959), »zunehmende Gewalt gegen Christen im Orient, in Ägypten« (Frau, 1948),

52 »Migranten und Flüchtlinge: Menschen auf der Suche nach Frieden«, Botschaft des Heiligen Vaters Papst Franziskus zur Feier des Weltfriedenstages, 1. Januar 2018.

53 Papst vor dem Europaparlament, 25. November 2014.

54 Katholische Kirche Österreich »Papst warnt vor ›Selbstmord der Menschheit‹ durch Atomwaffen« 31.10.2017: https://www.katholisch.at/aktuelles/2017/10/31/papst-warnt-vor-selbstmord-der-menschheit-durch-atomwaffen

»Gewalt gegen Minderheiten« (Frau, 1968) und »Gewalt gegen Frauen« (Frau, 1959), »Bombardements« (Mann, 1957), »atomare Aufrüstung« (Mann, 1971) und »Krieg eines jeden gegen einen jeden« (Mann, 1964). In der gesamten Umfrage wurde das Wort »Krieg« 132 Mal genannt, das Wort »Gewalt« 129 Mal und das Wort »Frieden« 141 Mal.

Die Befragten äußerten sich über das »Bedürfnis nach Frieden, Sicherheit und Wohlstand« (Frau, 1981), »Sehnsucht nach Frieden« (Frau, 1934), »Sehnsucht nach gelingendem Leben in Liebe und Frieden« (Mann, 1951), »Suche nach innerem und äußerem Frieden« (Frau, 1982).

Die Ursachen des mangelnden Friedens werden von Befragten in ihrem lokalen Kontext und auch auf internationaler Ebene identifiziert. Politische, soziale, ökonomische und ökologische Gründe von Kriegen und Konflikten wurden genannt: »politische Unsicherheit« (Mann, 1941), »Hunger in der Welt« (Frau, 1943), »Mangel an Empathie und Gerechtigkeit« (Frau, 1953), »Ungerechtigkeit im Wirtschaftssystem (weltweit), geplante Einschnitte im Sozialsystem durch neue österreichische Regierung, damit ist der soziale Friede gefährdet« (Frau, 1961).

Die moderne wirtschaftliche Ordnung wurde vielmals als gefährlich für die Menschen, die Natur und die ganze Erde beschrieben[55]: »Die Probleme sind durch falsches privates, wirtschaftliches und politisches Handeln eskaliert.« (Mann, 1940) Es wachse »die Gefahr des Neoliberalismus, der den sozialen Frieden gefährdet« (Frau, 1957). Die Folge: »Der Frieden ist ernsthaft bedroht. Konflikte um Ressourcen werden auch Europa zunehmend destabilisieren.« (Mann, 1958)

Der Frieden ist auch gefährdet durch »extreme menschliche Reaktionen, die zu Unverständnis, Hass, Flucht, Morden und Krieg führen« (Mann, 1947) und fehlende »globale Problemlösungen (Klima, Migration, Friedensbemühungen)« (Frau, 1963). »Gegen die Bemühungen um Einheit und Frieden steht das Wiedererwachen des Nationalismus und Egoismus in vielen Ländern.« (Mann, 1937)

Eine Teilnehmerin hat auch darauf hingewiesen, dass »elektronische Innovationen (›cyber war‹ u. ä.) neuartige Bedrohungen von Friede, Sicherheit und Freiheit« verursachen (Frau, 1960). Verbale Gewalt sei eine subtile Form von Gewalt. Laut Papst Franziskus: »Auch Christen können

55 Mehr dazu in den Kapiteln »Ökonomie« und »Ökologie«.

über das Internet und die verschiedenen Foren und Räume des digitalen Austausches Teil von Netzwerken verbaler Gewalt werden« (GE 115).

Frieden und die Flüchtlingsfrage

Die Flüchtlingsfrage (Mann, 1941) wurde oft in der Umfrage in Zusammenhang mit dem Thema »Frieden« genannt (Frau, 1948, 1948, 1956, 1967; Mann, 1936, 1948, 1959, NN., etc. – insgesamt 36 Teilnehmer). Die globale Migrationsbewegung, so Papst Franziskus, »erfordert konkretes Engagement, eine Kette von Unterstützung und Wohlwollen, eine wache und verständnisvolle Aufmerksamkeit«, sodass »unsere Brüder und Schwestern wieder in Frieden in einem sicheren Zuhause leben können« (Weltfriedenstag 2018). Ähnlich sehen es Umfrageteilnehmer: »Suchende gehen oft einen langen Weg, ehe sie ihren Gott, ihren Frieden finden« (Frau, 1947), sie suchen »Schutz und Frieden und eine Lebensperspektive« (NN.). Aber »wir maßen uns an zu bestimmen, wer ein Recht auf ein Leben in Freiheit und Frieden hat. Wir machen die Grenzen dicht, leben im Überfluss und wundern uns, dass diesen Zustand nicht mehr alle hinnehmen wollen«. (Frau, 1972)[56] Solche Klagen klingen wie die entsprechenden Äußerungen von Papst Franziskus über die Flüchtlinge. Zum Weltfriedenstag 2018 sagte er: »Man bricht auf, um sich wieder mit seiner Familie zu vereinen, um Arbeits- und Ausbildungsmöglichkeiten zu finden. Wer diese Rechte nicht besitzt, lebt nicht in Frieden.«

Der Mangel an Frieden ist in der heutigen Welt immer ein globales Phänomen. Wenn in einem Teil des Planeten ein Krieg ausbricht, kann man es im anderen Teil spüren. Wir leben in einer »stürmischen Zeit«, in der »globale Orientierungsmuster« (Mann, o.J.) und »politische Verantwortung in allen Bereichen (sowie) klassische Caritas mit Blick auf globale Verantwortung« (Mann, 1951) notwendig sind.

Frieden und die Umweltfrage

Das Bewusstsein der Menschen von der Begrenztheit der Ressourcen und ihre ernsthaften Versuche, die Güter der Erde gemeinsam zu nutzen, sind absolut notwendig dafür, dass unsere Länder sich »in Orte des Aufbaus des Friedens verwandeln« können (Weltfriedenstag 2018). Viele

56 Mehr zum Thema »Flüchtlinge« im Kapitel »Menschen auf der Flucht«.

Umfrageteilnehmende – junge und alte, Männer und Frauen – betonen dementsprechend, dass das Leben im Frieden einen verantwortlichen Umgang mit den Ressourcen verlangt (Frau, 1939, 1941, 1957, 1958, 1963, 1967; Mann, 1939, 1941, 1946, 1951, 1966, 1975, o.J., etc. – 26 Teilnehmer). Die größte Herausforderung für die Friedensschaffung auf dem Planeten ist somit die Lage der Umwelt: »Frieden, Umwelt, Menschwerdung Gottes, die Themen sind alt und hoch aktuell zugleich.« (NN., 1966)

Eine Befragte sieht mit aller Klarheit »das Unrecht von 20% der Menschheit, die 80% der Ressourcen für sich beanspruchen und damit nicht nur Unrecht vermehren, sondern auch den Frieden gefährden, oder viel mehr noch kriegerische Auseinandersetzungen auslösen« (Frau, 1941). Daraus folgen als Aufgaben: »Friedensstiftung, Abrüstung, Achtung vor der Schöpfung, gleichwürdiges und schützendes Verhalten der Schöpfung gegenüber – Propagierung eines neuen Menschenbildes und Verhaltens der Natur gegenüber, um die Erde und das Überleben der Menschen zu gewährleisten«. (Frau, 1979)

Frieden und die Gerechtigkeitsfrage

83 Teilnehmer der Umfrage nennen die beiden Themen »Frieden« und »Gerechtigkeit« zusammen als Zeichen und Herausforderung unserer Zeit: »Frieden, Gerechtigkeit, Verantwortung für die Zukunft« (Mann, 1948), »Frieden, Gerechtigkeit, Bewahrung der Schöpfung« (Frau, 1969; Mann, 1949, 1964, o.J.), »Frieden, Migration, Klimawandel« (Mann, 1972), »Frieden, eine gerechte Weltordnung« (Mann, 1959), »soziale Gerechtigkeit und Frieden, Solidarität mit den Armen und Schwachen« (Mann, 1952).

Die Kirche ist sich dessen bewusst, nicht immer dem Frieden gedient zu haben. Aber »die Kirche besinnt sich auf Barmherzigkeit, Gerechtigkeit und Frieden und bekennt das eigene Verschulden den Menschen gegenüber« (Mann, 1965).

Friede durch religiös legitimierte Gewalt?

Es gibt Versuche, Gerechtigkeit durch Gewalt zu erreichen.[57] Manchmal wird dann solche Gewalt im Namen Gottes gerechtfertigt. Dies aber ist

57 Aber Frieden und Gerechtigkeit gehen nicht immer Hand in Hand. Sie befinden sich in einem Spannungsfeld. Dazu: Gespräch mit Michael Steeb, Geschäftsführer der AGEH, »Frieden und

laut Papst Franziskus ein Verbrechen, weil »die Würde des menschlichen Lebens … immer heilig ist« (GE 101). Gewalt ist das Gegenteil jeder religiösen Überzeugung: Wir müssen, so Umfrageteilnehmer, »gemeinsam mit den anderen Christen gegen die Gewalt aufstehen« (Frau, 1936), »konsequent gegen Gewalt stehen« (Frau, 1963), uns »gegen Hass und Gewalt stellen« (Mann, 1942). Die Befragten fordern »Gewaltverzicht« (Frau, 1946), »gewaltfreie Kommunikation« (Frau, 1952, 1969), »Gewaltentrennung« (Frau, 1966, 1987), »Gewaltfreiheit« (Frau, 1953, 1966; Mann, 1940), »Gewaltfreiheit als absolute Maxime« (Mann, 1962). Dies gelte auch für die Kirchen: »›Ihr alle aber seid Brüder!‹ … (Es) ist notwendig, dass sich die Kirche in aller Deutlichkeit öffentlich von allen Machtpraktiken und Gewaltallianzen, in die sie in der Vergangenheit verwickelt war, distanziert, um bei den Menschen wieder Vertrauen zu gewinnen.« (Mann, o.J.)

Wege des Friedens – Botschaften, Handlungen, Spiritualität

Was können und sollen die Kirchen für den Frieden tun? Die Sorge um den Frieden, so Herbert Denicolò aus Italien, sei nicht nur eine Aufgabe der christlichen Kirchen, sondern aller Religionen, noch mehr, aller Menschen guten Willens. Deshalb müssten »Christentum, Islam und Judentum … schnell und gründlich reflektiert zu einer weltumspannenden Friedensbewegung zusammenwachsen«. Von den Teilnehmenden aus der Online-Umfrage wurde eine Reihe spiritueller Botschaften und Handlungen vorgeschlagen, um Frieden zu erreichen und Frieden zu bewahren – und um Frieden als Wert zu verstehen. Die wichtigsten Stichworte sind: Gewaltfreiheit, Friedensarbeit, Versöhnungsarbeit, Friedenspolitik und Friedenserziehung.

Gewaltfreiheit

»Wege des Friedens für unsere verwundete Welt« (LS 257) – mit diesen Worten meint Papst Franziskus die Notwendigkeit, Dialog mit Nichtgläubigen und anderen Gläubigen zu fördern. Ohne Dialog, so Umfrageteilnehmende, können wir »Frieden zwischen den Völkern und Religionen« (Frau, 1949, 1956) nicht bewahren; es ist wichtig, die Menschen »zum Gebet um Frieden einzuladen, bewusst zu machen, wie wichtig es

Gerechtigkeit – ein Spannungsfeld»: https://www.ageh.de/startseite/aktuelles/archiv/partnerfachtagung.html?type=123

ist, im eigenen Umfeld Frieden zu schaffen. Zur Dialogfähigkeit verhelfen, zu Versöhnung.« (Mann, 1947) »Viele unterschiedliche Religionen leben nebeneinander in den Städten und Regionen. Sie haben je eigene ›Wahrheitsvorstellungen‹ und Ansprüche. Die Notwendigkeit ständiger Gespräche müssen die Katholiken initiieren zum Leben im Frieden. Heraus aus dem Egoleben der Gemeinden!« (Mann, 1939)

Die christliche Widerstandskultur ist eine »neuartige politische Kultur«[58]. Diese Kultur umfasst nicht nur Gespräche, Dialoge und Öffentlichkeitsarbeit (Radio, Fernsehen, Presse), sondern auch verschiedene gewaltlose Aktionen, zum Beispiel zivilen Ungehorsam und Verweigerung der Kooperation (Streiks, Boykotts, Fasten, Schweigemärsche, etc.) sowie die Entwicklung von konstruktiven Projekten (Umweltschutz, soziale Verteidigung, Hilfe für Migranten und Asylsuchenden, etc.): »Die Kirche sollte um des Evangeliums willen kritisch sein gegenüber den Mächten des Kapitals, der Wirtschaft und der Gewaltpolitik. Nur so kann sie im Sinne Jesu für die Menschen eintreten«. (Frau, 1933) Immer »gewaltfreien Konfliktlösungen den Vorrang geben« (Mann, 1955).

Die meisten der Teilnehmenden reden über einen »positiven Frieden« im Sinne der Notwendigkeit, ein friedliches Zusammenleben zu organisieren, friedlich miteinander umzugehen, einen Konsens zu finden und Konflikte zu lösen. Andere Befragte sind sich des sogenannten »negativen Friedens« bewusst, wobei Frieden als Abwesenheit von Krieg, Gewalt und bewaffneten Auseinandersetzungen definiert wird.[59] Sie fordern »Abrüstung und Frieden« (Mann, 1946), »Engagement für Abrüstung« (Mann, 1956) und »klare pazifistische Haltung für Gewaltlosigkeit, gegen Rüstungsexporte« (Mann, 1964). Das Wort »Rüstung« (»Rüstungsexporte«, »Aufrüstung«, »Rüstungsindustrie«, »Rüstungswahnsinn« etc.) wurde 24 Mal verwendet, das Wort »Waffen« (»Waffenhandel«, »Waffengeschäfte«, »Waffenproduktion«, »Bewaffnung«, etc.) 34 Mal.

58 Zulehner, Paul M.: »Kirche – Gottes Friedensbewegung auf Erden. Pastoraltheologische Anregungen zur künftigen Arbeit von Pax Christi«, München 1984.

59 Gespräch mit Prof. Dr. Ulrich Schneckener, Professor für Internationale Beziehungen & Friedens- und Konfliktforschung an der Universität Osnabrück, von Lena Herzog in »Die Debatte«, 6.12.2017: http://www.die-debatte.org/frieden-interview-schneckener/

Friedensarbeit

Friedensarbeit (15 Mal genannt) wurde überwiegend im Sinne von »Brücken bauen« (Mann, 1970) verstanden: »Brücken über manche Gräben schlagen und einen wichtigen Beitrag zu Toleranz, Akzeptanz und Frieden leisten« (NN.), »Solidarität stärken« (Frau, 1962) und »Verständigung zwischen Völkern und Generationen« (Mann, 1958) fördern. »Die Kirche muss sich viel stärker zum Anwalt und Motor von Gerechtigkeit machen, nur so ist Frieden zu erreichen, der mehr ist als die (momentane) Abwesenheit von Gewalt und Krieg.« (Frau, 1954)

Friedensarbeit bedeutet konfliktsensitiven Umgang mit Problemen, konstruktive Friedenslösungen suchen und Friedenspolitik betreiben. Man müsse »das Gemeinsame, Verbindende zwischen den Menschen und Völkern zuungunsten des Trennenden hervorheben. D. h. auch, sich nicht in Grabenkämpfen und Streitereien zu verlieren. Im Sinne von Franziskus: Barmherzigkeit und Seelsorge voranzustellen.« (Frau, 1960) Bei diesen Bemühungen gehe es um christliche Urtugenden wie »Nächstenliebe, Feindesliebe, Suche nach Frieden und Gerechtigkeit, Sorge um Menschen in der Not« (Mann, 1935).

Friedensarbeit sollte »innergesellschaftlich und nach außen« (Mann, 1963) geleistet werden. Interreligiöse Friedensarbeit kann »positive Erfahrungen in der Region weiterentwickeln und nach Westeuropa ›exportieren‹« (Frau, 1959). Einer Frau (1945) ist wichtig: »Möglichkeiten der Friedensarbeit in Herkunftsregionen stärken, weltwirtschaftliche Ursachen aufzeigen, den Opfern helfen.«

Versöhnungsarbeit

Friedensarbeit wurde auch im Sinne von »Versöhnungsarbeit« nach einem Konflikt oder Krieg verstanden: »Als Versöhnung stiftende ist die Kirche Botin des Friedens und der Freundschaft unter den Menschen, an deren Leben sie sich beteiligt und das sie begleitet. Zugleich ist sie damit jene Instanz, in welche die Hoffnung gelegt werden kann, Leid, Gewalt und Unrecht zu verhindern. Die globale Vernetzung macht sie zu einem Global Player, der die solidarische Gemeinschaft seiner Mitglieder nutzen kann, um für eine Welt einzutreten, die auf eine im Glauben erhoffte Zukunft – einem Reich Gottes – hin ausgerichtet ist.« (Frau, 1991)

Ein spezifischer Aspekt der Versöhnungsarbeit ist die Annäherung der christlichen Kirchen. Mehrmals wurde die alte Spaltung zwischen

Orthodoxen und Katholiken genannt. Es sei die Zeit gekommen, diese Spaltung zu überbrücken: »Enge Zusammenarbeit mit den orthodoxen Kirchen, denn da gibt es sehr viele Gemeinsamkeiten und kaum Trennendes« (Mann, 1940): »Gehen wir doch aufeinander zu, überbrücken wir im gemeinsamen Geist und mit gutem Willen die unselige Spaltung von einem halben Jahrtausend und – ich denke an die orthodoxen Kirchen – von einem ganzen Jahrtausend. Wer sich teilt, schwächt sich. Wer zusammenfindet, stärkt sich.« (Mann, o.J.)

Nationalistische Tendenzen verhindern die erfolgreiche Versöhnung zwischen den zwei großen Kirchen. Erwartet wird »Versöhnungsarbeit aus evangelischer Vision und gegen nationalistische Versuchung der katholischen und orthodoxen Kirchen in der Region« (Frau, 1959) sowie »Widerstand gegen nationalstaatliche Egoismen, die ein Zusammenwachsen der Welt behindern und den Frieden gefährden« (Mann, 1958).

Friedenserziehung

Friedenserziehung ist ein komplexes Feld, welches verschiedene Wissensgebiete umfasst: Kultur des Friedens, der Menschenrechte, des interkulturellen Lernens, des Antirassismus etc. Erziehung zum Frieden bedeutet Erziehung zu Nachhaltigkeit, Gendergerechtigkeit, Umweltschutz und »interkulturelle Menschlichkeit« (Mann, 1950). Friedenserziehung ist Erziehung zur Erhaltung des Friedens »beginnend im häuslichen Bereich, in den Gemeinschaften, in den Ehen und Partnerschaften« (Frau, 1942). Es ist nicht nur Wissen, sondern auch bewusstes Handeln mit Aussicht auf Frieden: »Viele reden und demonstrieren für den Frieden, sind aber nicht bereit, selbst zurückzustecken und sich von liebgewordenen Vorstellungen zu verabschieden.« (Mann, 1936) Eine Befragte beklagt einen »Mangel an Verstehen, dass jeder Mensch in einer subjektiven Gerechtigkeit mit einer subjektiven Wertordnung groß geworden ist und nur durch die Umsetzung des neuen Gebotes friedliches, gemeinschaftliches Miteinander entstehen kann« (Frau, 1942).

In der Welt der »zunehmenden Konflikte, wachsender Gleichgültigkeit gegenüber den Nöten der Menschen und fehlender Friedenslösungen« (Mann, 1937) sei es notwendig, »Friedensarbeiter im Sinne gewaltfreier Kommunikation (auszubilden)… und diese Friedensarbeiter, Priester, Diakone usw. in Krisengebiete (zu) schicken« (Frau, 1969).

Wertschätzung kirchlicher Friedensarbeit

Ob die Kirche derzeit hinlängliche Friedensarbeit mache, ist auch ein Teilaspekt der Expertisen. Weihbischof Matthäus Karrer beklagt beispielsweise den Rückzug vieler Pfarrer aus der Gesellschaft, begrüßt aber die engagierte Friedensarbeit von Verbänden wie dem BDKJ (Bund der Deutschen Katholischen Jugend). Nicht zutreffend auf die Zeit von Papst Franziskus ist die Anmerkung von Heribert Köck: »Der Gedanke, dass eine Religionsgemeinschaft wie die katholische Kirche mit mehr als einer Milliarde Mitgliedern aufgerufen sein könnte, die Mächtigen dieser Welt zur Nutzung aller politischen und wirtschaftlichen Möglichkeiten in die Pflicht zu nehmen, welche heute für die Friedenssicherung und einen integralen Fortschritt der Menschheit unter Sicherung der Nachhaltigkeit der Ressourcen zur Verfügung stehen, dürfte im Vatikan noch gar nicht angekommen oder gleich wieder schubladiert worden sein.« Im Gegensatz zu Köck freut sich Gregor Lang-Wojtasik, dass »Frieden, Gerechtigkeit, Bewahrung der Schöpfung … wieder zu greifbaren Visionen aktiven Christentums« geworden sind. Angesichts der Herausforderungen des Überlebens der Menschheit müssen »Frieden und Gewaltfreiheit« im Zentrum stehen. Die Franziskanerin Sr. Martina Schmidt schätzt deshalb Papst Franziskus für seinen »Einsatz für die Bewahrung der Schöpfung, für Gerechtigkeit und Frieden«.

Ein dritter Weltkrieg auf Raten

Ein fundierter und ausführlicher Beitrag, allein dem Thema des Einsatzes von Papst Franziskus für den Frieden gewidmet, stammt vom emeritierten Pastoraltheologen von Münster, Norbert Mette. Der Autor verwendete als Titel einen mehrmals wiederholten Ausspruch von Papst Franziskus: »Wir stecken mitten in einem dritten Weltkrieg.« Papst Franziskus spricht auch von einem »Weltkrieg auf Raten«. Das sind zentrale Botschaften im Beitrag von Norbert Mette:

1. Wir leben in einer Welt voller Kriege und Gewalt. Diese werden durch viele unheilvolle Faktoren begünstigt, zu denen Mette zählt: Rüstungsindustrie, Machtstreben, Rache, Kampf um knappe Rohstoffe, Zugang zu Absatzmärkten, Geringschätzung des Lebens, ideologische Gewaltverherrlichung. Neu ist der Cyberkrieg.
2. Um den Kriegen zu wehren, braucht es eine Ächtung von Krieg und Rüstungswettlauf, vor allem von Atomwaffen.

3. Auf dem Weg zum Frieden braucht es eine neue Kultur des Miteinanders, der Gewaltfreiheit, der gegenseitigen Achtung und des solidarischen Teilens: nicht Waffen, sondern nur Gerechtigkeit schafft wirklichen Frieden.
4. Gewalt im Namen Gottes ist immer ein Verrat an Gott. Jeder Krieg ist letztlich ein Verbrechen gegen Gott und die Menschen.

Frieden in den Herzen

Bestimmte Denkgewohnheiten der westlichen Menschen über Frieden wurden von den Umfrageteilnehmenden kritisiert, darunter die Unfähigkeit, sich die Zerbrechlichkeit des Friedens vorzustellen und Frieden im Herzen zu finden. In der Welt der »großen materiellen Sicherheit herrscht keine echte Freude und kein Frieden in den Herzen… Dabei ist ein riesengroßer Hunger nach Sinn feststellbar«. (Frau, 1956) Gegen einen Sinneswandel bestehe ein tiefer Widerstand: »Im Westen haben die Menschen noch nicht begriffen, dass sie ihren Lebensstil vereinfachen müssen – aus Solidarität und aus Umweltgründen… also zum Nutzen aller.« (Mann, 1954) Zu den Charakteristiken unserer Zeit zählt daher eine Befragte aus Deutschland »eine Gesellschaft, die umgeben von Wohlstand und Frieden immer konsumorientierter und in ihren Werten beliebiger wird« (Frau, 1962).

Die Provinzoberin der Schulschwestern in Österreich und Italien, Sr. Beatrix Mayerhofer, verweist auf die spirituelle Dimension der Friedensarbeit von Ordensfrauen: »Im Herzen der Welt wollen wir Frauen des Friedens, der Hoffnung und der Liebe sein.«

Digitalisierung: eine neuartige Herausforderung

»Digitaler Rausch und eine Machbarkeitsideologie der Technikaffinen.« (Mann, 1960) »In an Information Age, the world is a much more open book.« (Frau, 1946) »An den aktuellen Themen (den Zeichen der Zeit) dran sein und sich darin auch auskennen (z. B. Technisierung und Digitalisierung), um adäquate Beiträge im Sinne des Diskurses beisteuern zu können und auch im Alltag eines Seelsorgers nicht als gestrig abgestempelt zu werden.« (Mann, 1978) Das fordert ein Befragter in der Online-Umfrage.

Viele Teilnehmende der Studie verzeichnen unter den Challenges der heutigen Welt einfach »Digitalisierung« (NN., NN., Mann, 1962, 1931, 1935, 1946, 1946, 1955, 1957, 1960, 1964, 1972, 1982, 1985, 1929, 1938, 1943; Frau, 1982, 1951, 1952, 1956, 1958, 1961, 1964, 1974, 1979, 1979, 1966, 1961, 1944). Dazu kommen Befragte, die das Stichwort erweitern. Sie nennen als Herausforderung dann die »Digitalisierung des Alltags« (NN.), die »digitale Vernetzung« (Frau, 1953), die »Digitalisierung quasi aller Lebensbereiche« (Frau, 1961), »die zunehmende Digitalisierung aller« (Mann, 1958). Beobachtet wird ein »digitaler Wandel« (Mann, 1988), die Menschheit sei im Aufbruch in ein »digitales Zeitalter« (Frau, 1979; Mann, 1954). Praktisch bedeutet »Digitalisierung: praktisch jeder hat heutzutage ein Smartphone und nutzt dies teilweise mehrere Stunden am Tag« (Mann, 1973).

Querverbindungen werden hergestellt zum Stichwort Information, »Informatizácia« (Mann, 1963), »Globalisierung, Digitalisierung« (Mann, o.J.), »Medienwelt (Digitalisierung)« (Mann, 1942), »Digitalisierung (auch der Medien)« (Frau, 1950). Oder ganz allgemein: »Digitalisierung und ihre Auswirkung auf die Gesellschaft (Mann, 1959) oder »Digitalisierung, Arbeitsmarkt« (Mann, 1959). Jedenfalls ereigne sich »durch Digitalisierung und Globalisierung ein Umbruch, eine rasante Veränderung aller Lebensbereiche« (Mann, 1949). Das Ergebnis: »Eine sich stark in ihren Strukturen und Kommunikationswegen verändernde Gesellschaft. Eine Informations-und Wissensexplosion, die alles in den vergangenen Jahrhunderten Geschehene übersteigt.« (Mann, 1935)

Das junge Phänomen gilt vielen als zwiespältig, ambivalent. Die »Digitalisierung bringt viel Positives, viele Möglichkeiten, hat aber auch viele negative Auswirkungen: unpersönliche Kommunikation, Hass und Hetze bis hin zu Betrug und Verbrechen.« (Mann, 1940) Die »Technologisierung und Digitalisierung [habe daher] Chancen und Gefahren« (Mann, 1978). Es komme zu einem »Informationsüberfluss«, der begleitet von einem »Mangel an robuster Bildung in vielen sozialen Schichten… dazu führt, dass die Fähigkeit und Disziplin zum kritischen Denkvermögen abhandenkommt. Auf der anderen Seite aber auch Toleranz, Großzügigkeit und kulturelle Offenheit und unzählige Möglichkeiten sich zu entfalten.« (Frau, 1973) Beobachtet werden »Internationalisierung, Globalisierung, Roboterisierung, Digitalisierung – all das stellt die Menschen vor Aufgaben, die sie entweder mit Zuversicht bewältigen können oder vor denen sie flüchten, sich frustrieren oder gar resignieren« (NN.). Eine Befragte sieht gleichfalls Vor- und Nachteile: »Einerseits Globalisierung und unbegrenzte Vernetzungen bzw. Verfügbarkeit von Informationen, andererseits ängstliches sich abschotten und Angst vor dem Ungewohnten, Fremden.« (Frau, 1953) Ein »enormer gesellschaftlicher Wandel als Ganzes ereignet sich durch Digitalisierung« (Mann, 1969).

Gefahren der Digitalisierung

Die größere Zahl der Texte aus der Online-Studie arbeitet »Gefahren der Digitalisierung« (Frau, 1963) heraus, die sich mit der neuen digitalen Technologie ergeben. »Die Digitalisierung, die alles durchdringt mit vielen negativen Einflüssen.« (NN.) Das erzeugt bei nicht wenigen »Digitalisierungsangst« (Mann, 1946).

Veränderungen werden beobachtet: bezogen auf den einzelnen Menschen, in der Arbeitswelt, im (gesellschaftlichen) Miteinander. Allein Veränderungen schaffen »große Unsicherheiten bezüglich der Zukunft: Digitalisierung, Klima, Pluralisierung« (Mann, 1962). Es ist »in erster Linie das digitale Zeitalter, das in unserer Region zu einer Unruhe der Menschen führt. Durch die vielen äußeren Einflüsse und die dadurch mitunter vielfach fehlenden Strukturen, Rituale und inneren Haltungen entsteht bei vielen ein toxischer Stress. Vor allem die jüngere Generation ist davon betroffen, weil sie es nicht mehr anders kennt. Die Wertevermittlung, früher vom Elternhaus und von der Kirche getragen, fehlt weitgehend.« (Frau, 1966)

Die Tiefenpsychologin Monika Renz sieht am Beginn des Lebens mit dem Erwachen des Bewusstseins eine Urangst auftauchen, die zwei Gesichter hat: Was auf das werdende Menschenleben einströmt, ist für das Überleben (vor allem nach der Geburt) zu wenig. Oder aber, es ist zu viel. Mit der Digitalisierung bekommt diese zweite Form der Angst ein aktuelles Gesicht: Menschen fühlen sich wie »verloren in der digitalen Welt« (Frau, 1968). In vielen Wortmeldungen ist die Rede von Überflutung, Überforderung, Übersättigung, einem Übermaß, einer Überflutung, ja einem »Tsunami«:

Überflutung: »Das Leben heutzutage findet mit Hochtechnologie und einer Informationsflut aus dem Internet statt.« (Mann, 1996) Es gebe eine »Unsicherheit trotz oder wegen digitaler Informationsüberflutung/ Kontaktierbarkeit rund um die Uhr (Vernetztheit – Digitale Medien)« (Mann, 1986), eine »Informationsfülle, besser gesagt die Reizüberflutung« (Mann, 1955). Das schaffe eine ständige »Zeitnot« (Frau, 1956) und verursache eine »mangelnde Bindungsfähigkeit vieler junger Menschen« (Mann, 1944).

Tsunami: »Today? My awareness becomes in the encounter with people: deep in their life lives this ardor of longing. In todays current of noise with the tsunami of influences – Information's – a.a.a. Is the danger of spilling – killing this embers that this longing has no ground in faith, and is met with rewards elsewhere, it marks emptiness and loneliness.« (Süd Sudan, Mann, 1939)

Überforderung: »Ja, ich sehe in den zahlreichen, überbordenden Einflüssen der heutigen digitalen Welt eine Überforderung der Menschen. Gott und das Religiöse überhaupt drängt sich nicht auf, es will gefunden werden.« (Frau, 1947)

Überhastung: »Die Modernisierung (Digitalisierung) des Lebens und der Druck immer schneller und besser zu sein als die anderen.« (Mann, 1960)

Übermaß: »Übermäßiger Gebrauch Digitaler Medien durch Privatpersonen/zunehmende Informationsflut über TV, Internet und andere Medien, zu häufige Sensationsberichterstattung.« (Mann, 1937)

Übersättigung: »Die Menschen sind übersättigt mit Angeboten durch Medien, Digitalisierung und Wohlstand.« (Frau, 1960) Es komme zur »Übersättigung – mit Konsumgütern, Informationen, Freizeitmöglichkeiten, sog. spirituellen Angeboten« (Frau, 1966).

Zeitknappheit, Beschleunigung

Als ein für die heutige Zeit typischer Aspekt gilt die »Zeitknappheit« (Mann, 1965). Diese hat vielfältige Ursachen, wobei der Versuch, die maßlose Himmelssehnsucht des menschlichen Herzens unter den mäßigen irdischen Bedingungen zu erfüllen, nach Marianne Gronemeyer[60] eine der Hauptursachen ist. Die Digitalisierung kann die bereits vorhandene Zeitknappheit verschärfen. Das führt zu einer Beschleunigung

60 Gronemeyer, Marianne: Leben als letzte Gelegenheit. Zeitknappheit und Sicherheitsbedürfnisse, Darmstadt 1993.

(Mann, 1954, 1961) des Lebens, die den Menschen von sich selbst entfremden, zu Realitätsverlust führen und krankmachen kann: »Die Digitalisierung beschleunigt die Zeit, die Arbeitsprozesse – immer mehr Menschen werden überbelastet – Folgen sind Burnout bzw. andere psychische Erkrankungen.« (Mann, 1954)

Als eine Auswirkung der Digitalisierung wird auch eine »Entmenschlichung« (Frau, 1954) befürchtet, die »in ihrem Ausmaß krankmacht« (Frau, 1965) und »Entfremdung, Fremdbestimmtheit« (Frau, 1993) mit sich bringt. Das Verhältnis zur Wirklichkeit verändert sich: »Realitätsverlust und Verlust von wirklichen Erfahrungen der Jugendlichen, Entfremdung von der realen Welt.« (Frau, 1958)

Systematisiert man viele Wortmeldung zur Digitalisierung, so lässt sich als These formulieren: Gefahren bedrohen durch eine politisch wie ethisch ungezähmte Digitalisierung die großen Werte der europäischen Kultur, der Freiheit, der Gerechtigkeit und der Wahrheit. Diese haben auch in anderen Kontinenten einen hohen Stellenwert, wenngleich die Reihenfolge nicht immer dieselbe ist.

Freiheit: der gläserne Mensch

Einige Befragte befürchten, dass es zum »gläsernen Menschen« komme. Mit diesem wird die Digitalisierung direkt in Verbindung gesetzt: »Fortschreitende Digitalisierung (›Big Data‹– gläserner Mensch)« (Mann, 1959). Bedrohlich seien diese »Big-Data, der gläserne Mensch in einer Digitalen Welt« (Mann, 1977). Mit dem »gläsernen Menschen« komme es zu einer »Selbstentfremdung des Menschen durch Digitalisierung«. (Mann, 1943).

Charakteristisch für die digitale Welt sei ihre Unkontrollierbarkeit (Frau, 1955). »Totale Information« (Mann, 1934) sowie umfassende »Kontrollen« (Frau, 1947) werden technisch möglich. Die Folge: »Die Freiheit des Menschen ist massiv gefährdet durch einen Totalitarismus der Weltwirtschaft in Bezug auf Kontrolle aller Informationsströme, Vorgabe des Konsum- und Lebensmodells.« (Mann, 1960) Der »Abbau von Bürgerrechten« werde möglich. So stellt eine Befragte informationspolitisch die dringende Frage: »Digitalisierung – was macht sie mit uns? Wird der Mensch von Robotern gesteuert?« (Frau, 1963)

Mit der Freiheit des Bürgers, so Wortmeldungen zu den Offenen Fragen aus der Online-Studie, werde durch die Dynamik der neuen Technologie auch die menschliche Person gefährdet. Es komme zu einer »zunehmenden Individualisierung im Zeitalter der Digitalisierung« (Mann, 1971). Ein anderer Befragter schreibt von einer »Singularisierung – Digitalisierung der Lebenswelt und Kommunikationsstrukturen« (Mann, 1945). Die Einzelnen würden immer mehr in eine digital-virtuelle Innenwelt hineingedrängt. Das erschwere aber echte »analoge Kommunikation«: »Im Prozess der Globalisierung der Welt findet in der westlichen Welt – insbesondere in meinem Land Deutschland kann ich dies beobachten – eine Individualisierung des Einzelnen statt, eine Weiterentwicklung aus der Großfamilie über die Kleinfamilie jetzt zum Einzelnen hin. Dies wird unterstützt durch die Digitalisierung (Smartphone, ›soziale‹ Netzwerke etc.), die eine echte analoge Kommunikation immer mehr in den Hintergrund drängt.« (Mann, 1951)

Der Preis für die Erschließung der virtuellen Welt seien deshalb Isolation und Vereinsamung. Eine Befragte nennt »Digitalisierung, Isolation« (Frau, 1946) miteinander. Ein ungenannter Befragter sieht es ähnlich: »Digitalisierung führt zu neuen Rückzugsmöglichkeiten – geringere Kommunikation, innere Isolation.« (NN.) Zumindest werden die Beziehungen oberflächlicher, »gefördert durch Massenmedien und digitale Medien, die hauptsächlich dem Hedonismus und der Aufblähung des Ego dienen« (Frau, 1952).

Die Digitalisierung führe somit zu »rasanten Veränderungen im Zusammenleben« (Mann, 1968). »Wichtige Rituale tragen nicht mehr, weil das Leben, u.a. getrieben durch die Digitalisierung, kaum noch Zeit dafür lässt. Längerfristige menschliche Bindungen sind nicht mehr erwünscht oder für nicht möglich gehalten. Projekte statt Lebenspartnerschaft.« (Mann, 1949) Besorgt wird auf einen Zusammenhang zwischen »Digitalisierung und Vereinsamung« (Frau, 1970) verwiesen. Die betreffe vor allem die älteren Menschen: »Digitalisierung, Anonymisierung, Vereinsamung von alten Leuten« fordern digitalisierte Kulturen daher heraus (Mann, 1972): »Die moderne Gesellschaft überfordert uns Menschen, insbesondere wegen der Informationsflut. Daraus resultiert große Unsicherheit.« Das führe zu »Vereinsamung, Mangel an menschlicher Kommunikation/Begegnung« (Mann, 1961).

Mit der Bedrohung erwächst auch eine »Gefahr für Demokratie, Freiheit, Individualität, zwischenmenschliche Beziehungen und Rechte durch die neuen Möglichkeiten der digitalen Welt, den Menschen (heimlich oder mit dessen uninformierter Zustimmung) ›transparent‹ und überwachbar zu machen« (Mann, 1970).

Gerechtigkeit: Digitalisierungsverlierer

Mit der Digitalisierung sehen Beteiligte an der Online-Studie aber nicht nur die Freiheit der Person, sondern auch das Anliegen von Gerechtigkeit und Solidarität bedroht. »Gräben weiten sich aus: Arm – Reich; Schweizer – Ausländer; Digitale Enthusiasten – Verlierer; Bewahrer – Neuerer.« (NN.) Ein Befragter beobachtet eine »immer größer werdende Schere zwischen ›Reich und Arm‹– Stichwort: Automatisierung, Digitalisierung. Entsolidarisierung – teilweise durch die Politik noch angefeuert« (Mann, 1960).

Es entsteht mit der neuen Technologie eine neuartige soziale Kluft in der Gesellschaft. Die »immer umfangreichere und rasantere Entwicklung von Wissenschaft und Forschung und eine daraus resultierende unüberschaubare Daten- und Informationsflut spaltet die Menschheit in eine herrschende Gruppe der Datenbesitzer und -verfüger und in die viel größere Schicht der Beherrschten, welche infolge einer benachteiligten Startposition mit dem Tempo nicht mehr mitkommt« (Mann, o.J.). Die Digitalisierung schaffe »damit viele Verlierer« (Mann, 1970). Es komme zu einer »Differenzierung zwischen Menschen, die vom System noch ›gebraucht‹ werden und anderen, die ›nicht gebraucht‹ werden« (Mann, 1970). Häufig verläuft die Grenzlinie zwischen Digitalisierungsgewinnern und Digitalisierungsverlierenden zwischen den Generationen: »Die Digitalisierung hat ein Fenster aufgemacht, das nur von der jüngeren Generation genützt werden kann. Übrig bleiben die ALTEN!« (Mann, 1936)

Diskutiert wird die »Digitalisierung mit ihren wirtschaftlichen und sozialen Auswirkungen« (Frau, 1967). »Die Industriegesellschaften werden seit Ende der 70er Jahre schleichend in neoliberale Ellenbogengesellschaften verändert, getarnt mit den Stichworten Globalisierung und Digitalisierung.« (Mann, 1945) Typisch sein werden künftig der »dislozierte Arbeits- oder Ausbildungsplatz, überregionale bis internationale Geschäftsreisen« (Mann, 1951).

Wahrheit, fake

Wahrheit und mit ihr die Wahrhaftigkeit sehen nicht wenige durch die um sich greifende Digitalisierung vor allem im Informationsbereich bedroht. Menschen leben dann in ihrer »Blase« mit eigenen Weltdeutungen. Verschwörungstheorien haben Konjunktur. Fake news werden in machtpolitischem Interesse erzeugt und beeinflussen demokratische Prozesse wie Wahlen. Allein die Beschleunigung der Information lässt eine Verifizierung oft nicht zu: »Digitalizaci – ta přináší řadu neověřených Informací, akceleraci komunikace atd./Digitalisierung bringt eine Reihe von nicht verifizierten Informationen, beschleunigt die Kommunikation.« (Mann, 1989)

Gemachte »Wahrheiten« erhalten eine beträchtliche Macht. »Fake news beeinflussen Wahlen, Digitalisierung stellt viele Arbeitsplätze infrage.« (Frau, 1959) Man kann mit ihnen die Politik beeinflussen. Dem wachsamen Bürger, der wachsamen Bürgerin stellen sich neuartige Fragen zur »Macht über Information (soziale Netzwerke, fake news). Wie wird mit Wahrheit umgegangen?, wer filtert die Informationsmenge? (Google etc.)?« (Mann, 1957) Eine Befragte fügt eine weitere Frage hinzu: »Wem/was kann ich glauben?«; sie ortet wegen der fake news einen »Vertrauensverlust« (Frau, 1978). »Informationspolitik« wird zu einem neuartigen Instrument in der Hand der Mächtigen: »Zum einen werden Informationen aus der ganzen Welt geliefert, gleichzeitig hat man den Eindruck, in den täglichen Nachrichten werden bewusst einseitige Auswahlen gebracht und es wächst eine gewisse Skepsis, ob den Informationen zu trauen ist. Es fällt schwer, eine objektive Meinung zu bilden. Es ist oft nicht ersichtlich, welches Ziel verfolgt wird.« (Frau, 1957)

Zu den Beobachtungen der Umfrageteilnehmenden gehört auch der moralische Verfall in den digitalen Netzwerken: »Die Werteskala in diesen Netzwerken ist auf einem Tiefpunkt angelangt. Rund um die Uhr ist die Menschheit konfrontiert mit negativen Meldungen.« (Mann, 1944)

Die Digitalisierung betrifft also alle gesellschaftlichen Bereiche. Zudem tangiert sie das kulturelle Grundwasser der Gesellschaften, samt der Religion. Sie prägt nicht durch das alltägliche Leben: »Die Digitalisierung prägt das Leben mehr und mehr« (Frau, 1966), sondern auch die Werte der Kultur: »Wertewandel durch Digitalisierung (Stichworte: quantified self, Selbstoptimierung)« (Frau, 1966). Es kommt zu einer

»Abwendung von den alten Werten. (Frau, 1972). Die sozialen Medien spielen dabei neuerlich eine gewichtige Rolle: »Säkularisierung – auch verbunden mit Digitalisierung und sozialen Medien.« (Mann, 1942)

Ein Befragter nennt in seinem Statement viele der Gefahren auf einmal: »Die Globalisierung, das Unpersönliche des Einkaufs in vielen Bereichen, die Informationsflut dank der neuen Medien, die Erkenntnis, dass in vielen Bereichen des öffentlichen Lebens keine ›Könner‹ am Werk sind, das Überangebot an billigen Arbeitskräften, die Automatisierung in vielen Bereichen der Produktion mit einem zwangsläufigen Wegfall an ›billigen Arbeitskräften‹, die ›Machtübernahme‹ in vielen Staaten durch unfähige, rücksichtslose Despoten.« (Mann, 1937)

Chancen der Digitalisierung

So ausführlich die Gefahren der Digitalisierung beschrieben werden: so knapp ist die Skizzierung von Vorteilen und Chancen, die sie mit sich bringen kann.

Eine Umfrageteilnehmerin sieht einen Zusammenhang zwischen »steigender Bildung und digitalen Möglichkeiten« (Frau, 1977). Auch »sind die heutigen Möglichkeiten, Informationen über die Welt und über die Menschen in ihr zu erhalten so groß wie nie zuvor« (Mann, 1948). Erfreulich seien der »erheblich gestiegene Bildungsgrad, Informationsmöglichkeiten, Transparenz und Demokratisierung im öffentlichen Raum« (Mann, 1940).

Die »digitale Revolution« versuche »künstliche Intelligenz« zu schaffen, »und das in ihrer ganzen Dimension bis hin zum Ersatz von menschlichen Fähigkeiten« (Mann, 1962; Frau, 1946). Es entstehen »neue Vergemeinschaftsformen über soziale Netzwerke« (Mann, 1954). Digitalisierung ermögliche eine »zunehmende Demokratisierung von Wissen. Umstrukturierung des Arbeitsmarkts« (Frau, 1947).

Vor allem die Wissenschaft, insbesondere Naturwissenschaft und Technik, profitiere von der verstärkten Digitalisierung. (Frau, 1955) Das eröffne einen Zugang zur »Auseinandersetzung mit den wissenschaftlichen Errungenschaften der Zeit und deren Konsequenzen für alle Menschen – ob fachlich orientiert oder unbedarft – es braucht eine sprachliche Anpassung (Beispiele: Quantenmechanik, Digitalisierung, Automatisierung, Gentechnik, in vitro Fertilisation usw.)« (Mann, 1938).

Durch die »Digitalisierung des menschlichen Lebens verändert sich nicht zuletzt die Arbeitswelt: Arbeit von zu Hause aus, Arbeit über die Arbeitszeit hinaus, in der Freizeit ›kurz‹ Mails bearbeiten« (NN.).

Aufgaben für die Kirchen

»Das Thema Digitalisierung hat die Kirche großmehrheitlich verschlafen.« (Mann, 1960) »Eine Herausforderung ist auch für die Kirche die zunehmende Digitalisierung.« (Mann, 1945) Diese, so raten Teilnehmende an der Umfrage, sollte in vielfältiger Weise positiv bestanden werden: »Dem stetigen und immer rasanter werdenden gesellschaftlichen Wandel (Digitalisierung...) kann man nicht mit einer starren Haltung in der Glaubenslehre begegnen.« (Mann, 1954)

Die Kirche sollte ganz allgemein gesehen die hellen Seiten der neuen Technologie stärken. Es sei jedenfalls zu wenig, wenn sich »Kirchenleute dagegen wehren, diese Entwicklungen mitzugehen« (Mann, 1931). Da aber »die Digitalisierung Wirtschaft und Gesellschaft transformiert, gilt es hier hellwach zu sein« (Mann, 1959).

Die Ambivalenz der Digitalisierung wird also wahrgenommen und zum Ausgangspunkt auch für das Engagement der Kirche auf diesem Feld genommen. Es sei zwar dramatisch, »wie Digitalisierung unsere Arbeitswelt, unsere Kommunikation im Job und in der Familie, unser Zusammenleben ändert. Alle, die mit diesen Entwicklungen nicht mitkommen, werden ausgeschlossen. Sie schafft neue Formen der Ausgrenzung, aber auch neue Möglichkeiten, die sollte die Kirche auch nützen.« (Frau, 1953) Als Voraussetzung brauche es eine »professorale Auseinandersetzung mit der Psychologie, den naturwissenschaftlichen Erkenntnissen, der Digitalisierung« (Mann, 1930).

Analoge Kommunikation stärken

So erfreulich aus der Sicht der Befragten »die Freiheit und Selbstständigkeit der Gläubigen [seien], wohl auch verursacht durch die Möglichkeiten des Austausches, die die Digitalisierung mit sich gebracht hat« (NN.), so wichtig sei die Pflege der »analogen Kommunikation«, einfach gesagt: Das Zusammenbringen von Menschen, face-to-face-Begegnungen. Das könnte eine taugliche Weisung für eine zu entwickelnde Digitalpastoral sein: »Einerseits ›Aufklären‹ über die Wirkungen und Zusammenhänge einer digitalisierten Welt, andererseits Begegnungsmöglichkeiten von ausgegrenzten Gruppen schaffen.« (Frau, 1953) Zielführend erscheint der Rat eines Befragten: »Keine schnellen und leicht verdaulichen Antworten auf komplexe Themen geben! Nicht im Chor der Digitalisierer mitsingen, sondern ›analog‹ das Gespräch suchen, individuelle Lösungen unterstützen.« (Mann, 1960)

In der pastoralen Alltagsarbeit könne es sich als sinnvoll erweisen, »ehrenamtliches Engagement auf Zeit, auch bei beschränktem Zeitbudget [zu] ermöglichen (fallweise, zeitlich flexibel), Vernetzung von ehrenamtlichem Personal und Klienten über digitale Medien, dadurch Flexibilität (z. B. Lerncafebetreuung dann, wann sie benötigt/möglich ist)« (Frau, 1979).

Hohen Stellenwert sollte in der kirchlichen Arbeit die Ermöglichung analoger Kommunikation als ein probates Mittel gegen die Vereinsamung sein. In diesem Bereich hat die Kirche als Gemeinschaft eine reiche Erfahrung. Eben diese »Vereinsamung ist in unserer Digitalen Welt ein Thema. Hier müsste die Kirche auf die Menschen zugehen.« (Mann, 1995)

Verkündigungskanal

Es entspricht nicht dem medientheoretischen Standard, die »Medien« lediglich als »technische« Kanäle für die Verkündigung zu verwenden. Denn die Medien formen immer auch die Botschaft mit und sind daher nie bloß »Kanäle«. Indirekt sieht das auch eine Befragte so, wenn sie schreibt: »Das Evangelium in unsere Zeit übersetzen! Neue Sprache – und das auf allen Kanälen, alle digitalen Medien auf keinen Fall den Ultra-Konservativen überlassen!« (Frau, 1944) Ähnlich sieht den Zusammenhang zwischen Botschaft und Medium ein Befragter, wenn er schreibt: »Die katholische Lehre stellt in den meisten wesentlichen Lebensbereichen sehr hohe Anforderungen und fordert deren Einhaltung im gelebten Leben restriktiv ein (Drohung, Ausschluss von Sakramenten, Hölle und Fegefeuer...). Nachdem die meisten Menschen in der heutigen oberflächlichen, schnelllebigen Zeit mit Informationsüberflutung und Überforderung nicht einmal ansatzweise diese hohe Latte an vorgeschriebenen Lebensweisen erfüllen können, wäre es hilfreich, nicht ausschließlich das ›Soll‹ zu predigen, sondern die Menschen dort abzuholen, wo sie sind.« (Mann, 1965)

Freilich finden sich in den Wortmeldungen Ratschläge an die Kirchen, in der Digitalisierung – mit dem Bild vom Kanal sympathisierend – »neue Wege der Verkündigung« (Mann, 1940) zu sehen. »Mehr digitale Angebote für Jugendliche anbieten.« (Mann, 1973) »Den Kindern die Grundgebete vermitteln und den Familien dazu Hilfestellung anbieten. Dazu alle möglichen ›Kanäle‹ nutzen.« (Frau, 1946)

Die Digitalisierung kann, so eine Befragte, auch die klerikale Abhängigkeit der Kirchenmitglieder von den Priestern abbauen helfen. Denn »es gibt sehr viele Angebote; Leute können sich Informationen am PC holen: sie brauchen nicht unbedingt den Pfarrer mit einer Predigt« (Frau, 1943). Ein Befragter warnt vor zu einfältiger Rede im Raum der Kirche. Denn »verbesserte Bildung und Zugang zu Information erhöhen die Herausforderung für die Kirche, diesen Menschen angemessene Antworten zu geben« (Mann, 1963).

Mediennutzung kultivieren

Einer Digitalpastoral stellen sich verschiedene neuartige Aufgaben. Eine davon sind »Schulungen zum Umgang mit Informationen« (Frau, 1972). Ihr Ziel: »Mit digitalen Medien umgehen lernen.« (Mann, 1957) Ein Lernziel könnte sein, mit den vielen medialen »Übers« (wie Überflutung, Überreizung, Überhastung…) gut umzugehen: Eine »große Herausforderung für die Kirche ist die Überforderung vieler Menschen (durch Informationsflut, Riesen-Überangebot an Konsumsachen, aber auch an spirituellen Angeboten, häufige Reizüberflutung, usw.)« (Mann, 1987).

Erlernbar ist auch ein kritischer Umgang mit fake news und Verschwörungstheorien: »Informieren, Stellung nehmen… Wichtig wäre auch, die positiven Beispiele anzuerkennen, nicht nur die negativen Informationen – und diejenigen unterstützen und ermutigen, die sich für Mensch, Tier und Umwelt im Sinne des Evangeliums einsetzen.« (Frau, 1953)

Für die Erziehung der Kinder rät ein Mann zur »Stärkung der ›analogen Bildung‹ in den Familien entgegen dem Trend zur übermäßigen Digitalisierung und des Medienkonsums« (Mann, 1943).

Katholische Digitallehre

Einsichtig erscheint die Empfehlung, die Kirchen sollten, analog zur »Soziallehre«, eine ökumenische »Digitallehre« entwickeln und bei TheologInnen in Auftrag geben. »Eine offensive Einmischung und Positionierung in gesellschaftlichen und sozialen Fragen. Der (damals gut gesellschaftlich präsenten) kath. Soziallehre könnte heute die kath. ›Mobilitäts-und Digitalisierungslehre‹ folgen.« (Mann, 1965) Ähnlich ein unbekannter Umfrageteilnehmer: »Im Sinne unsere Papstes Franziskus muss die Katholische Soziallehre weiterentwickelt werden und die neuen Herausforderungen der digitalen Welt mit all ihren Möglichkeiten einbezogen werden.« (NN.)

Teilaspekte könnten sein: »Notwendige Maßstäbe für die Digitalisierung.« (Mann, 1953) Ethische Kriterien für die Digitalisierung: »Face aux grandes questions éthiques, comment prendre position? Qu'est-ce qui est juste? Tout est possible et profusion de sources d'Informations qui mène à la déroute.« (Frau, 1963) »Sich für die Rechte der Menschen in der digitalen Welt einsetzen (Monopole von Google, etc. angreifen, Datenschutz, etc.).« (Mann, 1960) Entwicklung sozialpolitischer Modelle für den »Anpassungsbedarf der auf Erwerbsarbeit beruhenden Sozialsysteme aufgrund von Digitalisierung und Automatisierung« (Mann, 1964).

Letzte Bastion?

Die Befragten haben sich also mit Blick auf die Herausforderung der Digitalisierung sehr differenziert positioniert. Die Beurteilungen und Voten erscheinen differenziert. Einseitigkeit kommt nicht vor. Könnte sich also die »Kirche als eine der letzten Bastionen gegen einen einseitigen Globalisierungs- und Digitalisierungswahn« (Mann, 1951) bewähren?

Die Wortmeldungen wünschen sich insgesamt ein »Aggiornamento in Bezug auf Naturwissenschaften, Digitalisierung... offenes Zugehen auf die Herausforderungen in jeder Hinsicht, ohne gleich in Angst zu verfallen: steht die Kirche auf einem guten Grund, dann braucht sie vor ein bisschen Wanken keine Angst zu haben!« (Frau, 1955) Wie in der Wirtschaftsethik gilt auch für eine künftige Digitalethik der Rat für Menschen im digitalen Stress: »Ruhepausen ermöglichen, dazu auffordern, positive Informationen geben, ermutigen, wahrhaftig sein, auch politischer sein und sich einmischen bei falschen Entscheidungen/Jesus als Beispiel nennen.« (Mann, 1965)

Jedenfalls steht fest, dass es massive Veränderungen im gesellschaftlichen Gefüge geben werde. Eine Ursache neben den »Finanz- und Wirtschaftskrisen, durch Flüchtende, die existenzieller Not entkommen und Traumata mitbringen (ohne Anspruch auf Vollständigkeit)« ist die Digitalisierung. Diese vielfältigen »Veränderungen verursachen diffuse

Ängste, und diese lassen uns vergessen, worum es hier eigentlich geht: Liebe zu leben, in all ihren Nuancen. So suchen die Menschen Schuldige und Sündenböcke, statt ihre Eigenverantwortung wahrzunehmen – allerdings sind weder Bildungs- noch Wirtschaftssystem so beschaffen, die Menschen darin zu schulen und zu unterstützen.« (Frau, 1971) Das sollte durch und in der Kirche geschehen.

Cybertheologie und Cyberspiritualität

Nicht nur die Mitwirkenden an der Online-Umfrage, sondern auch die VerfasserInnen der Expertisen aus aller Welt haben sich mit der Herausforderung der Digitalisierung beschäftigt. In seinem Beitrag über Krieg und Frieden[61] erwähnt Norbert Mette die Möglichkeit eines Cyberkrieges. Dieser bediene sich, um das Leben anderer zu stören oder gar zu zerstören, der neuen Informationstechnologien. Zugleich sehen die Expertisen die Welt als global vernetzt, zu einem Dorf geschrumpft. Das bedeutet auch, dass Bilder des obszönen Reichtums »digital« die Hütten der Armen in aller Welt erreichen. Reichtum wird zu einem Ärgernis und zu einer Attraktion zugleich. Auch das kann eine Art »Hoffnungsmigration« auslösen.

Aus der Umfrage schon bekannte Positionen kehren in den Expertentexten wieder: Die Digitalisierung verändere das Grundbefinden des Menschen in der Welt. Der einzelne Mensch werde ein »Teil eines Netzwerkes als dominierende Umgebung« (Bernd Boidol). Von der digitalen Revolution sei auch die Arbeitswelt erfasst. Es kündige sich eine »große Transformation der (Arbeits-)Gesellschaft an, die unter den Stichworten ›Digitalisierung‹, ›Industrie 4.0‹ oder ›Arbeit 4.0‹ verhandelt wird, und ebenso wie andere Entwicklungen vielen Menschen Angst machen«. Es ereigne sich derzeit weltweit eine »vierte industrielle Revolution, die quasi ›von oben‹ verordnet wird«. (Maria Ettl/Michael Schäfer; auch Matthäus Karrer)

Wie drei vorliegende Monografien zum Thema betonen, fordert diese rasant wachsende Digitalisierung, die alle Lebensbereiche erfasst, die Menschheit in mehrfacher Hinsicht heraus. Dabei zeigen die drei Texte, dass die Einschätzung des technologischen und damit verbundenen kulturellen Wandels gänzlich unterschiedlich bewertet wird. Die schon

61 Darüber mehr im Beitrag über den »Frieden«.

vertraute Ambivalenz in der Bewertung des epochalen Digitalisierungsprozesses taucht neuerlich auf. Zur Abrundung des Abschnitts über die Digitalisierung sollen diese drei Fachleute kurz zu Wort kommen.

Christa Biberacher arbeitet an der Hochschule in Reutlingen als Dozentin für Wirtschaftsinformatik. Diese befasst sich schwerpunktmäßig mit Digitalisierung. Es ereignet sich dabei ein »Zusammenwachsen der virtuellen und realen Welt«, eine »digitale Vernetzung«. Es werde immer mehr »Arbeitsplätze für komplexe Tätigkeiten« geben. Dem Menschen bleiben »Kreativität und soziale Intelligenz als Alleinstellungmerkmale«. Dieser technologische und kulturelle Wandel lässt eine Spannung zwischen Digitalisierung und Mensch entstehen. Je unbegrenzter die Möglichkeiten der Technik werden, desto stärker muss der Fokus auf den Menschen gerichtet werden. »Sinnstiftende Begleitung« wird zu einer diakonischen Lebenshilfe für eine reelle zwischenmenschliche Kommunikation. Soziale Kompetenzen sind zu stärken, »wie Kooperationsbereitschaft, Kommunikationsstärke, Selbstmanagement und Empathie«, und dies angesichts von Zeitdruck, Leistungsdruck, Überforderung, Erwartungsdruck, Nervosität, innerer Unruhe, (Selbst-)Zweifel und Unzufriedenheit. Diese wiederum werden begleitet von Unruhe, Bedarf nach Ablenkung, Schlafstörungen, Konzentrationsschwierigkeiten, Lustlosigkeit, Vernachlässigung sozialer Kontakte, Versagensängste und Depressionen.

Vincent Shen vom Lehrstuhl für Chinese Thought and Culture at the University of Toronto (Canada) versucht eine Cybertheologie. Einer seiner Schlüsselsätze lautet: »If we say that God is a God of communication and communion, and that the church is also a church for these purposes, now that information technology has caused the changes in the modes of communication and communion, and our everyday life depends on them, obviously the Church must pay attention to the spiritual life under the new technological condition, even to the point of developing a kind of cyber theology.« Er beruft sich auf Antonio Spadaro's Cybertheology, der meint, »that terms in information technology such as ›saving,‹ ›conversing,‹ ›justifying,‹ ›sharing‹…etc., mean something theological, or could serve as metaphors for theological terms like ›salvation,‹ ›conversion,‹ ›justification,‹ ›sharing‹.« Vincent Shen ist in seinem theologischen Beitrag uneingeschränkt optimistisch. Dies zeigen Sätze wie:

- »information is now essential to the realm of existence«

- »new neighborhood relationship organized by smartphone, the Internet, and the computer«
- »more intimate and mutual understanding relationship«
- »cosmic communion – ›New Heaven New Earth‹«
- »new possibilities, and therefore new hope«.

Gar nicht so rosig sieht hingegen das digitale Zeitalter der emeritierte Religionspädagoge Engelbert Groß. Er stützt sich auf ein Projekt in einer Kunstakademie. Dargestellt ist das letzte Abendmahl mit dem Titel »Last SMS«.[62] Zu sehen sind alle »Teilnehmer – Jesus ausgenommen – sämtlich mit ihrem Laptop, Tablet oder Smartphone. Keine Kommunikation. Die Menschen hängen in sich selbst fest, abgedämmt, gedrosselt, vertrocknend. Selfies, Selbstverherrlichung, Selbstbefriedigung, Selbstsucht.«

Sprachgewaltig skizziert Groß diese Lebensart der »Selbstbeschwätzer« und Selbstverkleidungen von Menschen, die nicht mehr abschalten, sondern sich »overloaden«, was bei vielen Ängste auslöst, nicht zuletzt die »Angst davor, nicht geliebt zu sein, nicht geschätzt, nicht akzeptiert zu werden«. Digitalisierte Vereinsamung droht. Man sieht dann noch viel, aber man sieht nicht mehr hin. Die wahrgenommene Wirklichkeit schrumpft zum Schnappschuss.

Engelbert Groß versucht eine antithetische Spiritualität für Opfer der Cybervereinsamung zu entwickeln. Das Heilmittel könnte eine neue Zärtlichkeit sein. Eine solche kann er im Abendmahlbild »Last SMS« entdecken. »In dem am Tisch sinnierenden Jesus nimmt Wandlung Gestalt an.« Zärtlichkeit besiegt Entmenschlichung.

Es lohnt sich, mit Groß auch diese dunkle Seite der Digitalisierung zu erkunden, die es neben der von Vincent Shen erhofften hellen auch gibt.

Migration: Menschen auf der Flucht

Zu den herausragenden weltweiten Challenges zählt nach Ansicht der Befragten das Themenfeld Flucht, Migration, Fremde und Ausländer, Wanderbewegungen. Die Texte sind sehr differenziert, sowohl in der

62 Das Bild ist im Text von Engelbert Groß dokumentiert: Siehe Liste der Beiträge aus dem eBook im Anhang.

Diagnose (1), der Bewertung (2) und hinsichtlich des erwarteten Handelns der Kirche (3).

Das bewegende Ereignis. Aspekte einer Diagnose

Ein Spanier, Mann, Jahrgang 1959, schrieb: »Awareness that refugees and migrants are going to be part of our future.« Die Herausforderung durch Migration und Flucht wird Teil unserer Zukunft sein.[63] Nach Zahlen der UNO sind derzeit in der Welt 65 Millionen Menschen »auf der Flucht«, darunter 40 Millionen Kinder.

Die Wörter, die zur Beschreibung des Phänomens von den Befragten verwendet werden, variieren. Den beschreibenden Anteilen der Begriffe sind Gefühle beigemischt; in Wortverbindungen beginnt die Ursachenforschung.

Wortfelder

Emotionale Anteile enthalten die oftmals verwendeten Wortverbindungen mit »-welle« (in Verbindung mit Flüchtling 4 Mal), »-ströme« (21), »-krise« (28) oder »-problem« (21); diese Zusätze werden sowohl den Begriffen Flucht/Flüchtling wie Migration angehängt. Ein Gefühl der Bedrohung schwingt mit.

Andere Begriffe benennen Fluchtursachen. Dazu zählen Wörter wie Kriegsflüchtlinge, Klimaflüchtlinge, Wirtschaftsflüchtlinge bzw. Armutsflüchtlinge. Damit sind wichtige Fluchtursachen aufgezählt: hoffnungslose Armut (man könnte auch positiv von Hoffnungsflüchtlingen sprechen); Krieg, Terror und Verfolgung sowie dramatische Klimaänderungen[64] oder Umweltkatastrophen. Es tauchen in den Texten noch weitere Ursachen auf wie Überbevölkerung oder Flucht vor Zwangsverheiratung[65]: »Die Flüchtlingsbewegung hat viele Ursachen und Wirkungen. Sie zeigt aber auch, dass ein menschenwürdiges Weiterleben weltweit nur möglich sein wird, wenn sich der Mensch nicht weiter ins Uferlose vermehrt.« (Frau, 1961) »Überbevölkerung ist ein Hauptproblem. Die dadurch ausgelösten Flüchtlingsströme werden aller Voraus-

63 Migration hat es im Lauf der Menschheitsgeschichte immer gegeben. Sie ist eher der Normalfall, was ihr aber nicht den Charakter der Herausforderung nimmt.

64 »Migration/Klimawandel, der damit zusammenhängt, weil er Migration bewirkt.« (Frau, 1969)

65 »Flüchtlinge, die vor Krieg, Hunger, Arbeitslosigkeit, Gewalt, Zwangsverheiratung davonlaufen.« (Frau, 1959)

sicht nach mindestens bis Ende des Jahrhunderts anhalten.« (Mann, 1936)

»Die Flüchtlingsströme sind von ihren Ursachen her zu analysieren und gerecht zu steuern.« Dieser Forderung einer 1941 geborenen Frau kommen nicht wenige Befragte nach. Es werden von nicht wenigen tiefer liegende systemische Ursachen genannt, die Migration und Flucht auslösen. Dazu zählt die Verteilung der begrenzten Güter[66], die mit den dominanten wirtschaftlichen Strukturen zusammenhängt: »Die sogenannte Flüchtlingskrise sollte Kirche analysieren und auf bestehende Studien zurückgreifen. Die perversen Schlagworte der ›Wirtschaftsflüchtlinge‹ und die elegante Verschleierung der ›Fluchtursachen‹ sollten aufgedeckt und die Rolle der westlichen Welt seit der Kolonialzeit bis heute sollte analysiert werden. Im Anschluss sollte sich Kirche dafür aussprechen, dass die westliche Welt im Geist von Laudato si' ihre Verantwortung ergreift, Schulden erlässt, Waffenverkäufe beendet, die Länder des Südens nicht zu ihren Müllkippen macht.« (Mann, 1989)

Es ist zumeist ein Mix von Ursachen, die für Migration und Flucht verantwortlich gemacht werden. »Flüchtlingsströme und deren Ursachen in Krieg, Weltklimaveränderungen, postkoloniale Ausbeutung der armen Regionen dieser durch Wirtschaftsstrukturen, ungerechtem Welthandel. etc.; auseinanderklaffende Schere von perspektivloser Armut und unverschämter Reichtum.« (Mann, 1960) Ähnlich diagnostiziert eine Befragte in differenzierter Weise und nennt als Herausforderungen unserer Zeit »die Globalisierung mit der Migration, mit den kapitalistischen Entwicklungen, die Bürgerkriege im Nahen Osten und in Afrika, die damit verbundenen Flüchtlingsbewegungen« (Frau, 1949).

Die Ursachen werden aber nicht nur in den gegenwärtigen Verhältnissen geortet. Manche reichen mit ihren Wurzeln weit in die Geschichte zurück. Migration und Flucht werden als eine Nachwirkung der Kolonialzeit und der damaligen einseitigen wirtschaftlichen Verhältnisse gesehen: »Flüchtlingskrise – ein Zeichen, wie sich Sünden der Vergangenheit immer wieder auswirken auf die Gegenwart?« fragt eine 1936 geborene Frau.

Die Befragten haben also vielfach einen differenzierten Zugang zur

66 »...die zunehmende ungleiche Verteilung der Reichtümer, besser: die an sich unsinnige Ansammlung von Kapital in den Händen einiger weniger und aus den letzten Punkten folgend die weltweiten Migrationsbewegungen.« (Mann, 1955)

»Herausforderung Flucht und Migration«. Dieser deckt sich weithin mit einer Prognose des Club of Rome aus dem Jahre 1991:

»Große Wanderbewegungen sind vorhersehbar, und das nicht nur aus Gründen der politischen, rassistischen oder religiösen Verfolgung, sondern um des wirtschaftlichen Überlebens willens. Solche Wanderbewegungen werden künftig in Europa nicht nur aus dem Osten in den Westen, sondern noch mehr aus dem Süden in den Norden stattfinden. Die demographische Entwicklung ist im Süden der Erde eine andere als im Norden. Bis Mitte des kommenden Jahrhunderts werden die Bewohner der heutigen Industrieländer nicht einmal mehr 20% der Weltbevölkerung stellen. Das schafft einen enormen Bevölkerungsdruck, der in Verbindung mit fehlender Chancengleichheit sowie von Tyrannei und Unterdrückung massiven Auswanderungswillen in Richtung Norden auslösen wird, der sich nicht eindämmen lässt. Unsere Nachkommen werden vermutlich Massenwanderungen ungekannten Ausmaßes erleben. Dieser Prozess hat bereits begonnen, denken wir nur an die boat-people aus dem Fernen Osten, an die Mexikaner, die illegal in die Vereinigten Staaten kommen, und an die Asiaten und Afrikaner, die nach Europa drängen. Man kann sich unschwer ausmalen, dass im Extremfall unzählige ausgehungerte und verzweifelte Immigranten mit Booten an den Nordküsten des Mittelmeeres landen werden.«[67]

Solche Ursachenanalyse zeigt, dass eine einfache und schnelle Lösung der Herausforderung nicht in Sicht ist. Vielmehr müsse sich Europa damit anfreunden, dass Migration und Flucht die Menschheit lange beschäftigen werden. Ein 1956 geborener Franzose vermerkt: »qui n'est pas une perturbation passagère, mais une tendance forte de la communauté humaine.« – »Flüchtlinge aus aller Welt werden die nächsten Jahrzehnte nach Europa kommen«, so eine Befragte (Frau, 1956).

Geschichten

Wenn die Befragten zur Herausforderung Migration und Flucht schreiben, verharren sie nicht bei der analytischen Ursachenforschung. Es werden zudem Einzelgeschichten erzählt. Es sind helle und dunkle Geschichten. Vor allem die unangenehm empfundenen Erzählungen werden im gesellschaftlichen Diskurs schnell verallgemeinert, ein unbe-

67 King, Alexander u. a.: Die globale Revolution, Spiegel Spezial 2/1991: Bericht des Club of Rome 1991, 42f.

merkter Vorgang, der als bedrohlich Erlebtes vereinfacht und eine Voraussetzung dafür schafft, eine Haltung der Abwehr zu entwickeln.

Es ist von »Flüchtlingsdramen« (Mann, 1949) die Rede, aber auch von »Flüchtlingen die sich nicht anpassen wollen, die vergewaltigen« (Frau, 1965). Beklagt wird, die »Integration dauert zu lange, kostet zu viel! IS-Terroristen im Lande« (Frau, 1944). »Der Druck auf die ›Menschen am Rande‹– vor allem aber auf Flüchtlinge wächst, was zu Gewaltausbrüchen führen kann.« (Frau, 1954)

Einzelne schauen wach auf das Phänomen, wollen dieses verstehen – um dann den Blick auf »uns« zurückzuwenden. Dann erscheint das Geschehen als eine Art »Lesehilfe«: »Flüchtlinge machen auf ungerechten Zustand der Welt aufmerksam«: »Migration und Flüchtlingsbewegung fordert ehrlichen Blick auf unsere Lebensform (Umwelt- und Klimaschutz, Rüstungsexporte, ehrliche Entwicklungshilfe) und energische Forderungen an die C- Parteien.« (Frau 1952)

Dieser ehrliche Blick auf uns selbst zurück wird aber nicht selten dadurch behindert, dass wir zwar die Schwächen in unserer Wirtschaft und Gesellschaft ahnen, aber von denen ablenken, indem wir beispielsweise Flüchtende zu »Sündenböcken« (Mann, 1953) machen: »Ökonomisierung aller Lebensbereiche, auch im Sozialbereich / Die Kluft zwischen Reich und Arm wächst. / Dafür werden Sündenböcke gesucht, aber nicht in Wirtschaft und Politik, sondern die Flüchtlinge.« (Mann, 1949)

Auf die Ängste der Menschen reagiert die Politik vielfach mit dem Versprechen der Sicherheit. Die ererbten Freiheitsrechte einer »liberalen Politik« werden zu Gunsten erhöhter Sicherheit eingeschränkt. In manchen europäischen Ländern steuert man gezielt auf eine »illiberale Demokratie« zu. Auch davor haben Befragte Angst. Dies ist eine Angst ganz anderer Art: die Angst vor mehr Kontrolle, mehr Zugriffsmöglichkeiten eines Staates, der im Namen der Sicherheit uns total schützen will. Daraus folgert eine Frau (1953): »Die Menschen haben nicht nur vor dem Fremden Angst, es ist das Totalitäre und die Gewalt, die Angst macht.«

Emotionen und Haltungen

In der Flüchtlingszeit spielen Emotionen eine prägende Rolle.[68] So sehen es auch die Befragten. Eine Spannung zwischen zwei »Polen«:

Auf der einen Seite findet sich Angst mit vielfältigen Gesichtern und Begleiterscheinungen wie Hass und Hetze. »Die vielen Menschen, die als Flüchtling zu uns kommen, verunsichern viele Menschen, machen ihnen Angst, führen zu oft zu Ablehnung und gar Hass.« (Frau, 1951)

Auf der anderen Seite steht Solidarität, getragen von einem Gespür für Menschenwürde und Menschenrechte. Es fällt auf, dass die einschlägigen Texte einen gesellschaftskritischen Grundton besitzen. Es wird Entsolidarisierung, Missachtung der Menschenwürde und der Menschenrechte beklagt: »Die Migration führt zu einer Entsolidarisierung der Gesellschaft.« (Mann, 1966)

Ängste

Die Ängste der Menschen in der Flüchtlingszeit haben viele Gesichter. »Es herrscht Angst vor Verlust. Viele haben Angst vor Veränderungen durch zum Beispiel Flüchtlinge.« (NN.)

Soziale Abstiegsängste

Ein markantes Gesicht der Angst ist jene um den erreichten Wohlstand: »Bei einem großen Anteil der deutschen Bevölkerung sehe ich massive Angst um Besitzstand und Gleichgültigkeit gegenüber dem Leid von Fremden bis hin zur Bereitschaft, den eigenen – ›selbst verdienten‹!? – Wohlstand gegen andere zu verteidigen. / Unkoordinierter und unorganisierter Zuzug ›Fremder‹, ›Sozialschmarotzertum‹, Kriminalität, Beliebigkeit und Inkonsequenz gegen Regelverstöße der ›Fremden‹ schüren diese Angst noch. / Deshalb ist es notwendig, über Ursachen und Wirkungen unseres Wohlstands und der Politik unserer Heimatländer nachzudenken, laut! zu sprechen und sich nicht zu scheuen, aus den Konsequenzen Lösungen zu entwickeln! Genau das geschieht jedoch. Wir wollen nichts sehen, nichts hören, nicht denken und erst recht nicht handeln. / Man ist bereit, vor akuter Hilfsbedürftigkeit die Augen zu schließen, um ja nicht einladend zu sein.« (Frau, 1958)

Nicht alle Menschen in unseren Ländern zählen zu den Gesicherten

68 Moïsi, Dominique: La géopolitique de l'émotion, [Paris] 2008. [Kampf der Emotionen, München 2009; The geopolitics of emotion, New York 2009.]

und Wohlhabenden. Das übersehen die Befragten nicht. Sie kennen Menschen, die »Angst vor Verschlechterung der Lebensbedingungen« haben. Sie fürchten, dass »Flüchtlinge, die unser Staatsgefüge zu Ungunsten der ansässigen Bevölkerung in Unordnung bringen könnten – mehr polizeiliche und gerichtliche Maßnahmen sind gefragt!« (NN.) »Unter anderem daraus resultiert ein Verteilungskampf in den unteren Schichten, der Ausländerhass befördert. Aber auch in anderen Schichten grassieren Rassismus, rechte Weltbilder und Politikverdrossenheit.« (Frau, 1991)

Kulturelle Ängste

Eine gänzlich andersgefärbte Angst ist jene vor »dem Fremden«, etwa fremden Sprachen, Kulturen, Religionen oder wie es ein 1960 geborener Mann formuliert: Die »Angst vor zu vielen Migranten und fremden Kulturen/Religionen«. Diese Angst kann weit reichen: »Ein weiterer Grund ist die starke Zuwanderung durch Ausländer, Flüchtlinge und Asylanten. Viele Deutsche fühlen sich, vor allem in den Städten, als Ausländer im eignen Land.« (Mann, 1968)

Eine Variante der kulturellen Verängstigung ist die »Islamophobie«. Diese hat auch in der vorliegenden Erhebung Spuren hinterlassen. Die Ankunft von Menschen mit islamischem Glauben wird daher von einigen Befragten als große Herausforderung erlebt. Es wird auch vereinzelt heftige Kritik an kirchlichen Einrichtungen geübt, die betonen, dass zunächst Menschen kommen, die dem islamischen Glauben angehören, und daher der Menschenwürde ein höheres Gewicht beimessen als dem Religionsbekenntnis. Das sind ein paar einschlägige Stellungnahmen von Befragten – mehr zum »Islam« findet sich in einem eigenen Kapitel dieses Berichts. Hingewiesen wird auf die Zunahme von »Moslems in unserer Kultur« (Frau, 1960), mit diesen kämen »politischer Populismus und Radikalismus« (Mann, 1995).

Ein Befragter beklagt eine hartherzige Haltung gegenüber Flüchtlingen: »Hardened hearts and minds towards refugees, asylumseekers and migrants, particularly muslims.« (Mann, 1940) Etwas davon ist in den folgenden beiden Wortmeldungen zu spüren, die Nächstenliebe und Caritas kritisieren: »Die durch den politischen Islam ausgelöste Völkerwanderung, in weiterer Folge die zur Schau gestellte Nächstenliebe für diese Migranten, bei gleichzeitigem schweren Versagen der Kirche den eigenen

Gläubigen gegenüber.« (Mann, 1951) »Illegale Massenzuwanderung von Muslimen, die keine Flüchtlinge sind, unterstützt von der kath. Kirche und der kirchl. Organisation Caritas.« (Mann, 1949) Man soll, meint ein anderer, durchaus helfen, aber die »Probleme des Islams und der Migration keinesfalls übersehen oder schönreden!« (Mann, 1986)

Es gebe also auch in den Kirchen und zwischen den Religionen Diskussionsbedarf. »Da viele eine zunehmende Islamisierung unserer Gesellschaft fürchten und auch den gewalttätigen Islamismus, denke ich, es wäre sehr hilfreich, wenn sich die christlichen Religionen zusammentun würden und verstärkt auf Dialog setzen.« (Frau, 1953)

Wenn Angst in Hass und Hetze kippt

Angst kennt viele Ausdruckformen. Eine von diesen ist Hass und Hetze. Die Befragten beobachten solche Phänomene und überlegen, wie diese destruktiven Ausdrucksformen eingedämmt werden können. Eine Frau (1952) beklagt »rechtsextreme und ausländerfeindliche Aktionen, die durch Parteien und in unserem Land auch durch die Regierung gestärkt werden. Aufhetzen ist salonfähig geworden!« Beobachtet wird »terrible hatred of migrants and neglect of refugees« (Mann, 1964). Für die Kirche erwachse daraus Handlungsbedarf: »Dass ausgrenzende Meinungen gegen Fremde, Flüchtlinge, ›Andere‹ leichter öffentlich (und erst recht in den sozialen Medien) geäußert werden können und gesellschaftlich oft nicht klar ins Abseits gestellt werden. Da müssen Christen eindeutig Position beziehen, da muss Kirche deutlich bei den Fremden, Flüchtlingen, ›Anderen‹ sein, wie sie es oft tatsächlich ist.« (Frau,1964)

Politische Entwicklung

Nicht wenige Befragte beobachten im Umkreis der angstbesetzten Politik eine sie irritierende politische Entwicklung. Sie besetzen diese mit dem gängigen Wort »Rechtspopulismus«. Häufig geht eine solche Politik mit einem anwachsenden Nationalismus einher: »Es formieren sich in westlich orientierten Ländern gesellschaftliche Gruppen, die nationale Egoismen pflegen, die Ausgrenzung von Fremden jeder Art (religiös, kulturell, der Hautfarbe u. a.) fordern.« (Mann, 1959)

Von diesem geprägte politische Bewerber profitieren indirekt von den Ängsten der Menschen, manche schüren sie gezielt. Ein Mann (1942) nennt das »die Verpolitisierung des Flüchtlingsproblems«. Themen (wie die Herausforderung durch Migration und Flucht) sind für diese Politiker zentrale tagespolitische Themen. Befragte beklagen, dass die Ängste der Menschen nicht durch kompetente Behebung der Ursachen der Angst abgebaut werden. Dazu wäre eine Politik des langen Atems und der nachhaltigen kleinen Schritte erforderlich. Das Kalkül mancher Parteipolitiker bestehe darin, die Angst eher zu schüren, um Stimmen zu gewinnen. »Die Angst der Menschen, die dazu führt, dass sie lieber jemand wählen, der verspricht, sie von Flüchtlingen zu befreien, als den Menschen in Not zu helfen.« (Mann, 1973)

Solche Angst komme aus Unwissenheit. Sie werde auch gezielt durch Politik und Medien geschürt. Eine Frau (1963) beklagt die »Angstmache angesichts der Probleme der Zeit (z. B. Flüchtlingsströme) durch Politik und Medien«: »Flucht und Migration nehmen zu – viele Menschen reagieren mit Angst – Politik setzt oft falsche Zeichen.« (Mann, 1954)

Solidarität

Entsolidarisierung

Die »Migration fordert Kirche und Staat – dieses wachsende Thema fordert Solidarität statt Angstparolen und Hetze« (Mann, 1958). Das betont eine Reihe von Texten: Die Aufnahme, noch mehr aber die Integration von schutzsuchenden Menschen braucht ein hohes Maß an belastbarer Solidarität in der Bevölkerung. Genau diese fehle heute, so das Urteil vieler Befragter. Sorgen machen »der erstarkende Egoismus und die immer geringer werdende Bereitschaft zur Nächstenliebe (Flüchtlingsfrage)« (Mann, 1952), »die zu geringe caritas« (Frau, 1955), die »Tendenz zur Entsolidarisierung in der Gesellschaft. (Flüchtlinge, Asylwerber, Arbeitslose) ›Nur die was leisten, sind was wert.‹« (Mann, 1960), »der Verlust der Solidarität mit den Armen und Hilfesuchenden, vor allem den Flüchtlingen« (Mann, 1964). Kurzum: »Die Migration führt zu einer Entsolidarisierung der Gesellschaft.« (Mann, 1966)

Manche sehen eine »Neidgesellschaft gegenüber Flüchtlingen« (Mann, 1966) im Kommen. Oft wird dieser Neid mit vermeintlich starken Argumenten bemäntelt. So erheben manche »Vorwürfe, dass Arme und Flüchtlinge bessere Leistungen bekommen, obwohl sie nichts in den Sozialtopf eingezahlt haben, wie Österreicher, die dies jahrelang taten« (Mann, 1960).

Obergrenze

Heftig debattiert wird in unseren Gesellschaften, in denen Solidarität historisch als hoher Wert gilt, ob diese eine »Obergrenze« kenne. Wer für eine solche einsteht, wird heute eher als Gesinnungsethiker belächelt. Nach Max Weber müsse der Politiker aber eine Verantwortungsethik haben. Nun hat ja Max Weber Recht, wenn er eine Gesinnungsethik ohne konkrete Verantwortung kritisiert. Aber dies scheint heute nicht das gesellschaftspolitische Problem zu sein. Die Frage ist vielmehr, ob nicht manche politische Optionen dabei sind, ihre Gesinnung zu verlieren. Die Gesinnung gibt die Richtung an. Die Verantwortung zeigt, welche konkreten Schritte – aber immer in Richtung des Ideals der Gesinnung – in dieser Bevölkerung möglich sind. Dabei ist es durchaus angebracht, bei den Menschen so viel Vertrauen zu stiften, dass sie mehr für möglich halten, als sie sich im Gefängnis der Angst zutrauen.

Hier der Text einer Befragten, die sich just zu diesen Fragen tiefschürfende Gedanken gemacht hat: Er setzt damit ein, dass die Angst eine zentrale Herausforderung ist: die »Angst – vor Flüchtlingen, davor, den eigenen Wohlstand (wieder) zu verlieren«. Das erzeuge eine »zu geringe Bereitschaft zur bedingungslosen Solidarität – mit Flüchtlingen, Armen, Ausgegrenzten«. Ein »Individualismus, der sich oft in Egozentrik und/oder Egoismus äußert (bis hin zu Ausbeutung/Benutzung von Umwelt, Mitmenschen...)« mache sich breit. Dazu komme »Orientierungslosigkeit (da alte Normen teils unverständlich, unzeitgemäß geworden sind und belastbare, nachvollziehbare und praktizierbare moralische Ausrichtung häufig fehlt) oder allgemeiner: ein Verlust an Werten (z.B. Verbindlichkeit, Verlässlichkeit, Verantwortungsgefühl) UND (deshalb?) an Sinn«. Dann stellt die Autorin dieser Stellungnahme (Frau, 1963) die Frage: »Wie kann ein Sondierungspapier für eine Koalition eine Obergrenze für Flüchtlinge beinhalten (wohlgemerkt zwischen Parteien, in deren Namen Vokabeln wie Christlich und/oder Sozial und/oder Demokratisch vorkommen), wenn es ein grundgesetzlich verankertes Recht auf politisches Asyl gibt? Und wieso geht kein Aufschrei durch die Nation? – Wie sollen wir solche Abmachungen vor der jungen Generation erklären? Wie viel wiegt eine Verfassung, wie viel ein Menschenrecht, wie viel ein Menschenleben? – Und was ist dann für den/die Einzelnen verbindlich? Mogeln wir uns alle als Opportunisten durch????« (Frau, 1963)

Auf dieser Spur findet sich auch die ausführliche Stellungnahme eines Befragten: »Eine große Herausforderung für die Kirche in Deutschland ist sicherlich die Positionierung in der Diskussion um die Flüchtlingspolitik, speziell die Frage, wie hier in der Praxis zwischen einer am Evangelium orientierten Gesinnungsethik und den Erfordernissen der Realpolitik zu vermitteln ist. Sicherlich ist die Kirche hier eine Vertreterin der sogenannten ›Willkommenskultur‹. Durch ihre klare Position wird sich die Kirche fragen müssen, wie sie auf Menschen zugehen und sich ihnen verständlich machen kann, die der Meinung sind, dass Deutschland eine restriktivere Einwanderungspolitik und Asylpraxis durchsetzen sollte. Hier wird die Kirche in die gegenwärtigen Umbrüche des politischen Systems hineingezogen, die sich etwa in der neuen Zusammensetzung des Bundestags seit der Wahl 2017 zeigen.« (Mann, 1987)

Ein anderer Befragter (Mann, 1950) resümiert gleichsam: »Grundsätzlich sollte die Nächstenlieben grenzenlos sein (Migranten, Asylanten, Zuwanderer), aber die meisten Menschen, auch Christen sind hiermit überfordert.« (Mann, 1950) »Man kann nur so viele Flüchtlinge aufnehmen, als man auch integrieren kann«, sagt ein anderer (Mann, 1937).

Menschlichkeit, Menschenwürde, Menschenrechte

Manche Befragte sehen heute die Menschlichkeit des Kontinents herausgefordert. Ein Mann fordert daher eine gute »Betreuung der Flüchtlinge, um sie fähig und willens zu machen, als Botschafter unseres Kontinents den wirtschaftlichen, industriellen Aufbau zu unterstützen« (Mann, 1943). Erforderlich sei daher »ein produktiver und nicht menschenverachtender Umgang mit Migration (Europa lebt auf Kosten anderer)« (Frau, 1982).

Hinsichtlich der Menschlichkeit orten manche Befragte ein Versagen europäischer Länder: »Nach wie vor ist Armut ein weltweiter Skandal, dazu zählen die Auswirkungen der Flüchtlingsbewegungen. Wo wird Menschlichkeit erfahren?« (Frau, 1957) Noch schärfer kritisiert eine Frau (1972) die »permanente Übertretung der Menschenrechte. Wir maßen uns an zu bestimmen, wer ein Recht auf ein Leben in Freiheit und Frieden hat. Wir machen die Grenzen dicht, leben im Überfluss und wundern uns, dass diesen Zustand nicht mehr alle hinnehmen wollen –

sie flüchten und wir sperren sie aus und lassen sie in ihrem Elend alleine.« (Frau, 1972)

Es überrascht daher mit Blick auf die Kirchen nicht, dass eine Frau diesen rät: »Die Kirchen müssen sich lautstark für eine menschenwürdige, auf der Nächstenliebe basierende Behandlung der Flüchtlinge einsetzen.« (Frau, 1942)

Bedrohung oder Bereicherung?

Bei der Herausforderung durch schutzsuchende Menschen wird als Hintergrunddimension das Verhältnis von »Migration und kulturell-religiöser Diversität« (Mann, 1966) diskutiert. »Zuwanderung von Flüchtlingen aus Kriegsgebieten und aus armen Ländern – große kulturelle Unterschiede«, vermerkt eine Frau, geboren 1959. Kommen doch »Menschen aus aller Welt, Sprachen und Kulturen« (NN.). Die einen sehen darin eine Bedrohung (dunkle Seite), andere eine Bereicherung (helle Seite).

Die dunkle Seite: Die Gesellschaft könnte durch die Dazukommenden gespalten werden. Aber nicht nur dieses: Es geht nicht nur um die Einheimischen im Verhältnis zu den schutzsuchenden Menschen. Auch die Einheimischen spalten sich. Es kann entstehen, was der Club of Rome 1991 einen »defensiven Rassismus« nannte, der auch politische Folgen zeitige: »...klar, dass keine Maßnahmen die Einwanderungsbewegung wirkungsvoll stoppen werden. Dies könnte zu einer deutlichen Verschärfung des defensiven Rassismus in den Zielländern führen und bei allgemeinen Wahlen rechtsgerichteten Diktatoren zur Macht verhelfen.«[69] So drückt dies ein Befragter aus: »Die Gesellschaft driftet weiter auseinander, Menschen fühlen sich ausgegrenzt und abgehängt. Fremdes wird allzu häufig als Bedrohung gesehen (Thema ›Flüchtlinge‹ z. B.). Die Solidarität scheint auf der Strecke zu bleiben. Die Relevanz des Glaubens an Gott schwindet für viele Menschen. Wichtige Werte für Menschen sind Freiheit und Gleichheit, die sie in der Kirche häufig nicht verwirklicht sehen.« (Mann, 1975)

Die helle Seite: In den analysierten Texten überwiegen aber Texte, welche nicht die Bedrohung, sondern die Chance zu einer kulturellen und wirtschaftlichen Bereicherung sehen. Die Flüchtlinge »sind eine Chance, eine neue ›Einheit‹ in der Gesellschaft zu lernen. Nicht als Uniformität,

69 King, Alexander u. a.: Die globale Revolution, Spiegel Spezial 2/1991: Bericht des Club of Rome 1991, 43.

sondern als Einheit in Vielfalt« (Frau, 1950). Zu lernen sei das »Wertschätzen der Fremden, zeigen, dass die größere Multikulturalität für uns eine Bereicherung und keine Bedrohung darstellt – weil wir im Nächsten, gerade aber auch im Fremden Christus begegnen!« (Frau, 1973) Zwar sei die Migration wegen der Zwänge auch ein Übel, aber man könne sie »auch als Chance und komplexe Möglichkeit verstehen und thematisieren« (Philippinen, Mann, 1969).

Die Chance wird auch spirituell begründet. Es gehe letztlich um eine »Achtsamkeit für göttlichen Geist in fremden Kulturen und Religionen und in Allem, was existiert / Praktische und lehrhafte Verantwortung für geschwisterliche globale Einheit in Vielheit und für Bestand und Weiterentwicklung der Schöpfung« (Mann, 1941).

Es werden von einigen Befragten auch biblische Bezüge hergestellt, es wird theologisch argumentiert: An die biblische Logik im Umgang mit Fremden wird zum Maßstab für heutiges christliches Handeln erinnert: »L'accueil des réfugiés et des migrants, en particulier les chrétiens venus d'ailleurs ont droit à des relations fraternells.« (Mann, 1950) Das mache die gläubigen Gemeinschaften auch in dieser Hinsicht zu einer Art »Kontrastgesellschaft«, oder etwas vorsichtiger formuliert: Die Christinnen und Christen stehen für eine alternative Kultur des Aufnehmens, weil in den Fremden Gott aufgenommen wird. Und dies in einer Zeit, in der »Gleichgültigkeit und Ausgrenzung gegenüber Flüchtlinge sehr ausgeprägt sind; das rechte Gedankengut ist durch die letzten Wahlen salonfähig geworden« (NN.). Gerade jetzt könnte die Kirche »durchaus als Korrektiv wirken, z. B. in der Flüchtlingsfrage, was ihr auf Grund der biblischen Botschaft gut ansteht, wozu sie sogar verpflichtet ist« (Frau, 1948). Eine Befragte verweist ausdrücklich auf einen biblischen Text: »Im Buch Exodus heißt es: / 23,9 Einen Fremden sollst du nicht ausbeuten. Ihr wisst doch, wie es einem Fremden zumute ist; denn ihr selbst seid in Ägypten Fremde gewesen. Dazu gibt es eigentlich nichts hinzuzufügen.« (Frau, 1956) Ähnlich ein anderer Teilnehme der Online-Umfrage: »Die Sorge für Flüchtlinge gehört zum Kern des Christentums. Das jüdische Volk hat vielfältige Flüchtlings- und Vertreibungstraditionen. Jesus selbst floh mit seinen Eltern. Die relative Sicherheit von uns Europäern vor Natur- und politischen Katastrophen fordert zur Solidarität heraus mit Menschen, die anderswo unverschuldet (oder sogar als Folge des von uns Europäern verursachten Raubbaues) in Not geraten sind. Dafür müssen wir notfalls zusammenrücken und uns einschränken.« (Mann, 1948)

Ein Befragter formuliert als Frage zur Gewissenserforschung auch an Christinnen und Christen selbst lapidar: »Was hätte Jesus heute z. B. zum modernen Leben, zum Auseinanderleben von Ehepartnern, zur Arbeitswelt, zu Problemen der Jugend, zur Flüchtlingskrise gesagt?« (NN.)

Herausgeforderte Kirche

»Es sind die Flüchtlinge, die sowohl Kirche als auch Staat herausfordern, am konkreten Handeln kann die christliche Lehre erkannt werden.« (Frau, 1962) Angesichts dieser gewaltigen Herausforderung ist ein Befragter mit Blick auf die Kirche zuversichtlich: Die »Kirche als weltumspannende Glaubensgemeinschaft kann helfen, Angst vor fremden Kulturen zu nehmen. Kirche kann zeigen, wie geistliches Fundament gute Basis ist für Menschen, die in Politik und Gesellschaft arbeiten.« (Mann, 1969)

Abwehrende Kirchenmitglieder

Aber nicht alle haben einen derart zuversichtlichen Blick auf den Beitrag der Kirchen in der Flüchtlingszeit. Nicht übersehen wird, dass manche Kirchenmitglieder ihrer »Christlichkeit« nicht gerecht werden: »Es gibt viele ›Ungläubige‹ unter den Katholiken bzw. den Christen. Sie leben nicht nach ihrem Glauben, und sie glauben es auch nicht wirklich. Auswirkungen sind der Hass auf Einwanderer bzw. Flüchtlinge.« (Mann, 1939) »Viele erzkonservative Christen stehen dem Teilen kritisch gegenüber. Die Flüchtlingsproblematik wird auf den Schultern von wenigen Ländern verteilt. Manche Länder verschließen sich ganz.« (Frau, 1960[70])

Bekannt ist, dass osteuropäische Länder mit ihren Ortskirchen in der Flüchtlingsfrage eher restriktiv sind. Ein Umfrageteilnehmer aus Polen beklagt dies: »flüchtlingsangelegenheiten obwohl papst franziscus es befürwortet hat das jeder / jede Pfarre einen/eine familie aufnehmen sollte stellen sich leider die konservativen Polen taub.« (NN.)

Aber auch in westeuropäischen Kirchen spaltet das Flüchtlingsthema die Kirchenmitglieder. Ein Beispiel aus Frankreich: »La question des mi-

70 Ich bin vor 41 Jahren aus der Kirche ausgetreten, weil ich die Sprache nicht verstand, weil ich auf der Suche bin, weil ich meiner Sehnsucht folge und weil ich Raum brauche für Fragen, Gedanken und Unsicherheiten.

grants (plus faible dans ma région) et le nombre de musulmans qui augmente chaque année affaiblit considérablement l'éveil chrétien. Les cathos traditionnels font barrage et se multiplient. Où sont tous les autres ??? Ils fuient ceux qui brandissent leurs drapeaux, leurs images pieuses et leurs certitudes. / Beaucoup de clivages au sein des catholiques français. Le journal La Croix avait d'ailleurs consacré un dossier présentant ces différentes catégories de catholiques français. C'était une analyse assez juste et réaliste. / Un défi est sans doute de tout mettre en oeuvre pour apaiser ce climat pour faire venir et/ou revenir tous ceux qui sont loin ou éloignés. Ensuite que les évêques s'investissent davantage avec leurs délégués pastoraux dans toutes les nouvelles initiatives du type accueil des migrants, rencontres inter religieuses, initiatives écologiques, sociales et d'entraide.« (Frau, 1966)

Beim Einsatz der Kirchen für Flüchtlinge ist also – so nicht wenige – noch Luft nach oben. Die Kirche müsse sich »noch entschiedener auf Seiten der Flüchtlinge« (Mann, 1938) stellen, »der Papst hat ausdrücklich dazu aufgefordert, die Kirche hat ihr Engagement leider verschlafen« (Frau, 1965). Es gelte also, »sich deutlicher in der Flüchtlingsproblematik einzumischen, – Gebt den Menschen Herberge!« (Frau, 1963) »Gegebenenfalls auch wesentlich aktiver und mehr zu politischen Themen (z. B. Flüchtlingskrise) Stellung nehmen.« (Frau, 1960)

Option für die Flüchtlinge

Trotz kritischer Anmerkungen zur Flüchtlingsarbeit der Kirche votieren mehrheitlich die Befragten grundsätzlich für einen migrationspolitischen Einsatz der Kirche. In Anlehnung an die »Option für die Armen« ist von einer »Option für Flüchtlinge« (Frau, 1954) die Rede. Oder auch von einer »Option für die Fremden«. Ein Befragter fordert von den christlichen Kirchen eine »vernehmliche Option für die Gemeinschaft mit ›dem Fremden‹. Deutliche Stellungnahme gegen Fremden- und Ausländer-Verunglimpfung. Erinnerung daran, dass unser Wohlstand für alle reicht, und die Habenden mit zu sorgen haben für die Nichthabenden.« (Mann, 1958) »Dieses Engagement [sei] auch ein Maßstab für die Glaubwürdigkeit der Kirche in unserer Zeit, da ›Kirche‹ sich sowohl institutionell als auch auf der Ebene der Gemeindemitglieder allzu oft auch in die Privatheit zurückzieht oder sich gar um sich selbst dreht.« (NN.)

Pontifikal – vermittelnde Kirchen

Ein Aspekt des gesellschaftlichen Engagements der Kirchen in der Flüchtlingszeit kann als »pontifikal« bezeichnet werden. »Globalisierung und Migration fördert Entstehung von Parallelgesellschaften und das Auseinanderdriften der Gesellschaft.« (Mann, 1961) Sie kann und soll Brücken bauen inmitten einer gespaltenen Gesellschaft. Das Ziel: »Friedliche Bewältigung der ansonsten sehr feindlich geführten politischen Auseinandersetzung mit den Flüchtlingen.« (Mann, 1970) Fragen stellen sich beim »Umgang mit den Migrantenströmen (drohendes Auseinanderbrechen der Gesellschaft durch zerbrechenden Zusammenhalt) / Wertevermittlung an Migranten? Glaubensvermittlung?« (NN.) Helfen kann eine »politische Unterstützung in der Flüchtlingsproblematik. (Die Unterstützer und Ängstliche gleichermaßen wahrnimmt.)« (NN.).

Die Kirche ist zwar keine politische Partei, aber politisch parteilich. Zu ihrem gesellschaftspolitischen Dienst zählen »Vermitteln und Aufklären = vermitteln bedeutet, nicht nur, von den armen Flüchtlingen zu sprechen und sie immer zu verteidigen, sondern auch auf Werte unserer christlich geprägten(!) Kultur hinzuweisen und auf Dinge, die unverhandelbar sind: keine Verheiratung Minderjähriger, gleiche Rechte auf Bildung und Selbstbestimmung usw. für Frauen und Mädchen, keine Totalverschleierung (die widerspricht unserer offenen Miteinander-Gesprächs-Demokratie-Kultur).« (Frau, 1969)

Politische Bildungsarbeit durch kirchliche Einrichtungen kann hier gute Dienste leisten. »Kirche kann in der Flüchtlingskrise eine Vermittlerrolle einnehmen. Sie kann z. B. die Ausbildung von Flüchtlingen unterstützen und der Bevölkerung mitteilen, dass der Zuzug von fremder Bevölkerung eine WIN WIN Situation sein kann. Die jungen Flüchtlinge von heute sind die Arbeitskräfte von morgen. Wenn diese gut ausgebildet sind (z. B. für Mangelberufe), kann so manche Lücke geschlossen werden.« (Mann, 1956)

Von den christlichen Kirchen verlangt dies eine Fokussierung ihrer Kräfte: »Die Probleme Europas sind doch nicht endlose theologische Diskussionen über das Zölibat oder ob Kondome verwendet werden dürfen. Sondern Migration und soziales Auseinanderdriften der Gesellschaften. Da sollte und könnte die Kirche einen immensen Beitrag leisten mit der Botschaft der Nächstenliebe.« (Mann, 1972)

Stimme erheben

Die Aufgabe des Vermittelns ersetzt nicht das »Erheben der Stimme« im politischen Diskurs: »Den Flüchtlingen, die nach Deutschland kommen, eine Stimme geben«, formuliert ein Mann (1959). Das »Schweigen zur Flüchtlingspolitik der Regierung« (Mann, 1943) wird angeprangert. Ins Positive gewendet: »Die christlichen Stimmen in der Flüchtlingshysterie sind ein guter Ansatz!! Mithelfen, anpacken, Mut machen.« (Frau, 1963) Geweckt werden soll »Solidarität mit den Flüchtlingen weltweit, aber auch engagiertes Handeln, das sich nicht durch Regierungen einschüchtern lässt« (Frau, 1958).

Dieser politische Einsatz ersetzt gewiss nicht die konkreten Hilfsprojekte der Kirche, die weiter unten noch besprochen werden. Hier geht es mehr um strukturpolitische Ansätze zur Bewältigung der Herausforderung durch Migration und Flucht. Detailaspekte werden, tagespolitisch veranlasst, benannt. Die Kirche müsse »in der Flüchtlingsfrage weiterhin klar Flagge zeigen und auch finanziell weiter unbürokratisch unterstützen, sich in die Politik einbringen, nicht nur Not lindern, sondern auch für Verteilungsgerechtigkeit und Teilhabemöglichkeiten sorgen« (Frau, 1963). »Das Übelste ist überhaupt, dass es mittlerweile Flüchtlinge gibt, welche als Sklaven gehandelt werden. Wie gierig kann der Mensch denn sein?« (NN.)

Grundlegende Aspekte kommen zur Sprache. Verlangt wird von der Kirche eine klare prophetische Rede. Sie solle »weiterhin klar Stellung pro Asylrecht und pro humane Behandlung von Flüchtlingen« (Mann, 1995) beziehen, ihre »Stimme erheben gegen das Unrecht, das Flüchtlingen und Zuwanderern zuteilwird« (Mann, 1985). »Wo immer Zeichen für Ungerechtigkeit, mangelnde Solidarität mit den Armen, Unterdrückten, Flüchtlingen auftritt, sollte, ja muss die offizielle Kirche aufschreien.« (NN.) Auf diese Weise könne die Kirche »durchaus als Korrektiv wirken, z. B. in der Flüchtlingsfrage, was ihr auf Grund der biblischen Botschaft gut ansteht, wozu sie sogar verpflichtet ist« (Frau, 1948).

Eine Option für die Flüchtlinge dürfe aber nicht dazu führen, die notleidenden Einheimischen aus dem Auge zu verlieren. Ein Schweizer fordert daher »gleiche Rechte für Schweizer und Ausländer« (Mann, 1944). »Die Kirche, die zur Anwältin und Fürsprecherin jener wird, die für die Gesellschaft keine Bedeutung haben. (Aber nicht auf Flüchtlinge beschränken!)« (Frau, 1952)

Willkommen und Integration

Die sozialpolitische Praxis kennt zwei markante Phasen: Aufnahme und Eingliederung. Willkommen und Integration: »Politisch ist das sicher, die ankommenden und angekommenen Flüchtlinge und Migranten willkommen zu heißen und zu begleiten.« (Frau, 1966) Zu beiden Aspekten haben Befragte Aussagen gemacht. Zunächst zur »Herausforderung, Flüchtlinge willkommen zu heißen« (Frau, 1961).

Willkommenskultur

Willkommenskultur war kurz das Wort des Jahres und hat dann im politischen Tagesdiskurs einen Verfall erlitten. Heute gilt es eher als Wort des Vorwurfs gegen Kreise und Personen, die sich für Flüchtlinge engagieren: Was diese sozialpsychologisch unter Druck setzt: »Flüchtlinge und Menschen aus anderen Ländern sind in vielen Staaten zunehmend mit großen Repressalien von Mitmenschen und Politik, die diese unterstützt, ausgesetzt.« (NN.) »Vorurteile gegen Migranten, aber auch extreme, böse Reaktionen auf Migrationshelfer« (Frau, 1979) belasten. Vor allem vom »rechten« politischen Spektrum wurde eine »Ironisierung« des Wortes (so Altbundespräsident Heinz Fischer, Österreich) gezielt vorangetrieben. Aber auch in der Umfrage spottet ein Befragter: »Keine religiöse Gefühlsduselei gegenüber unkorrekten Ansprüchen von linken Willkommensschreiern, die aber selbst wenig bis nichts zur Problembewältigung beitragen.« (Mann, 1942)

Befragte machen sich dennoch für Wort und Vorgang stark: »Willkommenskultur für MigrantInnen« (Mann, 1961) steht für sie auf der Liste der heutigen Herausforderungen ganz oben. Beim Willkommen geht es darum, »die Flüchtlinge und Asylsuchenden aufzufangen« (Mann, 1945). Es geht um »Akzeptanz und Umgang mit Flüchtlingen« (Frau, 1949).

Integrieren

Willkommen heißen ist leichter als integrieren. Personen aus fremden Kulturen, mit anderer Religion und Sprache, oftmals durch Krieg und Terror traumatisiert, in die Gesellschaft einzugliedern, ist eine Mammutaufgabe – auch hinsichtlich des Beitrags der Kirche. Sie habe zu sein »eine Kirche der Armen und der Peripherie und nicht nur Aufnahme von Flüchtlingen, sondern ihre Integration« (NN.).

Integration erfordert aber, Sprache und Kultur zu erlernen sowie Wohnung und Arbeit zu finden. »Die Zuwanderung von Flüchtlingen, egal ob sie politisches Asyl erbitten oder sie aus wirtschaftlichen Gründen ihre Heimat verlassen haben. Die Frage lautet, wie können wir diese Menschen in unsere Gesellschaft integrieren.« (Frau, 1959) Eine »Inkulturation von ›Fremden‹– welcher Art auch immer« (Frau, 1963) ist zu meistern. Es geht um nicht weniger, als »den Flüchtlingen eine Heimat zu geben« (Frau, 1946).

Eine solche »Integration dauert zu lange, kostet zu viel!«, vermerkt eine Frau (1944) kritisch. Die Herausforderung ist groß, denn sie verlangt nach »Solidarität mit den Flüchtlingen und Integrationshilfen, die gerade von caritativen Einrichtungen besser zu leisten ist« (Mann, 1948). So gehört es zur Aufgabe der Kirche hinsichtlich der »Migration: Solidarität mit den Asylantinnen und Asylanten fordern und selbst zeigen, ihnen bei positivem Asylbescheid die Integration erleichtern – auch aus Eigennutz, denn Österreich braucht bei einer Geburtenrate von 1,4 pro Frau die Zuwanderung. Positiv: Bischof Willi hat eine syrische Flüchtlingsfamilie in seine Wohnung aufgenommen.« (Mann 1940)

Beim Mammutprojekt Integration sind also die Kirchen wichtige gesellschaftspolitische Player. Ihre Aufgabe: »Eine soziale Stimme für Integration, für Migranten sein und das v. a. konkret umsetzen… d. h. wirklich mit guten Beispielen von Aktionen vorangehen.« (Mann, 1980) »Die Kirche muss sich erweisen als Orientierungshilfe durch Beispiel, nicht durch Worte. Was die Flüchtlingskrise angeht, durch Hilfen zur Integration – das geschieht vor allem durch einzelne Gläubige, mehr als durch die offizielle Kirche. Der Gleichgültigkeitskrise könnte die Kirche Empathie und Verantwortung entgegensetzen, aber ihre eigene Beharrung in vergangenen Verhaltensweisen verhindert das oft, vor allem, was die Akzeptanz der Möglichkeit der Frauen angeht.« (Frau, 1936; Mann, 1957, 1940)

Für eine Politik des Vertrauens

Der Horizont weitet sich. Nach einem Grundaxiom der Katholischen Soziallehre genügt es nicht, den Hungernden Fische zu geben. Um nachhaltig zu helfen, muss man die Hungernden »das Fischen lehren«. Das gilt auch für die Migrationspolitik. Sie hat zwei Seiten: Hilfe für die Betroffenen. Zugleich aber Arbeit an den Ursachen, die zur Migration zwingen. Fluchtursachen sind zu bekämpfen (Frau, 1951).

Einige dieser Ursachen kommen in der Umfrage zur Sprache: »Verfehlte Handelspolitik – Flüchtlinge« (Mann, 1947). »La courbe croissante des inégalités entre riches et pauvres, pays riches et pays pauvres entraînant des famines, des guerres et des migrations vers des pays qui refusent de partager.« (Frau, 1950)

Zu einer Politik des Vertrauens, die einen Gegenpol zur heute verbreiteten »Politik mit der Angst« (Ruth Wodak[71]) bildet, gehört auch, dass Flüchtlingspolitik nicht mit national(istisch)en Interessen gemacht werden kann, sondern internationale Zusammenarbeit benötigt: »Durch die große Migrationswelle weltweit wird ein Bewusstsein geschaffen, dass dieses Problem nicht national, sondern nur international lösbar ist. Wir sind eine Welt. Die Probleme und Schwierigkeiten in einem Teil der Welt betreffen auch die Menschen in anderen Teilen. Der Umgang mit Ressourcen und zugleich die Verschmutzung des Meeres und der Erde muss uns auf den Plan rufen, nach gemeinsamen Lösungen zu suchen. / Auf der anderen Seite begegnen wir Bestrebungen, sich auf nationale Grenzen zurückzuziehen und sich zu isolieren und abzuschotten.« (Mann 1949)

Hinsichtlich der internationalen Solidarität sind vorab die reichen Länder gefordert, die oftmals auch christlich geprägte Kulturen sind: Eine befragte Person verwundert »der Umgang der reichen, christlichen Länder mit der Migration, z. B. die Tatsache, dass der Libanon (50 % Christen) 1 Million Flüchtlinge aufgenommen hat, Tansania (mit vielen Christen) auch große Lager unterhält; ebenso das islamische Bangladesch« (NN.).

Das hohe »C« in der Flüchtlingspolitik

Im heftigen sozialpolitischen Ringen seit der Industrialisierung haben sich in Europa drei große politische Lager gebildet: ein sozialistisch-sozialdemokratisches, ein (neo)liberales sowie – in der Mitte dieser beiden balancierend – ein christlich-soziales. Die heutige Parteienlandschaft vieler europäischer Länder ist davon geprägt. Darunter sind Parteien mit einem »christlich-sozialen« Grundwasser.

In der Umfrage wird an markanten Stellungnahmen sichtbar, dass manche Christinnen und Christen mit der »Christlichkeit« dieser Par-

71 Wodak, Ruth: Politik mit der Angst. Zur Wirkung rechtspopulistischer Diskurse, Wien 2016.

teien Probleme haben. Manche definieren ihr christlich-soziales Erbe zunehmend restriktiv, begründen dies vordergründig damit, dass ihre anfängliche Willkommenspolitik der breiten Bevölkerung nicht zumutbar sei, wobei es hintergründig nicht selten um Machterhalt geht, und dies gegenüber einem aufkommenden »rechten«, nationalistisch-ausländerfeindlichen Lager. Dieses wird von manchen in der Umfrage auch »rechtspopulistisch« benannt.

Diese Entwicklung hat in den letzten Jahren zu Spannungen zwischen Christinnen und Christen, die sich in der Flüchtlingsarbeit (Aufnahme wie Integration) engagieren und diesen »christlich-sozialen Parteien« geführt. Manche haben ihre lange politische Heimat verloren. Sie erwarten von ihrer Kirche, dass sie die Ausdünnung christlich-sozialer Werte in den traditionellen »C-Parteien« nicht schweigend hinnimmt. Sie fordern von ihren Kirchen »eine unmissverständliche Parteinahme für die Migranten, die im reichen Europa Schutz suchen« (Mann, 1942). Hier einige einschlägige Zitate:

> »In dem Rechtsruck unseres Landes erhoffe ich eine klare Unterstützung von Flüchtlingen, ein offenes Wort gegen Radikalismus und Standhaftigkeit.« (NN.)
>
> »Den sog. christlichen Parteien deutlich sagen, dass deren Flüchtlingshetze und miserable Behandlung von Flüchtlingen, bes. im katholischen Bayern, alles andere als christlich ist. (Kardinal Marx hat das 1x gemacht, danke).« (NN.)
>
> »Kein öffentlicher Aufschrei (außer 1x von Kardinal Marx, auf jemand anderen hätten die sowieso nicht gehört) gegen die Flüchtlingshetze der sogenannten christlichen Parteien. Wie können die das Wort christlich im Namen führen«! (NN.)
>
> »Aufrecht bleiben in der Flüchtlingsfrage, auch gegenüber der Kirche nahestehenden CSU-Politikern und angeblich der Kirche nahestehenden AfD-Politikern.« (Mann, 1959)
>
> »Eindeutige Parteinahme für Flüchtlinge und Engagement für diese; klare politische Stellungnahme zu Äußerungen von rechts.« (Frau, 1963)

Ideen, die keinesfalls einheitlich sind, werden also vorgebracht. Aber vielleicht bleiben am Ende auch hier Fragen. Wie das ein Befragter ausdrückt: »Migration/Islam – welche Position bezieht die Kirche in der Migrations- und Flüchtlingskrise, wie funktioniert die Abgrenzung zu parteipolitischer Positionierung (Stichwort: Vereinnahmung der Parteien der ›christlichen Werte‹ – was sind diese ›christlichen Werte‹? Geht es nur um Erhalt von traditionellen Riten und Bräuchen?), wie sieht die Kirche ihr Verhältnis zum Islam?« (Mann, 1983)

Projekte

Die Kirchen, ihre (Pfarr-)Gemeinden und Einrichtungen, Menschen im Kirchenvolk wie in der Kirchenleitung, mischen sich aber nicht nur in den politischen Diskurs ein, indem sie vor allem den Schutzsuchenden ihre Stimme leihen. Sie entwickeln auch Projekte zur Aufnahme und Integration. Dabei mischen sich Wunsch und Realisierung, Lob und Unzufriedenheit. Die Grundbotschaft lautet: »Sagt den Christen bezüglich der Begegnung mit Flüchtlingen, dem Klimawandel und der Politik ›Tu was!‹« (Frau, 1972) Ziel sei, die beschworene »Nächstenliebe in konkrete Projekte umzuwandeln, z. B. durch ›Flüchtlingshäuser‹, Deutsch-Nachhilfekurse... (obwohl da die Kirche eh schon viel tut)« (Frau, 1998).

Eine Frau (1963) vermerkt ganz allgemein: »Einzelne Initiativen wie Flüchtlingsarbeit an der Basis, Arbeit mit Senioren, Nachbarschaftshilfe, Kitas etc. werden geschätzt.« Eine andere freut sich über »das Engagement bei Flüchtlingen, bei Sozialprojekten vor allem von jungen Menschen« (Frau, 1946). Eine andere schreibt: »Ich wünsche mir ein starkes Engagement für Flüchtlinge (Kirchenasyl, Hilfe jeder Art).« (Frau, 1966)

Eine Stellungnahme verweist darauf, dass innerkirchlich das Zusammenspiel in der Flüchtlingsarbeit nicht immer reibungslos ist: »Anderseits laufen Tafeln, Kleiderkammern, Flüchtlingshilfe streckenweise mit hoher Akzeptanz der Engagierten, der Klienten und der Beobachter. Aber die Engagierten können nicht darauf eine Grundlage neuartiger Gemeinde aufbauen – es sei denn die Kirchenorganisation hülfe.« (Mann, 1953)

Einzelne Texte zeigen, wie vielfältig das Engagement ist. Beispiele sind: »Flüchtlingskinder kostenlos in Kitas aufnehmen!« (Frau, 1960) Senioren könnten »Hausaufgabenhilfe für Flüchtlingskinder« (Frau, 1960) übernehmen. »Deutschkurse für Flüchtlinge etc. sollten noch viel mehr publik gemacht werden!« (Frau, 1967)

Die Ideenbörse für konkrete Projekte ist durchaus international: »Ein Vorschlag aus Schweden (von vor einigen Jahren, als die Flüchtlingszahlen noch überschaubar waren): Jeden Flüchtling einem einheimischen

Paten zuordnen, um ihm bei der Integration behilflich zu sein! Ich habe unserem Bischof – vergeblich – vorgeschlagen, besonders auf die Christen aus den überfüllten Lagern zuzugehen, sie in die Kirche und zu Veranstaltungen etc. einzuladen.« (Frau, 1928)

Ermöglicht werden soll jedenfalls »das Kennenlernen und Zusammensein mit Migrantinnen, Flüchtlingen« (Frau, 1947).

Wohnraum bereitstellen

Eine der Teilherausforderungen bei der Integration ist die Beschaffung leistbaren Wohnraums für Asylsuchende wie solche, denen Asyl zugesprochen wurde. Häufig kommt hier die Aufforderung an kirchliche Institutionen, Pfarren, Klöster, Bischöfe, leerstehenden Wohnraum zur Verfügung zu stellen. Vor allem in reichen Ortskirchen, die wegen des Priestermangels leerstehende Pfarrhäuser haben, sollen diese zur Verfügung gestellt werden.[72] Das könnte auch im öffentlichen Bereich eine Vorbildwirkung erzeugen.

Seelsorgliche Aspekte

Vereinzelt tauchen seelsorgliche Aspekte in der Flüchtlingsarbeit der Gemeinden auf. Viele der Schutzsuchenden sind Angehörige einer nichtchristlichen Religion. Wie damit umgehen? Dieses Thema wird unter den Verantwortlichen der Ortkirchen diskutiert. Die Stellungnahmen von Befragten können einen Beitrag zu einer im Tun entstehenden »Flüchtlingsseelsorge« (Mann, 1960) leisten.

72 »Wo möglich Einsatz eigener Ressourcen zur Flüchtlingsbetreuung.« (Frau, 1964) »Die Kirche hat nach wie vor sehr viel Geld. Sie soll da vorangehen und einen ersichtlichen Beitrag zu mehr Menschlichkeit leisten. Viele Klöster stehen fast leer. Hier wäre genug Platz, um geflüchteten Menschen Wohnraum – Herzenswärme zu geben. Diese Solidarität fehlt mir wirklich in unserer Kirche. Es wird geredet, aufgezeigt, aber wo ist dieses sichtbare Wirken.« (Frau, 1972) – »Bischöfe und Klöster müssten ihre Pforten viel mehr für Flüchtlinge öffnen.« (Mann, 1944) – »Flüchtlinge: leere Pfarrhöfe öffnen und Raum schaffen für Refugees, Inklusion vorleben in den Pfarrgemeinden; Menschen mit besonderen Bedürfnissen, Kranke, Alte, Junge, Mittelalterliche werden zu einem Herz und eine Seele »Wie ein Traum wird es sein wenn der Herr uns befreit....!« (Frau, 1963) – »In Pfarrhäusern und Klöstern Flüchtlingsunterkünfte schaffen und so Beispiel gebend und Stimmung machend Vorbild für die staatliche Gesellschaft werden.« (Mann, 1948) – »Genauso sollte unser Umgang mit Geflüchteten oder Menschen am Rand der Gesellschaft vom Glauben her geprägt sein, nicht nur schöne Worte, sondern Teile von zu großen Pfarrhäusern Flüchtlingsfamilien oder Obdachlosen zur Verfügung stellen.« (Frau, 1970) – »Viel stärkeres Zugehen auf Flüchtlinge und vermehrte Unterbringung in kirchlichen Einrichtungen (geschieht dzt. hauptsächlich durch Caritas – leider nicht durch die Klöster).« (Mann, 1944) – »Soweit wie möglich Aufnahme und Betreuung von Flüchtlingen in Pfarren, Pfarrhöfen und Klöstern.« (Mann, 1943)

So verlangt eine Frau, den »Dialog mit dem vermeintlich Fremden zu führen und andere Sichtweisen einzuüben« (Frau, 1953). Der menschliche Aspekt muss im Vordergrund bleiben, der Wunsch zu missionieren bleibt im Hintergrund: »Flüchtlingen in den Pfarren eine Ersatz-Heimat bieten, ohne sie zu missionieren.« (Frau, 1957) Eine Frau wird diesbezüglich noch konkreter: »Keine Taufe der Flüchtlinge in den ersten 10–15 Jahren, denn sie wissen nicht, was sie tun. Sie ermutigen, mit Jesus, mit dem Heiligen Geist und falls erwünscht mit der Bibel zu leben.« (Frau, 1956) Der Hintergrund einer solchen Regel könnte sein, dass manche Asylsuchende sich mehr Erfolg ausrechnen, wenn sie zum Christentum konvertieren. Wertschätzung kann in den Gottesdiensten gezeigt werden, indem die Gemeinde »zumindest einige Gebete in den Landessprachen der Migranten betet« (Frau, 1942). Der Kölner Kardinal hat beim Fronleichnamsgottesdienst auf der Domplatte ein »Flüchtlingsboot als Altar« verwendet, was eine Frau (1969) gut findet.

Wichtiger als das Missionarische und Liturgische bleibt aber das Diakonale. Man soll »für die Rechte aller eintreten, nicht nur die eigene Nation« (Frau, 1942). Die Gemeinden und Gemeinschaften der Kirche sollen »regionale und kommunale Unterstützerkreise für Flüchtlinge« bilden und Flüchtlinge bei »Anträgen, Behördengänge etc.« begleiten (NN.).

Wie engagiert viele der Befragten sind, dokumentiert eine Person, die vermerkt: »Gerade habe ich bei Aldi meinen Weihnachtseinkauf für meine Einladung an Flüchtlinge über Weihnachten gekauft und Tränen« (NN.) dabei vergossen.

Dialog der Religionen

Einen wertvollen Beitrag sieht eine Befragte, wenn bei der Integration von Flüchtlingen der »Friede zwischen den Religionen« nicht übersehen wird (Frau, 1956). Zu diesen Religionen zählt vorrangig der Islam: »verstärkter Dialog mit Andersgläubigen, speziell Muslimen, auf Augenhöhe« (Mann, 1953), dazu kommen aber auch andere christliche Kirchen: »Durch die zugewanderten Flüchtlinge, aber auch Studenten, Fachkräfte und Wissenschaftler aus anderen Ländern leben z. B. auch viele orthodoxe Christen der verschiedensten orthodoxen Kirchen in Deutschland, die eine christliche Gemeinde suchen.« (Mann, 1955)

Bei diesem gesuchten Religionsdialog sind die Voraussetzungen bei den Dialogpartnern markant verschieden. Einander gegenüber stehen »die unaufhaltsam fortschreitende Säkularisierung des Lebens der Europäer/innen und die religiöse Verwurzelung der Migranten/innen« (Frau, 1940).

Ein solcher Religionsdialog könnte auch abwehrende, feindselige Emotionen beruhigen: »Immer wieder den Dialog mit anderen Religionen im eigenen Land suchen, den Menschen so die Angst vor dem Fremden nehmen, durch menschliche Begegnungen; dabei selbst den eigenen Glauben aber auch leben, sich auch mal auf Konflikte einlassen – nicht alle Unterschiede verwischen, aber die Gemeinsamkeiten sehen.« (Frau, 1978)

Revitalisierung der Kirche

So groß die Herausforderungen für die christlichen Kirchen sind: Durch die Herausforderung Migration und Flucht erhalten sie einen starken Anreiz zur Selbstentwicklung. Das wird auch von Befragten beobachtet: So sagt eine Frau, die in einer Gemeinde in der Türkei lebt: »Die Kirche in Istanbul hat sich durch die vielen Migranten aus Afrika und aus den Philippinen sehr stark gewandelt.« (Frau, 1950) Ein Belgier wiederum beobachtet eine »Revitalisierung der Kirche«: »Part of the migration influx revitalizes church life and the awareness of being corresponsible for community life.« (Mann, 1965)

Ehe und Familie in der Welt von heute

Sowohl in den Expertisen wie in der Umfrage nimmt das Thema der »kleinen Lebenswelten« von Ehen und Familien einen breiten Raum ein. Und dies auch mit Blick auf Scheidung und Wiederheirat. Die Subthemen Kinder und Jugendliche sind diesem Themenfeld zugeordnet.

Im Folgenden wird der Versuch gemacht, die Positionierungen der Expertinnen und Experten sowie jene der Umfrageteilnehmenden lose zu integrieren. Dabei soll darauf hingewiesen werden, dass schon die Expertisen, noch mehr aber die Umfragebeiträge in der Analyse Europalastig sind. Viele pastorale Anregungen freilich, zumal zur Pastoral im Umkreis von Scheidung und Wiederheirat und hier das moraltheologische Prinzip der Epikie, haben durchaus weltkirchliche Weite.

Wie ExpertInnen über Ehe nachdenken

Die »familiäre Schicksalsgemeinschaft« (Johannes Paul II.: Familiaris consortio, 1981) wird von mehreren AutorInnen[73] als eine der großen Herausforderungen unserer Zeit thematisiert. Christian Smekal aus Österreich greift in seiner Expertise das Thema Ehe und Familie auf. Er ist der »Überzeugung, dass in einer dauerhaften und stabilen Ehe die Zukunft sowohl der Familie wie auch der Gesellschaft liegt«. Denn die Familie »vermittelt die Werte der Selbstverantwortung und Solidarität, der Toleranz und Nachhaltigkeit«. Zugleich beobachtet Smekal mit anderen, dass die »Dauerhaftigkeit gegenüber der Kurzlebigkeit des Globalisierungs- und Ökonomisierungsprozesses keine Chance« habe. Das hat Konsequenzen, denn die »Ehe wird für Viele zu einer Vorteilsgemeinschaft auf Zeit«. Trotz dieser hohen Wichtigkeit der familialen Lebenswelten ist eine »deutliche Priorität für die Familie als ›anthropologisches Fundament‹ der Gesellschaft… nicht zu erkennen«. Umso dringlicher sei der »Einsatz der Kirche für Ehe und Familie als Stabilitätsanker unserer Gesellschaft«.

Als eine Teilherausforderung auf dem Feld von Ehen und Familien wird die für die Kirche ungewohnte »Vielzahl von Lebensentwürfen«, und das in »Ehe und Partnerschaft, aber auch Beruf und Freizeit« erkannt. (Vorstand des SKF; auch Július Marián Prachár/Karol Moravčík) Die Psychotherapeutin Eva Jaeggi führt dazu aus, dass sich die »Lebensformen seit meiner Jugendzeit in den 1950/60er Jahren vervielfältigt haben und dadurch immer komplizierter geworden sind. Patchwork-Familien mit ihren oft schwierigen Regelungen für die Kinder sind dabei nicht einmal die problematischsten Felder. Die seelischen Qualen bei der künstlichen Befruchtung, die Möglichkeiten bei der Präimplantationsdiagnostik, die Überlegungen schwuler oder lesbischer Paare in Bezug auf ihren Kinderwunsch, das Leid von Menschen, die sich keinem Geschlecht zuordnen können – all dies verlangt neue Überlegungen, die ein allzu einfaches Menschenbild herausfordern.«

Andere Autorinnen und Autoren verweisen auf das Schicksal von

73 So Július Marián Prachár/Karol Moravčík; Zuzanna Svobodová analysiert: »In families and schools, we still witness the consequences of the moral and spiritual devastation caused by the long periods.«

Familien aus ökonomischer Sicht. Michal Kaplanek, Pastoraltheologe in Budweis, kritisiert, dass »für ökonomischen Erfolg viel geopfert« werde, »oft Familien«. Andere Autoren konstatieren, dass Familien wirtschaftlich gefährdet sind »bis hin zu Armut und sozialer Ausgrenzung«. Gar nicht so wenige werden »wohnungslos«, so der langjährige Caritasdirektor Wolfgang Tripp aus der durchaus reichen Region Rottenburg-Stuttgart. Die slowakischen Pfarrer Július Marián Prachár/Karol Moravčík berichten, dass sich einige Pfarreien für bedrohte Familien engagieren: »Einigen gelingt dies durch caritative Tätigkeiten, Angebote des sozialen Wohnens für junge Familien, Mitwirkung in Kindergärten, Grund- und weiterführenden Schulen, durch Angebote für Seniorentreffs in Pfarrgemeinden oder durch kleinere Hospize oder Altenheime mit familiärer Atmosphäre.«

In vielen Ländern versuche die Politik, den Familien bessere Bedingungen zu schaffen. Der Finanzwissenschaftler von Innsbruck, Christian Smekal, kritisiert aber, dass die »gegenwärtige Familienpolitik durch ein kompliziertes Maßnahmenbündel bürokratischer und kaum mehr durchschaubarer Unterstützungsmaßnahmen gekennzeichnet« sei.

Zur Arbeit der Kirche im Umkreis von Ehe und Familie wird von Heribert Köck eine kritische Anmerkung gemacht. Er ortet nicht zu wenig, sondern zu viel Präsenz der Kirche auf dem Feld von Ehe und Familie. Deshalb wehrt er sich gegen »alle Arten von Einmischungen in das Privat- sowie das Ehe- und Familienleben«.

Eine Falle für eine unaufgeregte Pastoral im Umkreis von Ehe, Familie und Scheidung sieht Karin Heller in einer spiritualitätsgeschichtlich fragwürdigen Entwicklung. »Ehelosigkeit und Keuschheit wurden zum Zeichen derer, die Jesus noch ›ähnlicher‹ oder ›näher‹ waren, während die christliche Ehe zu einem zweitklassigen christlichen Stand herabgestuft wurde.« Die Ehelosigkeit Jesu gebe für eine solche Entwicklung aber keine Begründung her: Denn die Ehelosigkeit Jesu sei eine »klare Absage dazu, aus einer Frau ›sein Eigentum‹ zu machen«.

Wie die Teilnehmenden an der Online-Umfrage den Stand der Ehe bewerten

Nicht nur in den Expertisen wird der Wandel in Ehe und Familie als Herausforderung diskutiert. Das Thema nimmt auch in der Online-Umfrage einen breiten Raum ein. Ein unbekannter Befragter vermerkt: »Herausforderung sind die vielschichtigen Formen des Zusammenlebens in Familien und zwischenmenschlichen Beziehungen.« (NN.) Diese tiefgreifenden Veränderungen werfen pastorale Fragen auf: »Was tun mit den Menschen aus den vielen gescheiterten Ehen? Wer lehrt die Jungen, was eine christliche Ehe wirklich ist? Was bedeutet christliches Leben heute?« (Frau, 1965) So sollen in diesem Abschnitt aus der Online-Umfrage Einschätzungen zum »Wandel der Ehe und Familie« (Mann, 1945) und die Auswirkungen auf die Pastoral rund um Ehe, Familie, Scheidung und Wiederheirat übersichtlich präsentiert werden. Kinder und Jugendthema sind dazu passende Unterthemen.

Der tiefgreifende gesellschaftliche Wandel wird von der Mehrheit als *gegeben* angesehen. Oftmals wird er nur beschrieben, viele deuten ihn aber auch, die einen positiv, andere negativ. Die Haltung der Kirche im Umgang mit veränderten Ehe- und Familienformen wird häufig kritisiert: Neue Umstände bräuchten neue pastorale Bewertungen und Handlungsweisen – und damit mehr Mut zu pastoraler Innovation.

Es fällt auf, dass »moderne« kirchlich interessierte Menschen eher über neue Ansichten der Ehe und der Sexualität schreiben; dass »antimoderne« Menschen hingegen Beiträge über die Angst um die Familie und Angst vor einem Verlust der Familienreligiosität einbrachten. Dies führt in der Sichtung der Ergebnisse zu Spannungen und Widersprüchen. Dennoch: Die Anliegen, die beide Gruppen verbindet, sind die Sorge um den Menschen, das Gelingen ihres Lebens und das Wohl der Gesellschaft.

Beobachtungen und Beurteilungen können in diesem Kapitel nur schwer getrennt werden, da die Formulierung der Wahrnehmung (und eines pastoralen Vorschlags) einerseits und das Beurteilen dieser Wahrnehmung andererseits häufig Hand in Hand gehen.

Im folgenden Abschnitt werden die wichtigsten Beobachtungen zur Lage von Ehe und Familien in der Gesellschaft sowie Anregungen der Umfrage-Teilnehmenden für die pastorale und kirchliche Praxis strukturiert präsentiert. Die Aussagen stammen vorwiegend von Teilnehmenden aus europäischen Ländern, beziehen sich somit in erster Linie auf diese.

Es werden in den Wortmeldungen viele Schattenseiten des Lebens in Ehe und Familien aufgezeigt. Auch die Ehe- und Familienpastoral der Kirche wird kritisch beleuchtet. Bei allem Klagen über solche Schattenseiten kann dennoch vorab festgestellt werden, dass der Familie von den Umfrageteilnehmenden eine große Bedeutung zugemessen wird. Eine Frau beobachtet, dass diese große Bedeutung auch von der Gesellschaft der Familie zugemessen wird, wenn sie eine »hohe Bedeutung der Familie, von Freizeit und Arbeit (work-live-balance)« (Frau, 1956) wahrnimmt.

In den Texten geht es nicht nur um den Blick von Gesellschaft und Kirche auf die Familien, sondern auch um einen Blickwechsel: Gesellschaft und Kirche können durch die Familien verändert und gestaltet werden. Dieser Schlüssel ist vielen bewusst.

Wenn die Familie für sich und für die Bearbeitung von aktuellen Challenges bedeutsam ist, dann muss Kirche in diesem Themenfeld eine Akteurin sein. »Die Kirche möge sich um Familien – in all ihren Formen – bemühen und für diese in der Öffentlichkeit engagiert eintreten.« (Frau, 1946) Der Aufruf zu einer engagierten Familienpastoral folgt später; zwar leiser, aber er wird erhoben. In erster Linie geht es den Umfrageteilnehmenden hier aber noch nicht um die Pastoral, sondern um die Anerkennung der Familie als Keimzelle, als kleinste Einheit, als Grund der Gesellschaft.

Neue Formen als Herausforderung

Herausfordernd nehmen viele Umfrage-Teilnehmenden die »gesellschaftlichen Veränderungen, wie Gleichstellung von Mann und Frau, geänderte Auffassung zu Ehe und Familie« (Frau, 1960) wahr. Diese Veränderung wird wertneutral als »gesellschaftlicher Wandel« (Frau, 1966) oder als »Umbruch der Familienstrukturen« (Frau, 1963) bezeichnet. Eine Teilnehmerin formuliert als aktuelle Herausforderung die »Lebensverhältnisse von Familien« (Frau, 1994); gemeint sind damit auch »Patchwork-Familien, keine ›heile Welt‹-Familien, sondern geschiedene, getrennte, neu zusammengewürfelte Familien mit oder ohne Trauschein« (Frau, 1964). Neben der wertungsfreien Beschreibung, fügen einige Teilnehmenden das Adjektiv »neu« ein. Das bedeutet vereinfacht gesprochen: All jene Formen von Familie und Ehe, die nicht der klassischen »heiligen Familie« – bestehend aus Vater, Mutter, Kind(er) – entsprechen, werden als »neue Formen« bezeichnet: »Neue Lebensweisen bzw. neue Familienkonstellationen (Scheidungen, Ehe für alle, Patchworkfamilien, Familien ohne Trauschein, etc.)« (Frau, 1981) werden als Herausforderung für das pastorale Handeln der Kirche wahrgenommen.

Interessant ist dabei, dass diese Formen familiären und ehelichen Lebens nicht Phänomene der vergangenen Jahre sind, sondern wohl schon länger die Gesellschaft prägen und verändern. Dennoch werden sie als »neu« bezeichnet. Insofern kann sich das Wort »neu« nicht auf den Zeitaspekt beziehen. Vielmehr wird das Adjektiv verwendet, um damit eine für die Kirche neue Situation zu beschreiben, da es für diese Familien- und Ehekonstellationen keine oder wenige festgeschriebene Umgangsformen gibt. »Wie sollen wir in einer pluralen Gesellschaft miteinander umgehen? Lebensformen, die der kirchlichen Moral fremd sind... stellen die Kirche vor eine große Bewährungsprobe.« (Mann, 1973) Unübersehbar ist eine »Änderung des Familienbildes, Familie besteht nicht nur aus Vater, Mutter, Kinder, sondern existiert in vielfältigen Konstellationen« (Frau, 1967).

Das veränderte Familienbild erfordert eine neue Auseinandersetzung. Die »neuen Lebensmodelle der Menschen und dass die Ehe nicht mehr als einzig positiv bewertete Gemeinschaft« (Frau, 1972) gilt, führen dazu, dass diese Phänomene von kirchlicher Seite neu behandelt und eingeordnet werden müssen.

Es kann also als Zwischenresultat festgehalten werden, dass Ehe und Familie als eine soziokulturelle Herausforderung wahrgenommen werden, welche die betroffenen Personen sowie die Kirche gleichermaßen betreffen. Nun zeigen die Texte, dass die Befragten darauf nahezu gegenläufig reagieren. Das erklärt auch, warum das Ringen um pastorale Innovationen im Umkreis von Ehe, Familie, Scheidung und Wiederheirat derzeit innerkirchlich vorhersehbar umstritten sind. Zwischen den »Polen« Akzeptanz einerseits und Ablehnung andererseits findet sich bei Befragten eine Unsicherheit, wie diese neuen Formen nun konkret ethisch bewertet werden sollen. »Welche Formen von Beziehungen gehören verurteilt, weil sie Menschen schaden, und in welchen Formen von Beziehungen finden Menschen zu ihrem Glück?« (NN.), fragt ein Teilnehmer diesbezüglich.

Einerseits wird Offenheit und Akzeptanz gefordert

Eine Gruppe der Teilnehmenden spricht sich also in der Frage nach dem Umgang mit diesen neuen Lebensformen von Familie und Ehe für Offenheit und Anerkennung aus: »Akzeptanz anderer Lebensmodelle als der herkömmlichen Familie« (Frau, 1943). Den »Familien- und Lebensmodellen, für die es in der Kirche bislang keinen Platz gab und für die es auch wenig Akzeptanz und keine Modelle gibt« (Frau, 1961), müssten kirchliche Menschen mit Aufgeschlossenheit begegnen. »Die Kirche muss neben der Institution Ehe auch andere Lebensgemeinschaften zu akzeptieren lernen und sie positiv bewerten.« (Mann, 1954) »Dazu müssten wir den Umgang mit allen Formen von Beziehungen und den Umgang mit den Mitgeschöpfen grundlegend neu bewerten – jenseits bisheriger Dogmen. D.h. keine Abwertung von Menschen, die nicht die klassische Ehe schließen, sondern in anderen Beziehungsformen leben.« (Mann, 1973) Es sei erforderlich, »offen auf die veränderte Lebenssituation der Menschen ein[zu]gehen (Scheidung, Patchworkfamilie, gleichgeschlechtliche Ehe, verheiratete Priester, Priesterweihe für Frauen)« (Frau, 1970).

Eine Frau stellt fest, dass die »Lebensentwürfe der Menschen und katholische Kirchenlehre hinsichtlich Ehe, Familie, Sexualität nicht zusammenpassen« (Frau, 1971), die Vorstellungen der Kirche wären »veraltete Familien- und Rollenbilder« (Frau, 1993). Gefordert wird die »Gleichstellung der Frauen, Geschiedenen, Homosexuellen, Wiederverheirateten, Zölibat der Priester freistellen, ›Patchwork‹ Familien fördern« (Mann, 1978).

Konkret bedeutet dies, dass sich die Kirche den aktuellen Lebensformen der Menschen stellen muss. Sie soll die vielfältigen Lebensformen wahrnehmen und zugleich für das Ideal der Ehe einstehen und dieses zudem weiterentwickeln. Der »Umgang mit den realen Familien und Partnerschaftsformen« (Frau, 1959) wird als Challenge formuliert. »Der schwieriger werdende Aufbau und [die] Aufrechterhaltung von stabilen Beziehungen in Arbeit, Beruf, Vereinen, Parteien, Freundschaften und Familien durch ständige Veränderungen der Lebensbedingungen und geringer werdende Verbindlichkeit und Vertrauenswürdigkeit der Institutionen und ihrer Repräsentanten« (Mann, 1944) begünstige die neuen Lebensformen der Menschen. Hier wird die Auseinandersetzung mit den aktuell bestehenden Familienformen gefordert; erst in der Begegnung von kirchlichen Verantwortungsträgern mit den bestehenden Herausforderungen von Familien könne sich auch die Pastoral und die Theologie ändern.

Dabei werde »die Kluft zwischen Kirche und Welt immer größer, gerade im Bereich vom Verhältnis von Männern und Frauen, Ehe und Familie. Die jungen Generationen identifizieren sich immer weniger mit dem ›heilen Ehe-und Familienbild‹, von dem der Vatikan redet.« (Mann, 1953) Daher sei beispielsweise die »Weiterentwicklung des Menschenbildes und des Eheverständnisses im Licht neuer biologischen Erkenntnisse« (Mann, 1953) notwendig. Eine Teilnehmende fordert deshalb die »Weiterentwicklung des Eheverständnisses: Ehe auch für Nicht-Heterosexuelle, keine Benachteiligung wiederverheirateter Geschiedener« (Frau, 1989). Die hier genannten Forderungen werden in verschiedenen Facetten in diesem Bericht unten wiederkehren.

»Alle Formen des Zusammenlebens mit Segen und Wohlwollen begleiten und dabei trotzdem das Ideal ›Ehe‹ nicht vernachlässigen«, das wäre, so ein Mann (1949), für die Kirche der ideale Umgang mit den bestehenden Herausforderungen.

Andererseits werden neue Formen als Gefahr betrachtet

Viele Teilnehmenden können sich hingegen eine solche Offenheit im Umgang mit der Vielfalt von ehelichen und familiären Lebensformen nicht vorstellen. »Mir scheint, vieles endet. Strukturen und Werte in der Form, wie wir sie gewohnt waren, vergehen und es ist nicht klar, was an ihre Stelle tritt. Familie – Kirchengemeinde – auch die Politik – Ordensleben…« (Frau, 1967), stellt eine Teilnehmerin fest. Auf derselben Linie argumentiert eine Vielzahl von Nennungen, die deutlich von einem »Bedeutungsverlust von Ehe und Familie« (Mann, 1938) sprechen. Beklagt wird die »Zerstörung der Ehe und Familie durch verschiedene Parteien« (Frau, 1954) oder »zerbrechende Familienstrukturen« (Frau, 1970). »Die ›heile‹ Familie ist oft die Ausnahme und nicht mehr die Regel.« (Frau, 1971) Dies mache einen dramatischen »Werteverfall (Ehe, Familie, Vertrauen, Wahrheit)« (Mann, 1936) erkennbar. Die Folge ist eine »Schwächung der Familie« (Mann, 1939).

Dieser Wandel wird von einigen in den Rahmen eines umgreifenden religiösen Verfalls eingeordnet: »Die Familien wurden zerstört. Wenn ich sehe, wie sich die Tiere um den eigenen Nachwuchs kümmern, ist es erbärmlich, dass der Mensch glaubt, es sei nicht notwendig. Wie sagt Christus – ›Der Mensch lebt nicht vom Brot allein‹.« (Mann, 1943) Zudem würden vielen Eltern gute Vorbilder fehlen, sie wären religiös desinteressiert. Nur »das Einkommen zählt, die Kinder steckt man am liebsten schon mit zwei Jahren in die Kinderhorte. Die Familie hat zu wenig Bedeutung.« (Mann, 1944)

Manche Befragte machen diesen beklagten Verfall an der Individualisierung der Gesellschaft fest: »In Deutschland sind die Menschen sehr individualistisch. Das heißt, sie sind kaum noch bereit, sich definitiv zu binden. Sei es in der Ehe und Familie oder im ehrenamtlichen Engagement.« (Frau, 1964; Mann, 1973) Andere machen den tiefschürfenden Wertewandel in der Kultur an der Veränderung der Lebensform der Familie fest: »Menschen leben oft nicht mehr in festen Familienbanden oder Gemeinden. Verunsicherung und Vereinsamung führen vermehrt zu Misstrauen und Vorurteilen.« (Frau, 1939) Die Vereinsamung der Gesellschaft und die wachsende Zahl von alleinstehenden Personen stünden – so eine Teilnehmende der Umfrage – in einem engen Zusammenhang: »Eine wachsende Zahl von Singles scheut die Verantwortung, die Partnerschaft und Familie erfordern. Zu schnell trennen sich Paare, die nicht gelernt haben, ihre Konflikte durch Gespräche und gegenseitiges Verständnis zu bearbeiten. Die Leidtragenden sind die vielen Scheidungskinder, die kein Modell für eine gelingende Familie mehr kennenlernen.« (Frau, 1944) Es würden sich sogar Formen des Zusammenlebens entwickeln, die die herkömmliche Familienform zu ersetzen versuchten: »Suche nach Spiritualität, nach Werten, nach familienersetzenden und vertrauten Gruppen.« (Frau, 1963)

Einige Teilnehmende führen eine verbreitete Gottvergessenheit und fehlende Familienreligiosität auch auf die veränderten Familienformen zurück: »Geänderte Familien (Patchwork), dadurch keine Weitergabe religiöser Erziehung.« (NN.) Und: »Weit verbreiteter, wachsender Säkularismus ist ein großes Problem; es herrscht eine generelle Gottvergessenheit. Damit gehen zunehmender Materialismus, Verfall der Familie und eine Verrohung des öffentlichen Lebens einher.« (Frau, 1957)

Welche Bedeutung diesen Bildern unserer Gesellschaft auch gegeben werden mag, verbindend ist der Ruf nach dem »Schutz von Ehe und Familie (nur Mann und Frau)« (Mann, 1951); dieser Schutz müsse eingefordert und gestärkt werden. Die »Stärkung von Ehe und Familie« (Mann, 1951) ist also eine Kernaufgabe der Kirche in unserer Zeit.

Spezialthemen

Im Folgenden werden wenige Teilthemen herausgegriffen, die in der Umfrage Beachtung gefunden haben und mit Ehen und Familien zusammenhängen.

Ehe für gleichgeschlechtliche Paare: »Wie würde Jesus in der heutigen Zeit ein bestimmtes Thema beurteilen? Z.B. Homosexuelle: Würde Jesus heute zwei homosexuellen Partnern ein Leben in Liebe (und Ehe) verweigern?«, fragt ein Mann (1971). Die sogenannte »Ehe für alle« ist für einige Umfrageteilnehmende ein bedeutsames Thema. Die Erweiterung des Eheverständnisses aus kirchlicher Sicht wird als notwendig betrachtet: Die Kirche »muss annehmen, dass gewisse Lebensweisen wie zum Beispiel die gleichgeschlechtliche Ehe oder Geschlechtsumwandlungen auch ›normal‹ sind und diese Menschen auch Gottes Kinder sind und in der Kirche willkommen sein dürfen!« (Frau, 1993) »Daher ist es unabdingbar, dass die Kirche keinen Unterschied zwischen Menschen macht, egal ob sie männlich, weiblich, oder etwas Anderes sind – denn dass es dieses Anderssein gibt, lässt sich nicht abstreiten. Alle sind liebevoll aufzunehmen und zu behandeln, und allen sollten dieselben Rechte in der Kirche zugestanden werden – Ehe und Priestertum eingeschlossen!« (Frau, 1955)

Neben dem theoretischen Zugang zu dieser Frage müssten auch Fragen der pastoralen Praxis geklärt werden: »Es braucht auch eine Reflexion über den pastoralen Umgang mit homosexuellen Paaren und Ehepaaren, wie sie jüngst Bischof Franz-Josef Bode[74] gefordert hat.« (Frau, 1964) Dass dies eine Herausforderung bleiben wird, wird durchaus gesehen. Ein Teilnehmer beschreibt diese Spannung so: »Die Kirche soll Orientierung und Halt geben, und gleichzeitig hat sie den Auftrag, Vielheit zu integrieren. Das ist ein Spagat.« (Mann, 1973) Dazu kommt, dass allein der Blick in die Zukunft nicht reichen wird, sondern eine Aufarbeitung der Vergangenheit und ein Prozess der Vergebung notwendig sein wird, damit Begegnung mit jenen möglich wird, die von Seiten der Kirche bisher eher diskriminiert oder auch beschädigt worden sind: »Aufarbeitung und Dokumentation von lange verdeckten Missständen in der Kirche wie Kindesmissbrauch, Umgang mit sexuellen Orientierungen in der Kirche.« (Mann, 1956)

74 Bischof von Osnabrück (Deutschland).

Vollständigkeitshalber soll hier noch ein Beitrag eines Mannes genannt werden, der findet, dass die Auseinandersetzung mit diesem Thema nicht am dringlichsten ist: »Ob gleichgeschlechtliche Ehen möglich sind, ist eher ein sehr unbedeutendes ›Problem‹ im Vergleich zu den sozialen Veränderungen in der Gesellschaft (es gibt immer mehr Reiche und immer mehr Arme).« (Mann, 1951) Dennoch kann in der Mehrzahl der Stellungnahmen eine bestimmte Sensibilität für alle gleichgeschlechtlichen Paare festgestellt und die Frage nach einer kirchlichen Heirat als Ergebnis festgehalten werden.

Ehe für Priester: In vielen Beiträgen wird die Ehe von Priestern und damit die Möglichkeit, eine eigene Familie zu gründen, als dringliches Anliegen formuliert. Einige fordern die Ermöglichung der Priesterehe explizit (Mann, 1953, 1966, 1967, 1970; Frau, 1962, 1960, 1968, 1970, 1974).

Diese Forderung wird von unterschiedlichen Argumenten gestützt. Ein erstes Argument ist das allgemeine Lebensgefühl in unserer Kultur: »Priester brauchen heute andere Lebensformen. Es sollte weiter nach Wegen gesucht werden, verheiratete Männer zum Priesteramt zuzulassen.« (Frau, 1959) Als zweites Argument wird ein biblisches Argument gebracht: »Priestermangel; das starre und sture Festhalten am Zölibat – obwohl in der Bibel kein Wort darüber zu finden ist. Selbst der hl. Philippus spricht von der ›Gefährtin Jesu‹, was damals wohl einer Ehefrau gleichzusetzen war!« (Mann, 1950) Als drittes Argument für die Ehe von Priestern wird die Ursprünglichkeit der Erfahrungen mit Familien und Beziehungen aufgezählt – was Auswirkungen auf die konkrete Ehe- und Familienpastoral habe: »Um echte Seelsorge leisten zu können, in der Gesellschaft ›seht, wie sie einander lieben‹ Wirklichkeit werden zu lassen, bräuchte es Männer und Frauen, auch verheiratete Menschen mit Familienpflichten, die dadurch mehr an der Lebensrealität der Familien und der Bevölkerung dran wären.« (Frau, 1961) Oder schärfer formuliert: »Verzicht auf Ehe/Familie ist kein Kriterium, damit ein Priester ein besserer oder frömmerer oder gläubigerer oder gottbezogenerer Seelsorger ist.« (Frau, 1944)

Die Frage nach einer Änderung der zölibatären Lebensform von Priestern ist eng gebunden an kulturelle und historische Entwicklungen. Damit diese Entwicklungen sich nicht gegenseitig verhindern, bittet ein Mann um Mut zur Ungleichzeitigkeit: »Ungleichzeitigkeit und Pluralität auch in Regelfragen wie Ehelosigkeit von Priestern, Zulassung von

Frauen zum Priesteramt... Zu warten, bis eine Milliarde Katholiken einig sind, blockiert.« (Mann, 1964)

In diesem Zusammenhang werden auch die vorhandenen Kinder von Priestern als sorgenvoll benannt: »Ich kenne auch anonyme katholische Pfarrer-Familien: Grundgute Väter und Seelsorger, verdonnert zu einem Leben im Spagat, gezwungen, eine unmenschlich harte Entscheidung zu treffen. Wie arrogant und himmelschreiend ignorant – welcher Arbeitgeber kann es sich leisten, so mit seinem wertvollsten Personal umzugehen?! Die Amtskirche, die nicht müde wird, die ›Gleichheit‹ aller Menschen vor Gott zu predigen, versagt selber kläglichst in der Nachfolge Gottes.« (Frau, 1954)

Frau in der Kirche auf Ehefrau und Mutter reduziert: Mit Bezug auf Ehe und Familie sprachen sich Umfrageteilnehmende für die Gleichberechtigung der Frau (in der Ehe, in der Gesellschaft und in der Kirche) aus: »Die kirchliche Sprache über Frauen und Verhalten Frauen gegenüber muss sich grundsätzlich ändern. Bitte keine überschwänglichen Lobsprüche über Frauen als Ehefrauen und Mütter. Damit werden Tausende von Frauen ausgeschlossen! Frauen wollen heutzutage selbst zu Wort kommen, nicht von Männern wie antike Göttinnen angehimmelt werden und auch nicht um brav die Perspektiven der Männer mit totaler Bewunderung zu unterstützen. Es geht um Partnerschaft, nicht um ›hohe Würde‹ für die Frauen und alle Regierungsfunktionen für die Männer. Sexismus, sexuelle Diskrimination muss als eine schwere Sünde anerkannt und nicht als ›Verschiedenheit‹, Komplementarität und als ›Genius der Frau‹ getarnt werden. Damit hat die Kirche zu lange zu einer Entfremdung zwischen Männern und Frauen beigetragen. Es muss aufgehört werden, die gesellschaftlichen Veränderungen mit ›Kreuzzügen‹ zu bekämpfen! Das Gute und das Potential in diesen Veränderungen sollte endlich erkannt werden, um der Kirche zu einer erneuerten Anthropologie und Theologie zu verhelfen.« (Frau, 1953) Und: »Kirche als Hirtin oder gar Mutter ist für 95 Prozent der Pfarreimitglieder kein stimmiges Bild. Auch für die fünf Prozent der Engagierten ist das Bild eher antiquiert, nicht auf ihr Glaubensleben zutreffend... (die Hirtin oder Mutter umsorgt und nährt...); das ist für einen ganz kleinen Teil der Menschen noch wichtig...« (Frau, 1974)

Der geforderte neue Ton in der kirchlichen Kommunikation und die Überarbeitung der Bilder, die verwendet werden, wenn beispielsweise von Papst Franziskus über Frauen gesprochen wird, sind Themen, die auf dem kirchlichen Parkett bisher wenig Platz gefunden haben. Diese Art der Ausgrenzung von Frauen kann als Diskriminierung bezeichnet werden; als eine Erniedrigung, auch als ein »Akt gegen die Menschenrechte und der biblisch begründeten Gleichwertigkeit der Frau betrachtet« (Mann, 1936). Es geht aber nicht nur um das Reden, sondern auch ums Mitreden: »Es fehlt eine feministische Theologie, die die Frauen ernst nimmt in Bezug auf wesentliche Partizipationen.« (Mann, 1949) Frauen müssen teilhaben können an kirchlichen Aufgaben wie an kirchlichen Entscheidungswegen und Seelsorge. Ausgehend davon sprechen sich einige auch für die Ermöglichung des Frauenpriestertums aus: (Frau, 1962, 1960, 1968, 1970, 1974, 1956; Mann, 1966, 1961) und einige mehr. »Den Stellenwert der Frau massiv erhöhen und stärken – auch Frauen könnten sehr gute Priesterinnen und Seelsorgerinnen sein.« (Frau, 1948) Als Ergebnis der Umfrage kann festgehalten werden, dass Frauen nicht auf die Rolle der Mutter und Ehefrau reduziert werden wollen.

In diesen Chor der Stimmen aus der Online-Umfrage stimmt in ihrer Expertise Karin Heller (USA) ein: Entschieden lehnt sie ab, dass das Frauenthema als Subthema von Ehe und Familie behandelt wird. Es ist nicht die Berufung aller Frauen, Mutter zu sein.

Neue Akzente in der Sexualmoral: »Was die Kirche tun könnte, wäre, den Menschen auf glaubwürdige Weise Hoffnung zu geben und aufzuhören, jene abzuurteilen, die nicht ganz in ihr Bild von einem guten Gläubigen passen. Dazu wäre es nötig, ihre Sexualmoral gründlich zu überdenken und zu akzeptieren, dass es im 20. Jh. eine sexuelle Revolution gegeben hat, die in der Folge eine große Vielfalt an partnerschaftlichen Lebensformen mit sich brachte. Kaum ein Katholik in Mitteleuropa geht noch jungfräulich in eine Ehe und hat ein Leben lang denselben Partner, mit dem er vor der Heirat nicht zusammengelebt hat. Auf die meisten Menschen trifft das nicht mehr zu und sie fühlen sich zu Recht vor den Kopf gestoßen, wenn sie für so intime Lebensentscheidungen kritisiert werden, gerade wenn sie es wagen, nochmals zu heiraten. Dass die Medizin Sexualität zunehmend als gesund ansieht (unabhängig von der Zeugung) und zum Menschsein gehörig, sollte ihr ebenfalls zu denken geben, ob es sich nicht doch um eine vielmehr gute als um eine verdammungswürdige Sache handeln könnte. Warum hier also immer noch antiken Vorstellungen anhängen?« (Frau, 1983)

Nicht nur im Rahmen von Ehe und Familie muss über Sexualität gesprochen werden, aber in Bezug auf sie sehr wohl auch. Es gibt einige markante Texte von Umfrageteilnehmenden dazu. Die Beiträge weisen alle in dieselbe Richtung: Eine zeitgemäße Kirche muss sich in Fragen der Sexualmoral öffnen. Eine repressive Sexualmoral ist ebenso wenig menschenwürdig wie das Tabuisieren von Fragen rund um die Sexualität. Das Thema nach dem Geschlechtsverkehr außerhalb der Ehe, die Frage nach der Fortpflanzung in der Ehe, der Verhütung und die immer noch negativ behaftete Sicht von Sexualität müssen bearbeitet werden. »(Nicht nur) junge Menschen finden eine Kirche lächerlich, unzeitgemäß oder gar überflüssig, die sich herausnimmt, ins Persönlichste, die Sexualität der Menschen, hineinzureden (z.B. Verhütung, Homosexualität, Konsequenzen aus der Sakramentalität der Ehe, Frage nach Sexualität vor der Ehe), und betrachten die Positionen, für die Kirche hier einsteht, fast durchweg als hartherzig.« (Frau, 1963)

Aufgrund dieser gesellschaftlichen Wahrnehmung müssten kirchliche Entscheidungsträger aktiv werden: »Eine Relativierung der ›Pillenenzyklika‹ mit Verlagerung auf das persönliche Gewissen« (Mann, 1946) müsse vorangetrieben und der Prozess der Auseinandersetzung mit diesen Fragen müsse sichtbar und nachvollziehbar gemacht werden. Zudem: »Die Wertschätzung der Ehe sollte sich auch darin zeigen, dass verheiratete Menschen, die sexuell aktiv sind, als Heilige gesehen werden. Normalerweise wird nur jemand heiliggesprochen, der zölibatär lebt oder der Sexualität entsagt hat.« (Frau, 1953)

Familie als bedrohte Einheit

Die Teilnehmenden an der Online-Umfrage haben kein romantisches Bild von Ehe und Familie, obgleich sie für beide eine hohe Wertschätzung zeigen. Aber sie sehen auch die Schattenseiten heutigen Familienlebens.

Familie unter Druck

So werden in den Ergebnissen der Umfrage Familien vielfach beschrieben als jene gesellschaftliche Einheit, die heute am meisten unter Druck steht: »Familien stehen häufig unter Druck (Berufstätigkeit beider Elternteile, alleinerziehend, unzureichende Betreuungssituation für Kinder).« (Frau, 1963) Von vielen Seiten werden familiäre Lebensbedingungen beeinflusst, von wirtschaftlichen Umständen, von Fragen der Erziehung, vom Zustand der Kinderbetreuung, von gesellschaftlichen Klischees und von fehlenden großfamiliären Unterstützungsstrukturen.

Hier klingt bereits an, dass die aktuellen Herausforderungen von Familie nicht mit Plüsch- und Leuchtfarben beschrieben, sondern eher in dunklen Schattierungen dargestellt werden. Schwierige Situationen werden aus unterschiedlichen Perspektiven beleuchtet: »zerrissene Familien und Kinder, die allein gelassen werden« (Frau, 1960); »dysfunctional families« (NN.), »verändernde Familiensysteme, die Kindern nicht die nötige Sicherheit bieten« (Frau, 1971); »Überforderung vieler Familien in der Erziehung« (Mann, 1963).

Die wirtschaftlichen Umstände, die Arbeitszeiten, das Gehalt, die großen finanziellen Ausgaben stellen Familien oft vor schier unlösbare Aufgaben. In den Angeboten der Gegenwart (ethische) Entscheidungen zu treffen und Prioritäten zu setzen, ist nicht immer einfach. Dabei scheint häufig ein Vorrang des Wirtschaftlichen vor dem Sozialen zu herrschen: »Bsp. Gesundheitswesen: Mangelnde Wertschätzung des Personals, stattdessen Gewinnorientierung. Bsp. Arbeitswelt: Absolutheitsanspruch der Erwerbstätigkeit. Gemeinwesen-Arbeit und Familienzeit wird zum Luxus.« (Frau, 1980) Es wird als herausfordernd beschrieben, wenn beide Elternteile einer Arbeit nachgehen müssten (Mann, 1984). Die von Fachleuten beklagte Ökonomisierung der Familie wird plastisch beschrieben: »1. Die Individualisierung im Geschäftsleben (›jeder für sich‹), die sogar soteriologisch begründet werden kann (›jeder sein eigener Heilsbringer‹). 2. Die einhergehende Vereinzelung auch innerhalb der Familie.« (Mann, 1956) Familien sind gefährdet, da ihnen »zu wenig gemeinsame Zeit zur Verfügung steht« (Frau, 1952). Die zu hohen Belastungen können zum Verlust von Lebenssinn führen: »Die Menschenkommen durch starke Arbeits- und Familienbelastungen nicht zur Ruhe und damit auch zu tieferen Fragen des Glaubens, des Lebenssinnes.« (Frau, 1956)

In überforderten Familien können soziale und psychische Probleme entstehen: »Vereinsamung, Perspektivenlosigkeit bei der Jugend, die vielleicht durch die moderne Familie entsteht. Die Alleinerzieher, die meistens keinen Familienverband hinter sich haben und die von Armut, Wohnungsnot, Arbeitslosigkeit bedroht sind. Wo es für die Kinder zu sozialer Ungerechtigkeit kommt. Kinder und Jugendlichen mit Migrationshintergrund, die zwischen zwei Kulturen und das ohne Halt aufwachsen.« (Frau, 1933) Es gebe »versteckte Armut in Familien, Kinder ohne Zuwendung aufwachsen« (Frau, 1963).

Immer wiederkehrende Themen in der Online-Umfrage sind die Überforderung der Familien in Erziehung und in finanziellen Fragen. Die Kinder und Jugendlichen werden als alleingelassen, verunsichert, zerrissen und vereinsamt dargestellt. Die Familie hat in unserer Gesellschaft keinen guten Stand. Dass dieses Bild vielleicht nicht ganz mit anderen Umfrageergebnissen[75] über Familie übereinstimmt, kann so stehenbleiben; den (zumeist europäischen) Umfrageteilnehmenden war es wichtig, Herausforderungen gesellschaftlicher Art klar zu benennen.

Die genannten Beiträge finden klare Bewertungen für familiäres Leben. Verantwortlichen in der Kirche wird in den Stellungnahmen der Umfrage geraten, gut hinzusehen, wie es Familien heute geht, und Verständnis für die unterschiedlichsten Situationen aufzubringen: »Das Verständnis für die Probleme von Familien, Alleinerziehenden, Vereinsamten, an den Rand Gedrängten in ihre Botschaft und in ihr Handeln einfließen lassen« (Mann, 1972) ist Auftrag der Kirche. »Die Stärkung der Familien ist nötig – nicht finanziell, sondern geistlich – Familien sind das Rückgrat der Kirche.« (NN.)

Familienreligiosität als scheinbar trostloses Feld

Mit Blick auf die Religiosität in den Familien werden zunächst gesellschaftliche Entwicklungen beschrieben; anschließend wird eine Reihe von Zuschreibungen und Bewertungen gemacht, die von eigenen Vorstellungen ausgehen. Nur werden diese Vorstellungen nicht benannt; wenn beispielsweise die Rede davon ist, dass Familien mangelndes Interesse an Religion zeigen würden, dann bleibt ungeklärt, was »mangelnd« beschreibt. Zudem kann dies eine punktuelle Erfahrung sein, aber pauschalisiert formuliert ergeben sich hier Spannungen, die für Leser/innen dieses Textes nicht auflösbar sind. Dennoch findet sich in den Texten der Grundtenor, dass die Entwicklung und Gestaltung von Religiosität in den Familien heute ungemein schwierig geworden ist. Das hat auch mit der Erfahrung zu tun, dass viele Menschen über ihre Familie in die Reli-

75 So dokumentieren die Vorbereitungsdokumente zur Familiensynode ein deutlich positiveres Bild der Familie: vielleicht auch deshalb, weil diese Erhebung weltweit gemacht wurde und nicht so Europa-zentriert ist?

gion hineingewachsen sind – was aber heute immer unwahrscheinlicher wird.

Kein Interesse an religiösen Themen: In vielen Familien scheint heute kein religiöses Interesse zu bestehen. »Viele junge Familien leben im Wohlstand und besinnen sich weniger auf die existentiellen Fragen des Lebens.« (Frau, 1971) »Viele Eltern haben keine Vorbildwirkung, sind religiös desinteressiert.« (Mann, 1944) Beklagt wird eine »fortschreitende Säkularisierung. Kinder und Jugendliche erfahren wenig bis nichts von Kirche und vom christlichen Glauben.« (Frau, 1956) Das zeige sich konkret in einem »mangelnden Interesse der Familien an Themen wie Glaube, Kirchenjahr, Leben Jesu« (Frau, 1962). Viele Eltern seien nicht interessiert, »ihren Kindern die Glaubensbotschaft innerhalb der Familie zu vermitteln und zu versuchen, auch danach zu leben« (Mann, 1954).

Aber vielleicht ist es gar nicht immer Desinteresse, sondern Überforderung, die keine Muse und Kraft für religiöse Themen lässt: »Die Menschen sind mit ihrer Arbeit, ihrer Familie, ihrer Freizeitgestaltung sehr überfordert und kommen nicht mehr zur Ruhe, um zu erkennen, was wirklich wichtig und von Bedeutung ist und vor allem uns Menschen an Körper und Geist gesund erhält.« (Frau, 1954)

Verlust von Glaube und Identität: Die Abwesenheit von Religion in den Familien führt zum »Verlust der christlichen Identität in den meisten jungen Familien« (Frau, 1951). Eine Befragte nennt es ein »Sinken der christlichen Religion in den Familien« (Frau, 1961). »Kinder erfahren nur noch durch Kindergarten und in Schule religiöse Erziehung im Religionsunterricht, in Festen und Feiern. Glaube wird nicht mehr gelebt, gehört für viele Familien nicht mehr dazu.« (Frau, 1969) Auch die Familie habe eine »fortschreitende Säkularisierung [erfasst]; immer weniger Kinder erhalten in der Familie eine religiöse Erziehung. Religion und Glaubensfragen spielen in immer weniger Familien eine Rolle.« (Mann, 1954)

Die Katechese und der Religionsunterricht sind aber so konzeptioniert, dass sie bestehende Erfahrungen von Kindern, Jugendlichen, Erwachsenen reflektieren und vertiefen, nicht aber der Ort für explizit religiöse Erfahrungen sein wollen: »Die Seelsorger, Erzieherinnen in den Kindergärten, Grundschul- und Religionslehrer als sogenannte Sekundärverkündiger/innen haben dabei oft das Nachsehen, weil das von uns Erzählte bei den Kindern zu Hause kein Gehör findet bzw. als nicht wichtig erachtet wird.« (Mann, 1964)

Fehlender Kirchgang und Gebets- und Glaubenspraxis: Eine Auswirkung einer solchen »Entchristlichung« der Familien ist die Abwesenheit von Kindern und Jugendlichen im kirchlichen Alltagsleben: »Die Bevölkerung wächst nicht, d.h. weniger als zwei Kinder pro Familie. Schon aufgrund dieses Geburtenrückgangs gibt es weniger Kinder und Jugendliche in der Kirche.« (Mann, 1945) Konkret wahrgenommen wird dies beim Kirchgang: »Immer weniger Menschen gehen regelmäßig in die Kirche. Vor allem die Jugend sieht keinen Sinn mehr im Glauben.« (Frau, 1971) Regelmäßige Kirchgängerinnen und Kirchgänger beklagen, dass »junge Menschen/Familien nur punktuell an Kirche teilnehmen – man pickt sich raus, was man will« (Frau, 1964).

Aber auch innerhalb der Familie fehlt es an religiöser Praxis: Das »Gebet in der Familie ist gering« (Frau, 1942). »Der christliche Lebensvollzug innerhalb einer Familie, die bislang selbstverständliche Zugehörigkeit zu einer Kirche und der damit einhergehende Alltagsvollzug, wie beispielsweise Tischgebet, Angelusgebet, aber auch religiöse Zeichen in der Wohnung wie Kreuze, Weihwasserbehälter usw. oder das früher ganz selbstverständlich dazugehörende Gesang- und Gebetbuch ›Gotteslob‹ bzw. die Bibel sind heute weitgehend verschwunden oder nur noch marginal vorhanden.« (Mann, 1964) Es ereignet sich also ein »massiver Wegbruch bzw. Einbruch des Glaubenswissens, der Glaubensweitergabe in Familien« (Mann, 1970). »Rituale, besonders in den Familien, die meiner Meinung nach für die Weiterentwicklung vom kindlichen Glauben zum Erwachsenenglauben unentbehrlich sind, werden immer weniger. Die Kinder erleben die Glaubensgemeinschaft nicht mehr als Gemeinschaft, die trägt und hält. Sie kennen nur mehr wenige Feste, die wir feiern.« (Frau, 1964)

Familienreligiosität ist eine aktuelle pastorale Herausforderung![76] Kaum jemand kann ein Zielbild formulieren, wie Familienreligiosität heute aussehen könnte. Es wird nur ein leiser Ruf wahrgenommen, dass

76 Dem Anliegen der Familienkatechese hat sich Albert Biesinger aus Tübingen verschrieben. Er kann sich dabei auf sachliche Unterstützung von Papst Franziskus stützen, der in Amoris laetitia der Familienkatechese große Bedeutung zuerkennt. Albert Biesinger schreibt in einem dem Autor als Manuskript vorliegenden Erfahrungsbericht: »Vielerorts legen gerade größer werdende Seelsorgeräume ›den Hebel für Erstkommunion als Familienkatechese‹ um. Schwierig ist das gar nicht. Auch wenn am Anfang nur die Hälfte der Eltern zu thematischen Elterntreffen einmal im Monat kommt, dann ist dies ein voller Erfolg. Wir haben in den 20 Jahren Familienkatechese am Dom in Rottenburg Hunderte Eltern in einer intensiven Erwachsenenkatechese begleitet.« Biesinger, Albert: Familienkatechese mit Papst Franziskus, Tübingen o.J., Manuskript.

Familien zu unterstützen sind: »Das gesellschaftliche Auseinanderdriften von immer mehr Armen und immer reicheren Reichen, das kann auch die Kirche nicht kalt lassen: familienunterstützende Maßnahmen, Kindermahlzeit, Seniorenhilfe (vieles davon macht die Caritas – gemeinsam mit der Diakonie – schon), aber auch Meinungsbildung.« (Frau, 1946) Ein weiterer Beitrag zur Unterstützung von Familien in ihrer Entwicklung von Religiosität und Glaube könnte eine theologische Auseinandersetzung mit Familie sein: »Vor allem fehlt es an einer ›Theologie der Familie‹ in der praktischen Anwendung.« (Mann, 1949) Papst Franziskus hat eine solche in Amoris laetitia ansatzweise versucht, obgleich auch dort noch Fragen offenbleiben, wie: Wenn die Liebe die res sacramenti ist, was passiert mit dem Sakrament, wenn die Liebe stirbt?

Anregungen für die Familienpastoral

Aufgrund des beklagten Verlustes von Kindern, Jugendlichen, jungen Erwachsenen, also Familien in pastoralen Settings formulieren die Umfrageteilnehmenden einige Vorschläge für die Gestaltung einer innovativen Familienpastoral.

Es soll eine »wertschätzende und verzeihende Ehe- und Familienpastoral« (Mann, 1966) versucht werden. Dafür ist ein »Engagement für Familien« (Frau, 1953) notwendig. Manchmal entsteht das Gefühl, dass »Familien mit Kindern in der Kirche teils unerwünscht« (Frau, 1993) seien. Gerade deshalb ist ein engagiertes Hingehen und Hinhören notwendig. In der Zusammenarbeit ist es notwendig, »offen zu sein für die Zeichen der Zeit, kreativ und lösungsorientiert mit den Menschen vor Ort die Probleme anzugehen und die (engen) Vorschriften und Gesetze eher in den Hintergrund zu stellen. Die Menschen vor Ort mit ihren speziellen Problemen ernst nehmen und auf Augenhöhe begegnen.« (Frau, 1964)

Allerdings wird kritisiert, dass es ehelosen Priestern zur Erneuerung an Kompetenzen mangle, »da sie den nötigen Einblick in deren Probleme gar nicht haben können (Zölibat)« (Frau, 1982). Was Priester auf jeden Fall tun können, ist, das »menschliches Miteinander zu fördern und zu leben (Wohnungssuchende – Arbeitsuchende – arme Rentner – Flüchtlinge – kinderreiche Familien – Kranke – Jugendliche)« (Frau, 1944). Dieses Bemühen um Gemeinschaft und um Begegnung von Priestern oder verantwortlichen Personen in Gemeinden stößt allerdings an Grenzen: »Seit Jahren rückläufige Zahlen beim Kirchenbesuch, enorme Kirchenaustritte, kaum Beteiligung von jungen Familien, jungen Erwachsenen und Kindern.« (Mann, 1938)

Hinsichtlich eines innovativen Aufbruchs in der Familienpastoral zeugen viele Wortmeldungen von wenig Zuversicht. Es werden mehr Klagen als Ideen vorgebracht: »Beten zuhause, in der Familie, findet kaum mehr statt. Hinführung zur Erstkommunion oder Firmung geschieht öfters, wenn mit den Kindern/Jugendlichen etwas Nettes, Unterhaltsames gemacht wird.« (Frau, 1940) Die Familienpastoral suche verzweifelt nach Wegen, wie sie Familien begleiten und stützen kann. Doch die Kirche scheint zu weit weg vom Alltag, den Sorgen der Kinder, Jugendlichen, Familien (Frau, 1977). Das hänge auch damit zusammen, dass Priester »keine Zeit mehr für Besuche in den Familien« (Frau, 1958) haben und dadurch nicht ausreichend alltägliche Erfahrungen sammeln können. Auch in der liturgischen Umsetzung dieser Bemühungen fällt es schwer, den richtigen Ton zu treffen: »Die sogenannten Familiengottesdienste, orientiert an den Jüngsten mit Liedern, die irgendwann einmal als modern oder NGL [= neues geistliches Lied] definiert wurden, mit Ansprachen – Predigten oder gar Schriftauslegung darf man das sicher nicht nennen –, die lediglich die Spannbreite zwischen ein wenig ›wir haben uns alle lieb‹ und ein wenig ›wenn wir uns doch alle etwas sozialer benehmen würden wäre Alles besser‹ bedienen. Dass eine Entwicklung im Glauben liturgisches Verständnis und theologisches Wissen voraussetzt, wird ignoriert. So kratzt man stets nur an der Oberfläche.« (Mann, 1960) Wenig ermutigend erscheint die Wortmeldung eines Teilnehmenden: »10 Gebote, Sakramente, Familiengebete werden nicht gepflegt und weitergegeben!« (NN.)

Scheitern, Scheiden, Wiederheiraten

Scheitern der Ehe als pastorale Herausforderung

Eine besondere Aufmerksamkeit erhalten in den Ergebnissen der Umfrage all jene Menschen, welche die Erfahrung des Zuendegehens einer Beziehung oder einer Ehe machen, welche die Ehe trennen oder sich scheiden lassen und die (zumindest bis zur Familiensynode 2016 und Amoris laetitia von Papst Franziskus) aufgrund der Wiederheirat keinen Zugang mehr zur Eucharistiefeier hatten. Viele Befragte kreisen mit ihren Wortmeldungen um »Familien, die zerbrechen« (Frau, 1943). Man lasse diese Menschen im Stich: »Menschen, die gescheitert sind (Beziehung, Ehe...), wenden sich ab, da sie keine Hilfe zu erwarten haben.« (Frau, 1963) Es sei erforderlich anzuerkennen, »dass auch eine Ehe scheitern kann und man erneut eine kirchlich anerkannte Ehe schließen darf« (Frau, 1959). Gewiss brauche es »klare Richtlinien, die aber für jeden Einzelnen angepasst und barmherzig gelebt werden, z. B. Unauflöslichkeit der Ehe soll als Ziel/Ideal weiterhin bestehen, aber es dürfen Menschen, die daran gescheitert sind, nicht verurteilt und ausgeschlossen werden« (Frau, 1950).

Ein Befragter wünscht »eine zeitgemäße, aber dennoch nicht permissive Morallehre, insbesondere was den Umgang mit wiederverheirateten Geschiedenen betrifft. Seit der Zeit Christi hat sich demografisch doch einiges geändert. Eine Ehe zu seiner Zeit hat im Schnitt 15 Jahre gedauert, heute könnten es 60 und mehr Jahre sein. Da ist ein Scheitern schon leichter möglich.« (Mann, 1946)

Neue pastorale Wege mit Geschiedenen, die wieder heiraten

Angesichts dieser ehelichen und familiären Situationen wird die Notwendigkeit beschrieben, dass sich Kirche neu positionieren und pastoral nach neuen Wegen suchen muss. »So braucht es dringend eine pastorale Antwort auf die Frage des Umgangs mit wiederverheiratet Geschiedenen, wie sie Papst Franziskus seit langem fordert.« (Frau, 1964) Dabei wird durchgängig von Barmherzigkeit gesprochen. »Beziehungen sind heute sehr zerbrechlich – das ist die heutige Zeit, der enorme Druck im Berufsleben ist jedoch auch schuld, wenn viele Beziehungen zerbrechen (die Leute haben zu wenig Zeit füreinander oder werden im Berufsleben dermaßen geplant und verunsichert – Einsparung der Stellen –, dass sie sich in der Freizeit in Gedanken nicht mehr von den Sorgen lösen können...). Viele scheiternde Ehen sind nicht mehr zu retten – ich finde es richtig, wenn der Papst da (und mit dem Thema ›wiederverheiratete Geschiedene‹) anregt, die Probleme von Fall zu Fall zu beurteilen und Barmherzigkeit zu üben, und wenn die Kirche vermehrt lernt, die Leute einfach ›machen zu lassen‹– sie reifen mit der Zeit schon.« (Frau, 1962) Der Blick auf den einzelnen Fall und die Möglichkeit – unter Berücksichtigung des je eigenen Gewissens – pastoral unterschiedliche Wege zu gehen, eröffnet die Enzyklika »Amoris laetitia«. Dass die Annullierung der Ehe erleichtert wurde, wird pastoral allerdings nicht von allen gutgeheißen: »Die Annullierung der Ehe ist entwürdigend für die ehemaligen Partner.« (Frau, 1943)

Kommunionempfang für wiederverheiratete Geschiedene

Mit Barmherzigkeit und Milde oder nach dem Prinzip der orthodoxen »Oikonomia«[77] müssten kirchliche Menschen agieren, wenn sie in der Pastoral mit wiederverheirateten Geschiedenen zu tun haben. »Es müssen viele neue Formen gefunden werden, ohne aber die alten einfach über Bord zu werfen. Es sollte mehr im Einzelfall geprüft werden, z. B. bei Geschiedenen, die wieder heiraten wollen, Zulassung von Ehepartnern zur Eucharistie. Die Menschen müssen gesehen werden, aber ohne Regeln einfach abzuschaffen.« (Frau, 1959) Viele einzelne Wortmeldungen geben Papst Franziskus bei seiner Weiterentwicklung der Ehepastoral Unterstützung: »Das praktische Leben auch der kirchennahen Bevölkerung hat mit den Kirchengesetzen nur mehr wenig zu tun. Der Anteil der Ehen, bei denen nur ein Partner katholisch ist, steigt dramatisch. Gott sei Dank sind auch viele Priester da schon viel weiter als die offizielle Amtskirche und die Linie des Papstes unterstützt sie dabei. (Barmherzigkeit vor Recht).« (Mann, 1960) »Das Familienbild ist im Wandel, Geschiedene und Gescheiterte sind der Barmherzigkeit Gottes anvertraut und dürfen nicht von den Sakramenten ausgeschlossen sein.« (Frau, 1967) Dies gilt besonders für den Empfang der heiligen Kommunion: »Geschiedenen soll der Empfang der Sakramente ermöglicht werden, wenn sie regelmäßig die Eucharistie mitfeiern, das im Ermessen des jeweiligen Priesters – das obige gilt auch für eine nochmalige Heirat.« (Mann, 1953) Mehr Verantwortung müsste also den Priestern übergeben werden, die Menschen in ›nicht regelkonformen‹[78] Lebenssituationen zu

77 In der orthodoxen Tradition wird die Ehepastoral geprägt von den beiden Prinzipien der Akribia und Oikonomia. Akribia meint: An die Treueforderung, die in der Liebe selbst steckt und von der biblisch gestützten Tradition der Christenheit immer hochgehalten wurde, wird »akribisch« (auf die Spitze getrieben) erinnert. Zugleich wird pastoral hingenommen, dass Mitglieder der Kirche dieser Forderung aus einem unentflechtbaren Gemenge von Schuld und Tragik nicht nachkommen konnten: Dann hat der Hausvater (der »Oikonom«, also der Bischof) die Pflicht, dafür zu sorgen, dass niemand »auf der Strecke bleibt«, sondern nach einer Buß- und Heilungszeit wieder ins volle, auch sakramentale Leben der kirchlichen Gemeinschaft integriert wird.

78 Seit Johannes Paul II. ist von »irregulären« Situationen und nicht mehr abwertend von Konku-

begleiten und mit ihnen nach Lösungen zu suchen, um als integrer Mensch gut mit Gott und der Kirche leben zu können.

Die Wortmeldung eines Befragten ist wie eine knappe Zusammenfassung: »1) Zulassung wieder Verheirateter vormals Geschiedener zur Kommunion 2) Akzeptierung, dass manche Ehen unwiederbringlich zerrüttet und damit gescheitert sind, z. B. weil ein Ehepartner kein Interesse mehr an einer Fortsetzung hat – es sollte z. B.in diesem Fall für den anderen Partner eine Wiederverheiratung mit kirchlichem Segen möglich sein. Ebenso kann es andere finale Zerrüttungsgründe geben. Im seelsorgerischen Einzelgespräch sollte ein Neubeginn ermöglicht werden. 3) Schuld und Sünde sind nicht die Wiederverheiratung, sondern all das, was während der Ehe an Schuld und Sünde entstanden ist und zur Zerrüttung geführt hat. Wenn Schuld und Sünde vergebbar sind, muss auch ein Neuanfang möglich sein, auch mit einem neuen Partner, wenn die Ehe ein finales Ende fand – sozusagen den geistigen Tod erlitten hat.« (Mann, 1966)

Auflöslichkeit der Ehe und Wiederheirat werden gefordert

Die Teilnehmenden der Umfrage, die sich mit der Frage nach der Ehe und dem Scheitern der Ehe befassen, kommen durchweg aus dem »modernen« Eck der Kirchenmitglieder. Sie plädieren für Offenheit, Barmherzigkeit, Milde und Innovation. So fordert beispielsweise ein Mann: »SOFORT Unauflöslichkeit der Ehe [...] als nicht mehr dienlich und unzeitgemäß ABSCHAFFEN.« (Mann, 1966) Ein anderer Teilnehmer macht dazu einen etwas ungewöhnlichen Vorschlag: »Unauflöslichkeit der Ehe nur, solange eigene Kinder im Haus sind.« (Mann, 1942)

Es geht in solchen Wortmeldungen darum, die Theologie der Unauflöslichkeit der Ehe neu zu durchdenken. Dieses Anliegen wird von einer Befragten etwas abgeschwächter so formuliert: »Brücken bauen zwischen den hehren Ansprüchen (z. B. Unauflöslichkeit der Ehe, Schutz ungeborenen Lebens) und der Realität (bei Scheidung oder Abtreibung spielt für viele die Kirche gar keine Rolle), um im Gespräch zu bleiben, den Kontakt nicht zu verlieren, weil sonst die Ansprüche für viele Men-

binat oder wilder Ehe die Rede. Papst Franziskus setzt das Wort zumeist zwischen Anführungszeichen. Denn keine Ehen, auch die formal geordneten, sind schon am Ziel und erfüllen im Lebensalltag alle Regeln.

schen unerreichbar und verurteilend scheinen und von vornherein abgelehnt werden.« (Frau, 1997)

Dazu kommen einige Wortmeldungen, die sich für eine Wiederheirat oder zweite kirchliche Heirat aussprechen: »Die zweite Ehe segnen und die geschiedenen Partner im Glauben unterstützen.« (Frau, 1943)

Immer wieder wird auf die orthodoxe Praxis verwiesen: »Im Bereich der Sakramentenpastoral: Keine Verweigerung mehr für eine ›zweite Ehe‹ (vgl. orthodoxe Kirche), Zulassung aller Menschen; Zulassung aller Menschen zur Eucharistie (die, die zum Gottesdienst kommen, sind ›würdig‹).« (Mann, 1963) »Möglichkeit der Scheidung und Wiederverheiratung: Das Modell der orthodoxen Kirche scheint mir ein interessanter Weg; die Unauflöslichkeit der Ehe wird nicht aufgegeben, aber Gottes Barmherzigkeit für Unerfülltes und Fehlerhaftes ist größer als Gottes Gerechtigkeit.« (Frau, 1953)

Jedenfalls sollte die Seelsorge mehr Empathie in die komplexen Situationen gewinnen und »all die Menschen mit alternativen Lebensformen umarmen, anstatt sie zu verurteilen« (Frau, 1959).

Epikie

Die Wiederheirat nach orthodoxer Praxis ins Katholische zu übertragen: Diesbezüglich sind sich Online-Umfrage-Teilnehmende und ExpertInnen einig. Eine Reihe von Beiträgen der weltweiten Expertise »ProPopeFrancis« widmet sich (wie die Teilnehmenden an der Online-Umfrage) dem derzeit innerkirchlich umstrittenen Thema des Zugangs von Geschiedenen, die vor dem Staat wieder geheiratet haben, zum Bußsakrament und zur Kommunion. Gerade in diesem Punkt wird ja dem Papst von seinen Kritikern ein Abweichen von der Lehre der Kirche, vom Kirchenrecht, von der katholischen Tradition vorgeworfen.

Christian Smekal würdigt des Papstes »Bemühen, das Anliegen der Öffnung der Kirche zu den Menschen und der Welt deutlich zu machen«. Für ihn sei »heilen wichtiger als ausgrenzen«. Wenn Paare mit einer Beziehung nicht zurechtkommen, dann, so Smekal, werden »verallgemeinerte« Urteile oder gar Verurteilungen von außen den einzelnen Lebenssituationen selten gerecht. »Nach Prüfung der jeweiligen Lebenssituation und des aufrichtigen Willens der Betroffenen, an der Gemeinschaft der Kirche Teil zu haben, kann die Einladung zur Eucharistie sogar ein wichtiges Heilmittel sein.« Dieser pastorale Weg im Umkreis von Scheidung und Wiederheirat verlange nach einer »Dynamisierung« der Lehre von der »unauflöslichen Ehe«. Dafür setze sich seiner Ansicht nach Papst Franziskus, gestützt auf ein breites Votum der Familiensynode, engagiert ein.

Die Psychologin und Psychotherapeutin Eva Jaeggi würdigt Amoris laetitia und deren Sensibilität für das Schicksal und das Gewissen des Einzelnen. Zunächst vermerkt sie diagnostisch: »Dass Ehen geschieden werden können, gilt daher vielen Menschen als ein Zeichen einer fortgeschrittenen Gesellschaft, die bewusst zulässt, dass Menschen veränderte innere Zustände auch nach außen hin sichtbar machen dürfen.« Sie beklagt freilich, dass »oft allzu schnelle Umbrüche und die berühmte ›Wegwerfmentalität‹ an die Stelle der Verantwortung getreten sind«. Dann aber zieht sie einen Vergleich zwischen der »Logik des Papstes« und der »Logik der Psychotherapie«: »In Amoris laetitia lese ich im Teil über die Pastoraltheologie darauf Bezogenes, das mir beruflich bekannt ist: genau hinschauen, verstehen, nicht verurteilen und nicht Noten verteilen wie ein strenger Oberlehrer.« Eva Jaeggi hält es für richtig, dass »verheiratete Geschiedene selbst beurteilen dürfen, in welcher Weise sie am kirchlichen Leben teilhaben wollen«. Sie zerstreut auch die Befürchtung mancher Papstskeptiker, dass der Papst »billige Lösungen« begünstige. »Barmherzigkeit und Liebesgebot lassen nicht alles zu, aber sie tasten jede Neuerung des Denkens und Lebens darauf hin ab, ob man dabei gegen die allem übergeordnete Barmherzigkeit Gottes (und ihres Abglanzes: der Barmherzigkeit, die wir Menschen haben sollten) verstößt.«

Eine Handvoll gewichtiger Fachleute befasst sich in tiefschürfender Weise mit den moraltheologischen und kirchenrechtlichen Grundlagen der von Papst Franziskus weiterentwickelten Pastoral rund um Scheidung und Wiederheirat.

Dazu zählt der fundierte Beitrag des Münsteraner Kirchenrechtlers Klaus Lüdicke. Er sieht bei Papst Franziskus in dieser Frage einen neuen Ansatz. Zwar habe bereits Johannes Paul II. die Pastoral auf den Einzelfall verwiesen. Aber deren Konflikt mit der sakramentalen Gemeinschaft der Kirche sei nur dann zu lösen – so der Moraltheologe Johannes Paul II. auf dem Stuhl Petri –, wenn entweder ein erfolgreiches Ehenichtigkeitsverfahren möglich, oder aber, wenn dieses nicht möglich sei, die Betroffenen ihre Lage selbst bereinigen. Das gehe aber nur durch Enthaltsamkeit, weil jeder Geschlechtsverkehr außerhalb der (aus einem

Gemenge von Schuld und Tragik zu Ende gegangenen, aber nach wie vor gültigen Ehe) »Todsünde« ist. Eben diese Gleichsetzung, so Lüdicke, dass Ehebruch nicht nur objektiv, sondern auch subjektiv immer in einem »todsündlichen Zustand« festhält, wird bei Franziskus unter Rückgriff auf die moraltheologische Lehrtradition differenziert. Letztlich könne nur der Einzelne in seinem (begleiteten, aber nie ersetzten) Gewissen klären, in welchem »Zustand« er lebt. So verlagert Franziskus den Akzent vom »Gesetz zum Gesicht«[79]. Von Klaus Lüdicke wird herausgearbeitet, »dass die Botschaft des Evangeliums Jesu nicht zur Befolgung von selbstgeschaffenen Regeln auffordert, sondern zum Vertrauen auf die Liebe und Barmherzigkeit Gottes«.

Mit den moraltheologischen Grundlagen dieser Gewissensentscheidung befassen sich drei Autoren unter der Überschrift Epikie/epikeia. Es sind Klaus P. Fischer, Rudolf Uertz und nicht zuletzt Günter Virt, der sich dieser Thematik schon seit seiner Habilitationsschrift[80] bei Alfons Auer verschrieben hat.

»Für Aristoteles und Thomas ist die Epikie eine Art höhere Gerechtigkeit. Damit dient sie der Interpretation und Weiterentwicklung des positiven Rechts… Durch Anwendung von Dispens und Privileg im Rahmen der Epikie schiebt sich zwangsläufig die Tugendethik vor die Gebots- bzw. Gesetzesethik: Jesuanisch-christliche Ethik versus kasuistisch-dogmatische Moraldoktrin.« (Rudolf Uertz) Der Religionspädagoge Klaus P. Fischer greift auch auf die griechischen Philosophen zurück, zieht dann aber die Linien aus hinein in die biblischen Lebensweisheiten. Dem Abendland bescheinigt er dann für lange Zeit einen Hang zum Allgemeinen. Erst die (Wieder-)Entdeckung des Individuums, der Person und damit des Gewissens eröffnet der Pastoral den Weg zur Wertschätzung und pastoralen Begleitung des »Einzelfalls«.

Die ausführlichste Analyse, die alle bisher genannten Elemente enthält und verwebt, bietet der fundierte Beitrag des emeritierten Wiener Moraltheologen Günter Virt. Es ist verwunderlich, wie Kardinäle und Theologen angesichts des moraltheologisch gesicherten Wissens über die Epikie gegen den Papst opponieren. Mangelt es an fortlaufender

79 Vgl. Zulehner, Paul M.: Vom Gesetz zum Gesicht. Ein neuer Ton in der Kirche. Papst Franziskus zu Ehe und Familie – Amoris laetitia, Ostfildern 2016.

80 Virt, Günter: Epikie – verantwortlicher Umgang mit Normen, Mainz 1983. – Ders.: Epikie und sittliche Selbstbestimmung Freiburg 1994. – Epikie in der Geschiedenenpastoral, Theologisch-praktische Quartalschrift 142 (1994) 368–371.

theologischer Selbstbildung? Haben sie Amoris laetitia nur mit Vorbehalten von Macht und Interesse gelesen, welche ihre Erkenntnis »verschattet« hat – wovor Benedikt XVI. in Deus caritas in Übereinstimmung mit Jürgen Habermas gewarnt hat?

Kinder und Jugendliche fehlen

Aktuelle Herausforderungen von Kindern und Jugendlichen

Die Jugend war schon immer eine spannende Lebensphase. Dass aber auf die Jugendlichen derzeit neuartige kulturelle und soziale Herausforderungen zukommen, das erkannten die Umfrageteilnehmenden: Es gebe eine »mediale Überforderung von Kindern und Jugendlichen« (Frau, 1969); »zu beobachten ist ein allgemeiner Werteverfall, eine oberflächliche Orientierung am Konsum. Kinder und Jugendliche entwickeln schon früh eine Abhängigkeit von Smartphones, Tablets u. ä., wogegen auch gutwillige Eltern nur schwer steuern können, weil der Einfluss der Gleichaltrigen dominiert. Pornographische Angebote durch diese Medien verführen die Kinder, die noch kein kritisches Bewusstsein entwickelt haben.« (Frau, 1944) Neben diesen gesellschaftlichen oder technischen Herausforderungen fällt es jungen Menschen auch oft schwer, gut bezahlte und längerfristige Stellen zu kriegen, »oft nur Zeitverträge für junge Menschen oder gar Praktika« (Frau, 1960). Hier könnten eine Vielzahl von weiteren Herausforderungen genannt werden: Im Rahmen der Vorbereitung der Jugendsynode wurde die Lebenswelt von Jugendlichen gut analysiert und liefert Interessierten Einblick in derartige Challenges.

Entfremdete Jugendliche: Jugendliche würden in der Kirche fehlen. Dazu werden in diesem Unterkapitel aus den Stellungnahmen der Umfrageteilnehmenden unterschiedliche Aspekte herausgeschält. Dass es jungen Menschen zudem schwergemacht wird, Teil der Kirche zu sein, darum geht es sodann im nächsten Unterkapitel.

Ein »Glaubensschwund in der jüngeren Generation« (Frau, 1970) wird diagnostiziert. Schuld daran trägt einerseits die Erziehung: »Die junge Generation erhält keine Kenntnis mehr von religiösen Inhalten. Der Kirchgang ist für sie eine Sonderaktion zu Weihnachten – und an Sonntagen allenfalls eine kuriose Sitte der Großeltern.« (NN.) Das führte zum »Heranwachsen einer Generation Jugendlicher, die zu Hause nichts vermittelt bekommen haben (Eltern haben keinen Glaubensbezug, keine religiöse Beheimatung). Wie sie zum Glauben führen?« (NN.)

Neben dem Ausfall religiöser Formung junger Menschen in den Familien gelten moderne Medien als Ursache für eine Entfremdung von Jugendlichen von der Kirche. So beklagt ein Befragter die »sittliche Verwahrlosung von Jugendlichen durch Sex and Crime in den sozialen Medien« (Mann, 1938). Jugendlichen wird eine große »-losigkeit« unterstellt: »Orientierungslosigkeit und Wertelosigkeit der Jugend, man verflüchtigt sich in Materielles.« (Frau, 1996) Dazu kommt, dass »immer weniger Jugendliche bereit sind, sich kirchlich ehrenamtlich oder hauptamtlich zu engagieren, geschweige denn Priester zu werden« (Mann, 1973). Ein Teilnehmer der Umfrage beobachtet eine »Bildungsarmut der Jugend. Es fehlt viel Wissen um Benimm, Geschichte… bis in die eigene Familie hinein. Besonders fehlt religiöse Bildung und gelungene religiöse Sozialisation… Der Intimus, der geistliche Begleiter fehlt.« (Mann, 1957)

Heutige Jugendliche erscheinen in vielen Wortmeldungen als werte- und gottlose, unengagierte Menschen, die nichts mit Kirche und Religion zu tun haben wollen. Dass das allerdings nicht durchgängig so ist, wissen viele: »Jugendliche sind religiös ansprechbar, aber Kirche ist ein ›Fremdwort‹.« (Mann, 1940) Und: »Die jüngere Generation (25–40) ist offen für Spiritualität, für Religionen im Allgemeinen, für Sinnsuche, für Traditionen, oder auch ganz dagegen.« (Frau, 1983) Dass kirchliche Menschen diese Herausforderung annehmen und das Spirituelle, das Religiöse, das Philosophische mit ihnen entdecken, das wäre an der Zeit.

Kirche verhindert selbst, dass Jugendliche Teil der Kirche sein wollen: Vielen Jugendlichen ist es schlicht nicht möglich, Teil der Kirche zu werden. Sie fühlen sich nicht angesprochen von Priestern, von Gemeinden, von Organisationen. Es sind die »alten Konzepte, die junge Menschen nicht ansprechen« (Frau, 1972). »Junge Menschen« erleben vielfach eine »alte Kirche«. »Den Jugendlichen fehlen vielfach die Möglichkeiten, sich in der Kirchengemeinschaft mit den eigenen Themen auszudrücken und sich einzubringen.« (Frau, 1956) Eine Befragte differenziert: »Jugendliche und Kinder sind je nach dem, wie sie den Glauben erfahren, interessiert oder nicht. In Tirol suchen viele Menschen nach Wurzeln, Glauben, Sinn, Bodenständigkeit, Tradition, Mythen,Väterglauben, überall, aber nicht zwingend in der Kirche. Seelsorgliche Begleitung, Gemeinschaft, Identität finden viele in NGOs, Vereinen, verschiedenen sozialen Berufsgruppen, ehrenamtlichen Freundeskreisen (Flüchtlinge...). Kirchliche Mitarbeiterinnen sind wenig glaubhaft, eher uninteressant, meistens nicht authentisch und viel zu beschäftigt mit vielen anderen Sachen.« (Frau, 1983) Jugendliche brauchen also Menschen, die sich mit ihnen auf Sinnsuche machen, die mit ihnen Glaube alltäglich erfahrbar machen und die authentisch leben. »Viele Menschen sind auf der Suche nach Sinn. Gerade junge Leute finden in unserer Kirche keine Gemeinschaft. Und zum Glauben braucht man Freunde.« (Frau, 1974)

Jedenfalls ist der Auszug der Jugend aus der Kirche nicht zu übersehen: »Vor allem junge Menschen wenden der Kirche den Rücken zu. Für sie ist die Kirche unglaubwürdig geworden. Geht die Entwicklung so weiter, sind die Kirchen bald leer. Und wie reagieren die Verantwortlichen? Nur mit Flickschusterei.« (Mann, 1935)

Junge Menschen bemerken auch ganz schnell den Widerspruch zwischen dem Reden und Leben von Verantwortlichen in der Kirche. Das macht für sie die Kirche unglaubwürdig: »Bischöfe predigen den Firmlingen Armut und die Jugend fragt sie, ob sie damit ihre Mercedesautos meinen mit Chauffeur im Hinterhof, alles erlebt, eine arme Kirche wird authentischer sein, im Vorleben des Gotteswortes!« (Frau, 1975) Jungen Menschen erscheint die Stimmung in der Kirche auch zu düster: »Kirche soll den Menschen eine frohe Botschaft bringen, keine Drohbotschaft. Glaube kann so viel Halt geben, leider sind unsere Pfarrer schon so veraltet, dass sie Junge sowieso nicht mehr ansprechen können und die Gläubigen so zwischen 40–60 Jahren werden auch immer weniger.« (Frau, 1972)

Gründe werden angeführt, warum die Kirche (in Europa) die Jugend verloren habe: »Durch das rigide Eherecht und diese [von Johannes Paul II.] wurden die Jugend... auf Dauer verloren. Die Jugend [ging] weil sie keine Antworten auf ihre Fragen fand.« (Mann, 1946) Das »Desinteresse vieler Erwachsener und Jugendlicher an einer aktiven Mitarbeit« komme nicht überraschend. Hingewiesen wird auf »Enttäuschung, Frustration von Laien, die sich jahre-, jahrzehntelang engagiert haben, und von den Priestern und Bischöfen viel zu häufig Ablehnung« (Mann, 1959) erfahren.

Das Fazit: Junge Menschen fehlen in der Kirche auch, weil sie nicht erreicht werden und nicht die Möglichkeit haben, wirklich zu partizipieren.

Anregungen für die Jugendpastoral: »Für die Jugend viele Angebote geben« (Frau, 1991) ist der Auftrag, der an kirchliche Mitarbeitende geht. Es gäbe derzeit »zu wenig Impulse für junge Menschen« (Frau, 1960). Dabei ist es wichtig, dass die Verantwortlichen »nicht abwarten, ob jemand kommt, sondern werbend auf die Menschen zugehen« (Frau, 1941).

Werbend auf junge Menschen zugehen, sie abholen, wo sie sind; das sind Schlagworte, die Umfrageteilnehmende gern verwenden: »Junge Menschen bei ihren Wertvorstellungen abholen, ggf. neue Wege ausprobieren, alte (starre) Traditionen oder Ansichten aufweichen, ohne Grundwerte zu verlassen (Stichwort: 2. Ehe, Scheidung, Homo-Ehe...). Zeigen, was spiritueller Halt bringen kann.« (Mann, 1986) Ansichten und Vorstellungen also der Kritik auszusetzen und von dieser Seite her ins Gespräch und die Auseinandersetzung gehen, ist ein möglicher gelingender Zugang für die Jugendpastoral. Es geht also nicht so sehr darum, »wie man die junge Generation in die Kirche bekommt« (Frau, 1993), sondern eher darum, wie man die Kirche zu den Jugendlichen bekommt.

»Darüber hinaus tut die Kirche zu wenig für die 18–30-Jährigen. Für sie gibt es eigentlich keinerlei Angebote – nach dem Sakrament der Firmung kam in früheren Jahren das Sakrament der Ehe (die Menschen haben oft mit Anfang 20 geheiratet). Jetzt aber hat sich das verschoben, es wird später geheiratet – somit entsteht eine Lücke.« (Frau, 1978) Also ist es notwendig, nach Konzepten und Wegen zu suchen, die junge Erwachsene in den Blick nehmen. Die »Kinder- und Jugendarbeit zu intensivieren« (NN.) ist also höchste Priorität. Da es aber »keine oder wenig Kapazität für Kinder- und Jugendarbeit« (Frau, 1947) gibt, ist diese Baustelle nur schwer zu bearbeiten. »Ein absolutes Muss wäre die religiöse Betreuung von Kindern und Jugendlichen. Hier wäre enorm viel zu tun, und in diesem Bereich hätten wir die größten missionarischen Erfolge.« (Mann, 1949)

Anregungen für die Kinderseelsorge: »Die Kinderarmut aufzuheben, die Kinder beim Lernen zu unterstützen, den Kindern Spielmöglichkeiten ›draußen‹ und ›drinnen‹ zu ermöglichen, Förderung von talentierten Kindern auf allen Gebieten und Fachrichtungen, den bedürftigen Familien unbürokratische finanzielle Hilfe zu geben, schneller sozialen Wohnraum zu schaffen, Hilfsangebote so zu installieren, dass Kinder eine selbstverständliche Anlaufstelle in Notsituationen aller Art haben.«

(Frau, 1946) Kinderseelsorge muss bei Familien ansetzen und konkrete Unterstützung anbieten. Kinder brauchen verlässliche Bezugspersonen und kindgerechte Angebote: »Ich denke, ein guter Anfang wäre es, Predigten nicht nur an Ältere/Erwachsene zu richten, sondern auch Kinder und Jugendliche anzusprechen.« (Frau, 1995)

Kinder brauchen in vielfältiger Weise Platz; Platz zum Ausprobieren und Sich-Selbst-Finden, zum Spielen, zum Lernen, zum Leben. Aber: »Kinder haben keine Lobby. Die Menschen sind zufrieden, wenn die Kinder betreut sind, um deren emotionale und persönliche Entwicklung kümmern sich weder Politik noch Medien. Kinder bräuchten Nestwärme und klare Regeln, Vorbilder und Freiräume.« (NN.) Hier kann der Auftrag an Kirche gehen, für Kinder Partei zu ergreifen und eine Kinderpastoral zu betreiben, die vom Kind her gedacht und gestaltet ist.

Initiationssakramente als Herausforderung: Es gibt viele pastorale und theologische Fragen rund um Taufe, Firmung und dem ersten Empfang der heiligen Kommunion. An die Empfänger der Sakramente und in Bezug auf die Vorbereitung und Gestaltung der Feiern werden kritische Anfragen gestellt.

Familien, die sich auf den Weg der christlichen Initiation ihrer Kinder machen, werden von manchen Christen scheel beobachtet und vorschnell verurteilt. Abschätzig ist von »Taufscheinchristen« (Mann, 1973) die Rede. Ein Umfrageteilnehmer stellt sich die Frage: »Wieso betrachten viele Leute die Kirche nur noch als eine Art Partyservice zur feierlichen Umrahmung der Familienfeiern wie Taufe, Hochzeit und Beerdigung?« (Mann, 1950) An diesem Missstand sei die Kirche auch selbst beteiligt: Die »Kirche dient als Versorger von Bedarf an Ritualen wie Begräbnis, Taufe, mit Einschränkung Erstkommunion, Firmung und Eheschließung bei gleichzeitigem Ignorieren des inneren Gehalts. Die Vermittlung von Glaubenswahrheiten scheitert an der Sprache, auch der Symbolsprache der Dogmatik.« (Mann, 1944)

Die Konsequenz: »Sakramentenkatechese… muss sich grundlegend ändern, wird aber hier immer noch als Dienstleistung der Kirche angesehen und gehört zur überlieferten Biographie (›man‹ macht das so), ohne dass Engagement z. B. der Kommunioneltern dahinter stünde.« (Frau, 1958) Die Art und Weise, in der Gemeinden Menschen auf die Sakramente vorbereiten und begleiten, wird hinterfragt. So sei eine intensive Auseinandersetzung mit den Familien von Anfang an notwendig: »Intensivierte Vorbereitung auf den Empfang der Sakramente der Taufe, Erstkommunion und Firmung nicht durch zwar gutmeinende, jedoch ungeschulte und unsichere Mütter und Väter, die selbst nicht fest im Glauben stehen oder sogar als ›kirchenfern‹ gelten, d.h. die ihren Kindern keine Vorbilder im Glaubensleben sind.« (Frau, 1941)

Kinder und Jugendliche, so wird geklagt, würden nach Erstkommunion und Firmung schnell den Draht zur Kirche verlieren. Die Kirche »soll wieder Ansprechpartner für Jugendliche und Familien mit größeren Kindern werden, denn zurzeit verliert dieser Personenkreis häufig den Kontakt nach Erstkommunion und Firmung! Den Jugendlichen fehlen vielfach die Möglichkeiten, sich in der Kirchengemeinschaft mit den eigenen Themen auszudrücken und sich einzubringen.« (Frau, 1956) Daher müssen die Sakramentenpastoral und die Jugendpastoral im engen Kontakt stehen: »In Anschluss an die Firmung könnte man versuchen, die Gefirmten zu gemeinsamem sozialem Handeln (in der Gemeinde) zu motivieren; solch ein Handeln könnte z.B. in gegenseitiger Hausaufgabenhilfe oder wöchentlichen Besuchen von Pflegebedürftigen bestehen.« (Mann, 1964)

Die sozialen Angebote und das Karitative in der Vorbereitung der Sakramente wird von Jugendlichen und Kindern gut angenommen. Dazu gehört aber auch die inhaltliche Auseinandersetzung mit den Themen rund um Taufe, Erstkommunion und Firmung: »Dazu alle möglichen ›Kanäle‹ nutzen. Wie z.B. für die Vorbereitung der Erstkommunionkinder eine feste Betreuung (eigene Planstelle) schaffen. Diese organisiert auch die erforderliche Information an die Eltern, was die Kinder zum Glauben gelernt haben und wie die Eltern ihre Kinder dabei unterstützen und begleiten können. Die sich daraus ergebenden Unsicherheiten der Eltern mit Diskussionsabenden mit Wissensvermittlungen und Fragenlösungen auffangen. Aus diesen Abenden kann sich eine feste Gemeinschaft bilden, die auch nach der Erstkommunion zusammenbleibt. So kann es sich ergeben, dass aus dieser Gruppe auch Ministranten erwachsen. Dieser gesamte Zusammenhalt wäre optimal, wenn er in die Vorbereitung der Firmung ›mündet‹. Vielleicht werden einzelne Elternteile bei den nachfolgenden Vorbereitungen sowohl der Erstkommunion als auch bei der Firmung tätig. Es ist das didaktische Geschick der jeweiligen Gruppenleitung, mit welchen ›Hilfsmitteln‹ die Kinder und die Familien für die Glaubensthemen neugierig und motiviert werden. Ein reger und regelmäßiger Austausch (z. B. Fortbildungen) der Gruppenleitungen ist unabdingbar.« (Frau, 1946) Die inhaltliche Auseinandersetzung muss elementarisiert, aber nicht verkürzt, aktualisiert, aber nicht anbiedernd sein. »Die theologischen Anfragen von heutigen Menschen werden immer noch (in Predigten, im Religionsunterricht, bei der Katechese zu allen Lebensfesten...) mit Antworten aus dem Katechismus alter Schule beantwortet.« (Frau, 1967) Eine zeitgemäße Verkündigung verlangt große theologische und religionspädagogische Phantasie.

In mehreren deutschsprachigen Diözesen wurde zwischen 2017 und 2018 die Höhe des Firmalters intensiv diskutiert. Das Firmalter auf 18 Lebensjahre beispielsweise anzuheben, ist für viele eine willkommene Änderung. Volljährige könnten diese Entscheidung für ein Leben mit Jesus viel besser treffen als 13–14-Jährige. Allerdings bleiben auch diese Überlegungen nicht ohne Gegenwind: »Firmung ab 18 einzuführen hilft nicht, wenn nicht vorher die Eltern überzeugt werden. D. h. bereits bei den Taufgesprächen muss angefangen werden in einer Weise, dass die Eltern nicht nur das Kind zur Taufe bringen, sondern sich selbst dabei bewusst und freiwillig auf einen Glaubensweg machen.« (Frau, 1971)

Im Rahmen der Diskussion über die Initiationssakramente im Kindesalter wird die Frage aufgeworfen, ob nicht Sakramentalien eine angemessene Form der Lebensbegleitung aus christlicher Sicht wären. Um diese zu entwickeln und zu feiern, bräuchte es »Offenheit für neue Lebensformen, Entwickeln und Anbieten von Ritualen und Sakramentalien, die den Menschen so annehmen wie er ist, ihn aufrichten, tragen und begleiten« (Frau, 1976). So könnte die Kirche besser »an Schnittstellen des Lebens, Taufe, Firmung, Ehe, Krankheit, Tod präsent sein« (Frau, 1953).

Kontinentale Herausforderungen

Die Analyse der vielfältigen Text zeigt, dass nicht alle Themen »global« sind und daher die ganze Welt(kirche) angehen. Einige erweisen sich als fokussiert »kontinental«. Sie werden von Autoren aus Asien, Lateinamerika oder Europa/Nordamerika aufgegriffen. Dabei werden die Akzente deutlich unterschiedlich gesetzt, und zwar sowohl was die Herausforderungen betrifft als auch den erhofften Beitrag einer Kirche, der für die Menschen das Evangelium anvertraut ist. So stellen wir kontinentale Schwerpunkte vor, beginnen mit Lateinamerika, fahren mit Asien fort, um schließlich zu Europa/Nordamerika zu kommen.

Überall wird ein Dialog der Kirche mit den Fragen des Kontinents gefordert. Dieser aber bekommt jeweils eine andere Färbung: In Lateinamerika wird ein sozialer Dialog gewünscht, in Asien ein kulturell-interreligiöser. In Europa/Nordamerika steht schließlich die Frage nach dem Evangelium in einer (post)modernen Kultur auf der Tagesordnung. Für diesen geistigen Dialog war der bislang letzte Papst aus Europa, Benedikt XVI., mit seiner Warnung vor dem »Relativismus« ein herausragender Protagonist, während Papst Franziskus aus dem lateinamerikanischen Kontinent den Akzent auf den sozialen Dialog setzt, indem er sich eine »arme Kirche mit den Armen« wünscht.

Lateinamerika: sozialer Dialog

Auf dem lateinamerikanischen Kontinent werden also die Akzente bei allen drei vorgelegten Fragen anders gesetzt als in Asien oder Europa mit Nordamerika. Das betrifft die Herausforderungen, die sich dem Kontinent stellen, die Lektüre der biblischen Botschaft wie die Zurüstung, die der Kirche zugemutet wird.

Challenges

So dreht sich die Zeitanalyse um Themen des sozialen Dialogs. Kasper Kaproń sieht in seinen »Gedanken und Erfahrungen aus Argentinien« »das Reich Gottes im Kampf gegen die kapitalistische Entmenschlichung«.

Ähnlich analysiert Daniel Stosiek aus São Paulo in Brasilien. Er nennt als Herausforderung den Kapitalismus und den Neoliberalismus, rät dazu, bei der Diagnose auf Karl Marx zurückzugreifen und diesen weiterzudenken. Mit diesem kritisiert er die »Ausbeutung der lebendigen Arbeit des Menschen und das Wachstum des Kapitals, des verdinglichten Reichtums... Eine überdimensionale Bewertung des ›Habens‹ geht einher mit einer Verarmung des ›Seins‹, wie Erich Fromm und Paulo Freire, Marx weiterdenkend, entdeckten.« – »In der ›Religion des Kapitalismus‹ werden Markt und Ware zu erstrebenswerten Orientierungen und Attraktionen.« Selbst Gott würde in der gegenwärtigen Akkumulationsgesellschaft »ausgebeutet und verdinglicht«. Dem stehen Bewegungen der indigenen Völker gegenüber, welche um die »Subjekthaftigkeit der Natur, der Erde, die soziale und spirituelle Sinnhaftigkeit der Beziehung zwischen Menschen und Natur« wissen. Wir hingegen »suchen das Vermisste überall, wo wir es vermuten: in Drogen, in Sicherheit, in der Religion und eben auch in der Kirche«.

Evangelium

In diese Situation hinein wird das Evangelium gelesen und eine Vision von der Kirche entfaltet. Für den Moraltheologen Johannes Hoffmann führt dies auf der Basis des Evangeliums zu einem »Konzept der solidarischen Ökonomie«.

Arturo Blatezky, Pastor der Evangelischen Kirche am La Plata, Mitglied der Ökumenischen Menschenrechtsbewegung Argentiniens (MEDH), Vorsitzender der »Gedenkstätte Quilmes Gedächtnis, Wahrheit und Gerechtigkeit« reflektiert seine reichen Erfahrungen biblisch: das Reich Gottes sei in der Menschheit lebendig, und zwar in den Armen: »Jedes dieser weltlichen menschlich-gesellschaftlichen Begebenheiten und Konflikte ist erlebte konkrete Gegenwart des Gottesreiches inmitten einer Welt, die – damals wie heute – von den Mächten der Unterdrückung, der Ausbeutung und des Todes beherrscht wurde und wird.« Die Seligpreisungen seien die Quintessenz des Reiches Gottes:

- »Die Elenden sind die Glücklichen, denn sie selbst sind das Reich, Beginn der Neuschöpfung Gottes.
- Die Hungernden sind die Glücklichen, sie finden in der Gemeinschaft des Reiches Leben in Fülle.

- Die Trauernden sind die Glücklichen, sie erleben schon jetzt Trost und tiefe, echte Freude.
- Die Verfolgten sind die Glücklichen: gerade sie empfangen durch die Gemeinschaft des Reiches Geborgenheit und Frieden.«

Gestützt auf Jesus formuliert Blatezky eine Theologie der Armen und der Machtlosen: Jesus (anders als Johannes der Täufer) »verurteilt jede Logik der Macht und setzt auf das ihr total Entgegengesetzte, auf die von den herrschenden Mächten Verstoßenen, Erniedrigten, Verarmten, Unterdrückten. Jesus heißt die Am Haaretz (Landlosen), aber auch die Witwen, die Kinder, die Kranken, die Diskriminierten deshalb selig, weil sie selbst das Reich Gottes sind, weil Gott unter ihnen lebt, weil ihr Leben und ihre Logik so radikal anders sind als das jener Mächtigen, die ihnen ihre Würde, ihr Lebensrecht und ihre Gotteskindschaft und Gotteserbschaft verweigern und rauben... Er sendet jene Armen aus, die die Gemeinschaft des Reiches sind, als erkennbare Beweise dieser Gegenwart, damit sie taufen... denn nicht er ist das Zentrum der angebrochenen neuen Zeit, sondern eben die Kleinsten, Ärmsten, Kranken und Verstoßenen.«

Kasper Kaproń macht darauf aufmerksam, dass biblisch nicht gedeckte Einseitigkeiten (»Reduktionen«) zu überwinden seien. Die dazu erforderliche Akzentverschiebung sei bereits grundsätzlich auf dem Konzil erfolgt, aber in der Folgezeit ins konkrete Leben der Kirche nur unzulänglich implementiert worden. Zu überwinden seien nicht nur Triumphalismus und Restauration, sondern auch Individualismus und Jenseitsflucht. Es ist für ihn klar, dass wir zum Geist Jesu zurückkehren müssen, was bedeutet, dass wir uns als das Volk Gottes, das auf den Aufbau der ›universalen Bruderschaft‹ zugeht, ›in den Dienst der Menschheit stellen‹.« Es ist »die menschliche Person, die gerettet werden muss, und es ist die menschliche Gesellschaft, die erneuert werden muss. Deshalb wird der Mensch die Achse all dieser Erklärungen sein: der konkrete und vollständige Mensch, mit Leib und Seele, mit Herz und Gewissen, mit Intelligenz und Willen (vgl. GS 3).« Auf diesem Wege könne es gelingen, »superar la crisis desde la fuerza del Evangelio«.

Einen ähnlichen Weg zum Wiedererstarken des Evangeliums weist Daniel Stosiek. Es brauche dazu eine »diesseitige und ›nicht-religiöse‹ Interpretation biblischer und theologischer Begriffe«, wie Dietrich Bonhoeffer sie im Gefängnis versucht hat. »Es wäre ein Glaube im Vollzug, in der ganzen Gegenwart, im Diesseits als Praxis des Lebendigseins und der Mitmenschlichkeit.« Christen hätten es gleichsam mit einem »Gott von unten zu tun«.

Kirche

Eine Krise der Kraft des Evangeliums gebe es nach Kaspar Kaproń freilich nicht nur in der reichen Ersten Welt. Vielmehr sei auch in Lateinamerika »das Gefühl der kirchlichen Zugehörigkeit in der großen Mehrheit sehr schwach«. Es gebe zwar eine »reiche Volksreligiosität, aber mit sehr wenig kirchlicher Verbindung«. Es brauche daher »eine pastorale Bekehrung, damit Christen Jünger und Missionare Jesu Christi werden (Aparecida)«. Dann wachse eine Kirche, die der »brüderlichen Menschlichkeit Jesu von Nazareth folgt, sich anderen hingebend, den Armen, Unglücklichen, Verachteten, Misshandelten, denen, die andere Überzeugungen oder Werte« haben. Und das mit dem Ziel, dass die ganze »Menschheit eine Familie Gottes werden könne«.

In dieser Richtung erhoffen sich auch andere lateinamerikanische Autoren eine Erneuerung der Kirche. Arturo Blatezky fragt: »Was können die Kirchen tun?« Seine Antwort: »Teil des schon vorhandenen, leidenden und trotzdem kämpfenden, verfolgten und trotzdem hoffenden Reiches werden… Dadurch, dass wir bereit sind, so unzertrennbar mit unserem Leben Teil jener zwei Drittel der Menschheit zu werden, die heute vom herrschenden wirtschaftspolitischen Weltsystem zur Verelendung und zum Nicht-Leben verdammt wird, wie es Jesus tat… den kriminellen Mächten, die unsere Zeit beherrschen, aus Liebe zu den Armen Gottes und im Vertrauen auf sein Reich, unser Leben entgegenzusetzen.« Er zitiert dann den Bischof Pagura, Ehrenpräsident des MEDH (Ökumenischen Menschenrechtsbewegung Argentiniens), der inmitten der Diktatur dichtete:

»Weil Er die Armen aus dem Schlamm erhob
und die Schmeichelei des Geldes zurückwies,
wissen wir, wem wir heute treu sein wollen,
und wem wir vor allem anderen zu dienen haben.
Weil Er unermüdlich das Reich verkündete,
und uns tausendmal aufrief, es zu suchen,
wollen wir heute inmitten von tausend Reichen der Lüge,
dem einzigen vertrauen, das bleibt.«

Diese im Evangelium begründete »Ekklesiogenese« (Kirchewerdung) wird von anderen Autoren konkretisiert. Bei seinen Überlegungen zum konkreten Wirken der Kirche greift Daniel Stosiek auf Leonardo Boffs Anregungen zur »Ekklesiogenese« zurück. In diesem Prozess sei die »kleinste synthetische oder fraktale (um einen deutenden Ausdruck von Vygotsky, aber auch aus der fraktalen Geometrie zu wählen) Einheit der Kirche die Basisgemeinde... ›Basis‹ bedeutet sowohl Fundament als auch die Tatsache, dass es sich um die Basis der Bevölkerung, d.h. zum großen Teil die Armen handelt... Die gesamte Kirche wird schließlich konstituiert durch die Interaktion zwischen allen Basisgemeinden ›von unten nach oben‹.«

Es ist wie eine Bündelung praktischer Ideen, wenn Renold Blank einen grundlegenden Perspektiven-Wechsel fordert. Das sind Aussagen über die Kirche, von der er »träumt«:

1. »Eine missionarische Kirche, die den Menschen dient, statt einer triumphalen Kirche, die sich als Lehrmeisterin der Welt versteht.
2. Eine solidarische Kirche als ›Anwältin der Gerechtigkeit und Verteidigerin der Armen‹[81], statt einer Kirche der passiv-caritativen Assistenz-Pastoral.
3. Eine sozial engagierte Kirche, welche die Welt nach den Kriterien des von Jesus verkündeten Gottesreiches verändert, statt individualistisch-moralistische Kirchen-Frömmigkeit zur Rettung der Seelen zu verkünden.«

In dieser Ekklesiologie, die für das Anbrechen des Reiches Gottes schon jetzt steht, spielt die Feier der Eucharistie eine herausragende Rolle. »Ecclesia de eucharistia vivit!« Aber es ist nicht eine Eucharistie der Implosion in die eigene Innerlichkeit, sondern sie bringt »Weltverwandlung«, wie sie Teilhard de Chardin in »La messe sur le monde«[82] erahnt hat.

Kasper Kaproń sieht folglich eine »geheimnisvolle Identität zwischen der Gemeinschaft mit dem auferstandenen Christus auf dem Altar und den Armen und den Kleinen... In der exponierten theologischen Perspektive verwandeln sich Brot und Wein in das Brot und den Wein des Königreichs, den Beginn der Utopie desselben Königreichs«. Die »Epikle-

81 Aussage von Papst Franziskus beim Besuch der Favela Varginha, Rio de Janeiro, 25. Juli 2013 (vgl. dazu auch das Schlussdokument der Lateinamerikanischen Bischofskonferenz von Aparecida, N° 395). Ebenso: EG 187.

82 Teilhard de Chardin, Pierre: Hymne de l'univers. La messe sur le monde, Paris 1961.

sis beschränkt sich nicht auf die Umwandlung der Gaben oder der Gemeinschaft, sondern auf die ganze Geschichte im Leib des Herrn«. Das macht die zutiefst mystische Feier höchst politisch. Denn »das eucharistische Symbol des geteilten Brotes prangert die Anhäufung von Gütern durch wenige und den Hunger der Welt als Gegensatz zum Königreich an«. Eine »Trivialisierung der Eucharistie« hingegen schafft eine bloße Versammlung von Förderern und Freunden.

Eine solche Kirche hat sich vom überkommenen »clericalismo« verabschiedet, der sich im 20. Jahrhundert, so Pedro Piza, aufgebläht habe: »the ecclesiastical hierarchy became more and more a synonym of pride and atrophy, comparable to a machine that would slowly stop to work because of rust«. Diese klerikale Hierarchie war es gewohnt, to »impose the faithful a morality that they could not by themselves follow perfectly, the frequent claims of a supposed superiority of the Catholic Church in face of other religious and civil groups came to sound empty in the ears of public opinion, when several clergymen seemed to prefer the company of the richest and to battle to preserve their own superior social distinction«. Und noch schärfer: »The baroque traditions lose their original evangelistic spirit.« Pedro Piza schlägt damit in die gleiche Kerbe wie Papst Franziskus, der gegen den Klerikalismus bei jeder sich bietenden Gelegenheit wettert.

Klerikalismus beschädigt nicht zuletzt die Wirksamkeit der Laien in der Kirche. Margaret Hebblethwait behauptet dies für Paraguay: »We cannot reflect on the subject of the laity ignoring one of the strongest deformations that Latin America must address — and to which I ask for your special attention – clericalism. This attitude not only annuls the personality of Christians, but it has a tendency to diminish and devalue the Baptismal grace that the Holy Spirit put in the heart of our people. Clericalism leads to the functionalization of the laity, treating them as ›messengers‹, restricts different initiatives and efforts and I even dare to say the necessary boldness to be able to take the Good News of the Gospel to all the ambits of the social and especially political endeavour. Far from stimulating the different contributions, proposals, little by little clericalism extinguishes the prophetic fire that the Church is called to witness in the heart of her peoples. Clericalism forgets that the visibility and sacramentality of the Church belongs to the whole People of God (cf. Lumen Gentium 9–14), and not just to a few chosen and enlightened.«

Neben dem Clericalismo sieht Pedro Piza noch eine andere gefährliche Entwicklung, die vom Weg des Evangeliums wegführt: Die Kirche werde »a society of few saints that does not move, does not turn herself towards the other, does not assume a missionary stand and simply waits the world and the people to drown in their mistakes«. Typisch für diese sektoide Kirche sei eine »watchful and conscientious conservation of traditions – traditional forms of celebrating and ministering the sacraments, rather founded in the idea of beauty than in one of practicality works of the saints.« Mit prophetischer Schärfe klagt er, dass die Kirche »build itself a castle instead of assuming the mission of going to the encounter of the other«. Das »would turn the Brazilian Church into a type of Pontius Pilate, who washes the hands in face of the insecurity stigma«. Zugleich geißelt Piza »the opulence of clergy, temples and rites«. Er beobachtet die Versuchung, »to adopt the Prosperity Theology«, um zu warnen: »Brazilian Catholicism needs then to avoid the game of both Prosperity Theology and liturgical traditionalism.«

Pedro Piza erkennt aber auch Gegenkräfte gegen diese verwerfliche Entwicklung. Konkret nennt er:

- »emphasis by the local community on those ancient traditions of Brazilian Catholicism that involve going beyond the church walls;
- to add to the public charity ministries the return of public preaching... How beautiful would it be to find in public squares religious men and women, be it in Franciscan, Dominican, Redemptorist or Lazarist habit, preaching the existence of a God who loves us;
- ancient Brazilian use of adorning the public space with images of the saints, the Virgin Mary, or even images of Christ, crosses and crucifixes«.

Der Historiker von São Paulo (Brasilien) beendet seine Ausführungen mit bewegenden Worten:

»It is strictly necessary and fundamental that the Catholic Church in Brazil adopt again the posture of reading the signs of the times that Pope Saint John XXIII asked to the Conciliar Fathers in the opening of Council Vatican II[83] and that the great bishops put in practice in the seventies, eighties and nineties. The Conciliar Fathers, for their part, responded

83 Speech of His Holiness Pope John XXIII in the solemn opening of Council Vatican II, IV.1–6.

with *Gaudium et Spes*, which does not project an isolated Church over the mountain reserved to a few persons, but one that is by the roadside like a campaign hospital destined to those who walk among the hardships in this world, bringing them the perennial and constant love of God.[84]

Such a call involves building a Church that shows herself missionary, evangelizer, moved by the Holy Spirit to bring the love of God to the most hidden edges of Brazil, from the *favelas* of the great metropolitan areas to the riverside communities of Amazonas. He who is a missionary should be alive and should accept the Gospel as word of eternal life. In the same way, the fundamental point is that the Brazilian Catholic Church abandon the moribund aspect and have the courage of showing herself alive, animated by the Holy Spirit and by the joy of the Gospel. The Brazilian Christians and citizens in general are not indeed so much in seek of what is new than of what is alive, of what shows itself alive. The Church has the Gospel of Christ to give her life; what more could she ask, always counting with the constant intercession of Our Lady Aparecida?«[85]

Kasper Mariusz Kaproń von der Facultad de Teología »San Pablo« in Cochabamba (Bolivia) kommt in seinem Beitrag ausdrücklich auf Papst Franziskus zu sprechen:

»Bergoglio lädt uns ein, die gegenwärtige kirchliche Situation realistisch und gleichzeitig mit Begeisterung wahrzunehmen. Er appelliert an die Bekehrung und Veränderung des Verhaltens derjenigen, die aktiv in der Kirche arbeiten. Der Ausgang, die Erneuerung und die kirchlichen Reformen können nicht im Plan der Sonntagsrede bleiben. Die entscheidende Frage, die wir uns heute stellen müssen, lautet: Was sagt der Geist Gottes durch Papst Franziskus für die Kirche, für jeden von uns persönlich, in der gläubigen und vitalen Situation eines jeden als Christ, als eine Person, die sich aktiv an der Kirche beteiligt? Kirche, als verantwortlich für die kirchliche Institution? Können die Lehren des argentinischen Papstes eine neue Warnung der prophetischen Stimme des Propheten Jesaja sein: ›Siehe, ich tue etwas Neues; es sprießt schon, merkst du es nicht?‹ (Jes 43,19)? Möge der Heilige Geist uns alle innerlich bewegen und uns die Inspiration und Energie geben, die für einen neuen Ausweg notwendig sind.«

84 GS, Chapter IV.
85 Historian and teacher, Master in Social History by the University of São Paulo, Brazil.

Asien: kultureller Dialog

Es gibt mehrere Beiträge aus dem asiatischen Raum: ein kurzes profundes Statement aus Taiwan (Alois Gutheinz SJ.) sowie fünf ausführliche theologische Essays aus bzw. über Indien und China (Francis D'Sa SJ., Roy Lazar A., M. Krzysztof Byrski; Anthony Oliver Davies; Raphael Neelamkavil). Thematisch fügt sich der Beitrag des in Österreich geborenen, in den USA lebenden Mönchs und spirituellen Lehrers David Steindl-Rast OSB in diesen theologischen Denkraum ein.

Der folgende Überblick erfolgt in zwei Schritten. In einem ersten werden in einem knappen Überblick Challenges vor allem im indischen Subkontinent genannt: für die Menschen und ihre Gesellschaft, aber auch für die Kirche. Im zweiten Schritt werden Aufgaben genannt, welche die Kirche in den kommenden Jahren, ermutigt durch Papst Franziskus, meistern soll. Im Mittelpunkt werden Überlegungen zum kulturellen Dialog stehen. Einleitend muss aber vermerkt werden, dass auch die Sorge um das gemeinsame Welthaus aller Menschen sowie der soziale Dialog mit Blick auf die Armen in einigen Beiträgen aus Asien einen markanten Stellenwert haben.

Sorge um das gemeinsame Haus

So verlangt Roy Lazar A. von der Kirche ein »Commitment to Care for the Common Home«, mit dem Ziel »protecting the universal cosmic family (*Vasudeva Kudumbam*)«. Der Autor verweist auf Raimondo Panikkars »cosmotheandric unity, in order to emphasis the integral ecology«. Dem liege ein »panentheistic understanding of the creation« zugrunde. Dieses könne dazu ermuntern, »to stop the destruction of nature in the name of development«. Ein »change of attitude and our life style« sei dazu erforderlich. Die »Church of South India has launched ›The Green Schools Project‹« sowie einen »Eco-Parish Guide: Bringing Laudato si' to Life.«

Sozialer Dialog auch in Indien

Neben der Ökologie kommen bei den Autoren in Indien, wie in Lateinamerika, auch die Ökonomie und mit ihnen die Armen des Kontinents in den Blick. Seit Mutter Teresa sei, so Roy Lazar A., in aller Welt bekannt, dass es in der Kirche in Indien ein starkes Engagement für die Armen gibt. Es existierten mehr Krankenhäuser, medizinische Versorgungsstellen, Leprosarien und Waisenhäuser als irgendwo sonst in der Weltkirche. Das bedeute aber nicht, dass alle sozialen Probleme gelöst wären.

Roy Lazar verweist auf »poverty and corruption: 37 % people fell below the poverty line … half of India's indigenous people are among the poorest in the country … The worst affected are the farmers in the country: 56.6 % of the main workers in India are engaged in agricultural activities directly and agriculture and agro-related industries provide employment to around 66 % of the total workforce… growing number of suicide of farmers… move to cities«.

Die Antwort auf diese sozialen Missstände sieht Roy Lazar in einer »integral liberation of the poor… The marginalized in the Indian context, of dalits, tribals, women and children demand a preferential option in our pastoral care… A welcome-filled fraternity is the best witness.« »The prevalence of social and structural evils and tacit tolerance of corruption, violence, injustice, etc. among the public call on religions to contribute substantially to uphold ethical values and to play the role of conscience keeper of the civil society.«

Aspekte des kulturellen Dialogs

Im Mittelpunkt der meisten Beiträge aus Asien steht aber der kulturelle Dialog, der sich zumeist als interreligiöser Dialog konkretisiert. Dieser kulturelle Dialog gehört nicht nur aus Gründen der Evangelisierung auf die Tageordnung der Kirchen in Asien. Er ist auch aus politischen Gründen unabdingbar. Denn es gebe in Indien einen religiösen Fundamentalismus, der die hohen Werte der indischen Kultur bedrohe, nämlich »Harmonie und Frieden«. Einer der folgenreichen Aspekte, so Roy Lazar, sei: »one needs to be a Hindu in order to be an Indian… The multi-cultural heritage of the country is denied and secularism assured by the constitution is decried as ›pseudo secularism‹ of the minorities in order to propagate their religions«. Der sich ausbreitende Fundamentalismus verursache vielfach religiöse Gewalt: »Muslims and Christians face increasing demonization by the hard line Hindu groups, pro-government media and the state officials Violence done to women and children.«

Im Folgenden werden Kostproben aus dem kulturellen Dialog serviert, wie sie in den Beiträgen aus Asien angeboten werden.

Relevance of mercy today

Anthony Oliver Davies lehrte nicht nur in London, sondern auch in Bejing. In seinem Beitrag kommt er auf die Bedeutung von Mateo Ricci für die heutige Zeit zu sprechen. Drei Punkte arbeitet er aus dem Werk des Jesuitenmissionars heraus:

- »Firstly, we can understand his map to have become the domain of our interconnectedness, through global communications and the internet by which we increasingly navigate space and time.
- Secondly, Euclid's Geometry has become the field of information theory. This is equally part of fundamental physics, contemporary neuroscience and digital communications. Philosophy of information is the ›metaphysics‹ of today.
- And thirdly the global language of Christianity today is arguably that of mercy. In Pope Francis' vision, it is this which extends through all cultures, being recognizable in all contexts, with characteristics that are both human and divine. »

Um diese globale Sprache des Erbarmens und Mitgefühls, wie sie der Jesuitenmissionar gefordert hatte, kreisen auch die Überlegungen im Beitrag von Anthony Oliver Davies für die Gegenwart.

Yang-Yin-He

Alois Gutheinz SJ., em. Professor für Systematische Theologie an der Fujen Universität in Taipeh, betreibt wie auch Oliver Davies den Dialog zwischen dem christlichen Erbe und der Chinesischen Kultur. Gestützt auf eine persönliche Inkulturation in diese sieht Gutheinz eine Analogie zwischen der »Yang-Yin-He Kategorie« (gebendes Prinzip, empfangendes Prinzip, einigendes Prinzip) in der chinesischen Welt und der christlichen Gotteslehre. Daraus ergeben sich wertvolle Folgerungen für ein theologisch offenes Denken. Die zweite göttliche Person kann im Gottesgeheimnis als die empfangende Liebe gesehen werden. Jesus ist unter uns als menschgewordenes empfangendes Prinzip.

Im menschlichen und kirchlichen Bereich gilt die Frau als die empfangende Person, die sich bedingungslos an den Partner ihrer Liebe zurückschenkt und so fruchtbar wird. Somit öffnet sich für die Frau der weite Raum der kirchlichen Ämter in persona Christi. Dass die zweite göttliche Person die menschliche Natur als Mann angenommen hat, sei, so Gutheinz, von der semitischen Kultur, zu der auch Israel in seiner menschlichen Geschichte gehört, nicht aber vom Wesen des Menschen her gefordert.

Von der chinesischen Kategorie der Einheit alles Seienden öffnet sich der Blick auf unsere Kirche. »WIR sind Kirche«, und als solche »auf dem Weg ins Feldlazarett, zu jedem Menschen in einem fundamentalen Rhythmus: der Unterscheidung der Geister, der Zusammenarbeit auf den verschiedensten Ebenen unserer Wirklichkeit und des Networking über alle Schranken zu den Menschen in ihren je verschiedenen Situationen und sozio-politisch-religiösen Verhältnissen«.

Dialog mit der Vedischen Theologie des Opfers

Krzysztof M. Byrski, Professor für Orientalistik am Collegium Civitas (Polen), sucht mit den Methoden der komparativen Philosophie den kreativen Dialog zwischen der Vedischen Theologie des Opfers, dem Opfer Christi und den philosophischen Implikationen der Big-Bang-Theorie.

»*Tapas* (burning, tormenting, heat and penance) is a crucial term of the Vedic cosmology. The Rig-Veda states: ›What was surrounded by the void that One was born through the power of heat (*tapas*).‹[86] Similarly, the *Big Bang* is a cosmological phenomenon of physical nature. To Vedic thinkers, *consciousness* (*cit*) is the cause of the *Big Bang*, not its product. For ›at the beginning *love* took in what was the first seed of *mind*. Thus, the Sages who searched their heart with the hymn found the bond of Being with Non-Being.‹ *Love* and *mind* imply a *consciousness* that must have pre-existed the emergence of Being and Non-Being. We may see the *Big Bang* as the self-immolation of the Person, the *Lord of Creatures (Puruṣa-Prajāpti)*, who emits *fire* and becomes its *fuel*. Thus, the post-*Big Bang* emergence of *time* and *space* may be seen as combustion triggered by *consciousness* and making *sacrifice* possible. In consequence of Jesus' words, ›I and the Father are one‹, *His* self-sacrifice also acquires *a creative character* being a redemptive repetition within the *time* of the creative sacrifice, and through the revelation of the fact that it has been the death of *the Person* that made it possible for *Him* to make beings the eaters of food and *Himself* to become their food.«

86 Rig-Veda. I.129.3.

Samadhi: waking-walking-working

Raphael Neelamkavil wählt für den interreligiösen Dialog einen anderen Zugang. »We the Church need... to go back to the Jesus who lived Contemplatively Loving Samādhi in the fully active mode of waking-walking-working.«

Samadhi bedeutet Sammlung, tiefe Meditation, vierter Bewusstseinszustand, Zusammensetzung, Verbindung, Vereinigung; das Bringen in Harmonie; Aufmerksamkeit (die auf das Höchste gerichtet ist); es ist eines der acht Angas (Glieder) im Raja Yoga System. Samadhi, die segensreiche, göttliche Erfahrung, ist erreicht, wenn Ich und Bewusstsein sich auflösen.

Für das Tun der Kirche folge daraus das ›learning of Jesus‹ ways of praying and serving the other... practising it in socially responsible but mystically committed love of God and Humans, claiming that we are theologically poor, and exclusively through such practice proving to the world the theological worth of Christianity.«

Inculturisation

»Engaging in Prophetic Inter-Faith Dialogue« fordert auch Roy Lazar. Sein Ziel: »Inculturisation«. Er geht davon aus, dass es nicht eine einzige Indische Kultur gibt, sondern »six major religions, Hinduism, Buddhism, Islam, Christianity, Sikhism and Jainism and 22 languages«.

Dieser Inter-Faith Dialogue war in der Vergangenheit nicht sehr erfolgreich. Roy Lazar erinnert an Misserfolge: »Hence, the early attempt of Robert de Nobili to adapt Hindu culture remaining faithful to Christian revelation... were either curbed by Rome. Later on the attempts to incorporate the spirituality of the Vedic Advaita into Christian contemplation through ashram movement or adaptation of Hindu symbols mostly from Brahminic culture were shunned off as a Sanskritisation process. Such attempts of Indianization were rejected both by the Hindus as well as by the majority Catholics who are victims of marginalization of Vedic Hinduism... assimilate the local cultural elements mainly into Christian liturgy, drawing insights only from the Vedic traditions.

Indian Church is proud to have its origin from the time of St. Thomas but the ritual traditions are not from the early Christian era. However, the oriental rites are useful for claiming superiority and administrative powers. The problem of ›dual jurisdiction‹, (i.e. affiliation to both the

Oriental rite and the Latin rite in the same parish) is causing a lot of confusion in pastoral care and creates a ghetto mentality among the particular rite group making parish administration really cumbersome and problematic. In most cases monitory gain and clerical power seem to be the criteria to nurture the particular rite community outside its geographical jurisdiction. Both the rites of Thomas Christians and the Latin rite are alien to the local culture but both serve to preserve a unique identity in the multi-cultural setting. But the problem is that it provokes the Hindu fundamentalists to blame Christianity as a ›foreign religion‹. There is another extreme move at present, i. e. imitating the Hindu symbols and practices in the name of inculturisation. Such practice makes one to doubt whether Christians are indulging in superstitious practices and idolatry in the name of inculturisation.«

»Religion permeates every aspect of our life in India.« Roy Lazar folgert daraus, eine »theology of religions and a meaningful and fruitful inter-religious dialogue« sei »the biggest academic need today«. »As the Hindu fundamentalists today try to justify the feudal and exploitive practices with textual proofs, a theology of religion emerging from the hermeneutics of suspicion and deconstructionism of postmodern epistemic method needs to become articulate and loud.«

»Theology in a secular sphere could assist this process of being a true church, as a sacrament of the reign of God in the world.«

Christ and Krishna

Gestützt auf die interreligiösen Meditationen eines Raimund Panikkar wirbt der jesuitische Hochschullehrer Francis D'Sa SJ. um eine Begegnung zwischen Christentum und Hinduismus, Christus und Krishna. Ein Schlüsselbegriff ist die Christophanie, die als die eine Grundmelodie historisch und kulturell unterschiedliche Variationen kennt:

»Christophany, as I have understood it, is to be articulated (as far as possible) in the transhistorical mode; then it will fit into the Indian religious ambience without much difficulty.

In this scheme the Jesus of history would neither be denied nor highlighted. On the other hand, his Divinity would neither be denied nor overlooked since it does not derive from history. His resurrection is historical in the sense that though it took place in history it is not of history. I admit that with all this I am not saying anything new.

What I am doing is making sure that I remain within the transhistorical mode, i.e., not attributing history any salvific significance as western theology does.

The transhistorical mode easily makes place for pluralism of all sorts: First of all, it propagates not creation but *creatio continua*. *Creatio* is not a once for all act. It is an on-going act. Secondly, incarnation is not a once and for all act but an *incarnatio continua*, an on-going act. We are all part of the *incarnatio continua*.

At the same time, the transhistorical vision with its tempiternal core, promotes the interrelatedness of all life, love and light. Besides the present moment carries within itself the grace and light of meaning in life! Eventually it makes us realize the interrelatedness of all things or as the Indians say, ›all is inherent in all‹, *sarvam sarvātmakam*! In Panikkar's paraphrase allaying all fears of pantheism: ›Everything is related to everything but without monistic identity and dualistic separation.‹[87] One could state in all modesty we have here in mantra form both upanishadic poetry and philosophy.

The discerning reader will have noticed that throughout we have been trying to follow in the footsteps of Pope Francis, keeping our eyes on discernment and inclusivity in our attempt at an Indian Theological Contribution. Naturally many questions will rise and not receive any response here but the discussion should go on – about time, especially historical consciousness and transhistorical consciousness, and the Jesus we encounter in the poor and on the periphery.«

Von Eis zu Wasser zu Dampf

Der Beitrag des kontemplativen Benediktiners David Steindl-Rast mag eine Brücke schlagen von den theologischen Beiträgen aus Indien zu einer mystischen Theologie in der reichen und postaufklärerischen westlichen Welt Europas und Nordamerikas.

David Steindl-Rast verweist auf die sogenannten *Gipfelerlebnisse* bei Buddhisten, Hindus, Pima, Schoschonen, Maoris. In diesen ereigne sich eine Einheit von Schweigen, Wort, Verstehen. Wer diese Erfahrungen gemacht hat, gewinnt einen anderen Zugang zu den lebendigen Bildern des Glaubens, die in den *Dogmen »zu Eis gefroren«* sind. Der interreligiöse

87 Panikkar, Raimondo: The Rhythm of Being. The Gifford Lectures, 404.

Dialog mit seinen neuen spirituellen Erfahrungen ist nur in der Lage, das dogmatische Eis *aufzutauen*. Das eint nicht nur die eine Menschheit. Es wächst daraus auch eine universelle Solidarität füreinander und für die Welt. David Steindl-Rast kann daher formulieren:

»In der Beziehung zum ›Vater‹ ist alles Positive der theistischen Ehrfurcht bewahrt, aber ohne die Furcht. Die ›Inkarnation‹, die sich weder auf Jesus allein noch auf die Menschheit beschränken lässt, sichert dem ganzen Kosmos und jedem kleinsten Teil davon unsere Ehrfurcht und macht uns dafür verantwortlich. Wenn der göttliche Lebensatem den ganzen Kosmos füllt, alles zusammenhält und jede Sprache spricht, so sind wir als Menschheitsfamilie verantwortlich, uns von diesem Geist leiten zu lassen. Hier liegt die uns alle verbindende, für uns alle verbindliche Grundlage für eine verantwortungsvolle Gestaltung unserer Welt.«

Être dia-logue

Die Beiträge ermutigen nicht nur zu interreligiösem Dialog weltweit. Er kann auch den Horizont weiten für eine »Theologie nach der Aufklärung« in Europa. Dass es eines solchen Dialogs in der Kirche dringend bedarf, ja die Kirche selbst in ihrem Innersten »Dialog« ist, den Gott mit uns führt und in den alle Menschen einzubeziehen sind, wird im Beitrag der französischen Dominikanerin Thierry-Marie Courau OP dargelegt. »Comme Lui, elle n'est elle-même qu'en étant dia-logue, en tout lieu et en tout temps, ad intra et ad extra ; se tenant à l'écoute, disponible pour recevoir et rencontrer sans condition chacune et chacun, leur offrir la Parole qui lui a été confiée, et cheminer avec eux pour leur donner de co-respondre à leur désir le plus profond, ce qui est pour elle l'appel que Dieu ne cesse de leur adresser dans leur culture et leur situation.«

From »the Church in India« into »the Church of India«

Die Autoren aus Indien berichten nicht nur über den laufenden interreligiösen Dialog und seine bisherigen Einsichten. Sie fordern zugleich die Kirche auf ihrem Subkontinent heraus. Sie sparen nicht mit Kritik an der indischen Ortskirche. Beanstandet wird ein männerzentrierter Klerikalismus; sie beklagen, dass das Kastenwesen tief in die Kirche hineinreiche (Roy Lazar: »Caste plays a very dirty role also within the Christian communities«). Der kulturelle Dialog könne einen markanten Wandel bewirken, nämlich eine »metamorphose itself from being the ›Church in

India‹ into ›the Church of India‹« (Lazar), was keinesfalls nur vorteilhafte finanzielle Abhängigkeiten reduzieren könnte: »The Catholic Church in India is still dependent on Rome or on the generosity of the rich dioceses in Europe or from the USA, not only for spiritual and administrative guidance but also for economic subsidies.«

Papst Franziskus gebe zu einer solchen Erneuerung der Kirche in Indien kräftige Ermutigung. Er selbst sei »from the loft heights of the Papal Palace down to the streets of the ordinary people« heruntergestiegen (Francis D'Sa SJ.). Er habe damit einen neuen Weg Kirche zu sein eingeschlagen. Der Jesuit bedauert aber, dass die Kirche in Indien sich dem Papst nur zögerlich anschließe: »It has been mostly verbal euphoria for the Pope and his initiatives. It has not been supported by a thorough analysis of the whole Indian situation and has been more sporadic and superficial than substantial... but the ecclesiastical leadership is clearly clueless as to what to do or how to go about the situation.«

Raphael Neelamkavil, Mitglied der Messengers of Peace and Harmony, sieht die Kirche in Indien an einem bedeutenden Scheideweg: »Church needs to initiate drastic steps to make the higher places in the Church free of desire for money and power.« Entscheide sie sich nicht für diesen Weg, dann drohe eine Kirche des »dry ›theology‹-based arm-chair talking, doing nothing Jesus-like, and thus into irrelevance in a few decades.«

Ähnlich zurückhaltend fällt auch das Bild von der heutigen Kirche in Indien aus, das Roy Lazar zeichnet. Die Chance, sich als Kirche mit Papst Franziskus zu erneuern, werde bislang zu wenig genützt: »There is no very spectacular change in the life of the church in the country in the last five years. However, the Holy Father has revived the hope in the values of the reign of God and strengthened the commitment to raise the voice against injustice and in solidarity with the marginalised... There is a strong hope that the coming years will leave inerasable changes in the life of the church, the experience of the third Pentecost after the Second Vatican Council.«

Europa/Nordamerika: geistiger Dialog

Breit gestreut sind die Themen, denen sich die AutorInnen aus Europa und Nordamerika zugewendet haben. Aus der Vielfalt werden folgende herausgegriffen: die Gottesrede nach der Aufklärung, die Bekehrung der Kirche zu den Menschenrechten, das Megathema der Frauenfrage, die Priesterfrage und schließlich das Wandern von Religionen und die Suche nach einem Islam europäischer Prägung. Den Auftakt bildet eine Analyse zur Lage von Religion in Kirche in Europa.

Zur Lage von Religion und Kirche in Europa

Einleitung und Methodologie

Das Thema »Christliches Abendland« und die Frage, »ob es das überhaupt noch gibt«, wurde bereits im Islam-Kapitel[88] analysiert, wo die Ansichten der Befragten über die sogenannte »Islamisierung« Europas in den Fokus gestellt wurden. In diesem Kapitel werden wir das Christentum in Europa durch die Linse der »Säkularisierungs-Hypothese« betrachten, die in den Stellungnahmen der Teilnehmenden der Online-Umfrage einen breiteren Raum einnimmt als in der modernen Religionssoziologie[89]: Wie sehen die Befragten die Lage der Kirche im heutigen Europa? Sinkt die Bedeutung der Kirchen im öffentlichen und privaten Leben der Menschen? Nimmt die Religiosität ab? Gibt es Platz in der Kirche für die sogenannten »spirituell-Suchenden« und »Zweifelnden«? Vielleicht spüren die Befragten auch Signale einer Rückkehr der Religion in Europa und reflektieren die Möglichkeiten einer Revitalisierung der Kirchen und der christlichen Gemeinden?

Die Meinungen der Teilnehmer werden in drei thematische Blöcke aufgeteilt.

- Der erste Block – Säkularisierung – umfasst alle Wörter/Wortteile, die mit Säkularisierungsprozessen und verschiedenen Aspekten des Glaubensverlustes zu tun haben: Säkular*(isierung), Atheis*(mus), Agnost*(izismus), Glaubensverlust und Nicht-/

88 Das Kapitel »Der Islam fordert das christliche Abendland heraus«.

89 Vgl. Berger, Peter L.: The many Altars of Modernity, Boston 2014 (Altäre der Moderne. Religion in pluralen Gesellschaften, Frankfurt 2015).

Ungläub*(e), Glaubens*(los), Konfessionslos*(igkeit), Religionslos*(igkeit), Fernstehende.

- Der zweite Block – Spiritualität – bezieht sich auf die Wörter/Wortteile, welche die bunten Entwicklungen in Bereich Spiritualität und spirituelle Suche den Menschen beschreiben: Vielfalt, Buntheit, Plural*(ismus), Suchende, Zweifelnde, Spiritual*(ität), Esoter*(ik), Spiritis*(mus) und Okkult*(ismus).
- Und der dritte Block – Christentum in Europa – stützt sich auf jene Wörter/Wortteile, welche die christlichen Kirchen (in gesellschaftlichem Kontext) beschreiben: Christentum, Konfession, Denomination, katholisch, orthodox, evangelisch, protestant* und (religiöse) Weltanschauung.

»Säkularisierung« als Herausforderung

Europa – ein säkularer Kontinent?

»Auf dem europäischen Kontinent (West- und Mitteleuropa vor allem) ist in den letzten Jahrzehnten die Säkularisierung die große Herausforderung für die Kirche und die Gläubigen.« (Mann, 1995) Dieser Meinung stimmen viele Teilnehmer und Teilnehmerinnen der Umfrage zu. Die Säkularisierung Europas wird als ein Phänomen gesehen, welches den gesamten Kontinent umfasst: »zunehmende Säkularisierung der Gesellschaft« (Frau, 1963), »almost total secularisation of society« (Frau, 1959), »secularisation: downsizing on every aspect« (Mann, 1966), »wachsender Säkularismus, generelle Gottvergessenheit« (Frau, 1957), »das größte Phänomen ist der Glaubensschwund« (Frau, 1949), »ein weit verbreiteter Agnostizismus« (Mann, 1965), »burgeoning atheism« (Frau, 1948), »militant atheism« (Frau, 1953), »zunehmende selbstverständliche Konfessionslosigkeit« (NN.).

Es gibt auch Stimmen, die nicht nur negative, sondern auch aufregende, herausfordernde und komplizierte Aspekte der Situation von Religion und Kirche in Europa bemerken: »weit verbreitetes Bedürfnis nach Spiritualität« (Mann, 1973), »so viele Nichtwissende, so viele Suchende!« (Mann, 1964), »weniger Katholiken, mehr Andersgläubige« (Mann, 1961), »zunehmende Vielfacht in Kultur, Mentalität, Religionen, Konfessionen, Identität; neues Selbstbewusstsein und -verständnis der Gläubigen« (Frau, 1987).

Die Menschen analysieren die religiöse Situation ihres Landes, ihrer Kirche, ihres Kulturkreises. Sie versuchen, die Ursache für den Rückgang des Glaubens zu finden und über die Konsequenzen zu denken. Oft denken sie selbstkritisch.

Es gibt kein europäisches Land, in dem nicht einzelne Aspekte der Säkularisierung erwähnt würden. Hier sind solche Stimmen aus verschiedenen Ländern, die belegen, dass sich die weltanschauliche Dimension in vielen europäischen Kulturen in der letzten Zeit verändert hat:

Deutschland:

»Deutschland (ist) ein Land mit überwiegend christlicher Tradition ... Und doch verabschiedet sich das Christentum seit Jahrzehnten nach und nach aus dem Leben der Deutschen. Der Grund dafür liegt nicht in der Einwanderung von Menschen aus anderen Kulturkreisen... Es sind die Christen selbst, die sich mehr und mehr von ihrem eigenen Glauben abgewandt haben.« (Frau, o.J.)

»Mehr als 80 % der Bevölkerung Mitteldeutschlands bezeichnet sich als ›glaubenslos/atheistisch‹, die christlichen Kirchen ziehen sich aus ›der Fläche‹ zurück und reduzieren ihre ›Angebote‹.« (Mann, 1951)

»In der Bundesrepublik Deutschland wird es 2025 zum ersten Mal weniger (konfessionell gebundene) Christen geben als Nicht (konfessionell gebundene) Christen.« (Mann, 1995)

»Das Christentum in Deutschland verliert seinen Rückhalt in der Bevölkerung, die allgemeine Moral und Courage nimmt ab.« (Mann, 1999)

Österreich:

»Unglaube und Säkularisation privat und im öffentlichen Leben, in Politik und Wirtschaft.« (Mann, 1933)

»Neben dieser Wohlstands- und Spaßgesellschaft hat Gott oft keinen Platz mehr. Ein Christentum, welches sich in Traditionen erschöpft, für die die nächste Generation kein Verständnis mehr hat, wird bald versanden. Die Sakramente Taufe, Erstkommunion und Eheschließung werden oft nur mehr als ›Behübschung‹ in Anspruch genommen.« (Frau, 1951)

Schweiz:

»Säkularisierung. Die Menschen suchen nach Spiritualität, aber nicht in der Kirche.« (Frau, 1939)

Portugal, Frankreich und Deutschland:

»In den europäischen Ländern, in denen ich bislang gelebt habe, gibt es deutliche Zeichen einer stark wachsenden Individualisierung, Säkularisierung, ... und Umkehrung moralischer und ethischer Prinzipien durch Medien und Internet, Veränderung des traditionellen, christlichen Menschenbildes.« (Frau, 1961)

Dänemark:

»Hier in Dänemark ist es die Säkularisierung. Werte gehen verloren. Die sozialen Aufgaben sind vom Staat gut gelöst und die Menschen, die aus dem ›Netz‹ fallen, werden oft von Gemeinden – katholische und evangelische – gefangen. Allerdings gibt es eine große innere Leere in vielen, denn Materialismus kann den Hunger nach Sinn nicht stillen.« (Frau, 1967)

Niederlande:

»Of course the secularisation is an important sign. A positive result of this is that the remaining active Catholics are better motivated than the average Catholic in the past.« (Mann, 1960)

»Secularisation is strong. Parishes are fusing and many church buildings are being closed. There is a great lack of priests. Vocations to religious life seem to be slowly increasing for the contemplative orders. One out of three marriages are broken up. Young people seldom attend church services. Some politicians wish religion to remain behind the front door and not be given time for programs on TV. Young people search all the same for meaning in their life and do not seem to find this in the Church. The Catholic together with the Protestant and Evangelical churches manage to continue sending out their programs on Radio and TV.« (Frau, 1930)

Großbritannien:

»Increasing secularisation; the idea often expressed that the church should keep its views (on social, political and economic problems) to itself and not ›interfere‹; lack of positive stories in the mainstream media.« (Frau, 1955)

Irland:

»Secularisation... the Church is irrelevant.« (Mann, 1947)

Italien:

»Schwindendes Interesse an Religion vonseiten der Christen, islamisch geprägte Zuwanderer. Toleranz zwischen den Gruppen gefragt: (echte) Christen, Atheisten, Muslime.« (Mann, 1988)

Tschechien:

»Doznívající vlivy sekularizace a mohutný nástup novodobého pohanství umožněného mnohavrstevným pluralismem« / Die wachsenden Säkularisierungseffekte und der massive Aufstieg des modernen Heidentums wurden durch einen vielseitigen Pluralismus ermöglicht.« (Mann, 1949)

Slowenien:

»Na jednej strane sekularizácia, ktorá propaguje názor, že náboženstvo je v dnešnej dobe obsolentné a ideálne by bolo, ak by bolo úplne potlačené. Na druhej strane národno-konzervatívne politické hnutia, ktoré sa tešia podpore istej časti veriacich aj kléru« / Auf der einen Seite: Säkularisierung, die die Ansicht fördert, dass Religion heute obsolet ist und ideal wäre, wenn sie völlig unterdrückt würde. Auf der anderen Seite: nationalkonservative politische Bewegungen, die von einem Teil der Gläubigen und des Klerus unterstützt werden.« (Mann, 1996)

Polen:

»Die Kirche hat sich in den Dienst der Politik engagiert, sie sollte sich an ihre eigentlichen Aufgaben besinnen und dem durch ihre Haltung verursachten Rückgang entgegenwirken.« (Frau, 1951)

Philippinen (ein Blick auf Europa von außen):

»Bei fortschreitender Säkularisierung wird das Christentum immer mehr zur Minderheit, Europa zum Missionsland. Ein wichtiger Teilbereich der Mangel an Berufungen und das teilweise noch kaum vorhandene Bewusstsein für das allgemeine Priestertum bzw. das mangelnde Engagement, Sendungs- und Verantwortungsbewusstsein der ›Laien‹.« (Mann, 1969)

Diese Sammlung von Meinungen zeigt, dass die besprochene Säkularisierung ein komplexes Phänomen ist, das verschiedene Ebenen besitzt wie: Glaube, Kirche, Weltanschauung und Gesellschaft. Dementsprechend werden wir im Folgenden die Ansichten der Befragten mit Hilfe dieser vier Kategorien strukturieren.

Seit den 1960er-Jahren wird der Säkularisierungsprozess als ein fortschreitender Rückgang des traditionellen religiösen Glaubens und seiner gemeinschaftlichen Praktiken definiert. Tatsächlich hört eine zunehmende Mehrheit der europäischen Bevölkerung auf, regelmäßig an der traditionellen kirchlichen Praxis teilzunehmen. Die privaten religiösen

Überzeugungen verschiedener Formen und Richtungen blieben jedoch hoch. Grace Davie, Soziologin aus Großbritannien, charakterisierte diese allgemeine europäische Situation als »believing without belonging« (glauben ohne anzugehören).[90] Auf der anderen Seite bezeichnen sich viele Menschen als »christlich«, aber verweisen auf eine implizitere und diffuse christentümliche kulturelle Identität.

Danièle Hervieu-Léger, Soziologin aus Frankreich, hat eine umgekehrte Charakterisierung der europäischen Situation angeboten – »belonging without believing« (angehören ohne zu glauben).[91] Die wissenschaftlichen Diskussionen, die vor mehr als 15 Jahren begannen, gehen weiter. Es scheint, dass es keinen Konsens darüber gibt, was mit Religionen und Kirchen in Europa geschieht. In verschiedenen Kontexten, Kulturen und Lebenssituationen, in verschiedenen Altersgruppen, verhält sich Religion anderes. Religion selbst ist anders geworden. Pluralistisch, fragmentiert, verbündet, fragend, suchend... Sie kommt auch in der Gestalt des Islams nach Europa zurück. Auch »Esoterik boomt«. Eines ist jedoch klar: Religion kann sich an soziale (säkulare) Prozesse anpassen, sich transformieren und revitalisieren.

Veränderungen in der Weltanschauung

»Säkularisierung«, so sehen es die Befragten, verursacht tiefe Veränderungen in der Weltanschauung den Menschen. Drei Aspekte dieser Veränderungen wurden hervorgehoben: religiöse Indifferenz und Gleichgültigkeit gegenüber christlichen Werten, sinkende christliche Moralorientierung und verkürztes Menschenbild.

Religiöse Indifferenz: Die Teilnehmer beklagen nicht nur ein »Desinteresse an Gott, Religion, Kirche« (Mann, 1969), sondern auch eine »zunehmende ›Egal-haltung‹ gegenüber christlichen Werten und Inhalten« (Frau, 1998). Die Ursachen dieser »wachsenden Gleichgültigkeit« (Mann, 1939) werden oft in der Kirche gesucht. Die Kirche und die Christen selber, so manche Umfrageteilnehmer, sind an der Entwicklung schuld. Kritisiert wird »eine langweilige Kirche« (Mann, 1955), »eine große Gleichgültigkeit gegenüber vielen globalen Problemen, ein weit verbrei-

90 Davie, Grace: Religion in Britain since 1945: Believing Without Belonging (Oxford: Blackwell, 1994); and in Modern Europe: A Memory Mutates (Oxford: Oxford University Press, 2000).

91 Hervieu-Léger, Danièle: Religion und Sozialer Zusammenhalt in Europa, in: Transit: Europäische Revue 26 (2004).

teter Agnostizismus, der auch oftmals mit Denkfaulheit und Klagesucht einhergeht« (Mann, 1965). »Weltbild und Weltanschauung sind selbst bei praktizierenden Katholiken diffus.« (Mann, 1940) Kirchenmitglieder hätten Angst vor einem Engagement: »Secularisation. Fear of commitment leading to a lack of vocations, volunteers and stable families.« (Mann, 1972)

Sinkende christliche Moralorientierung: Einige Meinungsäußerungen von Teilnehmenden aus verschiedenen Ländern beobachten als Folge der Säkularisierung oder in enger Verbindung mit dieser ein Absinken christlicher Moralorientierung:

Österreich:

Die Zeichen der Zeit sind: »Zunehmende Abkehr vom Christentum durch zunehmende Islamisierung durch Zuwanderer und zunehmende antireligiöse Tendenzen der heimischen Bevölkerung und damit verbunden eine Abnahme der christlichen Werte, die aber maßgeblich zur Erhaltung der europäischen Kultur beitragen.« (Frau, 1960)

»Die Kultur, aber auch die Politik in Europa hat sich von den ursprünglichen christlichen Werten entfernt.« (Mann, 1943)

Deutschland:

»Fortschreitende Säkularisierung. Werteverlust. Aufkeimender Rassismus, Fremdenhass, Antisemitismus. Nachlassende Empathie, trotz Wohlstand.« (Mann, 1955)

»Der Rückgang der Relevanz des Glaubens im Leben der Menschen, der mit einem allgemeinen Verlust an Gemeinschaftswerten einhergeht.« (Mann, 1962)

»Verletzung moralischer Prinzipien, äußerer Atheismus; und faschistische Tendenzen, Verletzung der Nächstenliebe, innerer Atheismus.« (Mann, 1983)

Tschechien:

»elká sekularizace, ztráta morálních hodnot, obecně hedonistický styl, povrchnost a roztříštěnost života, ztráta jeho smyslu a propojení s duchovním rozměrem« / Säkularisierung, Verlust moralischer Werte, hedonistischer Vorstellungen allgemein, Oberflächlichkeit und Fragmentierung des Lebens, Verlust der Bedeutung des Lebens und Verbindung mit der spirituellen Dimension. (Frau, 1972)

Großbritannien:

»Almost total secularisation of society... A breakdown of some moral codes and the pursuit of money as a way to happiness. Intolerance for people from different parts of the world.« (Frau, 1959)

Ein Teilnehmer aus Deutschland fasste »die säkularisationsbedingten Probleme der westlichen Gesellschaften« zusammen und benannte als Folgen »›Haltlosigkeit‹ mit Zunahme an psychischen Erkrankungen, Egoismus, Isolation besonders durch die ›Neuen Medien‹, dadurch Rückgang des gesellschaftlichen Engagements (Ehrenamt), Gewaltbereitschaft…« Das lässt ihn darauf verweisen, dass diese Probleme ein großes Feld für kirchliche Aktivitäten werden könnten: »Die Kirche muss sich als moralische Instanz deutlich auf die säkularisationsbedingten Probleme … andienen. Sie sollte offensiv die Glaubenswerte in der Gesellschaft vertreten und dadurch die Gläubigen ermutigen, auch ihren Teil dazu beizutragen.« (Mann, 1963)[92]

Verkürztes Menschenbild: Das Menschenbild ist ein Teil des Weltbildes. In einer Welt der geschrumpften Transzendenz verliert auch der Mensch seine transzendente Dimension. Ein Verdunsten des Glaubens verursacht »›Verdunsten‹ von religiösen, konfessionell geprägten (christlichen) Identitäten« (Mann, 1948). In der modernen Welt der »verbreiteten Konsumorientierung und des Messens des Lebenserfolgs nur noch in Geldwert [wird] das ›Ich‹ nicht mehr als Seele gesehen« (Mann, 1937). »Dahinter«, so eine Teilnehmerin, »steht ein für mich fragwürdiges Menschenbild: Jeder hat das Recht, seine Scheinbedürfnisse zu befriedigen, ohne das Große-Ganze im Auge zu behalten«. (Frau, 1952) Der Mensch wird ein Konsument, ein Element der Wirtschaft, ein Leistungswesen.[93] Ein solches »völlig reduziertes Menschenbild« (Mann, 1965) ist unakzeptabel und schmerzvoll für Christen. Eine Teilnehmerin entwickelt dieses Thema weiter: »Der Mensch ist mehr als die Summe an Geld, das auf seinem Konto liegt, oder die Gegenstände, die er besitzt… jeder hat eine unverbrüchliche Würde, egal woher er oder sie kommt.« (Frau, 1983)

Veränderungen im Glauben

Viele Teilnehmer reflektieren über die Veränderungen, die in ihren Kirchen, Kulturkreisen und Regionen/Länder über die Jahrzehnte hinweg beobachtet wurden. Sie berichten über die schwach gewordenen Glau-

92 Mehr zum Thema »Werteverlust« im Kapitel »(Un-)Werte«.
93 Mehr zum Thema im Kapitel »Ökonomie«: »Entmenschlichung des Lebens als Ganzes«.

bensüberzeugungen, über geschrumpfte Transzendenz, rückläufige Kenntnisse christlicher Inhalte und allgemeine religiöse Indifferenz.

Schwache Glaubensüberzeugungen: »Säkularisierung« ist, so eine Befragte, wenn »Menschen mehr zweifeln als glauben« (Frau, 1967). »Da brennt nichts mehr, da wird zu wenig deutlich, wie sehr der eigene Glaube Kraftquelle ist. Dagegen sind so viele Glieder des Gottesvolkes so wenig sprachfähig.« (Mann, 1964) Es lässt sich eine gewisse »Trägheit der Gläubigen« beobachten (Mann, 1959) und, konsequenterweise, ein »Rückgang der gläubige Christen in der Bevölkerung« (Mann, 1950).

Sind die europäischen Gesellschaften atheistischer geworden? Die Antworten auf diese Frage sind unterschiedlich, sogar widersprüchlich:

Einige Befragte meinen, dass Europa mehr atheistisch geworden ist: »Atheismus wird zur gesellschaftlichen ›Selbstverständlichkeit‹« (Mann, 1937), »burgeoning Atheism is now seen as ›fashionable‹ rational and scientifically ›cool‹, whereas holding faith based belief is seen as ›infantile‹ and even ›ridiculous fantasy‹ and very ›uncool‹« (Frau, 1948), »Atheismus (ist) im Wachsen« (Mann, 1956).

Andere jedoch denken, der Atheismus sei heute gar nicht mehr so »fashionable« als früher, und dass er an seinen aggressiven, militanten Charakter verloren hat: »Kämpfende Atheisten sind sehr rar geworden«. (Frau, 1931) »Glaube ist nicht einmal mehr eine Option. Es sind nicht Zweifel und Atheismus, sondern die Tatsache, dass (die Menschen) nicht einmal mehr fragen und suchen.« (Mann, 1955) »Religion spielt in ihrem Leben nahezu keine Rolle, sie sind religiös indifferent und nur selten kämpferisch-atheistisch.« (Mann, 1965) »Wachsende Gleichgültigkeit« (Mann, 1939, 1978), »Verunsicherung und Angst vor Überfremdung und Extrempositionen« (Mann, 1956) sind die Charakteristiken der Religionssituation im heutigen Europa. Auch ein »atheistischer Neohumanismus« (Mann, 1942) verbreitet seinen Einfluss in der modernen Gesellschaft. Seine Formel: »›freundliches Desinteresse‹ an der Religion« (Frau, 1952).

Die These von einem Glaubensniedergang/wachsenden Atheismus in Europa ist somit sehr komplex und kann kaum durch »Schwarz-Weiß«-Begriffe beschrieben werden.

Geschrumpfte Transzendenz: Transzendenzerlebnisse sind eine universelle Komponente des menschlichen Lebens – so denken die Wissenschaftler, die sich mit menschlicher Natur in verschiedenen Kulturen und Epochen beschäftigen. Die menschliche Erfahrung ist ein kontinuierlicher Fluss von »kleinen«, »mittleren« und »großen« Transzendenzen. Diese These des Soziologen Thomas Luckmann ist klassisch geworden.[94] Gesellschaften und Kulturen unterscheiden sich signifikant dadurch wie, wann und in welchen Formen und Stufen die Menschen Transzendenz erfahren. Religion, in diesem Sinne, verschwindet nicht aus der modernen Welt, sondern verändert sich: ihre transzendente Dimension ist geschrumpft. So denken auch die Umfrageteilnehmer: »Fragen der Transzendenz nach woher wohin wozu werden kaum gestellt« (Mann, 1954), »es gibt kaum noch eine Antenne für das Religiöse« (Mann, 1954), »Abwesenheit von Transzendenzgedanken« (Mann, 1948), »Verdunsten des Glaubens« (Mann, 1969). »Ein weiteres Zeichen ist, wie wenig Glauben – Bezug zu Gott – wie klein die Sehnsucht nach einem transzendentalen Bezug ist.« (Frau, 1965)

Die Teilnehmenden gehen in ihrer Analyse weiter und fragen nach den Ursachen der geschrumpften Transzendenz: »Der hemmungslose Materialismus, der Fragen der Transzendenz immer mehr ins Abseits drängt« (Mann, 1943), »Atheismus, Entfernung der Menschen von Gott, ›Scheinchristen‹« (Mann, 1987), »Materialismus und Kapitalismus, der Tod und Transzendenz verdrängt« (Mann, 1959), »die Übersättigung des Verstands durch unendliche Möglichkeiten der Ablenkung mittels PC, Internet, Medien und Freizeitgestaltung verhindert zunehmend die transzendenten Fragestellungen, die Frage nach dem Transzendenten – Gott – überhaupt« (Mann, 1960).

Und was sind die Konsequenzen der geschrumpften Transzendenz? »Sinnverlust in der Gesellschaft generell, der mit dem Verlust der Transzendenzorientierung einhergeht« (Mann, 1954), so schreibt ein Teilnehmer und andere sekundieren: »der Verlust des Gottesglaubens/eines Transzendenzbezugs, im Gegenzug Wachsen von Egozentrik, Sinnverlust, bzw. Konsum u. ges. Ansehen/Position als Ersatz« (Frau, 1944), »Gottferne, bzw. das Desinteresse an transzendenten Vorgängen und Gegebenheiten. Die dominierende Einstellung vieler Männer und Frauen: ›Ich glaub nix, mir fehlt nix‹« (Mann, 1927). Das Problem unserer Zeit liegt im »Verlust der Transzendenz mit der Folge der Gleichgültigkeit gegenüber Religionen« (Mann, o.J.), »Glaubensferne, Abwesenheit von

94 Thomas Luckmann, Die unsichtbare Religion. Frankfurt am Main, 1991. – Ders.: »Shrinking Transcendence, Expanding Religion?« Sociological Analysis 50 (2) 1990.

Religion, von Transzendenz generell. Man lebt ausschließlich im hier und jetzt. Nur materielle Werte zählen.« (Mann, 1958)

Selbst im kirchlichen Raum zeigt sich die geschrumpfte Transzendenz durch »Glaubenslosigkeit und Lippenbekenntnis zum Christentum« (Frau, 1956). »Es gelingt nicht mehr, die alten Inhalte in die neue Situation zu übersetzen bzw. die weiter bestehende Sehnsucht nach Transzendenz mit den Inhalten des Christentums zu verbinden.« (NN.) Das heißt, dass es noch »die Suche nach Transzendenzerfahrungen, aber immer weniger im kirchlichen Raum« gibt (Frau, 1950): »Der zunehmenden Säkularisierung der Gesellschaft steht ein erwachender Wunsch nach Transzendenz gegenüber, der aber derzeit eher in esoterische Pseudo-Spiritualität mündet.« (Frau, 1953)

Peinliche Unwissenheit: Viele Menschen in Europa wissen sehr wenig über das Christentum – das ist eine Tatsache, mit der die Umfrageteilnehmenden in ihrem Alltagsleben konfrontiert werden, in den Schulen, Familien und sogar in den Kirchen: »Almost total secularisation of society... some people not having even a basic knowledge of Christ or the Holy Trinity« (Frau, 1959), »zunehmende Entkirchlichung der Gesellschaft; der Mangel an Kenntnissen und Wissen über Kirche, Religion, Christentum in weiten Teilen der Bevölkerung« (Mann, 1954), »Kirchenferne und das Unverständnis der meisten jungen Menschen für das Christentum« (Mann, 1957), »ein fremd gewordenes Christentum« (Mann, 1966) und »peinliche Unwissenheit in Bezug auf fundamentale Fakten und Bezüge im Christentum« (Mann, 1937).

Warum peinlich? Warum fühlen sich Menschen unangenehm und sogar verärgert, wenn jemand etwas nicht weiß? Weil Kenntnisse der fundamentalen christlichen Inhalte für sie ein Zeichen nicht nur für die Religiosität der anderen, sondern auch für ihr Bildungsniveau, ihre Kultur und – noch viel mehr – für die gemeinsame Zugehörigkeit zu Europa ist: »Massiver Informationsmangel über christliche Inhalte, was nicht nur Glaubensinhalte (und damit einen ev. Glauben) betrifft, sondern auch Wissen über die abendländische Kultur und Gesellschaft, die ohne Wissen über das Christentum eben nicht zu verstehen sind.« (Mann, 1947)

Es gibt auch andere Gründe dafür, warum den Teilnehmenden der Umfrage die schwachen Kenntnisse der europäischen Bevölkerung über das Christentum peinlich sind. Ein Grund dafür ist, dass es Menschen gibt, die nur nominell christlich und religiös sind: viele »Lippenbekenntnisse zum Christentum« (Frau, 1956; Mann, 1954); sie »verdecken inneren Unglauben« (Mann, 1927); zudem gibt es auch viele »entkonfessionalisierte und entchristlichte Menschen« (Frau, 1956): »Sie scheinen ihr Leben auch ohne Religion mehr oder weniger gut zu bewältigen. Angesichts dieser Situation fragen sich Christen hier oft, warum sie noch glauben sollten. Gelegentlich werden sie auch von ihren konfessions- bzw. religionslosen Mitmenschen nach den Gründen für ihren Glauben gefragt, sodass sie diesen in einem weitestgehend religiös indifferenten Umfeld nicht nur vor sich selbst, sondern auch gegenüber diesem Umfeld bezeugen und rechtfertigen müssen.« (Mann, 1965) Mit anderen Worten: Unwissenheit und innere Distanzierung der anderen Menschen von Glaube und Kirche ist für Christen unangenehm und auch herausfordernd, weil sie lernen müssen, über ihren Glauben überzeugend und kenntnisreich zu reden: »Die Begriffe ›Gott‹ und ›Kirche‹ sind durch den Missbrauch von Macht und Moral so verdunkelt und verschmutzt worden, dass es eine neue Sprache braucht, um über christliche Inhalte zu sprechen.« (Frau, 1967)

Ein weiterer Grund, warum für die Teilnehmer der Umfrage die schwache Kenntnis des Christentums in ihrem Umfeld peinlich ist: Weil Christen ohne Kenntnisse über ihre eigene Religion und Kultur Schwierigkeiten haben, mit dem Islam einen ernsthaften Dialog zu führen: die schwachen Kenntnisse des Christentums führen zu einem »kritiklosen Umgang mit dem Islam« (Mann, 1947).[95]

Veränderungen in der Kirche

Die schwachgewordenen christlichen Institutionen (sinkende Zugehörigkeit, schrumpfende Beteiligung an kirchlichen Praktiken, Kirchenfeindlichkeit, Kirchenferne und sinkende Vitalität der Religionsgemeinschaften) sind weitere Schlüsselworte für die Beschreibung der Säkularisierung in Europa. Die Kirche lebt in einer Welt, in der kirchliche Institutionen nicht mehr nötig zu sein scheinen. »Auf dem Hintergrund der derzeitigen gesellschaftlichen Situation zeigt sich eine weit verbreitete Gleichgültigkeit gegenüber kirchlichen Institutionen.« (Frau, 1935) Es zeigt sich eine »weit verbreitete Kirchenferne, Abkehr von der Kirche als Institution« (NN.), eine »große Zahl von Kirchenaustritten«

95 Mehr zum Thema »Umgang mit dem Islam« im Kapitel »Der Islam fordert das christliche Abendland heraus«.

(Mann, 1959). »Das Angebot der christlichen Kirchen – und hier besonders der katholischen Kirche – spricht die Menschen nicht mehr an, was möglicherweise an den Jahrhunderte alten Formen der Gottesdienste liegt. Die Sakramente wie Taufe, Erstkommunion und kirchliche Trauung werden zwar noch verlangt, inzwischen aber mehrheitlich von Menschen, die sonst nicht aktiv in der Kirchengemeinde teilnehmen.« (Mann, 1949)

Unter den vielen Meinungen der Befragten zu diesem Thema, lassen sich zwei entgegengesetzte Standpunkte identifizieren. Der eine ist kritisch gegenüber der Gesellschaft – die Welt »außerhalb« der Kirche (i. e. die Welt ist kirchenfeindlich geworden) – und der andere ist kritisch gegenüber den innerkirchlichen Einrichtungen, der Kirche »drinnen«. Mit anderen Worten: Während die moderne Gesellschaft den Kirchen gegenüber als unfreundlich beschrieben wird, werden zugleich die Religionsgemeinschaften – selbstkritisch – als passiv, selbstfokussiert und »zahnlos« angesehen:

Kirchenfeindlichkeit: Beobachtet wird eine »Zunahme von Aggression und Feindseligkeit in der Ablehnung der katholischen Kirche« (Mann, 1992). Von einem »zunehmend militanten Atheismus« mit »Abscheu und Spott über Kirche« (Mann 1954) ist die Rede, wobei eine Befragte vermerkt, dass es zugleich »viele seelische Nöte der Menschen: Frage nach dem Sinn, Einsamkeit, ›Kälte‹« (Frau, 1955) gebe.

Während einerseits kirchenfeindliche Aktivitäten zunehmen, sinke zugleich die Vitalität der Religionsgemeinschaften: »Das Christentum wird in weiten Teilen der Welt brutal verdrängt, (aber) in christlichen Ländern ist es zahnlos geworden.« (Mann, 1943) Zwar seien die Menschen Suchende, Pilger (wie die französische Soziologin Danièle Hervieu-Léger moderne Menschen religiös definiert). Aber es gebe »dort, wo Menschen Religion suchen, oft viel Irrationalität, Regressivität und Passivität und wenig Tatkraft im Sinne Christi« (Frau, 1953). Die Kraft der Kirche sei also im Abnehmen begriffen. Das zeige die »abnehmende Anzahl (sozial wie spirituell) aktiver Gemeindemitglieder« (Mann, 1992; auch Mann, 1937, 1962), eine innerkirchliche »Individualisierung. Gemeinschaft wird nicht mehr als Wert und wertvoll empfunden« (Frau, 1967), das »Verdunsten der Bindung an die Glaubensgemeinschaft« wird beklagt (Mann, 1969).

Abnehmende soziale Relevanz von Religion und Kirche: In Schulen, in den

Medien, am Arbeitsplatz, in der Politik, in Familien, in Kunst und Kultur, im Alltagsleben trifft zu, dass das Christentum in heutigen Gesellschaften nicht mehr die einzige Sinninstitution sei, »weder in Europa, noch in Deutschland ist das Christentum die gemeinsame, sinnstiftende Größe als Fundament des gesellschaftlichen Ganzen« (Mann, 1954). Die Aussagen vieler Teilnehmer sind oft traurig und wirken hoffnungslos: »Es ist zu befürchten, dass viele Einrichtungen (konfessionelle Schulen, Krankenhäuser, Pflegeheime) nur noch das Etikett ›katholisch‹ haben, da es zu wenig Mitarbeiter gibt, die die Einrichtungen ›christlich prägen‹.« (Mann, 1940) »Dass es religiöse Wurzeln unserer Gesellschaft und Kultur gibt, von denen wir leben, spielt in einem solchen Denken keine Rolle mehr.« (Mann, 1965) »Gottesdienste nicht mehr ansprechend – Kirche nur an Weihnachten voll… nicht mal mehr an Ostern, Christentum nicht mehr ›in‹: Bei mir im Büro darf ich mit so einem Thema erst gar nicht anfangen.« (Mann, 1969)

»Wie sehr sich das Christentum aus dem Alltag verabschiedet hat, lässt sich am Beispiel des Tischgebets illustrieren (Umfrage des Instituts für Demoskopie Allensbach, Deutschland). Auf die Frage ›Wenn Sie an Ihre Kindheit zurückdenken – wurde da vor oder nach der Mahlzeit ein Tischgebet gesprochen?‹ antworteten im Jahr 1965 in Westdeutschland 62 % mit ›Ja‹. Aktuell geben noch 41 % der Westdeutschen diese Antwort. Dass auch heute noch in ihrem Haushalt ein Tischgebet gesprochen werde, sagen dagegen nur noch 9 %. Schon vor 52 Jahren hatte dieser Wert nur bei 29 % gelegen… Ganz langsam, schleichend, werden die christlichen Sitten im Alltag aufgegeben.« (Frau, o.J.)

Wer ist nun an diesen Entwicklungen schuld? Die neoliberale Politik, die moderne Businessethik, die derzeitige Wirtschaftslage, die vielen Freiheiten der modernen Welt? Pluralismus, Materialismus? Oder vielleicht unsere eigenen Ängste, die Gewohnheit, mehr zu konsumieren, anstatt sich zu engagieren? In diese Richtungen weisen Antworten der Befragten, die versuchen, mit der Situation umzugehen und über die gesellschaftliche Lage der Religion und Kirche nachzudenken. Verursacher dieser prekären Lage des Christentums sind für einen unbekannten Umfrageteilnehmer »Atheismus, neoliberale Politik. Das jetzige Regierungsprogramm ist kaum von einem wirklich messbaren christlichen Geist geprägt. ›Bildung‹ wird nur als Ökonomiefaktor verstanden. Humanismus bzw. Idealismus werden in den Hintergrund gedrängt.« (NN.) Ein anderer sieht eine historische Entwicklung: »Das Christentum hat früher das gesellschaftliche Leben mitgeprägt. Diese christliche Atmosphäre ist in unserer heutigen materialistisch und pluralistisch dominierten Welt kaum mehr vorhanden. Vielen fällt es daher immer schwerer zu glauben. Für viele, deren Bindung zur Kirche bisher schon eher lose war, genügt dann oft ein geringer Anlass, um aus der Kirche auszutreten. Der hohe Freiheitsanspruch des heutigen Menschen verstärkt zudem die Angst vor jeglicher Bindung. Das trifft Kirche, Familie und die Gesellschaft gleichermaßen. Man will eher konsumieren und sich nicht engagieren. Engagement zieht ja Bindung nach sich und Christsein ist jetzt im allgemeinen Verständnis Privatsache. Religion wird eher nur konsumiert, wenn Taufen und Begräbnisse anstehen.« (NN.)

Veränderungen in der Gesellschaft

Für diese Passage sind die einschlägigen Schlüsselworte Pluralisierung der Religionen (Christliche Kirchen/Konfessionen, andere Religionen, inkl. Islam, und Atheismus) und Pluralisierung der Formen der Weltanschauungen (spirituell Suchende, Zweifelnde, Distanzierte, etc.).

Pluralisierung der Religionen

Es gibt eine ganze Palette von Emotionen hinsichtlich der pluralistischen Entwicklungen. Manche Befragte sehen sie als bedrohlich an. Für andere sind sie eine vielversprechende Herausforderung für die Kirche und das Christentum. Die »bedrohlichen« Zeichen der Zeit kommen oft in einer Kombination: Atheismus/religiöse Indifferenz – Islam – Pluralismus daher: »Kraftlosigkeit gegenüber Atheismus, Populismus und dem Ausbreiten des Islams« (Mann, 1968), »Kirchen werden geschlossen, alles ist im Downsizing Modus. Gleichzeitig wird das Land immer mehr vom Islam bevölkert und geprägt und von einem wachsenden Atheismus bzw. einer Gleichgültigkeit« (Mann, 1978), »sich ausbreitender Atheismus... andere Religionen wachsen, die gesellschaftliche Akzeptanz schwindet, das Christentum ist auf dem Rückzug, Christen leben häufig in der Diaspora« (Mann, 1954), »Deutschland wird immer mehr Missionsland. Immer weniger Menschen sind von dem Christentum begeistert. Andere Werte und Religionsformen treten vielfältig an deren Stelle« (Frau, 1966). »Total secularisation and the presence of Islam where secularisation has not yet hit.« (Frau, 1962)

Ein Befragter berichtet: »Das Christentum gibt es in unserer Gesellschaft nicht mehr als einzige Sinninstitution.« (Mann, 1954) Andere aber schreiben über das Gleiche, setzen aber einen anderen Akzent: »Kirche ist nicht mehr einziger Ort, Spiritualität anzubieten.« (Frau, 1950)

Die positive Sichtweise auf Pluralisierung wurde oft mit den Worten »Buntheit« und »Vielfalt« ausgedrückt: »Buntheit der Religionen und Konfessionen in einer globalisierten Welt« (Mann, 1946), »Austausch mit anderen Kulturen und Religionen, Buntheit und Vielfalt« (Frau, 1967), sogar »bunte Vielfalt« (Frau, 1960).[96]

In der Umfrage wurde das Wort »Vielfalt« mehr als 130 Mal genannt. Die Befragten meinen damit nicht nur die Vielfalt der Religionen/Konfessionen/Kirchen, sondern auch die »Vielfalt der Ausdruckformen des Glaubens« (Frau, 1940), die »Vielfalt an Glaubenszugängen« (Mann, 1968), »... an Glaubensrichtungen« (Frau, o.J.), »Vielfalt im einen Glauben« (NN.). Sie schreiben in einem positiven Sinn über die »Vielfalt der unterschiedlichen religiösen Traditionen« (Frau, 1970), »kulturellen Vielfalt« (Frau, 1967), »Vielfalt des christlichen Lebens« (Frau, 1960), »Vielfalt der Dienste« (NN.), »der Religionen und Lebensentwürfe« (Frau, 1965, 1967; Mann, 1952), »der Lebensformen« (Frau, 1938, 1957, 1983), »der unterschiedlichen Talente« (Frau, 1970), »Charismen« (Frau, 1950) und »der Wahlmöglichkeit religiöser und spiritueller Angebote« (Frau, 1967). Beobachtet wird auch eine »Vielfalt an Lebensstilen« (Mann, 1952) und »an spirituellen Ideen« (Frau, 1959), eine »Vielfalt von Stimmen« (Frau, 1983), »von spirituellen Überzeugungen« (Frau, 1940), »von spirituellen Formen und Riten« (Frau, 1943). Eine Teilnehmerin definiert spirituelle Vielfalt als »Optionsvielfalt in Sinnfragen: vers. Religionen, Philosophien, Lebenskonzepte, ›Patchwork-Glauben‹« (Frau, 1997) und eine andere resümiert gleichsam, dass »die Vielfalt des Wissens eine Bereicherung« ist (Frau, 1961).

Mit »Zuviel an Vielfalt« (Mann, 1970) kann man auch überfordert werden: »Vielfältige konfessionelle und v.a. nicht konfessionelle Glaubensauffassungen führen zu vielen Formen von ›Spiritualität‹.« (Frau, 1971) Eine Teilnehmerin erklärt dieses Bedrohungsgefühl so: »Einerseits wird man immer offener, die Unterschiedlichkeit von Menschen zu erkennen und anzuerkennen, andererseits macht gerade das Angst (vor

96 Zulehner, Paul M., Verbuntung: Kirchen im weltanschaulichen Pluralismus Religion im Leben der Menschen 1970–2010, Ostfildern 2011.

allem Menschen, die sich nicht bewusst damit auseinandersetzen und bildungsmäßig benachteiligt sind). So wird Vielfalt nicht als Chance, sondern als Bedrohung und Werteverlust gesehen.« (Frau, 1955)

Spiritualität

Einen Kontrapunkt zur »Säkularisierung« Europas (die sowohl mit Hoffnung als auch Bedrohung verbunden wird) bildet die neue Entwicklung in Bereich »Spiritualität«.

Spiritualität wird als Privatisierung und Verinnerlichung des Glaubens beschrieben und mit Distanzierung der Menschen von der Kirche verbunden. Spiritualität ist aber zugleich mit einem großen Interesse des modernen Menschen an anderen (exotischen) religiösen Gemeinschaften und Gruppen verknüpft – mit der verstärkten »Suche der Menschen nach Übersinnlichem« (Mann, 1961). Verschiedene Ersatzreligionen blühen auf. Sinn- und Orientierungssuche ist der wichtigste Aspekt der Spiritualität, die sich innerhalb und außerhalb der kirchlichen Gemeinden entwickeln.

Spiritualität als Entkirchlichung: »Die Entchristlichung der Gesellschaft ist weiter vorangeschritten... Geblieben ist dagegen eine vage Spiritualität« – mit diesen Worten beschreibt eine Teilnehmerin der Umfrage die Lage der Religion und Kirche in Deutschland: »Wie die Umfragen des Instituts für Demoskopie Allensbach zeigen... glauben 48 Prozent der Westdeutschen daran, dass es ›irgendeine überirdische Macht‹ gebe... Der Glaube an Engel ist von 22 auf 30 Prozent gestiegen, der an Wunder sogar von 33 auf 51 Prozent. ... Gleichzeitig scheint das Bedürfnis an religiöser Orientierung nicht im gleichen Maße abgenommen zu haben wie der Glaube an die christliche Lehre.« (Frau, NN.)

Die Teilnehmenden unserer Umfrage stimmen der Tatsache zu, dass »viele Menschen im Glauben Suchende sind – aber sie suchen nicht mehr innerhalb der Kirche« (Frau, 1959), »die Religiosität vieler Menschen bleibt, aber die kirchliche Verbundenheit nimmt rapide ab« (Mann, 1969).

Sie merken, dass es auf der einen Seite eine »wachsende Entkirchlichung« gibt, auf der anderen Seite aber »wachsende spirituelle Bedürfnisse« (Mann, 1939). »Der Kirchenbesuch wird weniger. Dennoch gibt es viele suchende Menschen« (NN.), »die Menschen bleiben dennoch weiterhin und zunehmend bedürftig und suchend« (NN.). »Schwindende

Mitgliederzahlen in den Kirchen, steigende Zahl der Konfessionslosen, die Frage nach Sinnstiftung und Orientierung.« (Frau, 1973) »Zunahme des Atheismus und Kirchenfeindlichkeit, auf der anderen Seite viele seelische Nöte der Menschen, Frage nach dem Sinn...« (Frau, 1955)

Spiritualität als Privatisierung des Glaubens: Spiritualität wird von manchen Befragten als Widerstand gegen Institutionen und Traditionen gesehen – auch als Relativierung der Autoritäten. »Die Glaubwürdigkeit von Autoritäten ist rapide gesunken, auch bzgl. der kirchlichen Hierarchien... Dabei ist ein riesengroßer Hunger nach Sinn feststellbar.« (Frau, 1956) Die beobachtete »Privatisierung der Spiritualität« (Mann, 1969) wird erklärt mit einem »Widerspruch zwischen Religion und Institution. Ich bin der Überzeugung, die meisten Menschen, die die Kirche verlassen oder verlassen haben, machen oder machten das nicht, weil sie an der Religion zweifeln, sondern an der Institution.« (Mann, 1944) Es gibt viele »entkonfessionalisierte und entchristlichte Menschen« (Frau, 1956).

Eine Teilnehmerin spricht über ihre eigenen esoterischen Praktiken mit der Überzeugung, dass diese von ihrer Kirche als »teuflisch« betrachtet werden: »Es gibt viele Glaubensströmungen, jeder kann sich so etwas raussuchen, was zum eigenen Lebenskonzept passt. Für meine Begriffe wäre eine Kirche sehr wichtig, die Menschen nicht aburteilt als falsch, sondern gerade auch mit Andersdenkenden Kontakt sucht, Austausch, Gespräch. In meiner Region gibt es gerade bei den jungen Priestern wieder sehr eng Denkende. Da werden Menschen gedrängt, öffentlich in der Kirche der teuflischen Esoterik abzuschwören, in den Kirchen liegen Schriften aus, dass Reiki und Homöopathie Teufelswerk sind usw. Ich bin Ärztin und habe mit sehr vielen Menschen zu tun. Als Gläubige führe ich in Krisensituationen viele Glaubensgespräche und lege im Namen Jesu die Hände auf. Viele sind für Jesus offen...« (Frau, 1966)

Spiritualität als Suche nach Ersatzreligion: »Die Attraktivität der Kirche nimmt weiter ab – Menschen suchen Gott, Transzendenz, nicht so sehr in den traditionellen christlichen Kirchen, sondern in anderen Gemeinschaften.« (Mann, 1952) So machen sich die Teilnehmer Sorge über die wachsende Esoterik, den Glauben an Selbstoptimierung, Okkultismus, Spiritismus, etc. »Zeichen der Zeit sind... viele religiöse Signale: Okkultes, Esoterisches, säkulare ›Gottesdienste‹ wie Festivals und Sonnenwendfeiern zum Beispiel.« (Mann, 1942) Die religiöse Landschaft verbuntet sich also, etwa durch »esoterische Praktiken. Geld, Sport, Reisen und Kunst sind die neuen religiösen Massenphänomene.« (Mann, 1956) Es finde eine »Abwanderung zu Spiritismus und Okkultismus« (Frau, 1958) statt. Die Entwicklung der religiösen Dimension in modernen Kulturen scheint also zwei gegenläufige Dimensionen zu besitzen: »Zunehmende Orientierungslosigkeit der Menschen in Grundfragen des Lebens und Hinwendung zur Esoterik, Buddhismus, Yoga.« (Frau, 1951)

Das oft benutzte Wort in diesem Kontext ist »Ersatzreligion«: »Die Suche nach dem Sinn des Lebens und nach Transzendenz beschäftigt die Menschen noch, Antworten dazu werden aber nicht mehr von den etablierten Kirchen erwartet. Ersatzreligionen sind Esoterik, der Glaube an Selbstoptimierung – auch durch Sport – und ein ungehemmter Konsum.« (Mann, 1949) »Es gibt ein Überangebot an ›Ersatzgöttern‹, an die zu glauben ist scheinbar einfacher und schneller von Erfolg gekrönt.« (Frau, 1971) »Materialismus, Konsum und Individualismus als Religionsersatz« (Mann, 1954; auch Frau, 1950), »Kapital als Ersatzreligion« (Mann, 1970), »Wirtschaftslogik (neoliberal und globalisiert) hat religiösen Charakter (Religionsersatz)« (Frau, 1960), es gibt »Ersatz-Sicherheiten« (Frau, 1953) und »Ersatzbefriedigungen« (Frau, 1957), sowie die »Ersatzflucht in die Esoterik« (Frau, 1937): »Esoterik und Sekte als Ersatz für sinnvolles geistliches Leben« (Mann, 1964), »›Esoterik‹ verdrängt echten Glauben« (Frau, 1956).

Esoterik-Boom: Besondere Aufmerksamkeit erhielt unter den Befragten die wachsende Popularität von esoterischen Weisheiten und Praktiken: »Hinwendung zu Esoterik« (Mann, 1961), »Hinwendung zu einer Lebensphilosophie, die sich aus Teilen der Esoterik und vorwiegend östlicher Religionen zusammensetzt« (Frau, 1950), »zunehmendes Interesse vieler Menschen an esoterisch-okkulten Praktiken« (Mann, 1962), »so viele Menschen beschäftigen sich mit irgendwelchen Formen der Esoterik« (Mann, 1973), »Ersatzflucht in die Esoterik« (Frau, 1937), »Ausbreitung sektenähnlicher Esoterikströmung« (Mann, 1965).

Das Interesse an esoterischen Weisheiten und Praktiken wird als eine Folge der Säkularisierungsprozesse gedeutet: »Religiosität nimmt ab, Menschen weichen auf esoterische Angebote aus« (Frau, 1938), »eine oberflächliche Säkularisierung, die Religion unattraktiv macht, aber esoterische Aktivitäten attraktiv« (Mann, 1945), »Werteverlust einerseits, Sinnsuche (Esoterik-Boom) andererseits« (NN.). Dies ist auch eine Folge von Fehlern der Kirchen und der christlichen Gemeinden: »Jugendliche und junge Erwachsene fühlen sich von den Amtskirchen (katholisch und evangelisch) zunehmend weniger angesprochen, obwohl sie an Sinnfragen durchaus interessiert sind. Sie wenden sich oft lieber esoterischen Strömungen und charismatischen Bewegungen zu.« (Frau, 1955) Es gebe eine »religiöse Sehnsucht, die nicht mehr in den Kirchen gestillt werden kann (Esoterik etc.)« (Frau, 1967). Die Kirchen bieten den Menschen »keine Lösung für die Sorgen und Probleme der Menschen (haben), deshalb boomt die Esoterik« (Mann, 1959). »Viele Menschen, vor allem junge Erwachsene, haben keinen Zugang mehr zu Gott und Religion. Trotzdem bzw. gerade deswegen verstärkte Suche nach Sinn des Lebens und der Welt → Flucht in die Esoterik oder in radikale oder fundamentalistische Gruppen und Religionen.« (Frau, 1947)

Es gibt auch gesellschaftliche Gründe für das wachsende Interesse des modernen Menschen an Esoterik: »Überangebot an Freizeitaktivitäten, ›Spaßgesellschaft‹, Infragestellung von überkommenen Machtstrukturen/Autoritäten… Boom des ›Esoterischen‹« (Frau, 1955). Dazu kommen psychologische und emotionale Gründe, vor allem der Wunsch nach Zuflucht, Wärme, Verständnis, Geborgenheit. All das macht die Esoterik jenen Menschen sympathisch, die ihre Kontakte zu christlichen Traditionen (noch) nicht verloren haben: »Das Bedürfnis nach Emotionalität bringt viele Menschen dazu, ihr ›Seelenheil‹ (Glücksempfinden) in esoterischen und religiösen Wohlfühloasen oder auch in Fanclubs aller Art zu suchen.« (Mann, 1950) »Die Traditionen, auch die religiösen, der Eltern- eher Großelterngeneration sind häufig abhandengekommen. Neue Orientierungen fehlen. Dem gegenüber steht der Wunsch nach Zuflucht, Wärme, Verständnis, Geborgenheit. Die Ahnung einer höheren Macht welche oftmals durch Esoterik gestillt wird.« (Frau, 1956) Und ganz allgemein: »Die Menschen, die sich mit den sogenannten ›Esoterikern‹ beschäftigen, das sind keine schlechten Menschen.« (Frau, 1973)

Spirituell Suchende: Zuerst gilt es zu klären, was für Menschen die spirituell Suchenden sind und was sie eigentlich suchen. Aus Sicht der Umfrageteilnehmenden sind spirituell Suchende (der Begriff »Suchende« wurde 88 Mal genannt) Menschen, die sich in einer »Orientierungs- und Sinnkrise« befinden (Frau, 1968) und »auf dem Weg sind« (Frau, o.J.). Sie sind »Hilfesuchende« (Frau, 1956). Sie suchen einen »Sinn für ihr Leben« (Frau, 1939, 1951) und fragen sich, »woher komme ich – wofür bin ich da – wohin gehe ich« (Mann, 1962). Sie sind »spirituell Hungrige, Dürstende« (Mann, 1960; Frau, 1959), »spirituell Heimatlose« (Frau, 1970), »Orientierung Suchende« (Frau, 1969), »nach spirituellen Impulsen Suchende« (Frau, 1965).

Gegenüber der Kirche sind spirituell-suchende Menschen »oft schon Fernstehende und/oder bereits Ausgetretene« (Mann, 1960). »Immer mehr sinnsuchende Menschen wenden sich von der Kirche und vom christlichen Glauben ab.« (Frau, 1968) Es sind Menschen, die »weiterhin (in der Kirche) bleiben und zunehmend bedürftig und suchend« (NN.) sind. Sie haben »eine Sehnsucht nach liebendem göttlichem Verstandensein (und brauchen) ein attraktives und modernes Bild (von der Kirche)« (Mann, 1952). Sie brauchen »Mystik als Hilfe« (Mann, 1940). Sie sind »Andersdenkende und Orientierungssuchende«, für welche »die Autorität der Kirche« nicht selbstverständlich ist, sondern die »Kompetenz, Glaubwürdigkeit und Verständnis« haben sollte (Mann, 1960). »Suchende Zeitgenossen« werden in einer Reihe mit »Entwurzelten« genannt, denen »die Kirche nach wie vor Heimat bieten« könnte (Mann, 1958). Es sind Menschen, »die der Kirche kritisch gegenüberstehen, aber als ›Taufscheinchristen‹ ihr immer noch gewisses Vertrauen schenken« (Mann, 1967). »Leider werfen manchmal Kirchgänger ein abschreckendes Licht auf kritisch und wach Suchende.« (Frau, 1948)

In Deutschland kann zum Beispiel, »der Auszug vieler – auch religiös bzw. spirituell Suchender – aus der institutionell verfassten Kirche« (NN.) beobachtet werden, weil diese Menschen mit einfachen Antworten auf ihre existenziellen Fragen nicht zufrieden sind: »Ein großes Interesse an Glaubensfragen in persönlichen Situationen, viele Suchende, die sich aber nicht mit einfachen Antworten abspeisen lassen.« (Frau, 1973)

Spirituell-suchende Menschen scheinen im Vergleich zu anderen Teilnehmern so orientierungslos, schwach und unterstützungsbedürftig zu sein, dass »andere sie mitnehmen können, weil sie allein nicht Kraft und Mut haben«. Gerade deswegen sind, so eine Teilnehmerin, suchende Menschen ein wertvolles Kapital für die Kirche – die Kirche soll sie »gewinnen« (Frau, 1941).

Im Großen und Ganzen zeichnen die Umfrageteilnehmenden ein sehr positives Bild von den spirituell-suchenden Menschen: »Gott und das Religiöse überhaupt drängt sich nicht auf, es will gefunden werden. Suchende gehen auch oft einen langen Weg, ehe sie ihren Gott, ihren

Frieden finden«. (Frau, 1947) Bei ihrer mühsamen spirituellen Suche werden Menschen von den Kirchen im Stich gelassen. Es gebe dann »suchende Jugendliche, die in der Kirche keine Heimat mehr haben/finden; ... so wenige noch erkennbar ihren Glauben praktizieren« (Mann, 1950). »Als Suchender findet man kein Glaubens- und Gemeinschaftsangebot mehr, wenn man nicht zu den beiden verbliebenen Gruppen ›Familie mit kleinen Kindern‹ oder ›Senioren‹ gehört.« (Mann, 1969)

Während Gläubige anderer Religionen eine Kirche oder Moschee brauchen, benötigen Suchende einen Raum der Stille, wo sie in Ruhe denken könnten: »Mein Traum:« – so schreibt eine Teilnehmerin aus Österreich – »Entstehung von spirituellen Zentren, die unter einem Dach eine Kapelle für die Christen, eine Gebetsnische für die Moslems, einen Meditationsraum für die Buddhisten, einen Ruheraum für Suchende... anbieten.« (Frau, 1950) Eine andere Teilnehmerin, auch aus Österreich, wünscht sich, dass »suchende, sehnsüchtige, fragende Menschen... Begegnungs- und Erfahrungsräume haben könnten – Der MENSCH im Mittelpunkt unserer Pfarren... Welch ein Traum!« (Frau, 1965)

Botschaften, Handlungen

Angesichts der Herausforderungen der säkularisieren und pluralistischen Welt schlagen die Befragten vor, dass »das Christentum, hier die katholische Kirche in Europa, sich neu erfinden muss. Es ist nötig, von religiösen Grundvollzügen her neu zu denken und zu handeln« (Mann, 1938). Es ist Zeit, dass das »Christentum Grundlage für Toleranz und Frieden« wird (Mann, 1963). »Das Christentum in Europa braucht Menschen, die das Evangelium beispielhaft vorleben« (Frau, 1945) und ihren »Glauben überzeugend bekennen« (Mann, 1950) sowie »selbstbewusst auftreten gegenüber anderen Weltanschauungen (Islam, Atheisten...)« (Frau, 1997); sie haben den Mut, sich »mit Atheismus und Desinteresse an der Religion zu konfrontieren« (Frau, 1966).

Voraussetzungen dafür sind Dialog, Toleranz und Überkonfessionalität im Denken und Handeln. Auch wollen die Befragten, dass die Kirche mehr Verständnis für den modernen Menschen zeigt und die Zweifelnden sowie spirituell Suchenden akzeptiert und begleitet – und selbst eine suchende Kirche wird.

Dialoge mit Andersgläubigen (inkl. Distanzierten und Atheisten) fördern:

Die Bedeutung des Dialogs und der Toleranz kann man nach Ansicht der Befragten in einer modernen pluralistischen Welt nicht überschätzen. Die hohe Wertschätzung der Befragten des Dialogs mit Andersgläubigen, Distanzierten und Atheisten ist beeindruckend: Die »Kirche sollte in Dialog treten mit anderen Religionen und mit jenen, die überhaupt nicht glauben. Sie sollte Konfessionslosen signalisieren, dass sie jederzeit in der Kirche willkommen sind« (Frau, 1983) und »auf Fernstehende und andere Konfessionen zugehen« (Mann, 1953). Man solle den »Dialog mit Menschen aller Weltanschauungen fördern, also mit anderen Konfessionen, Religionen, Atheisten – zentrale Basis ist ein Humanismus.« (Mann, 1958; auch Frau, 1953) Dabei sei es unabdingbar, »die Liebe zum Nächsten als Höchstes zu sehen, das verstehen auch Menschen die einen anderen Glauben haben oder Atheisten sind. Keine Verurteilung Andersdenkender.« (Frau, 1956) Wichtig sei für die nächste Zeit die »Motivierung und Befähigung von uns Christen zum fairen Dialog untereinander aber auch bei Problembewältigungen mit Andersgläubigen, Agnostikern und Atheisten« (Mann, 1942). Ein stärkeres gemeinsames Engagement aller Menschen guten Willens wird erwartet: »Das Engagement aller Christen müsste viel stärker werden, sowohl der Kirchenbesucher, als auch derer, die sich vom praktischen Christentum schon entfernt haben.« (NN.)

Mehr Toleranz gegenüber verschiedenen Weltanschauungen: Das Wort »Weltanschauung« wurde 35 Mal verwendet: in den meisten Fällen mit Bezug zur Toleranz gegenüber Menschen unterschiedlicher religiöser Ansichten und Zugehörigkeiten. Sie wünschen: ein »tolerantes Zusammenleben von Menschen verschiedener Religionszugehörigkeit und Weltanschauungen« (Frau, 1951), »Weiterentwicklung des Glaubens im Dialog untereinander, mit den anderen Religionen und Weltanschauungen« (Frau, 1955), »weitherzige, liebende Toleranz anderen Lebensentwürfen und Weltanschauungen gegenüber« (Mann, 1943), »gut hinhören, für die Menschen aller Weltanschauungen da sein und ein offenes Ohr haben« (Frau, 1987), »verstärkt auf andere Konfessionen, Religionen und Weltanschauungen zugehen« (Frau, 1955), »zugehen auf Menschen, egal welcher Weltanschauung man ist« (Mann, 1957), »mutige Schritte auf den Menschen zu, ganz gleich wer er ist und welcher Weltanschauung er angehört, einfach nur deshalb, weil er Mensch ist« (Frau, 1968). Ein Teilnehmer schreibt, dass es ihm wichtig ist, »dass Menschen aus allen Religionen und Weltanschauungen die christliche Kirche als weiten

Raum der Verbundenheit, des Angenommenseins und der Solidarität erfahren können« (Mann, 1957): »Wir müssen lernen, viele verschiedene Religionen und Weltanschauungen in versöhnter Verschiedenheit nebeneinander zu akzeptieren« (Mann, 1969) und »als Christen ... einen weltoffenen Glauben und im aktiven Dialog mit anderen Religionen und Weltanschauungen leben« (Mann, 1965). Zustimmend schreibt eine junge Frau aus Österreich: »Ich sehe in der Kirche ein unheimliches Potential zur Versöhnung verschiedener Weltanschauungen.« (Frau, 1991)

Mehr Verständnis für den heutigen Menschen zeigen: Gibt es Eigenheiten, welche die Christen und die Kirche verstehen müssen, um in der modernen Welt selbstbewusst auftreten zu können? Welchen Aspekten des modernen Lebens soll die Kirche mehr Aufmerksamkeit schenken? Was sollen die Kirche und Christen besser verstehen lernen? Hier einige Anmerkungen der Befragten dazu, die in unterschiedliche Richtungen weisen.

So ist es zunächst erforderlich, die Sprache des heutigen Menschen zu verstehen: »den Atheisten, etc. mit nicht angreifbarer Argumentation angreifen« (Mann, 1947). »Die Sprache der Kirche ist vielfach sehr dogmatisch, sodass viele Menschen ihre Anliegen kaum verstehen. Es braucht eine einfache und ehrliche Sprache und die MitarbeiterInnen der Kirche sollten auch zu ihren Fragen und Zweifeln stehen können: Nur was wir selber wirklich glauben, können wir auch weitergeben.« (Mann, 1966) Eine Teilnehmerin äußert sich zu diesem Thema der kirchlichen Sprache mit kritischen Beobachtungen: »Ich denke, die Kirche muss versuchen, eine neue Sprache und Kommunikationsebene zu entwickeln, um Menschen heute anzusprechen... Hier bestehen häufig noch, teils begründet, teils unbegründet, Vorbehalte bezüglich einer gewissen Hochnäsigkeit, Arroganz und/oder Hochnäsigkeit hauptamtlicher Kirchenvertreter.« (Frau, 1977)

»Wichtig ist für den erhofften Dialog, überzeugte Atheisten zu respektieren, weil auch ihre Überzeugung nur ein ›Glaube‹ ist!« (Mann, 1947) Es gelte auch, Esoterik, Neue Spiritualität wohlwollend zur Kenntnis zu nehmen: »Sie [die Kirche] sollte die sogenannte Esoterik, bzw. Neue Spiritualität nicht fürchten. Sondern sich mit diesen Menschen auseinandersetzen« (NN, 1962). »Seelsorger und auch Priester sollten ein Angebot liefern, welches derzeit von der Esoterik abgedeckt wird.« (Mann, 1973) Das betrifft auch Homöopathie, Esoterik, Osteopathie:

Die Einstellung, dass »Homöopathie, Esoterik, Osteopathie alles Teufelswerk sind, ist falsch, schreckt (Menschen) ab... Jeder Mensch, der zumindest auf der Suche ist, hat Glaubenspotential in sich. Besser als ein schnelles Aburteilen wäre zuzuhören... Mir geht es nicht darum, Esoterik als richtig hinzustellen, aber doch alle Menschen mit Liebe zu betrachten ohne abzuurteilen, als Menschen, die auf dem Weg sind.« (Frau, o.J.)

Man muss auch neue theologische Herausforderungen wahrnehmen: »Die Theologie muss sich mit den fundamentalen Glaubenszweifeln auseinandersetzen.« (Mann, 1962) »Beiträge zur Sinnsuche und Lebensbewältigung (hier braucht es neue Formen); dieses Feld darf nicht der Esoterik überlassen werden.« (Mann, 1968) »Die Themen benennen, die Menschen zu Wahrsagern, Horoskop-Deutern und in die Esoterik treiben.« (Frau, 1958) »Überlegungen anstellen, warum viele Menschen bei Problemen eher bei irgendwelchen esoterischen Beratungen Hilfe suchen als in der Kirche.« (Frau, 1948) »Statt Verteufelung des ›Esoterischen‹: erkennen, dass Nachfrage nach Spirituellem, Mystischem wächst und dass die ausgetretenen Pfade, die die Kirche bietet, erweitert gehören.« (Frau, 1955) Dabei muss man durchaus eine »klare Abgrenzung zu Esoterik« zeigen (Mann, 1961) und »die Menschen von der Esoterik wieder in die Kirche bekommen« (Mann, 1973).

Natürlich sind auch gläubige Muslime zu respektieren: »Gläubige Muslime sind nicht ›gefährlich‹...« (Frau, 1984)

Überkonfessionalität: Die überwältigende Stimmung bei den Umfrageteilnehmern ist, dass »die Trennung der christlichen Konfessionen immer weniger verstanden und akzeptiert wird« (Frau, 1940) und dass es zunehmend wichtig ist, »sich mehr als Christen und weniger als Katholiken, Protestanten, Orthodoxe etc. zu sehen« (Mann, 1988): »Die Zeit des konfessionellen Denkens sollte vorbei sein. Dazu braucht es viel Mut und vor allem den Geist des HERRN.« (Mann, 1969) Ein Teilnehmer spricht über »die Einheit der christlichen Kirchen und die Einheit der Menschen in ihr« und wünscht sich »eine große Gemeinschaft von überzeugten Christen... dass die christlichen Konfessionen einiger werden und sich noch mehr aufeinander zubewegen würden« (Mann, 1952).

Oft schreiben die Teilnehmer »wir Christen« (Mann, 1940) oder »jeder Christ, egal welcher Denomination« (Mann, 1948). Das Wort/der Wortteil »Denomination«/»Konfession« wurde in der Umfrage mehr als

150 Mal verwendet: oft in einem Bezug zur »spreading the gospel before differences of interpretation of doctrine« (Mann, 1942; ähnlich Mann, 1956), »kritischer Dialog mit Vertretern anderer Konfessionen« (Mann, 1938) und »Annäherung der Konfessionen... Zusammenarbeit... Anerkennung konfessionsverbindender Ehen« (Frau, 1940, 1951, 1953, 1964, 1966, 1973, 1979, 1987, 1991; Mann, 1938, 1939, 1948, 1956, 1970, o.J.).

Andere Aussagen zum Thema »Überkonfessionalität« zeigen, was für Teilnehmende beim Dialog und für die Zusammenarbeit verschiedener Konfessionen wichtig ist: »Sinkende Bedeutung konfessioneller Unterschiede« (Mann, 1939) und »zunehmende Bedeutung interkonfessionellen bzw. interreligiösen Denkens und Handelns« (Mann, 1942); »ökumenische Verständigung« (Mann, 1949), »interkonfessionelle und interreligiöse Gespräche und Aktionen (zu entwickeln), um als für das Selbstverständnis und die Konstitution der grundlegenden Werte unserer Gesellschaft entscheidender Akteur besser wahrgenommen zu werden« (Mann,1948), »Liberalisierung konfessioneller Einengungen« (Frau, 1951), »über den eigenen Tellerrand (der Konfession) hinauszublicken« (Mann, 1954, auch NN.), »überkonfessionelle Bewegung« (NN.), »weg vom Denken in Konfessionen« (Mann, 1964), »Konfessionen überwinden« (Mann, 1965, auch Frau, 1962), »überkonfessionell auf Menschen zugehen« (Frau, 1947), »versöhnte Einheit der vielen christlichen Denominationen und Organisationen« (Frau, 1954), »gegenseitige Akzeptanz christlicher Denominationen und besserer Austausch« (Mann, 1940), »geschwisterlicher Umgang unter den Christen und Christinnen aller Denominationen« (Mann, 1968), »sich öffnen, gegenüber den christlichen Konfessionen, ohne dabei Glaubensfundamente preiszugeben« (Mann, 1962).

Die Kirche soll »embrace other faiths and denominations. All peoples of faith are threatened by secularism – we should share what we have in common« (Frau, 1952), »überkonfessionell auf Menschen zugehen und einladen« (Frau, 1947) und »SOFORT alles dumme Konkurrenzdenken mit anderen Konfessionen und Religionen einstellen und sich als einzelnes Instrument eines großen Orchesters verstehen« (Mann, 1952), »unabhängig von der Konfession Werte der Mitmenschlichkeit zu vermitteln« (Frau, 1951), denn »die Streitereien zwischen den Konfessionen sind einfach lächerlich angesichts der globalen Fragen« (Frau, 1954).

Hier sind einige praktische Vorschläge und konkrete Ideen:

»gemeinsames Abendmahl... für konfessionsverschiedene Paare ermöglichen« (Frau, 1951, 1973; Mann, 1965), »Konfessionsverschiedene Ehen sollen gemeinsam zum Abendmahl und zur Kommunion gehen dürfen« (Frau, 1952, 1959, 1968; Mann, 1943, 1947, 1947), »Anerkennung der Abendmahlsfeiern unter Christen bei aller Verschiedenheit der Konfession« (Mann, 1943; ähnlich Mann, 1954).

»Überkonfessionelle Veranstaltungen«. (Frau, 1943) Es gibt am Flughafen einen interkonfessionellen Andachtsraum (meistens leer), warum nicht eine »›Danke, dass es uns dermaßen gut geht‹ – Andacht in einem Einkaufszentrum«. (NN.)

»Seelsorge als Priorität« sehen: »Das Christentum muss als therapeutische Religion erkannt werden.« (Mann, 1955) »Es geht nicht mehr um Unterschiede zwischen den Konfessionen; heute wissen in der Schweiz die meisten jungen Menschen schon gar nicht mehr, was überhaupt Jesu Anliegen war.« (Mann, 1949)

»Die Armen aller Konfessionen unterstützen.« (Frau, 1958) »Unterstützung von christlichen Initiativen, die sich für Gerechtigkeit, Bewahrung der Schöpfung, gesellschaftlichen Zusammenhalt, Abbau von Hass etc. einsetzen.« (Frau, 1977)

Die folgenden zwei Stimmen, beide aus Deutschland, fassen die politische Bedeutung und gesellschaftliche Wichtigkeit des überkonfessionellen Denkens und Handelns in der modernen säkularisierten Welt zusammen: »Wenn das Wort der Kirche in Europa ihr Gewicht behalten will, dann muss sie sich mit anderen christlichen Religionen und Gemeinschaften zusammentun, nur dann wird das Christentum in der Politik Gehör finden.« (Mann, 1942) »Gerade in Deutschland, wo die Christen vielerorts in der Minderheit sind, könnten wir ein Zeichen setzen, wenn wir konfessionsübergreifend mehr zusammenarbeiten würden. Das trifft nicht nur auf katholische und evangelische Christen zu. Durch die zugewanderten Flüchtlinge, aber auch Studenten, Fachkräfte und Wissenschaftler aus anderen Ländern leben z. B. auch viele orthodoxe Christen der verschiedensten orthodoxen Kirchen in Deutschland, die eine christliche Gemeinde suchen. Wir sollten ihnen durch mehr Zusammenarbeit in unseren Gemeinden Heimat geben, ihre oftmals vorhanden kleinen Gemeinden besuchen und gegenseitig von unseren Kulturen und dem jeweils anderen Glaubensleben lernen.« (Mann, 1955)

Zusammenarbeit mit allen, die guten Willens sind: Viele Teilnehmende an der Umfrage unterstützen eine Zusammenarbeit mit allen Menschen, die guten Willens sind. Die Gründe dafür liegen in der Wahrnehmung der Gefahr des Fundamentalismus, einer Wertschatzung des Humanismus und der Menschenrechte und in einem »gelebten Christentum«. In einer Zeit der »Vermischung von Kulturen« ergebe sich die »Notwendigkeit von interreligiösem Dialog. ›Menschen guten Willens‹ aller Religionen müssen vereint gegen den fundamentalistischen Missbrauch ihres Glaubens vorgehen.« (Frau, 1967) Dazu sei es erforderlich, den »Dialog mit Menschen aller Weltanschauungen [zu] fördern, also: mit anderen Konfessionen, Religionen, Atheisten – zentrale Basis ist ein Humanismus« (Mann, 1958); »Einfach da sein für alle, die sie brauchen, ohne nach Religion oder Konfession zu fragen« (Mann, 1941), »mit anderen Akteuren, Religionen zusammenarbeiten..., auch mit Künstlern und mit Atheisten, die die gleichen Ziele verfolgen« (Frau, 1966), »Allianzen bilden mit allen Gruppierungen in der Gesellschaft, die ›guten Willens‹ sind« (Frau, 1984). »Es ist wichtig, nicht mehr so viel über das Christentum zu sprechen, sondern es miteinander zu leben. Gute Begegnungen sind wichtig, um zu spüren, dass es im Glauben innere Verbindungen gibt, die tragen und stärken« (Frau, 1939), »authentisch gelebtes Christentum« (Mann, 1939; auch Frau, 1950, 1951; Mann, 1939). »Es genügen oft kleine Ansätze oder kleine gelungene Geschichten. Authentisches Christentum maßt sich nicht an den Zahlen.« (Frau, 1957)

Ein Teilnehmer aus Großbritannien, der sich als »Atheist, lapsed Catholic« darstellt, unterstützt das authentisch gelebte Christentum mit folgenden Worten: »Be a beacon for all people of goodwill to embrace the stranger and elevate the weak and downtrodden«. (Mann, 1968) »A steadily increasing number of atheists and an increasing disinterest in all organised religion are challenges to the Church. An increasing interest in, and commitment to, Human Rights, equality and peace in our world among our population, and especially among younger people, is challenging society, the state and the Church.« (Frau, 1947)

Der so sehr gewünschte Dialog mit allen Menschen guten Willens setzt eine offene, kommunikationsfreudige Kirche voraus: »Ich wünsche mir die Kirche als offenen lebendigen GASTLICHEN Ort, wo Menschen in ihrer Suche, in ihren Zweifeln und Fragen Heimat finden können.« (Frau, 1946, auch Frau, 1950) »Die Kirche (= wir = ich!) kann und soll und möge alles in ihrer Macht Stehende tun, dass der Friede und die

Zuneigung zwischen und unter den Angehörigen der verschiedenen Religionen, geistlichen Führer, Konfessionen und spirituellen bzw. weltanschaulichen Orientierungen zunimmt und der Hass bzw. die gegenseitige Ablehnung und Verachtung immer weniger wird.« (NN.)

Es darf gezweifelt werden! Zweifel widerspricht nicht dem Glauben, sondern ist Ausdruck seiner Freiheit. »Lob des Zweifels« lautet daher ein Buch des Religionssoziologen Peter L. Berger[97]. Umfrageteilnehmende sehen das auch so: »Es darf gezweifelt werden! Bei allem Respekt vor der Glaubenslehre der Kirche Zuwendung zu den Suchenden, die uns noch nicht abgeschrieben haben, und ihnen sagen, dass sie mit ihren Zweifeln nicht allein sind, denn jeder Glaubende hat immer wieder Zweifel; Ansprechen der Zweifel! Glauben heißt nicht nicht zweifeln!« (Mann, 1947) Dieser Befragte steht mit seiner Ansicht nicht allein da: »Die Kirche hat nur dann Erfolg, wenn sie… den Glaubenszweifeln mutig ins Auge sieht.« (Mann, 1950) »Nicht nur überzeugte glaubende Menschen gehören zur Kirche – heute und immer schon gehören die Zweifelnden, Hinterfragenden und Kritisierenden auch dazu.« (Mann, 1964) Erforderlich sei eine »Offenheit gegenüber Fragen und Zweifeln. Jugend und ihre Fragen ernst nehmen – besonders jene, die zweifeln« (Frau, 1964).

Dieser Wunsch müsse auch praktisch umgesetzt werden. So schlägt ein Befragter vor: »Die Einrichtung von Diskussionsrunden mit Zweifelnden und für Zweifelnde wäre sicher hilfreich.« (Mann, o.J.)

Spirituell Suchende begleiten: Es gibt viel Bereitschaft und guten Willen unter den kirchlichen Menschen, »für die Suchenden einzustehen« (Frau, 1950), »auf Suchende zuzugehen« (Frau, 1966), »den Suchenden, die sich ausgeschlossen fühlen, wieder Sicherheit zu geben« (Frau, 1948), »… mehr zuzuhören« (NN.), »… Orientierung anzubieten« (Mann, 1938), »… führen und nicht abweisen mit fadenscheinigen Ausreden … nicht lächelnd höflich abwinken« (Frau, 1942). Man solle Suchende »… aufnehmen bzw. ihnen einen Platz zum Andocken geben!« (Mann, 1970), »neue Formen finden für Begegnung und Kontakte mit Suchenden« (Frau, 1954 auch Frau, 1947), »Ansprechpartner für alle Suchenden sein, nicht nur für die ›braven‹ Mitglieder« (Frau, 1955 auch Frau, 1968), »Die spirituell suchenden Menschen auf die Idee bringen, dass christlicher Glaube tatsächlich hilfreich ist für das eigene Leben«. (Frau, 1962) »Suchende

97 Berger, Peter L./Zijderveld, Anton C.: In praise of doubt, New York 2010.

wahrnehmen – es gibt mehr, als man denkt! Da sein für die Jugend, sie teilweise sehr offen für Christus! Sich auf Diskurse einlassen, am Weg Christi bleiben, sich nicht schämen dafür!« (Frau, 1968)

Die vielen Wünsche, die zu einer besseren Verkündigungskultur vorgebracht werden, lassen großes Interesse bei den suchenden Menschen erkennen, von denen es offensichtlich auch unter den Umfrageteilnehmenden viele gibt: »Auch klarer kommunizieren (und praktizieren), dass Input von ›ganz normalen Glaubenden‹ oder Suchenden erwünscht ist und ernst genommen wird. So kann die Kirche zeigen, dass nicht jede Idee oder Kritik mit einem ›das war schon immer so‹ abgebügelt wird, sondern Veränderungen zwar Zeit brauchen, aber auch gemeinsam gelingen können. Gleichzeitig sollte aber auch ehrlich klargemacht werden, dass und v. a. warum eben auch nicht jeder Wunsch zum Kern des christlichen Glaubens passt.« (Frau, 1977)

Einige praktische Vorschläge:

Kleine Arbeits- und Diskussionsgruppen organisieren: »Kleine Gruppierungen sind in diesem Fokus für Suchende immer interessanter geworden.« (Frau, 1956)

»Klöster weiterhin öffnen für Gruppen, die spirituell Suchende unterstützen.« (Frau, 1963)

In multikulturellen »spirituellen Zentren... Ruheraum für Suchende... anbieten« (Frau, 1950).

Die kirchliche Sprache an Suchende anzupassen bzw. modernisieren: »Suchende Menschen sind oft überfordert mit der Gottesdienstordnung – vielleicht ist es auch sinnvoll, die Türen zu öffnen mit einer leichten Liturgie für sogenannte ›Einsteiger‹« (Frau, 1963), »Liturgie sollte eine modernere Sprache bekommen, damit auch Fernstehende wissen, was wir feiern« (Frau, 1959). »Sprache, Rituale, die von Fernstehenden nicht mehr verstanden werden« (Frau, 1959) verständlich machen.

Bei allen kirchlichen Tätigkeiten »Zielgruppen berücksichtigen, dabei auch an Suchende/Fernstehende denken!« (Mann, 1936; ähnlich Mann, 1932, 1966; Frau, 1969)

Eine suchende Kirche werden: Die Kirche solle aber nicht nur suchenden Menschen einen Dienst leisten. Sie selbst sollte eine suchende Kirche werden: »Weg von der belehrenden Amtskirche – hin zu der Gott suchenden Kirche« (Frau, 1940), Kirche sollte ein »Gemeinschaft der

Christen (werden), die von Gott gerufen, Ihn suchen« (Mann, 1970): ein »authentisches und suchendes Christentum, das sich für die Belange der Schöpfung und aller Menschen einsetzt und dies als ihre Existenzberechtigung sieht« (Frau, 1966), »Traditionen auf ihren Wert und ihre Bedeutung für die heutige Gesellschaft abklopfen und damit wieder glaubwürdig für einen denkenden, nach Wahrheit suchenden Menschen zu werden« (Mann, 1935).

Gottesrede nach der Aufklärung

Voranschreitende Entchristlichung Europas

»Unsere religiöse Sprache ist für unsere Zeitgenossen und auch für kirchliche Insider weitgehend unverständlich geworden«, so klagt Christian Haidinger OSB, Abt em. von Altenburg in Österreich. Er steht damit nicht allein da. Mehrere AutorInnen sehen die Lage ähnlich. Mit dieser »Unverständlichkeit« der Botschaft wird eine »Entchristlichung der Gesellschaft« in Verbindung gesehen. Zwar habe »die Kirche bzw. die Theologie in den vergangenen Jahren vermutlich vergleichbar viel dazugelernt wie die Naturwissenschaften..., zum Beispiel die heutigen Vorstellungen von ›Erbsünde‹« (Bernd Epe, Professor für Pharmakologie und Toxikologie am Institut für Pharmazie in Mainz, Deutschland). Dennoch schreite die Entchristlichung der Gesellschaft in Europa unaufhaltsam voran.

Unverständlichkeit der Botschaft

Norbert Scholl führt für diese »Unverständlichkeit« der christlichen Botschaft eine Reihe von Gründen an:

- »Verstärkte Verbreitung der *Forschungsfortschritte in den modernen Naturwissenschaften. Evolutionstheorie und Astrophysik* bringen das tradierte Weltbild ins Wanken und damit auch die Vorstellung von einem allmächtigen ›Schöpfer des Himmels und der Erde‹.
- Die *heutige Philosophie* hat sich längst von den Vorgaben der griechischen und römischen Antike entfernt. Die darauf basierenden Formeln der klassischen Theologie und die frühen Konzilsdokumente wirken museal und selbst für Kirchenmitglieder ›nichtssagend‹. Manche der damals verwendeten Begriffe haben ihre Bedeutung verändert (Person, Substanz) und führen daher notwendig zu Missverständnissen. Die Mythen der antiken Welt erscheinen

wie Märchen aus einer vergangenen Zeit. Die eigentliche Aussage der Symbole und die bildhafte, phantasievolle und hintergründige Erzählkunst des alten Orients werden nicht mehr verstanden, weil sie historisierend als Tatsachenberichte gesehen werden.

- Fortgesetzte *atheistische und kirchenfeindliche Propaganda* (Richard Dawkins), vor allem auch in den Medien.«

Eine solche atheistische Propaganda prägt auch das Leben junger Menschen in der vergangenen Deutschen Demokratischen Republik (DDR). Manfred Hanglberger, Seelsorger und Familientherapeut aus Deutschland, berichtet in seinem Beitrag: »Die Jugendlichen der DDR zeigten mir bei meinen Besuchen in der DDR vor 30 Jahren ihre Schulbücher, in denen das moderne Weltbild mit den Erkenntnissen der Evolution und der Astronomie dargestellt waren. Gegenübergestellt und lächerlich gemacht waren die Weltbilder der Bibel und manche Glaubensaussagen der Kirche in diesem Bereich.« Spannungen gebe es zudem hinsichtlich des »Person-Seins des Menschen aus psychologischer und theologischer Sicht: Wie wirkt Gott in der Seele des Menschen, wie hängen Therapie und Seelsorge zusammen und wie unterscheiden sie sich? Was heißt seelisches Wachstum, Reifung und Heilung?«

Maßnahmen gegen die Entchristlichung

Angesichts dieser Entchristlichung des über Jahrhunderte lang christlich geprägten europäischen Kontinents werden unterschiedliche Maßnahmen vorgeschlagen:

- Die einen setzen auf eine Verlagerung vom Verstehen zum Erleben. Die suchenden Menschen sollen im Raum der Kirche *spirituelle Erfahrungen* machen können. Anselm Grün OSB aus Münsterschwarzach (Deutschland) sieht, gedeckt durch seine reichhaltigen Erfahrungen als spiritueller Meister, eine wachsende Sehnsucht nach spiritueller Erfahrung. Menschen fragen wieder danach, wie sie heute in dieser weltlichen Welt Gott erfahren können. Die Sehnsucht nach Spiritualität ist für ihn verwoben mit einer Sehnsucht nach Heil und Heilung, konkreter nach einem menschenwürdigen Leben, nach Gerechtigkeit, nach Versöhnung mitten in der unversöhnten Welt. Darauf könne die Kirche antworten, indem sie Wege erschließt, auf denen »moderne Menschen mitten in einer säkularisierten Welt Gott erfahren können«. Dabei komme die

Kirche nicht um einen Dialog mit dem Atheismus herum. Erforderlich sei aber auch eine neue Mystagogie, etwa eine Einführung in das Geheimnis der Eucharistie oder in die verschiedenen Rituale.

- Andere setzen auf eine Verlagerung vom Denken zum Tun, von der Orthodoxie zur *Orthopraxie*. Das könne, so Norbert Arntz, in einem ersten Schritt bedeuten, »Theologie [zu] treiben aus der Option für das Leben, insbesondere der Armen und kulturell Anderen«. Dies führe freilich zu einer radikalen »Erneuerung, weil sie [solche Theologie] aus dem kulturellen, religiösen und spirituellen Wurzelgrund der ›kleinen Leute‹, der verachteten Minderheiten hier und der zu vorzeitigem Tod verurteilten armen Mehrheit in der Zwei-Drittel-Welt hervorgeht«.

  Ein etwas anders akzentuiertes Plädoyer für die Orthopraxie findet sich auch im Text von Wolfgang Treitler von der Universität in Wien. Nach ihm habe den Primat die jesuanische Praxis. Er stimmt Papst Franziskus zu, »dass man sich viel denken und trotz all diesem Denken in der Unverbindlichkeit der Möglichkeit hängen bleiben kann« und wünscht für die Kirche »Exponierungen« mit dem Ziel einer »Praxis der Barmherzigkeit«. Aus dieser könne dann »lehramtliches und theologisches Nachdenken« erwachsen. »Damit wird das religiöse Denken und Reden durchaus abhängig von religiöser Praxis, die diesem vorgeordnet wird. Die vom Gebet begleitete Praxis ist das Initiale von Lehramt und Theologie.« Kurzum: »Was fest war – die Lehre –, wird flüssig, was sekundär war – die Praxis –, wird entscheidend.«

  Auch Norbert Scholl, der eine lange Liste von Reformulierungen der Lehre vorschlägt, erwartet eine Verlagerung von der Orthodoxie zur Orthopraxie und kann sich vorstellen, dass es künftig nicht (nur) eine Kongregation für die Glaubens*lehre*, sondern eine für das Glaubens*leben* gibt.
- Als dritte Maßnahme: Es wird eine Reformulierung der zentralen Glaubensaussagen der Kirche für nötig angesehen. Diese weiterreichende Maßnahme soll hier weiterverfolgt werden.

Neuerliche Inkulturation der Botschaft

Der dritten Möglichkeit, die überkommene Botschaft zu reformulieren, hat sich Norbert Scholl, em. Professor für römisch-katholische Theologie und Religionspädagogik an der Pädagogischen Hochschule Heidelberg (Deutschland) ausführlich und fundiert gewidmet. Er nennt diese Reformulierung »Revision« und meint damit eine Art »Inkulturation« der überlieferten Botschaften in die postaufgeklärte, postchristliche europäische Kultur.

Für die künftige theologische Arbeit erstellt Scholl einen ersten Katalog. Dieser enthält die großen Themen des christlichen Glaubens: die Rede von Gott, von Jesus, seiner Auferstehung und die Rede vom dreifaltigen Gott.

Rede von Gott

Im Mittelpunkt steht eine neue Rede von Gott. Diese sei erforderlich, weil es eine unübersehbare »Erosion des Gottesbegriffs, eine Pluralisierung der Gottesbilder und vor allem, dass spezifisch christliche Gottesvorstellungen immer weniger einen gesellschaftlichen Grundkonsens abgeben können«. »Gott als Person, als persönliches Gegenüber können sich nur noch wenige vorstellen. Eher finden Aussagen Zustimmung wie, ›das Göttliche ist in der Natur‹, ist eine ›universale Kraft‹, ist ›im Menschen‹. Auch der Glaube an die Dreifaltigkeit und an Jesus als ›eingeborenen Sohn Gottes‹ ist kontinuierlich im Schwinden. ›Die meisten glauben zwar an eine Kraft über oder hinter dem Leben. Diese zu definieren, fällt vielen aber schwer.‹« Es sei daher die »erste und wichtigste Aufgabe der christlichen Theologie…, alle Anstrengungen zu unternehmen, um nach einer für die heutige Zeit angemessenen und glaubwürdigen Antwort auf die Frage nach Gott zu suchen.«

Auf dem Weg dorthin müsse das überkommene Gottesbild aus der griechischen Philosophie gleichsam exkulturiert und in die heutige Kultur und das Lebensgefühl moderner Menschen neu »inkulturiert« werden. Dazu sei zu versuchen, »nicht-personale Metaphern« für Gott zu verwenden, wie sie auch in der Bibel häufig verwendet werden (»Quelle des Lebens«, »Berg«, »Zuflucht«, »Hoffnung«, »Liebe« u. a.). »Nicht-personale Metaphern können das ›ganz Andere‹ (oder: den ›ganz Anderen‹) besser umschreiben als anthropomorphe Bilder.« Das ist ein Weg, den auch der interreligiös offene Mystiker und spirituelle Lehrer David Steindl-Rast einschlägt, wenn er von einer Verflüssigung des zu dogmatischem Eis verdichteten christlichen Glaubensschatzes spricht. Das könne geschehen, ohne den Boden der kirchlichen Tradition zu verlassen.

Einer Revision bedürfe auch die Rede von Gott als dem »Schöpfer des Himmels und der Erde«. »Soll der Schöpfungsgedanke richtig verstanden werden, muss er Gott und Welt unterscheiden und zugleich verbinden.« Zwischen Pantheismus und Deismus biete sich das Konzept eines »Pan-en-Theismus« an, ein Konzept, das auch den interreligiösen Dialog mit fernöstlichen Religionen erleichtert. Aber auch mit modernen Wissenschaften wird der Dialog ermöglich. Haben doch »zu diesem panentheistischen Denken... wesentlich die Forschungsergebnisse der Naturwissenschaft über die unvorstellbare Größe des Universums, die Wunder der Biologie oder die Vorgänge der Quantenphysik beigetragen«. Mit der Formel »Gott, dem Urgrund und Ursprung von Allem« könne der tradierte Schöpfungsglaube heute vermittelt werden.

Rede von Jesus, dem Christus

Aufzuwerten sind die Erzählungen über den historischen Jesus. »In seiner Botschaft fordert Jesus eine umfassende ›Umkehr‹ des Menschen, ein neues Denken und Handeln, eine alternative Gesellschaftsordnung.« Markus Tiwald, Neutestamentler an der Universität Duisburg-Essen (Deutschland) vermerkt, dass dabei der Gedanke der »Umkehr« bei Jesus einen neuen Inhalt erhält und zu einer Art »Neuschöpfung« wird. Dem Gottesvolk wird die Restitution der endzeitlichen Heiligkeit und Unversehrtheit bereits als *gegenwärtig* zugesprochen. »Die Vorstellung, dass nicht die Unreinheit, sondern die Heiligkeit des Gottesreiches ansteckend ist, kommt dabei einer *kopernikanischen Wende der Pastoral* gleich: Wenn Kirche als Ganze wirklich das *Grundsakrament des Heils* sein möchte, dann muss sie die Nähe von Sündern, Gebrochenen und Verletzten suchen.« Das eröffnet eine Begegnung mit dem Scheitern. Dieses »wird zu einem *locus theologicus* bei Jesus und in jeglicher kirchlichen Praxis, die sich auf Jesus berufen will. Weil der Mensch in seiner Gebrochenheit aus eigener Kraft nicht fähig ist, sich selbst zu erlösen, ist Gottes zärtliches Erbarmen das eigentliche Hauptsakrament der Erlösung.«

Zurück zu Norbert Scholl. Dieser bedenkt auch die Rede von der Jungfrauengeburt, die jenseits biologischer Begriffe als Zeichen des Handels Gottes in der Heilsgeschichte gedacht werden könne.

Besonderes Gewicht legt er zudem auf die Mahlfeiern: »Ein charakteristisches Merkmal der Jesusgemeinde sind die ›Inklusions-Gelage‹ als Zeichen der Verbundenheit und Gemeinschaft Gottes mit allen Menschen, mit Ausgestoßenen und Verachteten, mit Orientierung Suchenden und Outcasts. Menschen begegnen einander hier auf Augenhöhe. Nach dem einhelligen Zeugnis der Evangelien isst und trinkt Jesus kurz vor seinem Tod nochmals zusammen mit seinen engsten Freunden. Er sieht darin ein Zeichen seiner über den Tod hinaus dauernden Gemeinschaft.« Was genau bei diesem »letzten Abendmahl« geschehen ist und was tatsächlich gesprochen wurde, wissen wir nicht. Aber die Evangelien berichten davon, dass Jesus im Geschick des Brotes und Weines, in seinem Zermahlen- und Gekeltert-, Zerrissen- und Vergossen-, Gekaut- und Getrunkenwerden sein eigenes Schicksal abgebildet sah: »Das ist mein Leib ... das ist mein Blut.« Dasein für andere bis zum letzten Blutstropfen. Sein Leben und Sterben sollen zum Zeichen des Heils, zum »Brot des Lebens... für alle« werden.

Neuerlich relativiert er das schultheologische Nachdenken über solche Geschehnisse im Leben Jesu, insofern dieses an die hellenistische Kultur gebunden sei: »Von einer ›Wandlung‹ von Brot und Wein oder einer ›Transsubstantiation‹ lassen die Evangelien nichts erkennen.«

Rede von der Auferstehung

Das Herz des christlichen Kerygmas ist die Osterbotschaft. Diese hängt eng zusammen mit der Frage auch heutiger Menschen, was am Ende stärker ist – die Liebe oder der Tod. Christen sind davon überzeugt, dass die Liebe den Sieg davonträgt. »Gottes Macht endet nicht an der Grenze des Todes (vgl. 1 Kor 15,13).« Den Grund für diese unverbrüchliche Hoffnung, dass einmal der Tod hinter uns sein wird, weil vor uns nur noch die Liebe ist (Dorothee Sölle), ist die »Auferstehung« Jesu. Aber wie davon reden? War es für die ersten Zeugen ein inneres Widerfahrnis? Eine Art »Vision«? »Jedenfalls haben die frühen Gemeinden Jesus offensichtlich als lebend erfahren, wenn sie zum ›Brotbrechen‹ zusammenkamen (vgl. Lk 24,28–35).« In der Auferstehung wurde Jesus von Raum und Zeit entfesselt. Das hat ihn zum Christus gemacht (Apg 3,26).

Als dann die Verkündigung vom semitischen in den hellenistischen Kulturraum vordrang, verlagerte sich das Interesse der Theologen und Verkündiger: »Ging es den Anhängern des Nazareners im Vorderen

Orient noch darum, bekennend zu erzählen und anschaulich-bildhaft zu deuten, was dieser Jesus getan und gelehrt hatte, so steht für die Christen im hellenistischen Kulturraum die Frage im Mittelpunkt, wer dieser Mensch eigentlich war, wer er wirklich ›ist‹.«

Was aber meint die Rede vom Sohn Gottes? Norbert Scholl sieht auch in diesem Bereich der Theologie Nachdenkbedarf. Vielleicht entspricht es unserer Zeit eher, nicht zu sagen »Jesus ist der ›*Sohn Gottes*‹ – ›wahrer Gott vom wahren Gott, gezeugt nicht geschaffen, eines Wesens mit dem Vater‹ (Nizäno-Konstantinopolitanisches Glaubensbekenntnis von 451), sondern: Jesus ist in exemplarischer Weise der ›*Sohn*‹ Gottes vor vielen ›Söhnen‹ und ›Töchtern‹ Gottes (Röm 8,14.29), der ›Erstgeborene‹ vor vielen ›Brüdern‹ und ›Schwestern‹ (Röm 8,29)... weil er sich bedingungslos einsetzte für Arme und Unterdrückte, für Ausgestoßene und Verachtete, für Kranke und Leidende, weil er ein Mensch unter Menschen war, der seine Mitmenschen liebte ›bis zur Vollendung‹ (Joh 13,1).«

Bei der Entfaltung der Christologie im hellenistischen Kulturkreis, so Norbert Scholl, seien viele Begriffe und damit Theorien verwendet worden, die im heutigen Kontext missverständlich sein können. Das betrifft die Rede von zwei Naturen, von der Unterscheidbarkeit von göttlich und menschlich. Insgesamt müsse es einer vertieften und kulturgerechten Christologie gelingen, »dem falschen Dilemma zwischen einer ›Jesulogie‹, die in Jesus den Gottesbezug ausblendet und in ihm nur ein Modell humanen Lebens sieht, und einer überhöhten Christologie zu entgehen«. Letztlich gehe es um die »Versuche der jeweiligen Kulturen, mit den Mitteln ihres Denkens und ihrer Sprache die Heilsbedeutung Jesu zum Ausdruck zu bringen«.

Rede vom »dreifaltigen Gott«

Breiten Raum gibt Norbert Scholl dem Nachdenken über die christliche Trinitätslehre. Das hat für ihn damit zu tun, dass »auch für gläubige Christen... das Bekenntnis zu dem ›einen Gott in drei Personen‹ kaum noch nachzuvollziehen« ist. Dass die traditionelle Rede über einen dreieinen Gott unzugänglich erscheint, hat mit dem Wandel des aus dem Etruskischen stammenden griechischen Personbegriffs zu tun. Daraus folgert Scholl: »Die Rede von dem ›einen Gott in drei Personen‹ sollte möglichst vermieden werden. Stattdessen könnte von der ›Fülle‹ oder der ›Vielfalt‹ der Erfahrbarkeit Gottes die Rede sein.«

Es solle auch vermieden werden »Gott naiv numerisch aufzufassen«. Die Zahl »drei« könnte symbolisch auf die »geordnete Fülle«, auf Dimensionen eines an uns handelnden Gottes verstanden werden:

- »Alle jene Erfahrungen mit ›Gott‹, die in ihm ein zeugendes und/oder schaffendes, ein führendes und sorgendes, ein tragendes und haltendes, ein leitendes und richtungweisendes, ein umfassendes und bergendes Prinzip erkennen lassen, werden gleichsam gebündelt in dem Bild-Symbol ›*(Gott) Vater*‹.
- Alle jene Erfahrungen mit ›Gott‹, die in ihm (wie in Jesus von Nazaret) das Kleine und Unscheinbare, das Hilfsbedürftige und Niedrige, das Ohnmächtige und Ausgelieferte, das mit uns Menschen gleichsam ›unten‹ und ›nebenan‹ auf einer Ebene Stehende erkennen lassen, werden gebündelt in dem Bild-Symbol ›*(Gott) Sohn*‹.
- Alle jene Erfahrungen mit ›Gott‹, die in ihm etwas überraschend Anderes und Beunruhigendes, etwas Aufbrechendes und Vorwärtstreibendes, etwas im Menschen selbst Lebendiges und Wieder-lebendig-Machendes erkennen lassen, werden gebündelt in dem Bild-Symbol ›*(Gott) Heiliger Geist*‹.«

Norbert Scholl kann bei seinen Überlegungen auf den Münchner Dogmatiker Bertram Stubenrauch verweisen: Dieser sagte unlängst in einem Interview: »Man sollte vermeiden, zu sehr an der Dreizahl zu hängen und Gott naiv numerisch aufzufassen. Trinität heißt: Gott ist Fülle. In Gott wirken entscheidende Dimensionen zusammen: das streng Transzendente, das dem Vater zugeschrieben bleibt, das Politische im weiten Sinn, das sich an Jesus zeigt, und das Mystische, die Innerlichkeit, wofür der Heilige Geist steht.«[98]

Diese Ausführungen von Norbert Scholl lassen die theologischen Megaaufgaben erkennen, die sich ergeben, wenn das Kerygma in eine posthellenistische Kultur hineingesungen werden soll. Scholls Absicht ist der Auftakt zu einem solchen geistig-kulturellen Dialog, zeigt die Richtung, ist aber noch nicht die gemeinsam geteilte Antwort.

98 http://www.katholisch.de/aktuelles/aktuelle-artikel/nicht-an-der-dreizahl-hangen (12.1.2018).

Das »Christliche Abendland«

Sie sind wie musikalische Kontrapunkte: hier das christliche Abendland, dort der in Europa auf Grund der Ankunft schutzsuchender Menschen sich ausbreitende Islam. Von beiden ist, aufeinander bezogen, in der Umfrage relativ breit die Rede.

Zunächst zum ersten Pol dieses Duos, zum »christlichen Abendland«. Was hat es nach den Ansichten der Befragten aber mit diesem auf sich?

»Christlich?«

Die meisten Befragten äußern Zweifel, ob es ein »christliches Abendland« heute überhaupt noch gibt. Ein Mann (1944) fügt »sogenannt« bei. Beklagt wird ein »zunehmender Werteverlust im ›christlichen‹ Abendland und weltweit« (Mann, 1960). Eine Person fragt: »Wo bleibt der Mut der Amtsträger, die Politiker in aller Liebe zurechtzuweisen, wenn ihr Verständnis vom christlichen Abendland so gar nichts mit christlicher Liebe zu tun hat?« (NN.) Jedenfalls zeige sich »– auch ganz kirchennah – wie ›dünn‹ die christliche Glasur auf der gesellschaftlichen Torte des sogen. Christlichen Abendlandes ist...« (Mann, 1948).

Aber nicht nur heute sei das »christliche Abendland« nicht mehr christlich, es war dies – gemessen an strengen Maßstäben der Christlichkeit – auch früher nicht christlich gewesen. Man müsse endlich redlich »eingestehen, dass das sogenannte christliche Abendland für viele Fehlentwicklungen auf der Welt verantwortlich ist, weil Macht und Geld wichtiger waren als die schlichte Botschaft Jesu« (Mann, 1940).

Neorechtes Ausgrenzungsargument

Es werden aber nicht nur Zweifel an der Christlichkeit des »christlichen Abendlandes« laut. Kritisiert wird die »neorechte« Instrumentalisierung dieses Begriffs zur Abwehr von Flüchtlingen, die nicht als Schutzsuchende gesehen werden, sondern als Stoßtrupp (jemand schreibt von einem »Vorrücken des Islam« [NN.]) einer Art »neuer Türkenbelagerung«: »Besonders rechts ausgerichtete Bürger beschwören das christliche Abendland, das sie durch v.a. muslimische Flüchtlinge bedroht sehen.

Sie übersehen aber die Bedrohung, die darin liegt, dass das sogenannte ›christliche Abendland‹ längst nicht mehr von gelebtem überzeugtem Christentum geprägt ist, vielen Menschen bei uns ihr Glaube längst unwichtig geworden ist.« (Frau, 1951)

Das Abendland war zudem auch schon in der Vergangenheit religiös vielfältig. Jahrhundertelang gehört der Islam in Südspanien oder auf dem Balkan zur europäischen Geschichte und hat diese in der Astronomie, Philosophie, Medizin und in den Künsten mitgeprägt. »Das christliche Abendland darf kein Ausgrenzungsargument sein – faktisch war Europa immer schon religiös heterogen und plural / Politisch rechte Gruppierungen und Fundamentalismen als Problem / Migration und ein produktiver und nicht-menschenverachtender Umgang damit (Europa lebt auf Kosten anderer).« (Frau, 1982)

Klar wird diagnostiziert, dass »neo-rechtes Gedankengut wächst – z.T. unter Berufung auf die Verteidigung eines vorgeblich ›christlichen Abendlandes‹!« (Mann, 1962) Man solle aber »die Deutung des ›christlichen Abendlandes‹ nicht den ›Rechten‹ überlassen« (Frau, 1946).

Dieser Instrumentalisierung des »christlichen Abendlandes« durch rechte politische Gruppierungen ist jedenfalls zu widersprechen: »Als Europäer ist es auf der einen Seite das Dahinschmelzen des christlichen Glaubens in dieser Hypermoderne. Sie lässt für religiöse Menschen, so vernünftig diese wegen oder trotz ihres Glaubens sind, keinen Platz. / Auf der anderen Seite melden sich jetzt Leute aus verschiedenen politischen Kreisen zu Wort (›Der Papst ist links‹, oder ›Die Rettung des christlichen Abendlandes‹), die christliche Werte für sich beanspruchen. Wir sollten denen klarmachen, dass der Papst und auch wir Christen zuerst mal weder links noch rechts sind und dass das ›christliche Abendland‹ zuerst mal bei uns Gläubigen und unseren Kirchen ist, und nicht in diffusen politischen Gruppierungen. Zu guter Letzt wäre da sicher auch ein aggressiv auftretender Islam.« (Mann, 1964)

Der Islam kommt mit schutzsuchenden Menschen

Herausforderung Islam: Nun zum anderen »Pol«, dem Zuwachs von Menschen mit islamischem Bekenntnis in vielen europäischen Bevölkerungen. Mehrere Befragte schrieben zur ersten Frage, welches die Challenges heute bei uns sind, lediglich »(der) Islam« (NN.; Frau o.J., 1939, 1952, 1967; Mann, 1945, 1956) Diese Zunahme wird aufmerksam verfolgt

(Mann, 1940; Frau, 1950). Eine »Herausforderung durch den Islam. (Frau, 1950, o.J.) wird gesehen.

Wortverbindungen mit Islam kommen 183 Mal vor. Es gibt Befürworter eines respektvoll-friedlichen Dialogs, Islamskeptiker, aber auch Personen, die man heute als begründet oder emotional islamophob bezeichnen würde.

Umgang mit dem Islam: Erste Anleitungen zum »Umgang mit dem Islam« (Frau 1957), »anderen Religionen (Islam)« (Frau, 1970) und den »vielen Andersgläubigen, bes. Islam« (Frau, 1952) werden gegeben. Gewünscht wird eine »Information zum Islam vom christlichen Standpunkt« (Mann, 1943). Man soll »sich um Verständnis des Islam bemühen« (Mann, 1938). Eine Auseinandersetzung mit dem Islam, (NN., Mann, 1941; Frau 1952, 1981) sei erforderlich, um die »Rolle des Islam« (Mann, 1941) zu verstehen. Der Grund: »die Spannungen mit fremden Kulturen und Religionen (Islam)« (Mann, 1943). Gewarnt wird, die Herausforderung nicht ernst zu nehmen: »In der Flüchtlingskrise durchaus helfen, aber keinesfalls die Probleme des Islams und der Migration übersehen oder schönreden!« (Mann, 1986)

Furcht vor »Islamisierung«

Die bisherigen Zitate signalisieren eine eher neutrale Wahrnehmung des Phänomens, also der wachsenden Zahl von Muslimen und Muslimas in unseren Bevölkerungen. Insofern darin ein Challenge, eine Herausforderung gesehen wird, schwingt bereits Besorgnis mit.

Eine besorgte Grundstimmung kommt in der Wahl der Begriffe zum Ausdruck. Es wird nicht nur über den »Islam« geredet, sondern auch über »Islamisierung« (NN., Mann, 1952, 1965, 1961, 1961) und das im Sinn von »Islamischer Unterwanderung« (Mann, 1942), einer »Unterwanderung Europas seitens des Islam« (Frau, 1948), Überfremdung durch Islam (Mann, 1963). »Der Islam überrollt uns«, so zwei Befragte (Frau 1942, 1966). Dies ereigne sich oftmals als »Islamisierung in großen Städten!?« (Mann, 1949). Man fürchtet »die große Konkurrenz des prosperierenden Islam« (Mann, 1949). Schon klingt an, dass ein starker Islam ein schwaches Christentum in Europa bedroht.

Migration und Flucht: Die Ursache für diese Entwicklung sehen viele in den derzeitigen Fluchtbewegungen (Frau, 1950) bzw. die »Flüchtlingswelle« (Frau 1953). »Migration und Islam« (Frau, 1958; Mann, 1953,

1950) werden in Einem genannt. Der Islam wandere bei uns[99] gleichsam zu (Mann, 1956; Frau, 1958): »Lęk przed uchodźcami i islamem.« (Mann, 1989)

Unter jenen, die bei uns vor Krieg und Verfolgung Schutz suchen, sind allerdings, so die Befragten, auch solche, die den Islam ausbreiten wollen. Es gebe »Islam-missionare (Frau, 1937). Das führe zu einem »aggressiven Voranschreiten der verschiedenen Formen des Islam« (Frau, 1951). »Zu guter Letzt wäre da sicher auch ein aggressiv auftretender Islam.« (Mann, 1964)

Angst, ja Hass: Bei nicht wenigen Menschen, so immer noch die Zeitdiagnose von Befragten, führe dies zu einer folgenreichen Angst vor »*dem* Islam«, vor allem in seiner militanten Gestalt: Diese »Islamophobie« wird in vielfältigen Varianten artikuliert: »islamofobija« (Mann, 1963), »Angst vor dem Islam« (Mann, 1969), »keine Angst vor dem Islam!« (Mann, 1944), »Angst vor Islamisierung« (Frau, 1955), »Angst der Christen vor der Islamisierung Europas führt zum Teil zu asozialem Verhalten gegenüber muslimischen Flüchtlingen« (Mann, 1946) und »Angst vor militantem Islam(ismus)« (Mann, 1938).

Verständlich seien die in der Bevölkerung verbreiteten »Ängste vor islamischem Terror, vor der Umschichtung unserer westlichen Gesellschaft durch Zuwanderung aus arabischen Staaten« (Frau, 1947), vor der »wachsenden Präsenz eines gewalttätigen Islam« (Mann, 1942).

Ein Begleiter der Angst ist in einzelnen Fällen der Hass: »Das zunehmende Misstrauen, um nicht zu sagen Hass auf andere Religionen, besonders den Islam, aber auch zunehmend das Judentum!« (Mann, 1960)

Umgang mit den Herausforderungen: »Wie sollen wir mit der Islamisierung von Europa umgehen?« fragte eine Umfrageteilnehmerin (Frau, 1965). Und umgekehrt: Welcher Umgang wird abgelehnt?

Kritische Anmerkungen werden zu *politischen Reaktionen* gemacht. Stichworte sind Populismus (»Populismus und dem Ausbreiten des Islams«, Mann, 1968) sowie ein neuer Antisemitismus: »Das BÖSE sind nicht die Moslems, gegen die wir seit dieser Zeit systematisch mit Hilfe der Medien aufgehetzt werden, um eine Art neue ›Judenverfolgung‹ zu

99 In anderen Regionen leben religiöse Gruppen schon lange zusammen, wie ein Befragter aus Mindanao auf den Philippinen zeigt: »Es gibt auch eine große islamische Minderheit mit markanten örtlichen Ausprägungen und Problemen, Stammesreligionen behalten eine gewisse Rolle, und es gibt zahlreiche andere, relativ kleine aber umso lebendigere christliche Gemeinschaften.« (Mann, 1969)

inszenieren, wenn genügend radikalisierte Islamisten in diese Gesellschaft integriert wurden.« (NN.) Ein Befragter vertritt die Ansicht, dass die muslimischen Flüchtlinge einen neuen Antisemitismus in Europa auslösen: »Vormarsch des Islam und des damit verbundenen Antisemitismus.« (Mann, 1970)

Auf *religiös-kirchlicher Ebene* wird vor einer folgenschweren »Blindheit gegenüber der expansiven Ideologie des Islam« (Mann, 1963) oder vor »übertriebener Toleranz gegenüber dem orthodoxen Islam und seinen Auswüchsen« (Mann, 1949) gewarnt. Gefordert wird eine »Betonung der christlichen Zivilisation gegen islamischen Missionierungsdrang« (Mann, 1970).

Eine einzelne Stellungnahme mutet sich zynisch an. Sie zeigt, dass eine eigentümliche Islamgegnerschaft auch unter Kirchenmitgliedern – wie weit, ist schwer zu sagen – verbreitet ist: »Die durch den politischen Islam ausgelöste Völkerwanderung, in weiterer Folge die zur Schau gestellte Nächstenliebe für diese Migranten, bei gleichzeitigem schweren Versagen der Kirche den eigenen Gläubigen gegenüber – Stichworte: Herabsetzung der Menschenwürde der Frauen und der Kinder – hierin unterscheidet sich die Kirche kaum vom Islam, der eigentlich ein religiös verbrämtes Gewohnheitsrecht darstellt. Es genügt nicht, sich hin zu stellen und um Verzeihung zu bitten, man muss handeln.« (Mann,1951)

Manche erhoffen sich auch eine Abmilderung der Herausforderung durch schutzsuchende Menschen mit islamischem Glaubensbekenntnis durch eine »Integration eigener Art«: »Integration wäre eine Möglichkeit, der weltweiten Ausbreitung des Islam entgegenzuwirken.« (Mann, 1947)

Der fundamentalistisch-gewalttätige Islam (Islamismus)

Eine Steigerung erfährt das Wort der »Islamisierung« im Begriff »Islamismus« (Mann, 1969) bzw. »Islamisten« (Mann 1940, 1963), wobei eine Frau im öffentlichen Diskurs die »fehlende Unterscheidung zwischen Islam und Islamismus« beklagt« (Frau, 1964).

Durch die Beifügung von bedrohlichen Eigenschaftswörtern wie fundamentalistisch, integralistisch, intolerant, militant oder gewalttätig wird die sich ausweitende, den Islam abwehrende Haltung in unserer Kultur legitimiert. »Ein Gefühl der Bedrohung durch den Islam nimmt überhand.« (Frau, 1938) Die bedrohlichen Anteile der islamischen Gemeinschaft haben freilich ein Pendant unter den Christen. So stellt ein

Befragter »Militant Islam. Fundamental Christianity« nebeneinander (Mann, 1951). Jedenfalls gibt es in den Texten zahlreiche warnende Stimmen: »Tout l'avancer de l'intégrisme islamique dans notre pays d'une façon insidieuse mais réelle.« (Mann, 1948) »Vordringen des Islams in Europa (insb. auch des fundamentalistischen und militanten Zweiges).« (Mann, 1939) Von einem fahrlässigen Ignorieren ist die Rede: »Die Gefahr eines aggressiven Islams wird ignoriert.« (Mann, 1955)

Die zugespitzte Form des militanten Islams sei »islamischer Terror. Flüchtlinge, die unser Staatsgefüge zu Ungunsten der ansässigen Bevölkerung in Unordnung bringen könnten – mehr polizeiliche und gerichtliche Maßnahmen sind gefragt!« (NN.) Die Quelle dieses weltweit diffundierten Terrors ist der »Islamische Staat« (Mann, 1944). Allerdings merkt eine Befragte kritisch an: »Schon der Begriff IS = Islamischer Staat wird als Feindbild verwendet, als hätten Staat und Glauben nichts miteinander zu tun.« (Frau, 1957)

Fundamentalismus

Relativ breiten Raum nimmt in den Stellungnahmen der Befragten die Auseinandersetzung mit dem Fundamentalismus ein – vorrangig in einer Variante des Islam, aber wiederholt mit gleichzeitigem Blick auf Fundamentalismen im Christentum: Zu den Herausforderungen der Zeit zählt eine Befragte, »dass es sehr viele Menschen gibt, die mit dem Christlichen nichts mehr anfangen können, ja mehr noch, die abgeschreckt sind, nicht nur vom islamischen Fundamentalismus, sondern auch vom christlichen« (Frau, 1956).

Ein Charakteristikum des fundamentalistischen Islam, aber nicht nur dieses, sei der Umgang mit dem Heiligen Buch. Ihm liege ein »konservatives Koranverständnis« zugrunde (Frau 1981). Das verlange nach einer »Konfrontation mit einem z. T. fundamentalistischen Islam und religiösen Menschen, die den Koran oder die Bibel wortwörtlich auslegen« (Frau, 1952).

Zwei längere Stellungnahmen binden die Auseinandersetzung mit einem fundamentalistischen Islam in einen breiten Kontext ein. Sie kündigen schon den sogleich folgenden Aspekt in der Begegnung zwischen Christentum und Islam in Europa an, nämlich das Aufeinandertreffen eines »säkularisierten Europas« mit einem (vermeintlich) glaubensstarken Islam:

»Globalisierung – auch Religion – Konfrontation mit einem z. T. fundamentalistischen Islam und religiösen Menschen, die den Koran oder die Bibel wortwörtlich auslegen. Gleichzeitig wird in Deutschland viel christliches/humanistisches Gedankengut sowohl privat als auch politisch selbstverständlich gelebt (siehe viel ehrenamtliche Sozialarbeit bei Kindern, Alten, Kranken, Flüchtlingen etc.). Christliches Bekenntnis und Kirche wird nicht mehr als notwendig wahrgenommen – zumal sich die christlichen Kirchen immer noch sehr schwer tun, die Laien ernsthaft zu beteiligen (nicht als Schafe) und in der Verkündigung zu wenig deutlich wird, dass auch das christliche Gottesbild eine Vorstellung ist und niemand wirklich weiß, wie Gott ist – das wirkt oft unerträglich arrogant, manchmal kindisch, zumal es uns allen nur unzulänglich gelingt, in Jesu Nachfolge zu treten! Dennoch war ich noch nie mehr davon überzeugt, dass Jesus der Weg, die Wahrheit und das Leben ist und dass diese Welt sosehr dies braucht, um zu überleben.« (Frau, 1952)

»Zum einen ist dies die fortschreitende Säkularisierung der deutschen Bevölkerung, die sich, nicht zuletzt aufgrund eines Mangels an Religion (Rückbindung) als ohnmächtig und hilflos fühlt, aber auch gewaltbereit wird. / Zum anderen der teils fundamentalistische, Islam, bzw. der Zuzug von Personen, die sich dieser Religion stark zugehörig fühlen und dem ein weitgehend säkularisiertes Deutschland wenig entgegenzusetzen hat. Eine öffentliche Reflexion darüber, warum wir Christen sind und das Christentum für wahr glauben, wäre nötig.« (Frau, 1976)

Für den Dialog mit fundamentalistischen Vertretern des Islam könnte es von Nutzen sein, fundamentalistische Versuchungen auch im Christentum wahrzunehmen. Das könnte zu einem friedvollen Dialog verhelfen. So formuliert ein Befragter: »Das gilt im Besonderen auch für Fanatismus innerhalb der eigenen Glaubensgemeinschaft: Klarstellen, dass ein Muslim nicht ein ›Feind‹ ist – die Argumentation, als ein Beispiel, man sei gegen Abtreibung, weil darunter ein soundso großer Prozentsatz von Menschen gewesen wäre, die den Islam bekämpft hätten, ist mehr als widerlich und schädlich, Personen und Gruppierungen, die derartiges Gift verbreiten, gehört jegliche kirchliche Legitimation, Finanzierung und sonstige Unterstützung entzogen.« (Mann, 1980)

Wehrhaftes Christentum

»Der kämpferische Islam der Islamisten drängt nach Europa und wir Christen können ihm nichts entgegensetzen (?).« (Mann, 1952) Diese Skepsis – im Modus einer Frage vorgebracht – teilen aber nicht alle Befragten. Auf einen solchen militanten Islam müsse das Christentum vielmehr »wehrhaft (auch gegenüber dem Islam überall dort, wo er intolerant ist)« reagieren (Mann, 1949). Man könne der Entwicklung nicht einfach zusehen. Denn diese Ausformung des Islam führe zu einer »drohenden radikalen Islamisierung« (Frau, 1963). Das erfordere, »den Islam zwar nicht bekämpfen, aber seiner Herausforderung der Destabilisierung entgegentreten, keine religiöse Gefühlsduselei gegenüber unkorrekten Ansprüchen von linken Willkommensschreiern, die aber selbst wenig bis nichts zur Problembewältigung beitragen, doch nur denen helfen, die sich selbst nicht helfen können, wer kann, muss es tun« (Mann, 1942).

Was Wehrhaftigkeit konkret bedeuten kann, zeigt eine Befragte am Beispiel der Forderung, einen christlichen Feiertag aufzugeben und dafür einen muslimischen einzuführen. Obgleich der christliche Glaube korrodiert, würde hier zum Glück die Bevölkerung nicht mitziehen: »Die Idee, einen christlichen Feiertag zu streichen und stattdessen einen islamischen Feiertag einzuführen, wird von der Bevölkerung sogar fast einhellig mit 85 zu vier Prozent abgelehnt. Der christliche Glaube erodiert, doch das Gefühl der Zugehörigkeit zur christlichen Kulturtradition ist nach wie vor stark.« (NN.)

Die Angst vor dem Islam und die eigene Schwäche

Für müde Christen wird der Islam zur Gefahr

»Islamisierung, Glaubensabfall« (Mann, 1954) werden von Befragten oft in einem Atemzug genannt. Es scheint, als sähen nicht wenige zwischen beiden Aspekten einen kausalen Zusammenhang. Die Islamisierung Europas erfolge, weil der christliche Glaube auf dem Kontinent geschwächt, ja im Sterben sei. So beklagt ein Befragter: »Einerseits massiver Materialismus (Konsumorientierung), andererseits Ausbreitung sektenähnlicher Esoterikströmung und des Islam.« (Mann, 1965) In das Glaubensvakuum Europas dringe ein glaubensfester Islam ein: Allerdings ist der Islam nicht der einzige »Eindringling«: »Kirchen werden geschlossen, alles ist im Downsizing Modus. Gleichzeitig wird das Land immer mehr vom

Islam bevölkert und geprägt und von einem wachsenden Atheismus bzw. einer Gleichgültigkeit.« (Mann, 1978) Ein »interkultureller Kampf« zwischen dem immer populäreren Islam und einem ›schwachen Christentum‹ keimt auf« (Mann, 1999). Der mögliche Ausgang: »Total secularisation and the presence of Islam where secularisation has not yet hit.« (Frau, 1962)

Dieser resignative Zusammenhang zwischen dem Erstarken des Islam und dem Erlahmen des Christentums findet sich in einander ähnlichen Variationen wiederholt. »Das spezifisch Christliche in der Gesellschaft gerät unter Druck, die Christen sind müde geworden, der Islam wird zur Gefahr.« (Mann, 1954) »Säkularisierung aller Lebensbereiche, unzureichendes ›Leben‹ des Glaubens im Alltag, dadurch starke Einflussnahme des Islam möglich, der zudem durch unfähige und -gläubige konfliktscheue Politiker ermutigt.« (Mann, 1963) »Diese Glaubenskälte ist auch Basis dafür, dass sich der Islam so breitmachen kann.« (Frau, 1953)

Wiederholt wird darauf hingewiesen, dass die müde Christenheit in Europa längst das Feld geräumt hat. Zwar klagt kaum jemand, dass in dieses Vakuum der Atheismus, die Skepsis, esoterische Gruppen eingedrungen sind. Just die Flüchtlinge, mit denen Muslimas und Muslime ins Land kommen, beunruhigen. »Die Kirche in Europa ist Teil einer Gesellschaft, die nicht mehr an sich glaubt. Wenn wir nicht rasch munter werden, droht uns ein islamisches Mittelalter.« (Mann, 1956) Von einem »Zurückweichen gegenüber anderen Konfessionen (insbes. Islam)« ist die Rede. »Es fehlt an einem klareren Bekenntnis zur deutschen/europäischen/christlichen Kultur.« (Mann, 1964) »Die Kirche muss sich selber wieder auf ihre christlichen Werte besinnen, anstatt sich vor dem Islam zu fürchten.« (Frau, 1958)

Der Islam führt zu einer Gewissenserforschung der Christen. »Gleichgültigkeit dem Glauben gegenüber; / unter dem Motto ›Wir brauchen keine Kirche‹ wird der Sonntag individuell gestaltet, Freizeitstress ist stattdessen angesagt; / Religion wird infrage gestellt, und die Medien tragen noch sehr zur Verunsicherung bei bzw. fördern es sogar, dass für viele Menschen Religion, Kirche und Glaube keine Rolle in ihrem Leben spielen. / Eine große Herausforderung ist der Islam; die Religionen könnten friedlich miteinander leben. Wichtig ist aber, dass die Christen ihren Glauben nicht verleugnen, ihren Glauben leben, die Bedeutung unseres

Christentums ernst nehmen, sich weiterbilden, im Glauben wachsen. Dann kann es einen Gedankenaustausch unter gleichberechtigten Partnern geben. / Die Kirche in Österreich hat nach wie vor Angst vor der Auseinandersetzung in der Öffentlichkeit. Oft dauert es sehr lange, bis die Kirche Stellung bezieht. / Traurig ist, dass in den Medien Meldungen über Verfolgung der unterschiedlichen Muslime gebracht wird, ABER Christenverfolgung verschwiegen wird – so als gäbe es keine!« (Frau, 1952)

Eine Befragte gibt über diese Entwicklungen ein knappes Urteil ab und vermerkt selbstkritisch: »Wer selbst im christlichen Glauben nur mehr wenig verankert ist (›Taufscheinchristen‹) oder Religion kritisch gegenübersteht (›fördert die Gewalt und ist irrational‹), ist geneigt, eine Islamisierung des Landes durch Zuwanderer zu befürchten, sowie den eigenen Identitätsverlust.« (Frau, 1983)

Vor- und Nachteile des Islam

Die Lage des Islam selbst wird durchaus differenziert bewertet. Stärken und Schwächen werden aufgezeigt. Der Islam wird als eine kräftige und attraktive Religion eingeschätzt, dem die Christen in Europa derzeit wenig entgegenzusetzen haben: »Aus der Politik eher heraushalten, das ist Sache ›des Kaisers‹, dafür als Vertretung des christlichen Glaubens mehr Selbstbewusstsein zu zeigen, drängt doch gerade jetzt auf unseren Kontinent der Islam, bei dem es sich um eine sehr dominante Religion handelt, der seine Gläubigen streng an sich bindet, und dem, so wie es scheint, die christlichen Kirchen dzt. wenig entgegenzusetzen haben.« (Frau, 1947)

Auch huldigen Muslime nicht dem westlichen Materialismus: »The Islamic alternative which rejects materialism and hedonism under Koranic authority.« (Mann, 1942)

Gläubige Menschen aus dem Islam tragen auch dazu bei, dass der entkirchlichte Westen wieder vor die zentrale Frage aller Religion gebracht wird, nämlich die Frage nach Gott: »Der Islam hat in seiner ganzen Problematik die GOTTESFRAGE wieder nach Europa gebracht. Trotz IS und Gewalttaten: Junge Muslime glauben an Gott! Junge Christen haben dem kaum etwas entgegenzusetzen, wobei es eine Konversionswelle ins Christentum gibt wie noch nie. ›Jesus Christus, der Befreier‹ müsste unser Motto sein, jenseits von amtskirchlichem Gehabe und Bedenkenträgerei.

Aber die Verantwortlichen verkriechen sich oder betätigen sich sogar als Apostaten (Kreuzabnahme auf dem Tempelberg). Das Volk muss selbst MACHEN, die Herde muss auch ohne Hirten agieren.« (NN.)

Noch mehr: der Islam ist für moderne ZeitgenossInnen spirituell ebenso attraktiv wie für eine geordnete Lebensführung. »Fehlende Spiritualität (viele Kinder und Jugendliche haben dies in einer Kirche nie kennengelernt und finden dies nun beim Islam oder anderen Bewegungen).« (Frau, 1953) »Dazu kommt, dass sich die Kirche in vielen Gegenden immer noch als ›die Religion‹ schlechthin versteht, während die religiösen Angebote immer vielfältiger werden: Islam/Sufismus, tibetischer und Zen-Buddhismus, verschiedenste Yoga-Richtungen, Wicca für spirituell Interessierte, und obendrein wandern immer mehr Muslime, Sikhs und Hindus ein.« (Mann, 1969)

»The Church takes a back seat in countering any of this; indeed, it would appear that while religions such as Islam or the Jewish faith play a large part in informing their followers how to lead their lives, the Christian church, divided asunder as it is, contributes little to influencing most people's lives.« (Mann, 1948)

Die in der arabischen Welt verfolgten ChristInnen

ChristInnen werden in allen Ländern der Welt verfolgt. In keiner anderen Weltreligion gibt es derzeit weltweit mehr Opfer von Gewalt, Verfolgung und Diskriminierung. Es sind nicht nur vom Islam geprägte Kulturen, in denen es ChristInnen schwer haben.

In der Umfrage wird aber vor allem auf diese Länder hingewiesen: »ALLE Christen müssen zusammenstehen, es gibt die Bedrohung durch den Islamismus; / Die Katholische Kirche muss auch ›Flagge‹ zeigen in der Flüchtlingskrise; Aktuelle Christenverfolgung in den muslimischen Staaten muss thematisiert werden.« (Mann, 1959) Eine falsch verstandene Toleranz, ja geradezu Naivität, verhindere die Solidarität mit diesen christlichen Glaubensschwestern und -brüdern: »Islamisierung – wir sind tolerant – wer spricht von den verfolgten Christen?????« (Frau, 1954) »Eintreten für Christen im Nahen und Mittleren Osten – bzgl. islam(ist)ischen Gruppierungen gibt es viel Naivität – die obersten Geistlichen sollten dies nicht als Toleranz und Nächstenliebe verkaufen, sondern kritisch hinterfragen, was hinter der Ideologie und Intention einer z. B. Muslimbruderschaft steht.« (Frau, 1970)

Einige beklagen, dass eine solche Thematisierung bedauerlicherweise oftmals unterbleibt. »Von den europäischen Regierungen wird die Christenverfolgung, insbes. in der islamischen Welt, nicht thematisiert, während der Islam, auch der militante, hinsichtlich seines aggressiven Auftretens pardoniert wird. Ich vermisse hier einerseits ein beherztes Auftreten der kath. Kirche gegen dieses laissez faire-Verhalten der Politik (ist der Grundsatz der Trennung von Kirche und Staat bloß ein Feigenblatt dafür, der kath. Kirche ein Mitspracherecht in gesellschaftspolitischen Fragen nicht wirklich zugestehen zu müssen?). Ich fordere ein selbstbewusstes Auftreten der Kath. Kirche nicht nur gegenüber Regierungen auf der ganzen Welt, wenn es um Menschenrechte geht, sondern vor allem gegen alle Religionen, die sich vor den Karren politischer Machthaber spannen lassen oder noch schlimmer, selbst unter dem Deckmantel der Religion, viele Ziele, aber sicher keine religiösen, verfolgen.« (Mann, 1944)

Der Islam im Modernisierungsstress

Von ganz anderer Art sind Beiträge, die sich in die Lage des Islams einzufühlen versuchen. Vor allem der Modernisierungsstress, in welchen der Islam in Europa und anderen modernen Regionen der Welt geraten wird, wird wahrgenommen. Der Islam müsse sich wandeln, wie ja auch das Christentum sich in den letzten Jahren mit (konfessionell) unterschiedlichen Geschwindigkeiten entwickelt hat. Der Islam hat in Europa einen enormen Migrationsstress[100] zu bestehen. Auf einzelne Aspekte eines solchen zugemuteten Wandels wird hingewiesen.

Das sind aber nicht nur Postulate, sondern die Entwicklung ist bereits in Gang gekommen. Ein Befragter vermerkt unter den Challenges: »Islam im Wandel, Europäische Ausprägung des Islam, Rolle der Muslime in einer offenen europäischen Gesellschaft.« (Mann, 1956) Manche meinen, der Wandel könnte mit Hilfe von Anweisungen erleichtert werden. Man solle also »Richtlinien geben, wie die Religion in einem säkularen Umfeld und in dem Miteinander mit dem Islam gelebt werden soll« (Frau, 1939).

Ein zentraler Aspekt der Entwicklung ist der Umgang mit dem Heiligen Buch, dem Qur'an. Eine fachkundige Exegese sei wie in allen Buch-

100 Zulehner, Paul M.: Muslimas und Muslime im Migrationsstress, Göttingen 2015.

religionen vonnöten. Ein Befragter vermerkt kritisch: »Das ›Wort Gottes‹ ist inspiriertes Menschenwort und jeweils für Judentum, Christentum und Islam vor hunderten oder gar tausenden Jahren zu einem bestimmten Zeitpunkt weitererzählt oder später niedergeschrieben worden und hat auch damals Sinn und Wirkung gehabt. Unsere Gottesvorstellung lebt in Büchern und aufgestellten Regeln und Dogmen.« (Mann, 1939) Eine andere leitet daraus die Forderung ab: »Die Glaubensgrundsätze sollten immer wieder überdacht und der heutigen Zeit angepasst werden (vgl. die islamischen Ibaditen im Oman).« (Frau, 1941)

Anregungen zur Haltung der Kirche

Eine Reihe von Wortmeldungen bezieht sich auf den Umgang der Christen und Kirchen mit dem Islam. Hier mischen sich warnende mit ermutigenden Stimmen.

Unkritische Anbiederung, schädliche Toleranz

Da warnen manche vor einem »kritiklosen Umgang mit dem Islam« (Mann, 1947). Manche meinen, eine Anbiederung an den Islam zu beobachten, und kritisieren einen solchen »Umgang mit dem Islam. Ich halte die Anbiederung der Katholischen Kirche für völlig unangebracht und kontraproduktiv.« (Mann, 1965)

Von einer schädlichen Toleranz ist die Rede. Ihre Option ist hingegen eine andere; dass Bischöfe ihr Kreuz, das Kernsymbol ihres christlichen Glaubens, abnehmen, wenn sie eine Moschee betreten, dünkt manchem unerträglich: »Wünschenswert wäre eine starke Überzeugung, auch als gesellschaftliche Alternative zum Islam. Dazu gehört aber ein verbindliches Eintreten für die eigenen Werte. Dazu gehört nicht, dass 2 Bischöfe? ihr Kreuz abnehmen, bevor sie eine Moschee betreten. Das ist völlig falschverstandene Toleranz gegenüber einer totalitären Ideologie. Man schaue sich die Wertvorstellungen vieler Moslime an: Moslems, Mann, dann Frau, Gläubige anderer Religionen und Atheisten. / Nur eine greifbare Kirche vor Ort kann glaubwürdig sein... mit Geistlichen, die sich nicht durch Weltfremdheit auszeichnen.« (Mann, 1965) Dass ein Pfarrer dem Islam als Religion der Barmherzigkeit preist, geht manchem zu weit: »Selbst der Pfarrer empfiehlt von der Kanzel, den Islam als Religion der Barmherzigkeit zu verstehen und doch mal den Koran zu lesen.« (NN.) Ganz anders tönt es, wenn ein Mann (1967) ganz gegenläufig fordert, man müsse »kontraproduktive Tabus brechen (Pfarrer besucht Moschee und Muslime/Imame eine Kirche...)« (Mann, 1967).

Eine Befragte kleidet ihren Abgrenzungswunsch in ein abschreckendes Beispiel: »Die Kirche sollte auch eine klare Sprache bzgl. Christentum und Islam sprechen. Ich kenne eine Pfarrgemeinde im ländlichen Bereich, wo der Pfarrer die Asylanten seine Freunde nennt, die Osterkerze mit den Symbolen (alles in gleicher Größe!) Kreuz, Stern (unsere Wurzeln im Judentum) und Halbmond (zur Begrüßung der Muslime, die aber nie die Kirche von innen anschauen) versehen wurde; in der Folge ging der Messbesuch drastisch zurück.« (Frau, 1952) »Dafür ist man wahnsinnig offen für den Islam. Weihnachtsfeiern werden zu Winterfesten umgetauft, um bloß keine religiösen Gefühle zu verletzen. Das Kreuz im Klassenzimmer muss weg, Schweinefleisch gehört nicht mehr auf den Speisenplan in Krankenhäusern...« (NN.)

Anbiedernde Toleranz ist bei vielen unerwünscht. Sie fördere lediglich die Ausbreitung des Islam: »Heute sprechen unsere Bischöfe vor allem von Toleranz und scheinen begeistert zu sein, wenn eine Moschee nach der anderen in unserem Land aus dem Boden wächst.« (Mann, 1947)

Abzulehnende Vorgangsweisen

Kritik wird aber nicht nur an Anbiederung ohne Abgrenzung vorgebracht, sondern auch gegen kurzsichtige politische Mobilisierung gegen den Islam: »Ich glaube, Papst Franziskus ist auf einem guten Weg, ein großes Hindernis ist jedoch der konservative Part der Kirche, der momentan mit einer Mobilisierung gegen den Islam versucht, Anhänger zu gewinnen.« (Frau, 1982)

Die Kirche könne nicht schweigen, wenn Parteien mit dem »C« (christlich) im Namen aus wahltaktischen Gründen eine Politik der Abgrenzung versuchen. Hier müsse die Kirche deutlicher Stellung beziehen. So fragt ein Mann (1983): »Migration/Islam – welche Position bezieht die Kirche in der Migrations- und Flüchtlingskrise, wie funktioniert die Abgrenzung zu parteipolitischer Positionierung (Stichwort: Vereinnahmung der Parteien der ›christlichen Werte‹– was sind diese ›christlichen Werte‹? Geht es nur um Erhalt von traditionellen Riten und Bräuchen?), wie sieht die Kirche ihr Verhältnis zum Islam?«

Akzeptanz mit Abgrenzung

Die Befragten bewegt, wie die Kirche(n) zu einem positiven Umgang mit den Herausforderungen durch den Mix von Zuwanderung und Anwachsen von Bevölkerungsteilen mit islamischem Glaubensbekenntnis finden können. Viele Stellungnahmen setzen sich damit auseinander. Vorschläge werden unterbreitet.

Ein erster Ratschlag: Das Phänomen solle einfach akzeptiert werden. Migration sei, so die Forschung, in der Geschichte der Normalfall gewesen. Kulturelle und religiöse Vielfalt prägen längst unsere Bevölkerungen. Bei aller Akzeptanz solle zugleich eine Islamisierung nicht zugelassen werden. Das geschehe aber vorrangig durch die Stärkung des Christlichen statt durch einen Kampf gegen »den« Islam: »In Europa sollte sich die Kirche trotz aller Toleranz auf die christliche Lehre, Nächstenliebe, Erziehung besinnen, den Islam wohl akzeptieren, aber Europa vor der totalen Islamisierung schützen, d. h. christliche Symbole, Feste wieder mehr in den Mittelpunkt rücken und NICHT aus Angst vor Problemen in all diesen Punkten zurückstecken.« (Frau, 1947)

Überflüssig sei Lamentieren über die Entwicklung: »Kein Jammern über Islamisierung etc., sondern Einladung zum Praktizieren in Gottesdiensten und Gemeinden und das Leben der Menschen zur Sprache und in die Beziehung zu Gott zu bringen.« (Frau, 1956) Die eigene Tradition müsse wiederbelebt werden: In Deutschland ändert sich die Bedeutung von Religion. Es ist nicht mehr selbstverständlich, Christin oder Christ zu sein. Wir sollten stärker auf andere Religionen zugehen, auf den Islam genauso wie auf das Judentum und die Ausformungen des Buddhismus bei uns. / Es gilt, das spezifisch Christliche in unsere Gesellschaft einzubringen: dies heißt beispielsweise auch eine Option für die Armen bei uns, die Ausgegrenzten. / Es gilt, die Tradition des Feierns unseres Glaubens weiterhin lebendig zu erhalten. Dies geht m. E. weit über die Frage der Gottesdienste mit und ohne Priester hinaus. Wie kann ich, können wir unser Leben vor Gott bringen?« (Frau, 1962)

Sosehr nun Befragte für eine grundsätzliche Akzeptanz plädieren, es ist für viele eine Annahme mit gleichzeitiger Abgrenzung, und dies angesichts des »selbstbewussten Auftretens anderer Weltanschauungen (Islam, Atheisten...)« (Frau, 1997). Wichtig sei also: »Probleme offen ansprechen, die christlichen Werte hervorheben, sich klar zum Islam abgrenzen, eine einheitliche christliche Kirche anstreben.« (NN.) Vonnöten sei eine »stärkere Differenzierung zum Islam verbunden mit stärkerem selbstbewusstem Auftreten« (Mann, 1952). Dies erfordere auch ein »stärkeres Auftreten gegenüber Politik, um sich gegenüber Islam abzugrenzen und auf deren Fehlverhalten aufmerksam zu machen« (Mann, 1961). Von den Kirchen wird ein »klares deutliches Signal gegen den Islam und entschlossene Haltung gegen Beliebigkeit« erwartet (Mann, 1970).

Verschiedenartige Formen der Begegnung

Bei aller grundsätzlichen Akzeptanz: In der Frage, wie die Kirchen und ihre Mitglieder mit »dem Islam« praktisch umgehen sollen, sind die Antworten vielfältig und bunt. In einer Studie in Österreich[101] zeigten sich drei verschiedene Typen: kämpferische Kulturchristen, friedfertige Kulturchristen sowie Vertreter eines friedliebenden Religionsdialogs.

Eher kämpferisch sind Aussagen wie: »Klares deutliches Signal gegen den Islam und entschlossene Haltung gegen Beliebigkeit.« (Mann, 1970) Oder noch abwehrender: »Keine (positive) Stellungnahme der Christen gegenüber anderen Religionen – v. a. nicht gegenüber radikalen islamischen Strömungen.« (Mann, 1962)

Friedlicher und besorgt tönt die Aussage: »Gratwanderung zwischen Toleranz gegenüber anderen Religionen (besonders gegenüber dem Islam) und der Verteidigung unverzichtbarer Menschenrechte wie Gleichwertigkeit von Mann und Frau.« (Frau, 1947)

Viele treten für einen friedfertigen, »ernsthaften und verbindlichen« (Mann, 1953) Dialog zwischen den Religionen, vorab mit dem Islam ein (Mann, 1953, 1956, 1962, 1988). »It should work more closely with other Christian churches and with Jewish and Islamic groups.« (Mann, 1951) Ein solcher Dialog wird »für gut« befunden (Frau, 1976). Er würde auch die Ängste der Menschen mindern: »Da viele eine zunehmende Islamisierung unserer Gesellschaft fürchten und auch den gewalttätigen Islamismus, denke ich, es wäre sehr hilfreich, wenn sich die christlichen Religionen zusammentun würden und verstärkt auf Dialog setzen.« (Frau, 1953) »Die Kirche muss den Dialog mit dem Islam weiter vertiefen.« (Mann, 1947)

Der Dialog mit den anderen Religionen setzt voraus, in der eigenen

101 Zulehner, Paul M.: Verbuntung. Kirchen im weltanschaulichen Pluralismus, Ostfildern 2013.

Religion fest verankert und auskunftsfähig zu sein. Dazu sei es notwendig, »über den christlichen Glauben mehr zu wissen. / Die Meisten wissen einfach zu wenig über den Glauben. In der Schule wurde der Religionsunterricht mehr oder weniger abgesetzt. / Freiwillig lernt man keine Gebete und Gebote und liest nicht die Bibel. Die Jugend muss hingeführt werden, neugierig gemacht werden. / Der Glaube ist im Menschen angelegt und das versteht man erst im Älterwerden. / Gerade jetzt, umso mehr, wenn der Islam so eine große Rolle spielt.« (NN.) Das ermögliche auch eine »Positionierung als Alternative zum islamischen Glauben, ohne diesen in irgendeiner Form anzugreifen (›viele Wege führen zu Gott‹)« (Mann, 1947).

Mehrere Befragte äußern sich zur Qualität des gewünschten »interreligiösen Dialogs«. Schon bekannte Stichworte kehren wieder: Respekt, Abgrenzung, keine falsche Anbiederung. Es gelte in solchem ständigen Dialog auch, Verfehlungen der Vergangenheit aufzuarbeiten.

Das sind einzelne Merkmale eines weiterführenden Dialogs: »Dialogbereitschaft, aber keine falsche Anbiederung« (Islam, säkularer Staat).« (Frau, 1943) »Eine andere ist der Dialog mit den anderen immigrierten Religionen, vor allem dem Islam, um Frieden und gegenseitigen Respekt zu bauen.« (Mann, 1943) »Dialog mit dem Islam aber mit deutlicher Abgrenzung.« (Frau, 1958) »Ständiger Dialog mit dem Islam, Judentum u. a. / Aufarbeitung der Fehlentscheidungen in den letzten beiden Jahrtausenden: z. B. die Anerkennung von Kondomen als Gesundheitsschutz, anstatt der Verunglimpfung als Verhütungsmittel; Hexenverbrennungen, Kindesmisshandlungen.« (Mann, 1970)

Dieser Dialog solle aber konstruktiv und offen sein, positive Zeichen setzen, auf Augenhöhe stattfinden: »Constructive and open dialogue with other faiths (especially Islam) and non-religious philosophies to identify points of convergence and divergence.« (Mann, 1942) »Die Auseinandersetzung mit dem Islam und mit Muslimen wird in den kommenden Jahren eine ganz wichtige Rolle spielen. Sie muss auf Augenhöhe, aber mit einem soliden christlichen Selbstverständnis geführt werden.« (Mann, 1947) Im gesuchten interreligiösen Dialog genüge »nicht nur negatives Anprangern, sondern positive Zeichen setzen, zeigen wie's auch gehen kann. Interesse für Islam zeigen, Spiritualität des Islam herausheben (unter dem Motto; ›Das Positive ist genauso wahr!‹) Im Sinne des Konzils gelebte Toleranz und Akzeptanz.« (Frau, 1958)

Ein Ziel des Dialogs sei »Solidarität mit allen Religionen / in denen Gott, Allah verehrt wird« (NN.). Das ist übrigens die einzige Stellungnahme, die Gott ausdrücklich Allah nennt.

Friedlicher Umgang miteinander

Ein solch qualifizierter Dialog kann friedliches Zusammenleben ermöglichen. »Friedlicher Umgang mit zugewanderten Neubürgern und ihrer Religion (Islam)« (Mann, 1970) ist sein Ziel.

Nicht alle halten es allerdings für möglich, dass dieses Ziel erreichbar ist. Ein Befragter formuliert seine Skepsis so: »Hinzu kommt, dass die wachsende Präsenz des Islam in Europa mehr ist als ein ›Zeichen der Zeit‹, da keine zentrale Führung existiert (und auch nicht existieren kann) und die Auslegungen des Koran von lockerem Gebot der Gewaltanwendung (dar al-harb) begonnen bis hin zur Lobpreisung der Täuschung und Lüge (Taqiyya) kaum ein friedliches Nebeneinander zustande kommen lassen. (Koran Suren 3, Vers 28, 3/54, 7/99, 8/30 usw. und die darauf basierende Ulema-Exegese Tafsir al-Lalalayn 3,28; ›Allah als Meister der Täuschung‹).« (Mann, 1938)

Eine religionspolitische Anregung

Religionen wandern durch Europa

»Religionen wandern durch Europa.« So betitelt der österreichische Altvizekanzler Erhard Busek seinen politischen Beitrag zur Herausforderung durch den Islam und die Islamisierung. Zuerst durch den Zuzug von Gastarbeitern in der Zeit des Wirtschaftswunders, dann durch die Flüchtlinge aus dem Bosnienkrieg und zuletzt durch die vielen, die vor dem Krieg in Syrien und Afghanistan in Europa Schutz suchen, kam es zu einem wahrnehmbaren »Vordringen der arabisch-islamischen Welt, die auf eine gewisse Weise heute eine Art Auferstehung erfährt, über deren Endergebnisse wir uns nicht ganz im Klaren sind«.

Der Begriff »arabisch-islamische Welt« ist dabei überaus komplex. Er bezieht sich auf vormoderne arabische Gesellschaften, in denen die gesellschaftliche Entwicklung unterschiedlich schnell verlief. So ist beispielsweise Syrien »moderner« als Afghanistan.

Sodann ist der Islam ein komplexes Gebilde. Er kennt eine Reihe von »Konfessionen« (wie Sunniten, Schiiten, Aleviten…), zwischen denen es nicht nur religiöse, sondern massive politische Spannungen gibt. Zudem ist ein (kleiner) Teil des Islam gewalttätig. Es herrsche, so der in Deutschland geborene islamische Schriftsteller Navid Kermani in seiner Dankesrede zur Verleihung des Friedenspreises des Deutschen Buchhandels, gleichsam ein »Krieg des Islam gegen den Islam« – ähnlich dem blutigen Dreißigjährigen Konfessionskrieg im Europa nach der Reformation.

Diese verschiedenen Facetten des Phänomens Islam werden in Europa oftmals vereinfacht auf »Islamisierung« reduziert. Sowohl das Ankommen friedlicher Muslime in Europa (als Arbeitskräfte, als Kriegsflüchtlinge) als auch ein gewaltbereiter Islam (Islamischer Staat, islamistischer Terror) werden unter dem Dach des Gefahren-Begriffs »Islamisierung« (Othmar Förster) vereint. Von einem Zusammenprallen einer »post-Christian civilization and the civilization of Islam« (Daniel Pastirčák) ist die Rede. Boulevard-Medien und rechtspopulistische PolitikerInnen tragen zu solch vereinfachter Wahrnehmung des Islam viel bei.

Im Rahmen solcher Vereinfachungen werde »der Islam« zu einem »äußeren, plakativ vor sich hergetragenen Feindbild, dem dann ein völkisch verzerrtes Bild vom ›christlichem Abendland‹ entgegengesetzt wird«. (Sonja Angelika Strube)

Der deutsche Soziologe Georg Siefer konkretisiert diese Entwicklung mit Blick auf Deutschland. Er beobachtet, wie die »hier lebenden Türken als Avantgarde des türkischen Nationalismus in Europa« herhalten müssen. Deshalb finde sich der »binnen-türkische Konflikt zwischen den offiziellen Verbänden (DiTib, Milli Görüs u. a.) und den ›Abtrünnigen‹ (Necla Kelek u. a.)… spiegelbildlich auch in der deutschen Publizistik wieder«.

Was ist zu tun?

»Was ist zu tun?«, so fragt Erhard Busek im Titel seines Beitrags weiter. Das sind seine Vorschläge, ergänzt durch Anregungen weiterer AutorInnen der Aufsatzsammlung. Ein erstes Paket von Maßnahmen betrifft Gesellschaft und Politik, ein zweites die christlichen Kirchen.

Politik: Zunächst beobachtet Erhard Busek in seiner kritischen Analyse, dass der »Ansatz im Umgang mit dem gewaltbereiten politischen Extremismus islamischer Prägung… im Wesentlichen bis jetzt bloß repressiv« ist. Das habe bereits zur Suspendierung von Grundfreiheiten im Rahmen des »Ausnahmezustands« in Frankreich und in Belgien geführt.

»Repressive Maßnahmen… werden nicht ausreichen«, ist Busek überzeugt. Auch »energische Grenzkontrollmaßnahmen an der EU-Außengrenze« sowie die »Ursachenbekämpfung in Herkunftsländern« bezeichnet er als »unzureichend«. »Die gegenwärtigen Strategien, Zäune und Mauern zu errichten oder Routen zu unterbinden, werden mit Sicherheit nicht weiterführen.« Tiefergreifende Maßnahmen sind erforderlich.

Eine erste Maßnahme sieht der Europapolitiker Erhard Busek darin, dass Muslime, wollen sie Mitglied europäischer Länder werden, sich als *Bürger (citoyen) einer Demokratie verstehen und sich daran anpassen* müssen. Erhard Busek wörtlich: »Will der islamische ›Citoyen‹ Teil haben an der Willensbildung und an den Gütern der ›Gesellschaft‹, muss er sich anpassen und unterliegt in seinem wirtschaftlichen und sonstigen Fortkommen, so er sich außerhalb der islamischen ›Gemeinschaft‹ bewegt, einem ausgeprägten Konformitätszwang. Vor der jüngsten Parlamentswahl in den Niederlanden etwa schrieb der niederländische Ministerpräsident einen offenen Brief an die ›Migranten‹ in seinem Land, in dem er folgende Aussage traf: ›Benehmt Euch normal oder geht!‹«

Sodann müsse politisch der Tatsache Rechnung getragen werden, dass »die heutigen EU-Mitgliedsstaaten weder national, noch religiös, noch sprachlich homogen« sein werden. Nationalstaaten sind für ihn eine Fiktion. Deshalb sei für die im Lande lebenden Muslimas und Muslime die »Schaffung von ›Islamischen Glaubensgemeinschaften‹ als Körperschaften öffentlichen Rechts unabdingbar«. Es genüge also nicht die Integration einzelner Menschen, vielmehr brauche es eine »Integration durch institutionelle Einbindung der ›Gemeinschaft‹«. Das würde dem Islam, der nach Tönnies eher die vormoderne Form einer »Gemeinschaft« aufweist, Impulse für eine Entwicklung in Richtung »Gesellschaft« verleihen. Dergestalt institutionalisierte Mitsprache würde in die demokratischen Länder einbinden und eine »Abkehr der Führer von den Gewaltbereiten« begünstigen. Die politische Kunst bestehe darin, die Islamische Gemeinschaft mit »Demokratie zu fluten« sowie die »Trennung von Religion und Staat im Bewusstsein der islamischen Bevölkerung« zu verankern.

Ein solch politisches Vorgehen, den Islam als Körperschaft öffentlichen Rechts demokratisch einzubinden, vermeide, dass die Bedrohung durch den politischen Extremismus islamischer Prägung mit demokratiepolitisch untragbaren Mitteln erfolge.

Eine zweite kulturpolitische Herausforderung müsse der Islam selber leisten. Dem Islam fehle, so Busek, die *Aufklärung*: Ähnlich analysiert Markus Büning: »Es bleibt zudem zu hoffen, dass der Islam auch durch diesen Scheuersack der Aufklärung in seiner Gesamtheit zu einer Religion wird, die fundamentalistischen und gewaltverherrlichenden Varianten religiöser Existenz ein für alle Mal abschwört. Wenn dem so wäre, würde das Phänomen der Religion vor den Augen aller Menschen wieder mehr an Überzeugungskraft gewinnen.« Ansätze zu einer Aufklärung im Islam hat es in der Geschichte bereits gegeben. Um es noch einmal mit Tönnies zu formulieren: Der Islam habe schon in der Vergangenheit eine Entwicklung von einer vormodernen Gemeinschaftsstruktur zu einer modernen Gesellschaftsstruktur gemacht. Aber diese Versuche sind inzwischen politisch wieder rückgängig gemacht worden oder sind in den Untergrund abgewandert.

Den europäischen Gesellschaften und ihren Bevölkerungen wird durch die Begegnung mit dem Islam im eigenen Haus viel zugemutet. Dazu zählt, dass die »Toleranzgrenzen bis ins Beliebig-Gleichgültige hinein« ausgedehnt werden müssen. Aber nach den in Europa immer wieder aufflackernden Religionskriegen und Kulturkämpfen ist diese Dehnung der Toleranzgrenzen »die unabdingbare Voraussetzung für die Erhaltung des inneren Friedens in Europa geworden«. (Georg Siefer)

Kirchen: Auch der »Kirche« fordere die unerwartete, heftige Auseinandersetzung mit dem Islam auf dem Boden Europas viel ab. Denn, so vermerkt der Südtiroler Kirchenhistoriker Josef Gelmi, »die Kirche befindet sich selbst in einer inneren Krise und sieht sich zudem gewaltigen Herausforderungen wie Säkularismus, Flüchtlingsströmen und Islamismus gegenüber«. Das kann erklären, dass sich die Kirchen in der Debatte eher »bedeckt gehalten« haben. Manche Kirchenvertreter beschwichtigten friedvoll, andere ließen Bewunderung darüber erkennen, »wie offen Muslime auch in der Fremde ihren Glauben leben und bekennen«. Bei Christen hingegen sei der Glaube öffentlich kaum erkennbar. Auch erscheine das Christentum vielen Muslimen als »blass und schwach«, in seiner »Unentschiedenheit fast verachtungswürdig«.

An den Universitäten und in Bildungszentren kam es allerdings zu einem engagierten Dialog zwischen den drei abrahamitischen Religionen (Judentum, Christentum, Islam). Ähnlichkeiten auf Grund der gemeinsamen Wurzel, aber auch Spannungen wurden wahrgenommen. Die

Frage nach Gott, die in Europa durch die epochale Transformation des Christentums ins Zentrum gerückt ist, werde durch die Begegnung mit dem Islam verschärft. Norbert Scholl geht darauf in seinem Beitrag ein:

»Sure 2:255 beschreibt Allah als den Lebendigen, Ewigen, der nicht schläft, dem alles gehört, der alles weiß und alles bestimmt. Sein Thron reicht über die Himmel und die Erde. Er ist der Erhabene und Allgewaltige. Auch von Allah wird gesagt, er sei weise, barmherzig und vergebungsbereit (Sure 3:31). In den Suren 11:90 und 85:14 wird Allah als ›liebevoll‹ bezeichnet. Der 47. Name Allahs lautet ›Al-Wadud‹ = Der Liebevolle. Doch auf die Barmherzigkeit, die Vergebungsbereitschaft und die Liebe Allahs dürfen nur jene hoffen, die dem Weg des Propheten folgen. ›Wer diesen Weg verlässt und einen anderen einschlägt, kann die Reichweite dieser Liebe und Freundschaft nicht erkennen und nicht erleben.... Wer aber Îmân[102] besitzt und Gutes tut nur für Allah, wer seine Fehler erkennt und sie bereut, wer geduldig und gottesfürchtig ist, den liebt Allah. Nur auf diesem Weg gelangt man zu seiner Liebe.‹[103] Der entscheidende Unterschied im Gottesbild zwischen Christentum und Islam liegt also darin, dass die Ungläubigen von Gott/Allah keine Liebe erwarten können, während nach der Botschaft Jesu alle Menschen, auch die Sünder, mit der Liebe Gottes rechnen können. Der Gott Jesu geht dem Verlorenen nach und lässt die ›Rechtgläubigen‹ im Stich (Lk 15,1–7). Für den Verfasser des Ersten Johannesbriefes gilt: ›Gott ist die Liebe‹ (1 Joh 4,8). An die Stelle der Rede vom ›allmächtigen‹ Gott sollte besser die Rede vom ›barmherzigen‹ oder ›liebenden‹ Gott treten.«

Inzwischen sei es, so Georg Siefer, leider um die »theologisch-beschauliche Rede von den drei abrahamitischen Religionen (Judentum, Christentum, Islam)... ziemlich leise geworden«. Der Islam werde zunehmend als gewalttätig wahrgenommen. Dabei hätten diese drei Religionen mit einem gemeinsamen Stammvater die historische Chance und Aufgabe, »zu einer weltumspannenden Friedensbewegung zusammenzuwachsen«. (Denicolo, Herbert, Olang, Diözese Bozen-Brixen)

102 Glaube [an Gott] im Islam.

103 Islamische Gemeinschaft Milli Görüş; Hutba, 28.07.2017; https://www.igmg.org/hutba-allahs-liebe/ (25.1.2018).

Für eine glaubwürdige Kirche

Menschenrechte in Welt und Kirche

Die »Erklärung der Menschenrechte« gilt vielen, die sich an der Online-Umfrage beteiligt haben, als Zeichen der Zeit. So überrascht es nicht, dass sie sich mit diesem Anliegen der Menschheit auseinandergesetzt haben.[104] Manche wünschen sich einen »Einsatz für Menschenrechte« (Mann, 1963), deren »Einhaltung« (Frau, 1941), »Wahrung« (Mann, 1940), »Achtung« (Frau, 1958); »absolute Verteidigung« (Mann, 1942). Ein Befragter fordert eine »Orientierung an Menschenrechten« (Mann, 1951); ein anderer steht gegen deren »Missachtung« auf (Mann, 1939). Einige schrieben bei der Frage nach den Challenges nur das Wort »Menschenrechte« (Mann, 1958, 1946, 1960, 1960, 1974; Frau, 1967).

Bedrängend ist die Frage einer Befragten: »Wie viel wiegt eine Verfassung, wie viel ein Menschenrecht, wie viel ein Menschenleben? – Und was ist dann für den Einzelnen/die Einzelne verbindlich? Mogeln wir uns alle als Opportunisten durch????« (Frau, 1963) Ein Befragter klagt in dieselbe Richtung: »Rückzug in das ›private Glück‹ und der zunehmende Rückgang der Solidarität auf nationaler und internationaler Ebene, das schwindende Verständnis für die grundlegenden Menschenrechte, der schwindende Respekt vor der Würde der Person!« (Mann, 1937)

Ein Mann sieht die positive Seite. Er sieht als Zeichen der Zeit »das Aufbegehren vieler Gruppen rings um die Welt, die sich damit nicht abfinden und sich mutig für Menschenwürde und Menschenrecht für alle Menschen einsetzen« (Mann, 1933). Ein anderer pflichtet ihm bei: »dass die Menschenrechte hoch im Kurs stehen« (NN; Mann, 1932).

Die inhaltlich reichhaltigeren Wortmeldungen gehen in zwei Richtungen:

- Die (Welt-)Kirche soll sich weltweit für die Menschenrechte einsetzen.
- Um dies glaubwürdig tun zu können, müsse sie (mehr als bislang) die Menschenrechte im eigenen Haus achten.

104 74 Mal kommt das Wort/kommen Wortverbindungen vor.

Einsatz für die Menschenrechte in der Welt

Von der Kirche wird hinsichtlich der Wahrung und Durchsetzung der Menschenrechte in der ganzen Welt viel erwartet. Sie soll den »Menschenrechten zum Durchbruch verhelfen« (Mann, 1967). Sie tritt gegen eine »Relativierung der Menschenrechte in vielen Ländern Europas [auf], darunter auch Österreich« (Mann, 1964). »In den Kirchen (vom Bistum bis zur Ortskirche) braucht es [dazu] ein Bewusstsein… für die Werte von Gerechtigkeit und Frieden als globales Ziel (Diakonie, Menschenrechte, Fairer Handel, ziviler Friedensdienst…).« (Frau, 1974)

Keine noble Zurückhaltung

Um der Achtung und Durchsetzung der Menschenrechte zu dienen und deren Missachtung zu wehren, braucht es ein »sozialethisches (missionarisches) Wirken der Kirche in der Welt von heute: wo die Menschenwürde und die Menschenrechte mit Füßen getreten werden, darf es keine noble Zurückhaltung geben. Besser eine schwache Stimme als ein stummer Hund (Denkansatz von P. Berthold Mayer, CMM).« (Mann, 1947) Die Kirche darf nicht schweigen, sondern hat eine Pflicht zur »Meinungsäußerung bei aktuellen politischen Menschenrechtsverletzungen« (Frau, 1953). Verlangt wird von der Kirche ein »klares öffentliches Bekenntnis (auch unter Nutzung der Social Media) zu den Menschenrechten« (Frau, 1963). Das ist umso erforderlicher, als »die Kirche zu wenig energisch auftritt, wenn es um Menschenrechte geht. Sie hebt sich nicht mehr ab von den Reden der Politiker. Doch wo soll das Soziale, die Herzenswärme herkommen, wenn nicht von der Kirche?« (Frau, 1972)

Der Einsatz wird mit einer Reihe von Attributen versehen.

- *konsequent:* »Konsequenter Einsatz für Menschenrechte«. (Frau, 1964) – »Als wichtige Institution soll die Kirche auf Grundlage des Evangeliums zu allen gesellschaftlichen und politischen Fragen Stellung beziehen sowie konsequent für Menschenrechte und die Bewahrung der Schöpfung eintreten.« (Frau, 1954)
- *kompromisslos:* »Wichtig wäre ein kompromissloses offizielles und öffentliches Auftreten gegen alles, was im Augenblick politisch die Menschenrechte untergraben möchte.« (Mann, 1970)
- *lauter:* »Noch lauter und deutlicher als bisher die Stimme erheben gegen jegliche Menschenrechtsverletzung, Naturzerstörung usw.« (Mann, 1949)

- *auch vor Ort:* »Die Kirche in Deutschland müsste auch vor Ort mehr eintreten für die Menschenrechte.« (Frau, 1960)
- *ohne Rücksichtnahme auf traditionell christliche Parteien:* »Wenn Menschenrechte auf dem Spiel stehen, erwarte ich mir eine klarere Kante und keine Rücksicht auf eine ÖVP-Klientel.« (Mann, 1970)

Gruppen

In den Stellungnahmen der Befragten werden Gruppen bezeichnet, die von Menschenrechtsverletzung besonders gefährdet sind. Dazu zählen:

- *die indigene Bevölkerung:* »Menschenrechte wahren (der indigenen Bevölkerung).« (NN.)
- *Menschen auf der philippinischen Insel Mindanao:* »Trotz Jahrhunderte alter Kultur des Zusammenlebens gebietsweise starke bis extreme Menschenrechtsprobleme (Mindanao, Philippinen).« (Mann, 1969)
- *Randgruppen:* »Menschenrechte auch für ›Randgruppen‹« (Frau, 1949); »Option für die an den Rand Gedrängten, Anwaltschaft für die Schwachen, Bewahrung der Menschenrechte und der Schöpfung, Verteidigung der Menschenwürde« (Mann, 1963); »Anerkennung von Ungerechtigkeiten, Anerkennung der unteilbaren Menschenrechte, klare Anwältin für die Schwachen und Ausgegrenzten sein« (Mann, 1986).
- *Frauen:* »Menschenrechte (Gleichberechtigung von Mann und Frau).« (Mann, 1939)
- *Asylsuchende:* »Die Rechte von Asylsuchenden sind selbstverständliche Menschenrechte.« (Frau, 1960) – »Die permanente Übertretung der Menschenrechte. Wir maßen uns an zu bestimmen, wer ein Recht auf ein Leben in Freiheit und Frieden hat. Wir machen die Grenzen dicht, leben im Überfluss und wundern uns, dass diesen Zustand nicht mehr alle hinnehmen wollen – sie flüchten und wir sperren sie aus und lassen sie in ihrem Elend alleine.« (Frau, 1972) – »Öffentliche Verteidigung von Menschenrechten (Flüchtlinge)«. (Mann, 1942)
- *Ungeborene*: »Prekarität bez. Menschenrechte, v.a. am Beginn und Ende des Lebens« (Mann, 1939); »Konkret der Versuch, Abtreibung zu einem Menschenrecht zu machen und als Ehe zu bezeichnen, die eigentlich keine ist« (Mann, 1946).

Rechtspopulismus, Demokratie

Eine Gefährdung von Menschenrechten und damit auch der Demokratie wird von der politischen »Rechten« befürchtet. Die Kirche müsse daher achtsam sein für die »Gefährdung der Demokratie und der Menschenrechte durch rechte Parteien und Regierungen« (Frau, 1963). Sie muss »bei politischem Rechtsruck wachsam bleiben und weiter Menschenrechte verteidigen« (Frau, 1962). Der Kirche ist zuzumuten, »Menschenrechte und Demokratie zu schützen« (Mann, 1944), »sich für Menschenrechte, Demokratie und Gewissensbildung ein[zu]setzen« (Frau, 1959).

Angesicht der Bedrohung komme der Kirche eine schwerwiegende gesellschaftspolitische Verantwortung zu. Von ihr verlangt ein Befragter politisches Engagement: »Einsatz für Demokratie, Menschenrechte. – Christsein ist politisch!« (Mann, 1942) Konkreter formuliert ein Befragter, die Kirche müsse im gesellschaftspolitischen Diskurs »die Probleme ansprechen, die Menschen direkt ansprechen, den Politikern ›auf die Finger schauen‹ und wenn erforderlich deren Fehler, z. B. bei Verletzung der Menschenrechte, deutlich machen und verurteilen« (Mann, 1952). Die Kirche habe die Pflicht zu einem »Engagement für Rechtstaat und Menschenrechte« (Mann, 1949).

Menschenrechte im Islam

Der Kirche könne es sodann nicht gleichgültig sein, wenn Religionen die Menschenrechte verletzen. Eine Befragte hat den Islam im Blick. Sie nimmt wahr eine »Gratwanderung zwischen Toleranz gegenüber anderen Religionen (besonders gegenüber dem Islam) und der Verteidigung unverzichtbarer Menschenrechte wie Gleichwertigkeit von Mann und Frau« (Frau, 1947). Ganz klar positioniert sich ein Befragter: »Ich fordere ein selbstbewusstes Auftreten der Kath. Kirche nicht nur gegenüber Regierungen auf der ganzen Welt, wenn es um Menschenrechte geht, sondern vor allem gegen alle Religionen, die sich vor den Karren politischer Machthaber spannen lassen oder noch schlimmer, selbst unter dem Deckmantel der Religion, viele Ziele, aber sicher keine religiösen, verfolgen.« (Mann, 1944)

Zu Projekten ermutigen

Einige Befragte werden konkret. Sie formulieren Projekte: »Menschenrechtsprojekte initiieren, fördern und unterstützen« (Mann, 1967), »politisch Engagierte ermutigen und auch selber Stellung nehmen bei Menschenrechtsfragen und Verletzungen der Menschenwürde« (Mann, 1947). »Wenn Grundprinzipien des menschlichen Lebens (Menschenrechte) in Frage gestellt werden, wenn die Schwächsten der Gesellschaft unter die Räder kommen, dann darf die Kirche nicht schweigen. Dann ist u.U. auch Aktionismus angesagt – Teilnahme und Aufruf zu Demonstrationen, Petitionen, etc. Die Kirche muss auf der Seite der Armen stehen und darf sich nicht von Politikern vereinnahmen lassen!« (Mann, 1962)

Menschenrechte auch in der Kirche

Die katholische Kirche habe sich in ihrer Geschichte anfangs mit ihnen schwergetan. Religionsfreiheit wurde lange Zeit als inakzeptabel verworfen. Vielleicht hat sich das Nachdenken über sie auf dem Zweiten Vatikanischen Konzil gerade auch deshalb bewegt, weil es jetzt nicht mehr um die Religionsfreiheit für andere in nachchristlichen Gesellschaften, sondern vor allem um die Freiheit der Religionen und ihrer Gemeinschaften zumal in atheistisch geprägten Kulturen des »real existierenden Sozialismus«, Leninismus und Stalinismus waren, die sich in ihrer Religionskritik allesamt auf Karl Marx und dessen Erfahrungen mit den »real existierenden Religionen« berufen haben.

Bekehrung der katholischen Kirche zu den Menschenrechten

Die römisch-katholische Kirche, so der Kirchenrechtler Adrian Loretan-Saladin aus der Schweiz, habe sich also erst jüngst auf dem Zweiten Vatikanischen Konzil zu den Menschenrechten bekehrt. Den Start zu dieser Entwicklung habe Johannes XXIII. in seiner Friedensenzyklika »Pacem in terris« (1963) gegeben. Es müsse, so das Konzil, »die grundlegende Gleichheit aller Menschen immer mehr zur Anerkennung gebracht werden« (GS 29). Und dies nicht nur in der Gesellschaft, sondern wegen der fundamentalen Gleichheit aller auf Grund der »Wiedergeburt in Jesus Christus« auch in der Kirche (LG 32, CIC can 208). Daraus folge: »Jede Form einer Diskriminierung in den gesellschaftlichen und kulturellen Grundrechten der Person, sei es wegen des Geschlechts oder der Rasse, der Farbe, der gesellschaftlichen Stellung, der Sprache oder der Religion, muss überwunden und beseitigt werden, da sie dem Plan Gottes widerspricht.« (GS 29)

Mit der Bekehrung zu den Menschenrechten habe die Kirche einen Schritt gemacht, auf den die Welt, genauer die Moderne, nicht verzichten wird können. Adrian Loretan-Saladin kann sich dabei auf Jürgen Habermas stützen. »Das Christentum ist für das normative Selbstverständnis der Moderne nicht nur eine Vorläufergestalt oder ein Katalysator gewesen. Der egalitäre Universalismus [eines Las Casas], aus dem die Ideen von Freiheit und solidarischem Zusammenleben, [...] von individueller Gewissensmoral, Menschenrechten und Demokratie entsprungen sind, ist unmittelbar ein Erbe der jüdischen Gerechtigkeits- und der christlichen Liebesethik. [...] Dazu gibt es bis heute keine Alternative.«[105] Die Bekehrung der Kirche zu den Menschenrechten ist also eine Bewusstwerdung der eigenen Rechtstradition und deren biblischen Wurzeln.

Keine Diskriminierungen

Adrian Loretan-Saladin beginnt seine konkreten Überlegungen zur Menschenrechtslage in der katholischen Kirche, indem er an den Völkerapostel Paulus erinnert. Dieser nennt im Galaterbrief drei Diskriminierungen, die auf dem Boden des Evangeliums in dem einen und einenden Christus überwunden sind: zwischen Juden und Griechen, Sklaven und Freien, Männern und Frauen (Gal 3,28). Adrian Loretan-Saladin widmet sich nicht mehr der Diskriminierung von *Juden und Griechen*, die auf dem Apostelkonzil überwunden wurde. Breit stellt er dar, wie erst nach Jahrhunderten durch die Initiative von Bartolomé de las Casas die Diskriminierung zwischen *Sklaven und Freien* zumindest im Lehren der Kirche beendet wurde – gesellschaftspolitisch hielt sie sich ja noch in vielen, auch modernen Ländern beträchtlich lang, wovon das Martyrium von Martin Luther King zeugt.

Bevor Loretan-Saladin auf die Diskriminierung zwischen Frauen und Männern eingeht, weist er auf eine bei Paulus nicht genannte innerkirchliche Diskriminierung hin. Im Lauf der Geschichte der Kirche habe sich nämlich eine Ungleichheit zwischen *Klerikern und Laien* entwickelt. Das habe die Kirche zu einer Gesellschaft von Ungleichen gemacht. Das Konzil hingegen hatte dagegen die grundsätzliche Gleichheit aller deklariert. Doch sei der Weg zum Abbau der Ungleichheit zwischen Klerikern und Laien sprachlich wie rechtlich noch keinesfalls zu Ende. Der von Papst

105 Habermas, Jürgen: Ein Gespräch über Gott und die Welt (mit Eduardo Mendieta), in: Zeit der Übergänge, Frankfurt a.M. 2001, 172–195, 174–175.

Franziskus und vielen AutorInnen in dieser Textsammlung kritisierte Klerikalismus ist Ausdruck der Subordination von Laien dank der Ordination von Klerikern. Die Ungleichheit zwischen Laien und Klerikern präge immer noch tief das Leben der katholischen Kirche. Anne Inman, tätig im EPS (Education for Parish Service) in London, stellt fest: »It cannot be stressed too highly that at every level of the Church's governance married men and all women are subject to the authority of the ordained priest in every area of Church life.«

In diesem Zusammenhang bedauert Adrian Loretan-Saladin, dass das als Rechtsprinzip »Was alle angeht müsse von allen entschieden werden« in der Zeit vor Franziskus in vielen Belangen nicht in Geltung war: Als Beispiel nennt er die theologisch durchaus mögliche Wahl von Bischöfen. Wird auch diesbezüglich Papst Franziskus einen Fortschritt erreichen?

Kirchenrecht darf nicht wichtiger sein als Menschenrecht

Das Thema Menschenrecht betrifft auch die Kirche selbst, so mehrere Teilnehmende der Online-Studie (NN.; Mann, 1955). Die Kirche müsse »vor allem die Menschenrechte beachten« (Mann, 1964), sie »anerkennen und leben« (Mann, 1939). Sie sei gehalten, »Transparenz und Menschenrechte ein[zu]führe« (Mann, 1958). Eine »Öffnung der Kirche für alle im Sinne der Menschenrechte« (Mann, 1948) wird für unumgänglich betrachtet. Denn die »Menschenrechte sind allgemeingültig und fordern die Kirche heraus« (Mann, 1943). Ein unbekannter Befragte fordert die »Geltung der Menschenrechte innerhalb der eigenen Institution« (NN.). Das bedeute auch, dass das »Kirchenrecht nicht wichtiger sein darf als Menschenrecht« (Mann, 1951). Das Eintreten der Kirche für Menschenrechte ist folglich »unteilbar«, es ist immer ein Eintreten für sie sowohl in der Welt wie in der Kirche: »Menschenwürde und Menschenrechte für alle einfordern und im Innenraum der Kirche natürlich auch gewähren.« (Mann, 1955)

Zwei Personen fragen, warum die Kirche sich noch immer nicht bereitgefunden habe, die Erklärung der Menschenrechte zu unterzeichnen: »Warum hat die Katholische Kirche bis heute die »Deklaration der Menschenrechte« nicht unterschrieben??« (Frau, 1946) – »Einhaltung.« (und selbstverständlich Unterzeichnung) aller Menschenrechtskonventionen.« (NN.)

Kirche sollte Vorreiterin sein

Die Kirche habe in der Welt von heute »Vorreiter[in] [zu]sein... im Bewahren der Menschenrechte.« (Mann, 1958) Viele Wortmeldung betonen aber, dass die Kirche ihren Dienst an der Einhaltung der Menschenrechte in der Welt nur dann glaubwürdig ausüben könne, wenn sie die Menschenrechte im eigenen Haus beachte: »Das ist aber nur dann glaubwürdig und authentisch, wenn die Amtskirche zuerst vor der eigenen Haustür saubergemacht hat.... Diplomatische Floskeln sind hier fehl am Platz.« (Mann, 1950)

Zwei Voten betonen, dass diese Herausforderung, die Menschenrechte auch in der Kirche einzuhalten, nicht von ihrer Kernbotschaft getrennt werden könne: »Die Kirche muss zuerst die Menschenrechte, die im Grunde mit der christlichen Botschaft engstens übereinstimmen, endlich selbst umsetzen und leben. Solange das so bleibt wie bisher, muss ich mich immer nur sehr schämen, als Vertreterin dieser vormodernen Institution mich zu äußern.« (Frau, 1956) Daher gelte es, »die Menschenrechte in jedem Fall [zu] verteidigen (auch in der Kirche), sie sind Inhalt der Botschaft Jesu« (Mann, 1941).

Jedenfalls solle die amtlich verfasste Kirche »in der Frage der Menschenrechte nicht länger nichtkirchlichen Bewegungen hinterherhinken, sondern wieder führend sein« (Mann, 1942). Die Zeit dränge, denn es braucht in der Welt ein »unaufschiebbares Zeugnis: PRO Menschenrechte (auch in der verfassten /Amts-/Kirche)« (Mann, 1941).

Betroffene Gruppen

Die Befragten der Online-Studie plädieren aber nicht nur allgemein für eine Implementierung der Menschenrechte in der Kirche. »Offen zu sein für Menschenrechte ›konkret‹ – Anerkennung der Subjekthaftigkeit der Person und der kulturellen Prozesse, die das Leben begleiten.« (Mann, 1948) Sie benennen auch konkrete Gruppen: einzelne oder mehrere aufzählend.

Gleichberechtigung der Geschlechter

An der Spitze der Wortmeldungen steht das Anliegen der Gleichberechtigung der Geschlechter. Das Verhältnis der Geschlechter war in der Vergangenheit in der Gesamtgesellschaft nicht frauenfreundlich, sondern benachteiligte, ja diskriminierte das weibliche Geschlecht. Die Kirchen lieferten dafür religiöse Legitimationen und erschwerten damit eine Veränderung in Richtung Gleichberechtigung. Umso dringlicher sei es auch für die Gleichberechtigung der Geschlechter in der Gesellschaft, dass die Kirche über die religiösen Legitimationen nachdenkt. In der Theologie der Geschlechter ist dies inzwischen durch (feministische) Theologinnen und auch durch Theologen schon weithin geschehen. Aber im Kirchenalltag ist noch großer Entwicklungsbedarf, so sehen es viele Befragte. Auch in der Kirche müsse gelten: »Gleichberechtigung von Mann und Frau als Menschenrecht.« (Frau, 1961)

Hier ein paar einschlägige Wortmeldungen:

> »Unsere Kirche muss die Frauenfrage wirklich klären, da sie über Menschenrechte spricht, diese aber in der eigenen Organisation nicht einhält.« (Mann, 1961)
>
> »Die Kirche muss auch die Frauen gleichberechtigt beteiligen und darf ihnen nicht länger einen Teil ihrer Menschenrechte vorenthalten, sonst wird sie unglaubwürdig.« (Frau, 1955)
>
> »Anerkennung der Menschenrechte mit allen Konsequenzen. (Gleichstellung von Frau und Mann, egal welcher sexuellen Orientierung).« (Frau, 1984)
>
> »Die Kirche muss zuerst die Menschenrechte, die im Grunde mit der christlichen Botschaft engstens übereinstimmen, endlich selbst umsetzen und leben. Solange das so bleibt wie bisher, muss ich mich immer nur sehr schämen, als Vertreterin dieser vormodernen Institution mich zu äußern.« (Frau, 1956)
>
> »Selbst vorbildlich leben und handeln / Menschenrechte achten / Rolle der Frau.« (Mann, 1946)
>
> »Unsere Kirche muss die Frauenfrage wirklich klären, da sie über Menschenrechte spricht, diese aber in der eigenen Organisation nicht einhält.« (Mann, 1961)
>
> »Thema: Frauenpriestertum aufnehmen. (s. Menschenrechte).« (Frau, 1953)
>
> »Gleichberechtigung von Frau und Mann. Wie sonst kann die Kirche überhaupt noch / glaubwürdig für die Einhaltung der Menschenrechte eintreten.« (Mann, 1935)
>
> »Menschenrechte müssen voll anerkannt werden (mit Gleichstellung der Frau).« (Mann, 1943)

Ein Befragter vertieft dieses Anliegen der innerkirchlichen Gleichberechtigung der Geschlechter so: »Menschengerechtigkeit beginnt bei der der Gerechtigkeit gegenüber den eigenen Mitgliedern. In dem Maße, wie Gerechtigkeit im Eigenen unverwirklicht bleibt, bleiben wir Katholiken und die katholische Kirche vermindert glaubhaft. Das völlige und uneingeschränkte Gleichberechtigtsein der Geschlechter in ehrenamtlichen und in klerikalen Ämtern der Katholischen Kirche ist überfällig. Jeder Tag, an dem diese Ungleichheit in der kirchlichen Struktur weiterbesteht und die völlige Gleichstellung fehlt, kostet uns Katholiken Glaubwürdigkeit, als Eintretende für universelle Menschenrechte akzeptiert zu werden. – Bereits der Umstand, biologische Grenzen als Argumente theologischer Argumentationen überhaupt zuzulassen, vermindert bereits unsere Glaubwürdigkeit und schwächt die Überzeugungskraft katholischer Theologie. Schlimmer noch, er erhöht die Anzahl bisheriger Mitglieder, die der katholischen Kirche den Rücken zuwenden und abschalten. Das geschieht schleichend, dennoch beständig: zuerst Kopfschütteln, dann Wegbleiben und zuletzt Austreten und Fern-Bleiben auf lange Zeit.« (Mann, 1948)

Weitere Gruppen

Neben der Gleichberechtigung der Geschlechter in der Kirche (einschließlich des Zutritts von Frauen zu den Weiheämtern) wird auf weitere Aspekte der Implementierung der Menschenrechte in der Kirche hingewiesen. Genannt wird vereinzelt der »diskriminierende« Unterschied zwischen Klerikern und Laien: »Kirche soll selber einen geschwisterlichen Umgang pflegen und die Menschenrechte achten. (Gleiche Recht für Männer und Frauen, Aufhebung Zwangszölibat, Aufhebung der Macht/Ohnmacht zwischen Klerikern und Laien).« (Frau, 1958)

Hingewiesen wird auf Unstimmigkeiten im kirchlichen Arbeitsrecht: »Sie – und das gilt v. a. für die röm.-kath. Kirche – sollte zuallererst aber die Menschenrechte in ihrem eigenen Einflussbereich realisieren. (Geschlechtergerechtigkeit! Keine Diskriminierung aufgrund sexueller Orientierung! Arbeitnehmerrechte! kirchliche Verwaltungsgerichtsbarkeit! usw.) – solange sich hierin nichts ändert, bleibt auch alles andere unglaubwürdig.« (Mann, 1957) Ähnlich ein anderer Befragter: »Die Fragen nach Frauenpriestertum, einem angemessenen Arbeitsrecht und einer echten Subsidiarität sind zu stellen. Die ersten beiden Aspekte würden es endlich ermöglichen, auch von Seiten des Vatikan die Charta der Menschenrechte zu unterschreiben und nicht nur ausgewählt zu akzeptieren (wie es vorbildlich bereits in Pacem in Terris geschehen ist). Auch der jüngst von Aleida Assmann unterbreitete und auf einer Initiative von Helmut Schmidt u.a. aufbauende Vorschlag, neben die Menschenrechte Menschenpflichten zu setzen, ist etwas, das akademische Theologie und öffentlicher Diskurs bedenken sollten.« (Mann, 1989) – »Zunächst soll die Kirche Menschenrechte anerkennen. Sie soll z.B. als Arbeitgeber keine Sonderrechte genießen und willkürlich entscheiden, wer in sozialen oder pflegerischen Berufen tätig sein darf und wer nicht! Sie sollte sein: Ohne Ausgrenzung von Menschen mit diverser sexueller Orientierung, Ohne Verurteilung von Lebenskonzepten und moralisieren von Menschen in seelischer Not! / Ansonsten soll sie zurück zu den Wurzeln und aus den Menschen bestehen, nicht aus einem Staat, nicht aus etlichen ruhmsüchtigen, verquasten, lebensfremden alten engstirnigen sog. Würdenträgern, sondern aus uns Menschen. Wenn die hierarchischen Anmaßungen mal verschwunden sind und wir uns untereinander ausschließlich gegenseitig stützen und dienen, dann kann von einer ›Jesus-Gemeinde‹ die Rede sein und das wäre dann die einzige legitime Form der Kirche!« (Mann, 1971)

Breiteren Raum nimmt hinsichtlich der Menschenrechte in der Kirche die freie Wahl der Lebensform (durch Priester) ein. »Menschen, die sich berufen fühlen, ernst nehmen, dh. auch, das Priestertum für ALLE öffnen. ›(verheiratete, heiratswillige Männer sowie Frauen) – Menschenrechte einfordern und sie selbst nicht umsetzen, ist nicht seriös! / Menschen nicht weiter von Sakramenten ausschließen – wer die geistige Einheit mit Christus hat.‹ (diese zu suchen wird den Wiederverheirateten ja immer empfohlen!), dem kann sie nicht sakramental verweigert werden!! / Es ist christliche Pflicht, Menschen nicht auszugrenzen, sondern ihnen zu helfen, ein Leben in Sicherheit und Würde zu führen, egal woher sie kommen, woran sie glauben und welche sexuelle Orientierung sie haben – da viele Christen das anscheinend (noch) nicht kapiert haben, sollte der Klerus sich vermehrt dafür einsetzen!« (Frau, 1956) Die Kirche wird an das Menschenrecht der freien Berufswahl und der freien Entscheidung für die Lebensform erinnert: »Sie muss Menschenrechte achten: freie Berufswahl für Frauen« (Priesterin/Diakonin muss möglich sein), freie Wahl der Lebensform. (zölibatär/nichtzölibatär z.B. für Männer.« (Mann, 1943) »Des Weiteren in einer überzeugenden Öffnung auf die gegenwärtige Lebensform der Menschen, die z. B. das kirchenrechtlich-amtliche Verbot der Ehe für Priester – nur als Männer – als einen Akt gegen die Menschenrechte und der biblisch begründeten Gleichwertigkeit der Frau betrachtet.« (Mann, 1936) Konkret bedeute dies: »Abschaffung des Zölibats, Zulassung der Frauen zum Priesteramt. (es kann nicht sein, dass 50 % der Bevölkerung vom priesterlichen Dienst ausgeschlossen ist und es ist ein Affront gegen die Menschenrechte).« (Frau, 1956)

»Nur wenn die Kirche wieder allen ›Heimat‹ bietet, kann sie ihren Auftrag als Hirtin aller erfüllen. Dafür braucht sie aber wieder Glaubwürdigkeit. Ihr stehen da vor allem im Weg: die Unmöglichkeit der Frauenordination und der Pflicht-Zölibat. Mit diesen beiden Dingen widerspricht sie der Würde der Menschen bzw. der Gleichwertigkeit der Menschen im Sinne des Paulus (Gal 3,28). Sie stehen in direktem Widerspruch zu den Menschenrechten bzw. zu den Thesen der Aufklärung. Das irritiert die Menschen heute.« (Frau, 1945)

Bemerkenswert ist der Hinweis eines Befragten darauf, dass die Kirche dann einschreiten müsse, wenn eigene Mitglieder Menschenrechte verletzen – was ein Beitrag aus den Philippinen beobachtet: »In den Krisen der Welt muss Kirche sich einschalten und darf nicht zögern, Katholiken, die die Menschenrechte brechen, z. B. auf den Philippinen oder in Südamerika, mit dem Kirchenbann zu drohen und weitere Mittel und Wege zu ergreifen, ihre Glieder zur Barmherzigkeit zu bekehren.« (Mann, 1989)

Es ist wie eine Zusammenfassung und spirituelle Vertiefung des Themenmoduls Kirche und Menschenrechte, wenn eine Frau schreibt: »im Sinne der ›Allgemeinen Erklärung der Menschenrechte‹: Dialog mit allen Menschen auf der Basis von gleicher Menschenwürde und gleicher Weisheit aller Kulturen, Religionen und Nationen! Christliches Dasein darf nicht exklusiv (Extra ecclesiam nulla salus) sein, auch auf die Gefahr hin, dass wir wie Jesus für machtlos und gescheitert gehalten werden oder auch selbst darum ringen (›Mein Gott, mein Gott, warum hast du mich verlassen?‹).« (Frau, 1967)

So sehr also die beiden ersten im Galaterbrief genannten Diskriminierungen (die rassistische zwischen Juden und Griechen und die feudalistische zwischen Sklaven und Freien[106]) in der (römisch-katholischen) Kirche überwunden scheinen: von der dritten Diskriminierung zwischen Frauen und Männer kann man das längst nicht sagen – so der Grundtenor in vielen eingelangten Expertisen. Sie verbinden damit den dringlichen Wunsch an den Papst, an dieser Aufgabe entschlossener und wirkungsvoller zu arbeiten. Konkret geht es um die Fragen der Beteiligung von Frauen an weitreichenden Entscheidungsvorgängen und in diesem Rahmen um die Ordination von Frauen.

Ausgangspunkt für die meisten hier dokumentierten Überlegungen ist die Position von Papst Johannes Paul II., dass die Kirche »keine Vollmacht habe, Frauen zu ordinieren«, also zu den verschiedenen Stufen des Ordo zuzulassen. Der polnische Papst bezog sich dabei in erster Linie auf die Priesterweihe von Frauen. Diese wird seit Jahrzehnten von vielen Frauen, aber auch Männern, in den Kirchen des »nordatlantischen Bereichs« (Europa, Nordamerika) vehement gefordert. Ohne eine positive Klärung der Frage der Frauenordination könne die Kirche die in dieser Weltregion bei sehr vielen ihrer Mitglieder verlorene Glaubwürdigkeit nicht wiedergewinnen.

So überrascht es nicht, dass sich im Rahmen von ProPopeFrancis sehr viele Autorinnen und auch Autoren mit der für die katholische Kirche ebenso leidigen wie dringlichen Frauenfrage auseinandergesetzt haben. Dazu finden sich zumeist umfangreiche Monographien bzw. Textpassagen von bekannten Wissenschaftlerinnen, namentlich von

- Margit Eckholt: »Sitz der Weisheit« – mit Maria befreiende und partizipative Räume der Kirche erschließen.
- Anna Findl-Ludescher: Vergebliche Liebesmüh? Aufbegehren gegen die Entfeminisierung in der Kirche.
- Margaret Hebblethwaite: Church in UK and Paraguay.
- Anne Inman: Signs of our Times.
- Annemarie Pitzl, Sr.: Sich auf den schöpferischen Geist einlassen.

106 Die Analysen zur Lage der Kirche in Indien lassen vermuten, dass hinsichtlich des auch in der Kirche präsenten Kastenwesens auch bei dieser zweiten Diskriminierung Handlungsbedarf besteht. Ähnliches war in Zeiten der Apartheid in Südafrika der Fall.

- Gerda Schaffelhofer: Schubumkehr. Chance für die Kirche im 3. Jahrtausend.
- Helen Schüngel-Straumann: Wir teilen diesen Traum.
- SKF-Vorstand: Stellungnahme des Schweizer Katholischen Frauenbunds.
- Eva Jaeggi: Wünsche an die Kirche von einer katholisch erzogenen Psychoanalytikerin.

Ein brennendes Problem

»Die sog. Frauenfrage ist nicht ein Randthema in der heutigen Diskussion, sondern sie ist das Hauptproblem, sozusagen der Lackmustest, an dem erkannt werden kann, wie alle brennenden Anliegen und Missstände in der Kirchenleitung beurteilt werden.«[107] Diese alarmierende Aussage formulierte die Altmeisterin der Feministischen Theologie, Helen Schüngel-Straumann, in ihrem fundierten Beitrag. Sie kritisiert den »Ausschluss von Frauen aus allen Ämtern mit Weisungsbefugnis und Mitsprache in allen maßgebenden theologischen Anliegen, d.h. den Männlichkeitswahn im Vatikan durch die hierarchischen rein männlichen Strukturen«. Was Frauen in der Kirche erträumen, ist für sie nicht Barmherzigkeit, sondern Gerechtigkeit. »Ohne Geschlechtergerechtigkeit in allen Bereichen wird die katholische Kirche nicht nur total unglaubwürdig, sondern zu einer Sekte«, so prognostiziert sie.

Anzeichen für eine solche fatale Entwicklung der (römisch-katholischen) Kirche hinsichtlich der Frauen beobachtet die österreichische Theologin Anna Findl-Ludescher. In der Meinungsumfrage zur Jugendsynode 2018 sei eine »Entfeminisierung in der Kirche« ansichtig geworden. Diese sei nicht mit einer »Remaskulierung« gepaart. Die männlich geprägte Frauenkirche sei dabei, die Frauen zu verlieren, ohne Männer dazuzugewinnen. Nachdenklich macht Anna Findl-Ludescher, dass »auch für konservative junge Frauen die Gleichberechtigung der Frau in der Kirche immer mehr zur Selbstverständlichkeit zu werden scheint«. Es gebe allerdings »weiterhin ein Segment von (jungen) Frauen, die das nicht wollen«.

Anne Inman vom »Education for Parish Service (EPS)« in London beklagt eine »extreme form of patriarchy which governs the church at

107 Viele andere Autorinnen sind ihrer Meinung (so der Vorstand des Schweizerischen Katholischen Frauenbunds SKF).

every level«. Das verschlechtere die Zukunftsaussichten der Kirche enorm: »At another level, that is to say the institutional level, it has no credible message to inspire future generations in this most important challenge of our times until it includes women and married men in the structures of its governance.« Es gebe in der Kirche im Vereinigten Königreich und in Wales eine Art »misogyny«. Diese zeige sich in einer »continuing the subordination of women to men and their total exclusion from church governance«.

Dies sei, so Margaret Hebblethwaite Margaret, verheerend für die Kirche, denn »society will no longer tolerate discrimination against women«.

Wissenschaftliche Ergebnisse in der Feministischen Theologie

Die vorliegenden Beiträge zur Frauenfrage geben einen soliden Überblick über den Wissensstand einer zeitgerechten Theologie der Frauen.

- So werden die neueren Erkenntnisse in der Bibelwissenschaft – aus dem Alten und Neuen Testament – in Erinnerung gerufen. Der Umgang Jesu mit seinen Jüngerinnen, die Forschung der ersten Zeugin der Auferstehung Maria von Magdala, die tragende Rolle, die Frauen in der Urkirche gespielt haben.
- Es wird der Rückfall in »die patriarchalen Strukturen der jüdisch-hellenistischen Kultur« nachgezeichnet: »Die Frau wurde auf die gehorsame Gattin und gebärfreudige Mutter reduziert, galt als kultisch unrein, sollte schweigen und sich unterordnen.« Die Ausbreitung von Frauenverachtung und Frauenfeindlichkeit wird dokumentiert. (Gerda Schaffelhofer)
- Berichtet wird, wie es auf dem Zweiten Vatikanum zu einer Wende gekommen sei: »Da heute die Frauen eine immer aktivere Funktion im ganzen Leben der Gesellschaft ausüben, ist es von großer Wichtigkeit, dass sie auch an den verschiedenen Bereichen des Apostolates der Kirche wachsenden Anteil nehmen« (AA 9). »Das Konzil, seine Sicht vom Volk Gottes, der Gleichheit aller Getauften, der Zugehörigkeit aller zu einem heiligen Priestertum und die Beauftragung und die Befähigung aller, die göttliche Heilsbotschaft zu verkünden, war für viele Anlass zur Hoffnung, dass nun auch für die Frauen eine neue Ära in der Kirche angebrochen ist«, so stellt die Präsidentin der Katholischen Aktion Österreichs fest. Das tut

sie allerdings mit Wehmut und Schmerz. Denn auch in dieser Frage sei das Konzil »im Sprung gehemmt« (Helmut Krätzl[108]) geblieben.

Zutritt von Frauen zur Weihe

Breit gehen die Autorinnen auf den Zutritt[109] von Frauen zum Ordo ein. Das geschieht in mehreren Schritten. Sr. Annemarie Pitzl, Dipl.-Sozialpädagogin, Mitglied im Leitungsteam SOLWODI Deutschland, sieht »Frauen mit demselben Geist begabt«. Sie verweist auch auf die Rolle der Maria von Magdala. Von dieser biblischen Erfahrung her blickt sie auf den Dienst der heutigen Kirche an den Menschen. Sie entdeckt gerade bei den Sakramenten »Möglichkeiten. Vielen Frauen, oft hochqualifizierten Theologinnen, werden besonders auch in der Krankenpastoral von Menschen belastende Erfahrungen mitgeteilt. Häufig haben solche Gespräche die Qualität einer guten Beichte. Warum sollte es nicht auch Frauen möglich sein, die Absolution zu erteilen und so Menschen zu entlasten – Menschen, die aufgrund ihrer Erfahrungen nichts (mehr) mit Kirche zu tun haben wollen? Und warum sollen Laien in der Krankenhausseelsorge nicht auch das Sakrament der Krankensalbung spenden dürfen?«

Viele Autorinnen geben sich nicht damit zufrieden, den Frauen sakramentales Tun in der oft von diesen getragenen Krankenpastoral gleichsam ausschnitthaft zu ermöglichen. Sie verlangen die generelle Öffnung des Ordo für Frauen, also nicht ein Stück vom Kuchen, sondern den Kuchen selbst. Manche sehen einen ersten Schritt im Zugang von Frauen zum Diakonat. Solche habe es ja in der Frühzeit der Kirche gegeben (Helen Schüngel-Straumann). Die »Zulassung« der Frauen zum Diakonat verlange daher »keinen großen Schritt, weil damit nur etwas wiederbelebt werden müsste, was in der Urkirche oder auch in der Ostkirche gang und gäbe war. Die von Papst Franziskus eingesetzte Kommission über das Diakonat der Frauen in der Urkirche ist ein erster Schritt in diese

108 Krätzl, Helmut: Im Sprung gehemmt. Was mir nach dem Konzil noch alles fehlt, Wien 1999.

109 Um diese Formulierung wird heute gerungen. Für gewöhnlich ist von »Zulassung« die Rede. Dieses Wort geht das Thema aus der Sicht der verantwortlichen Autorität der Kirche an. Frauen bedienen sich heute lieber des Wortes »Zutritt«. Sie signalisieren damit, dass die Ordination nicht von der Kirchenleitung »gewährt« werde, sondern den Frauen als Mitglieder der Kirche offenstehe.

Richtung. Es ist zu hoffen, dass bald Ergebnisse vorliegen und daraus auch umgehend Konsequenzen gezogen werden.« (Gerda Schaffelhofer)

Hohe Hürden sieht die Präsidentin der Katholischen Aktion Österreichs freilich hinsichtlich der Priesterweihe der Frau. Gehe es nach Johannes Paul II., sei diese Hürde für immer unüberwindbar. Ob dieses »nie und nimmer«[110] aber halten werde, werde sich erst in Zukunft zeigen. Dazu Gerda Schaffelhofer: »Ob das Mann-Sein wirklich konstitutiv für das Priesteramt ist, ist jedenfalls auch in der katholischen Kirche ernsthaft zu diskutieren, zumal in anderen christlichen Kirchen Frauen zu Priesterinnen und Bischöfinnen geweiht werden. Auf Dauer gesehen wird die Kirche gute Argumente haben müssen, wenn sie den Ausschluss der Frauen von der Priesterweihe als in Fels gemeißelte Norm verteidigen will.«

In jüngster Zeit haben allerdings Frauen begonnen, die Beweislast umzudrehen. So heißt es in den von mehreren Autorinnen zitierten Osnabrücker Thesen von 2017: »Nicht der Zugang von Frauen zu den kirchlichen Diensten und Ämtern ist begründungspflichtig, sondern deren Ausschluss.« (These 3) »Die Diskussion darüber, ob Gott eine unveränderliche Anweisung gegeben habe, wie oder durch wen Gott durch das kirchliche Amt bezeugt werden soll, kann und muss offenbleiben.« (These 4)

Das verlangen die Autorinnen auch deshalb, weil sie die traditionellen Argumente gegen die Ordination von Frauen für nicht tragfähig ansehen. Helen Schüngel-Straumann listet die wichtigsten drei auf, um zu vermerken, dass alle diese Argumente »weder einer Prüfung durch die Bibel noch die Tradition« standhalten.

1. »In der Tradition von Jahrhunderten seien noch nie Frauen zu Priestern oder Bischöfen geweiht worden.
2. Bei der Berufung der Jünger in seine Nachfolge habe Jesus nur Männer, keine Frauen berufen.
3. Weil Jesus ein Mann gewesen sei, könne und müsse der Priester als Repräsentant Christi nur ein Mann sein.«

Margit Eckholt, Professorin für Dogmatik an der Universität Osna-

110 Auch Petrus hatte ja gemeint, dass er »nie und nimmer« von unreinen Speisen der Heiden essen werde. In einem Traum bei Joppe wurde er eines anderen belehrt. Ob die Kirche hinsichtlich der Frauenordination nicht auch ein neues »Joppe« (Apg 9,32ff.) brauche, das wie damals in ein Apostelkonzil mündet?

brück (Deutschland), gräbt theologisch tiefer. Es gehe beim Zugang von Frauen zum Ordo nicht nur um die Theologie des Amtes, sondern um die Theologie der Kirche. Sie stellt fest, dass die Entwicklung der Lehre der Kirche (Ekklesiologie) eine »in der kulturellen Tradition tief verankerte polare Geschlechteranthropologie... diesen theologisch unabdingbaren Prozess behindere«. Sie findet aber wertvolle Anregungen im achten Kapitel von Lumen gentium. Dort werde »Maria als Typus des Glaubens und als Typus der Gemeinschaft des Glaubens« gepriesen. »Das Marianisch-Weibliche gehöre daher schon vor aller Ausdifferenzierung von Ämtern und Rollen in der Kirche zu ihrem Wesen.« Auf diesem Hintergrund sollte dann die Frage nach der »Christusrepräsentanz« in den ordinierten Ämtern neu bedacht werden. Um es mit anderen Worten zu sagen: Wenn das »Grundamt Kirche« (Karl Rahner) das Männliche und Weibliche in sich berge, sei es unzulässig, die Ämter der Kirche nur an das Männliche zu binden. So versucht Margit Eckholt, unter dem Titel »Sitz der Weisheit« mit Maria befreiende und partizipative Räume der Kirche zu erschließen.

Die Ordination von Frauen würde den Dienst der Kirche an der Welt bereichern. »Wenn man die fürsorgliche, empathische Art des Frauenlebens so herausstreicht, wie es in Amoris laetitia (S. 124ff) gemacht wird, dann sieht man natürlich nicht ein, weshalb die katholische Kirche sich in dieser Frage ganz und gar auf das Patriarchat zurückziehen muss. Die Funktion des ›guten Hirten‹ wäre dann bei Frauen ja besonders gut aufgehoben.« (Eva Jaeggi) Diese Art der Argumentation gilt in der Geschlechterforschung als hinterfragbar; denn es werden nunmehr die Geschlechter durch typische Eigenschaften definiert, die im Verdacht sind, nicht mehr als veränderbare Stereotype zu sein. Konkret: Warum sollten nicht auch Männer fürsorglich und empathisch sein?

Keine Angst vor »Gender«!

Einen wertvollen Beitrag zur Überwindung der untragbaren Position von Frauen in der Kirche liefert Lucia Scherzberg mit dem Titel »Keine Angst vor ›Gender‹!«. Sie geht von den Entwicklungen in modernen und postmodernen Gesellschaften aus und wünscht sich mehr Offenheit in der Kirche für die gewachsene Pluralität. Die Wahrnehmung der Geschlechterdifferenz und das Streben nach Gleichstellung gehörten zu den Errungenschaften der Zeit. In diesem Zusammenhang sei »Geschlecht« eine

»Kategorie, um soziale Ungleichheit zu erkennen und zu analysieren«. Die Kirche müsse sich daher produktiv und nicht defensiv mit der Genderthematik auseinandersetzen – was auch der Vorstand des Katholischen Schweizer Frauenbundes (SKF) verlangt.

Die Kirche, so räumt Lucia Scherzberg ein, tue sich mit solcher Offenheit auf dem Hintergrund ihrer historischen Erfahrungen schwer. Das Christentum sei nämlich von einer »symbolischen Geschlechterordnung« geprägt. Das betreffe vor allem die Vorstellung von Gott als Vater und von der Kirche als Mutter. Die »symbolische Geschlechterordnung des Christentums beruhe damit aber auf einem patriarchal gestalteten Verhältnis der Geschlechter«, die in heutigen Gesellschaften als untragbar gilt und mit Hilfe des *»Gender-Mainstreamings«* schrittweise überwunden werden soll.

Jedenfalls, so betont die US-amerikanische Theologin Karin Heller, werde »die Lösung der Frauenfrage… nicht nach römisch abgesegneter Anthropologie verlaufen. Es muss von der Realität der Frauen selber ausgegangen werden und nicht von römisch-klerikalen Wunschträumen, deren Denken sich am Bild antiker Gottheiten orientiert und sich verstarrt an ein ›gottgewolltes‹ binäres Sexsystem klammert.«

Um Sachlichkeit in den kirchlichen Genderdisput zu bringen, der zumeist kurzschlüssig in einer Warnung vor einer »Gender-Ideologie« und deren beschworenen Kollateralschäden mündet, werden von Lucia Scherzberg geduldig Begriffe erklärt: *sex, sex category*[111], *gender, gender fluidity*[112]. Historische und soziologische Forschung fragen danach, wie »Geschlecht« konstruiert, gelebt, verwirklicht und verändert wurde sowie welche Konstrukte auch von der Kirche gefördert und durchgesetzt wurden. Geschlechterforschung sucht daher zu erkunden, was »vorfindbar« bzw. was »erfindbar« ist.

Nun erheben, so Lucia Scherzberg, seit geraumer Zeit führende Kreise in der katholischen Kirche den Vorwurf der *»Gender-Ideologie«*. Eine gesellschafts- und kulturpolitische Verschwörung werde vermutet, »deren Ziel die Aufhebung traditioneller Geschlechterrollen, das Verschwinden des biologischen Geschlechts, die freie Wahl des Geschlechts

111 *Sex category* meint »die Zuordnung zu einem Geschlecht im Alltag; diese Zuordnung kann sich von der Geburtsklassifikation unterscheiden«.

112 *Gender fluidity* signalisiert, dass es zwischen den Geschlechtern (zumindest in Einzelfällen) fließende Übergänge gibt, die – andersgeartet – auch innerhalb der Geschlechter anzutreffen sind.

und die Propagierung von Homosexualität« sei. Dabei werde »nicht nur der Begriff *Gender*... dämonisiert, sondern auch die Prinzipien des sog. *gender mainstreaming* oder einer *gender equality*[113]«. Die Autorin beklagt, dass vor allem die katholische Kirchenleitung in Osteuropa eine »beängstigende Beratungs- und Aufklärungsresistenz« zeige und dass auch *Amoris laetitia* Spuren dieser Kampagne trage.

Dabei gäbe es »sicher viele Theologinnen und Theologen, die den Heiligen Vater oder ihre jeweiligen Bischöfe gerne beraten würden hinsichtlich eines kompetenten Umgangs mit der Gender-Kategorie«. Stattdessen werden fundamentalistische und rechtspopulistische[114] Pamphlete und Parolen für katholisch gehalten. Karin Heller, Professorin für Theologie, Whitworth University, Spokane (USA) ortet »ideologische Sturheit und intellektuelle Ignoranz von vielen Katholiken und katholischen Amtsträgern«. Dabei räumt sie ein: »Es gibt sicherlich Gendertheorien, deren Ansätze sehr kritisch betrachtet werden müssen.« Dann aber stellt sie klar: »Es geht bei ihnen hauptsächlich um soziale, wirtschaftliche und ökologische Gerechtigkeit, Umwandlung von Menschen-verachtenden zu Menschen-würdigen Lebensbedingungen, unverschämte Ausbeutung von Frauen, Männern, Kindern und Rassen. Das dürfte doch Ihr Herz, lieber Papst Franziskus, höherschlagen lassen.«

Lucia Scherzberg sieht in *Gender* als analytische Kategorie keine Gefahr für die Kirche des 21. Jahrhunderts, sondern ein Mittel, die Wirklichkeit besser zu verstehen und gerechter zu gestalten: eben auch die kirchliche Wirklichkeit. Daher sollte in der Kirche »kein Platz sein für eine ›Sprache der Angst‹ und für das Bedürfnis, auszugrenzen und Türen zu verschließen«.

Deutliche Kritik am Papst in der Frauenfrage

Die Frauenfrage ist die einzige Thematik, in welcher – gewiss in wohlwollender Weise – deutliche Kritik an Papst Franziskus geäußert wird. Margaret Hebblethwaite bedauert (stichwortartig): »Pope Francis has said a little, but it is too little and too late. – But he has yet to make a single woman a cardinal. – He has allowed the culture of misogyny to

113 *Equality* bezieht sich auf den gleichberechtigten Zugang zu Chancen, Ressourcen und Macht, nicht auf eine fiktive »Gleichheit« der Geschlechter.

114 Der neue Rechtspopulismus wird auch in einigen Texten aus Europa thematisiert: Thomas Andonie/Maria-Theresia Kölbl (BDKJ); Christian Bauer; Manfred Neuenberger; Lucia Scherzberg; ausführlich Sonja Angelika Strube.

continue in the Church: for example, the banning of the esteemed former Irish President, Mary Macaleese, from attending a women's conference in the Vatican in February 2018, was especially shocking.« Die Autorin bescheinigt zwar dem Papst wohlmeinende Worte zur Frauenfrage, vermisst aber Taten.

So zitiert sie als positives Beispiel aus einer Rede von Papst Franziskus aus der Vollversammlung des Päpstlichen Rates für Interreligiösen Dialog vom 9. Juni 2017, um am Ende hinzuzufügen: »Unfortunately, these are mere words, not actions.« Das ist der Ausschnitt aus der gewürdigten Papstrede:

»We see today, unfortunately, how the figure of woman, in as much as educator to universal fraternity, is obfuscated and often not recognized, because of the many evils that afflict this world and that, in particular, affect women in their dignity and in their role... Therefore, the growing presence of women in social, economic and political life at the local, national and international level, as well as ecclesial is a beneficial process. Women have full right to insert themselves actively in all realms, and their right is also affirmed and protected through legal instruments where they are revealed as necessary. It is about enlarging the spaces of a more incisive feminine presence.«

Margaret Hebblethwaite fasst ihre Kritik am Stillstand in der Frauenfrage auch unter Papst Franziskus so zusammen: »To find ways of showing, in every liturgical act, at least an awareness that current norms do not permit an equal voice to be heard from women, or an equal visibility to be given to them. To begin to include women on all church bodies, not as token women who have been chosen for being conservative, meek and unrebellious, but for their merits; and to establish a time scale for all church bodies to have a 50% representation of women. To acknowledge publicly and with penitence that the Church has repressed women throughout its history, and that it is so deeply steeped in this historical oppression that it is not yet in a condition to recognise what should be done to bring sexual justice into the Church.«

Anna Findl-Ludescher, die den Auszug auch und gerade junger Frauen aus der Kirche unter dem Begriff »Entfeminisierung« beklagt hat, sucht nach Wegen zur »Refeminisierung«. Dazu zählt sie neben einer verständlichen Sprache, lebendigen Gottesdiensten, der Freistellung des Zölibats vor allem die Gleichberechtigung der Frauen in der Kirche.

»Drei verschiedene Weisen, dieser Forderung Nachdruck zu verleihen, sehe ich:

1. Das Tun kirchlicher Amtsträgerinnen sichtbar machen.
2. Zusammenschlüsse und Initiativen von theologisch und pastoral tätigen Frauen als Zeichen der Zeit deuten und unterstützen.
3. Eintreten für das Frauenpriesteramt.«

Helen Schüngel-Straumann votiert in die gleiche Richtung: »Ohne eine Teilnahme und Mitbestimmung der Frauen in allen Bereichen wird es aber keine Zukunft für die katholische Kirche geben. Es ist nicht 5 vor 12h, sondern mindestens 10 nach 12h. Es ist nicht mehr viel Zeit, bis auch die letzten geeigneten und motivierten Frauen die Kirche verlassen und sich anderen großen Weltproblemen zugewandt haben.«

Waltraud Suchanek, Pfarrgemeinderat-Obfrau der Pfarre Salzburg-Morzg (Österreich), spart nicht mit harschen Worten. Sie sieht eine »unglaubliche Schuld«. Es sei Zeit »für ein großes Schuldbekenntnis der katholischen Kirchenleitung, dass sie 2000 Jahre lang den Frauen, die sich dazu berufen fühlen, den Zugang zum Priesteramt verwehrt hat«. Dann fragt sie bange: »Wann wird die große Wandlung zur Menschlichkeit in der Kirche stattfinden?«

Der Altabt Christian Haidinger aus Altenburg (Österreich) deutet die »Verweigerung zu neuen Zulassungsbedingungen zum Priestertum als eine strukturelle Sünde der Kirche«. Dann aber wird er zuversichtlich, wenn er meint, die »Zulassung von Frauen zu den Weiheämtern lässt sich wohl auch nicht mehr allzu lange ignorieren«.

Könnte also die Frauenfrage zu einem »Wendepunkt im Kirchentraum von Papst Franziskus« werden, fragt Karin Heller ungeduldig und zuversichtlich zugleich.

Ausweg aus dem Priestermangel

Die größte innerkirchliche Herausforderung der katholischen Kirche (zumindest in den modernen Kulturen Europas und Nordamerikas), so in Übereinstimmung viele Autorinnen und Autoren, ist also die Frauenfrage und als Subthema die Frauenordination. Häufig tritt aber dieses Thema in den vorliegenden Texten in Verbindung mit dem in Europa und auch anderen Regionen der Weltkirche grassierenden Mangel an Priestern auf.

So vermerkt Lea Ackermann, Gründerin von SOLWODI, dass in der Diözese Trier, der sie angehört, derzeit 880 Pfarreien lediglich 34 Priester haben. Einen ähnlichen Zustand beklagt auch Weihbischof Matthäus Karrer von der Diözese Rottenburg-Stuttgart (Deutschland). Die Folge von »weniger Priestern« sei, dass »Pfarren geschlossen oder geclustert« werden (Bernhard Prusak). Diese strukturellen Maßnahmen verändern auch das, was ein Priester ist. Die »vorhandenen Priester fungieren dann als Geschäftsführer ihres Verwaltungsbezirks: Das mag kurzfristig das System Kirche retten, auf die Dauer aber wird es die Kirche als ›Heilsanstalt‹ zerstören«, so der Profansoziologe Georg Siefer aus Deutschland. Derzeit müsse »jeder neu Geweihte etwa 7 ausscheidende Mitbrüder ersetzen«; das Betreuungsverhältnis (die »Kopfquote«) liege bei etwa 1:25.000.

Studien zeigten freilich, dass sich weitaus mehr Männer (und auch Frauen) zum Priesteramt berufen fühlen, als derzeit ordiniert werden (können). Das gilt für Diakone, LaientheologInnen, aber auch ehrenamtlich tätige Laien. Manfred Belok, Pastoraltheologe in Chur (Schweiz), verschiebt deshalb den Akzent des Problems auch sprachlich und meint, es gebe keinen Priestermangel, sondern einen fahrlässigen Weihemangel.

Der Priestermangel wird noch größer, wenn zusätzlich zum quantitativen ein qualitativer Maßstab angelegt wird. Das versucht der Club Tygodnik Powszechny aus Krakau (Polen). Das Autorenteam dieser renommierten polnischen Wochenzeitung sieht einen »Mangel an Priestern, die für menschliche Probleme offen sind«. Gemeinsam beobachten sie das »Fehlen von Priestern, die die Sprache des Evangeliums sprechen«. Denn in der heutigen Zeit brauche es einen »Priester, der in der Lage ist, mit seiner Rolle in der Seelsorge und auch der spirituellen Begleitung zurechtzukommen«. Dazu benötige dieser »ausreichende Kenntnisse, Erfahrung und Demut«. Unabdingbar sei nicht zuletzt ein »kluges Engagement in politischen und sozialen Angelegenheiten und Verantwortung für das Wort«. Auch Nikolaus Knöpfler wünscht sich daher Priester, die nicht »Manager, sondern wahre Geistliche sind, also getragen vom Geist des Herrn«. Dazu sei auch eine »gediegene Ausbildung der Priester (in Theologie, Pädagogik)« unverzichtbar (Paul Löwenthal, Belgien).

Der Qualität der Priester haben sich auch die beiden slowakischen

Pfarrer Július Marián Prachár und Karol Moravčík zugewendet. Sie träumen von einer »Kirche der dienenden Priester«. Eine solche zu formen, sei nach der Wende in der Slowakei versäumt worden: »Einer der schlimmsten Fehler der Kirche nach 1989 war das Nachahmen von Machtmodellen und weiterer gesellschaftlicher Fehler, wie beispielsweise die Sehnsucht nach Sicherheit durch Erfolg, Anerkennung, Bequemlichkeit und Besitztümer.« Das begünstigte, dass es jüngeren Priestern um persönliche Selbstverwirklichung, Karriere und Macht ging. Dazu setzen sie alle Stilmittel ein, die persönlichen Erfolg versprechen, wie die klerikale Kleidung aus der Zeit vor dem Konzil. Die heutige Zeit brauche aber »einen ganz anderen Typ Priester«. Auf Grund dieser Analyse formulieren die erfahrenen Pfarrer konkrete Wünsche. Die Auswahl der Priesteramtskandidaten müsse verbessert werden. Die Priester seien wirtschaftlich ausreichend abzusichern. Es sei auf längere Sicht gesehen zu wenig, »die traditionellen Erwartungen an Priester« zu erfüllen. Es reiche nicht mehr, wenn die Priester »die Messen ordentlich lesen und die Sakramente spenden«.

Als eine der Hauptursachen wird von vielen die Verbindung von Priesteramt und Ehelosigkeit gesehen. Es sei daher dringlich, den Zölibat für angehende Priester freizustellen (Jörg Dantscher/Theo Kellerer; Ursula Dopplinger). Ernst Bucher, em. Professor für Angewandte Festkörperphysik an der Universität Konstanz (Deutschland), erinnert daran, dass in den ersten Jahrhunderten auch Bischöfe verheiratet waren. Auch Nikolaus Knöpfler vermerkt zur Geschichte der Lebensform der Priester in der römisch-katholischen Tradition: »Die katholische Kirche in Gemeinschaft mit dem Papst kennt seit ihren Anfängen den verheirateten Priester... Es wäre an der Zeit, das Charisma der Ehe für die Priester auch im lateinischen Zweig wiederzuentdecken – dass sie nicht Manager, sondern wahre Geistliche sind, also getragen vom Geist des Herrn.«

Es brauche also einen offenen Dialog, um die »gewachsenen Traditionen zu überdenken, die Menschen von der Ergreifung dieser Chance exklusiv abhalten: Dazu gehören z. B. offene Debatten um die Rolle der Frauen in der Kirche, um die Bedeutung von Verheirateten im priesterlichen Dienst.« (Gregor Lang-Wojtasik)

Dieser Dialog wird in den vorliegenden Texten aus unterschiedlichen Perspektiven angefangen:

- Manche Autoren haben bei ihrem Plädoyer für die Öffnung des Priesteramts für Verheiratete (Männer) das *Leben der Priester* im Blick. Der »lebenslängliche Zwangszölibat« verursache »eine gravierende Unwahrhaftigkeit«. Das schaffe eine »Doppelbödigkeit und mangelnde Wahrhaftigkeit des ›Systems‹ katholische Kirche« (Alfons Huber).[115]
- Andere hingegen sehen die *pastorale Not,* in die heute viele Pfarreien geraten (Herbert Denicolò). Es wird auf die Nachteile der zunehmenden Vergrößerung pastoraler Räume durch Pfarrzusammenlegungen verwiesen, mit denen der Priestermangel derzeit strukturell abgefangen wird. Das verursache bei immer mehr Priestern Burnout (Olivier Ndjimbi-Tshiende). Zugleich entferne sich die von Priestern geleistete Seelsorge immer mehr von den Menschen. Es komme auch zunehmend zu theologisch fragwürdigen Entwicklungen. Heribert Köck kennt »Gemeinden, bei denen die Grenzen zur von einem geweihten Priester geleiteten Eucharistiefeier mehr und mehr verschwimmen«. Zur Entlastung der wenigen Priester wird der Vorschlag gemacht, dass »sakramentliche Handlungen von ehrenamtlichen Gemeindemitgliedern« vollzogen werden könnten. (Olivier Ndjimbi-Tshiende)

Der derzeitige Umgang mit Priestermangel sei »unglücklich«, so der emeritierte Pastoraltheologe von Regensburg (Deutschland), Konrad Baumgartner. Martin Gächter, em. Weihbischof in Basel-Solothurn (Schweiz) erwartet deshalb von der kommenden Synode für das Amazonasgebiet im Jahr 2019 die Weihe von »viri probati«, also verheirateten Katechisten, die zudem keine akademische Theologie studiert haben. Karl Peböck plädiert für neue Formen des Priestertums. Derzeit würden »zu starre dogmatische Vorgaben und zu wenig Mut und Flexibilität der Verantwortlichen« die Lösung der Priesterfrage lähmen. (Vorstand des SKF) Dabei gebe es »keine theologischen Gründe für die Notwendigkeit der Ehelosigkeit zur Wahrnehmung priesterlicher Aufgaben«. (Martin Winter)

Dass die Ordination von »gemeindeerfahrenen Männern« (»viri probati«) bei engagierten Frauen nicht nur Freude auslöst, versteht sich von

115 Im Abschnitt über die Menschenrechte wurden »unter weitere Gruppen« auch die Priester genannt. Manche sehen in der derzeitigen Koppelung von Priesteramt und eheloser Lebensform einen Zustand, der mit den Menschenrechten der Priester nicht umstandslos kompatibel sei.

selbst. Bischof em. Fritz Lobinger aus North-Aliwal (Südafrika), der (mit Paul M. Zulehner und Peter Neuner) seit Jahren für die Ordination von solchen gemeindeerfahrenen Personen publizistisch eintritt[116], redet daher nicht von »viri probati« sondern von »personae probatae«.

Ökumene

So sehr künftig eine »große Ökumene« mit den fernöstlichen Religionen, dem Islam, aber auch dem Atheismus erforderlich sein wird: Viele AutorInnen einer Expertise mahnen Fortschritte in der »kleinen«, innerchristlichen Ökumene ein.

Johannes Paul II. hatte die Ökumene ein Zeichen der Zeit für die zerrissene Menschheit auf ihrer Suche nach Frieden, Gerechtigkeit und Einheit genannt. Auf diesem Hintergrund hat aber die Christenheit einen dringlichen Handlungsbedarf. Denn wenn das Zweite Vatikanische Konzil in seiner Lehre über die Kirche formulierte, dass die Kirche ein »Sakrament«, also Lesehilfe und Triebkraft für eine umfassende Einheit mit Gott und der einen Menschheit sei, auch der Einheit mit der Mitwelt, dann ist es ein Quell von Unglaubwürdigkeit, wenn die christlichen Kirchen selbst zerrissen und uneins sind.

Mehrere Autoren verlangen daher einen geschärften Blick auf die Ökumene (Pablo Argárate, Othmar Förster, Leo Karrer, Ferenc Tomka). Es brauche ein »neues Glaubensbekenntnis« (Reto Carisch), »der Weg der Ökumene muss beschleunigt werden« (Herbert Denicolò), es brauche eine »Weiterentwicklung der Ökumene« (Manfred Neuenberger), »die Ökumene muss mehr gefördert werden« (Josef Gelmi). Der Kirchenhistoriker Gelmi verweist darauf, dass schon Paul VI. eine Mitschuld der Verantwortlichen der damaligen Kirche an der Kirchenspaltung eingestanden habe. Jetzt aber sei es dringlich nötig, den Weg zu »einer versöhnten Verschiedenheit gemeinsam zu gehen«. Es brauche

116 Lobinger Fritz: Teams of elders. Moving beyond viri probati, Quezon City 2007. – Ders: Equipos de ministros ordenados, Barcelona 2011. – Lobinger, Fritz/Zulehner, Paul Michael: Priests for tomorrow, Quezon City 2004. – Zulehner, Paul M./Lobinger, Fritz: Um der Menschen und der Gemeinden willen, Ostfildern 2002. – Zulehner, Paul M./Lobinger, Fritz/Neuner, Peter: Leutepriester in lebendigen Gemeinden, Ostfildern 2003.

also eine »Ökumene mit klaren Zielen und konkreten Schritten« (Christian Haidinger).

Der deutsche Soziologie Georg Siefer formuliert nüchtern: Die Ökumene basiere auf der Voraussetzung, dass der »eigene Weg, die eigene Konfession nur eine Möglichkeit unter vielen ist, ein guter Mensch zu sein und – religiös gesprochen – das Heil zu erlangen«. Er beobachtet auch, dass »faktisch Ökumene heute vor allem auf dem Heiratsmarkt« geschehe. Betrüblich sei, dass »einige Vorkommnisse zu einer Stagnation geführt haben«.

Karin Heller stellt eine enge Verbindung des Anliegens der Ökumene mit der Frauenfrage her. So »könnte die katholische Kirche von den einerseits negativen, als auch positiven Effekten der protestantischen Forschungen und pastoralen Erfahrungen lernen«. Dabei könnte sichtbar werden, dass im katholischen Raum »eine anthropologische Kluft zwischen den Geschlechtern… biblisch und theologisch zum Schutz der Männer vor den Frauen und zur Erhaltung ihrer männlichen Vorherrschaft verbetoniert« werde.

Während viele AutorInnen auf das Thema Ökumene lediglich in einem Unterpunkt ihrer Ausführung eingehen, hat der Ökumeniker und Dogmatiker von München Peter Neuner seinen Beitrag monographisch dieser Herausforderung gewidmet. Er spannt seine Überlegungen in die Begegnung in Lund ein. Dort sind zur Eröffnung des Gedenkjahres »500 Jahre Reformation« Vertreter des Lutherischen Weltbunds mit Papst Franziskus zusammengetroffen. Eine Bischöfin stand gemeinsam mit dem Papst einer Liturgie vor. Im Vorfeld dieses historischen Ereignisses war eine gemeinsame Erklärung abgegeben worden.

Peter Neuner skizziert zunächst, wie sich im Lauf der letzten fünfhundert Jahre seit der Reformation die Lutherbilder im evangelischen, aber auch im katholischen Raum verändert haben. In der katholischen Lutherrezeption sei seit Joseph Lortz (1939) ein wohlwollend positives Verständnis in den Vordergrund gerückt.

Im Mittelpunkt der Auseinandersetzung mit den Kirchen der Reformation stehe nach wie vor das Herzensanliegen Luthers von der Rechtfertigung als »Existenzweise, in der der Mensch in Gott gründet, sodass er nicht auf seine eigene Leistung vertraut«. Dies sei »der Punkt, mit dem Glaube und Kirche stehen und fallen«. In der Mitte stehe die »Frage um das Heil, um die ewige Seligkeit und um den rechten Weg«.

Luther habe der katholischen Kirche vorgeworfen, mit ihrer »Forderung von guten Werken, in der Lehre von der Messe und vom kirchlichen Amt, insbesondere vom Papstamt, die Botschaft von der Rechtfertigung und damit das Evangelium verraten« zu haben.

Neuner legt dar, wie es – beginnend mit einer schon durchaus positiven Stellungnahme des Konzils von Trient bis herauf ins Jahr 1999 mit der »Gemeinsamen Erklärung zur Rechtfertigungslehre« – zu einer Einung gekommen sei. Das sei ein wichtiger Schritt für die Ökumene gewesen. Dennoch seien die damit eröffneten Möglichkeiten zu einer Gemeinschaft der Kirchen noch nicht ausgeschöpft worden. Immer noch werde um die Bedeutung der Schrift, das Verständnis von Kirche, die Lehre vom Amt in der Kirche und das Verständnis von Eucharistie und Eucharistiegemeinschaft gerungen.

Peter Neuner kehrt am Ende seines Beitrags wieder zur Begegnung in Lund zurück. Deren Texte »eröffnen den Blick auf eine geeinte Christenheit, deren konkrete Gestalt allerdings noch unklar« sei. Aber die »Suche nach Modellen der Einheit, die von allen akzeptiert werden können, ist zur zentralen ökumenischen Aufgabe geworden«. Die leitende Vision einer ökumenischen Kirche sei dabei weniger das Bild von der Einheit, sondern von der Gemeinschaft.

(Un-)Werte

In diesem Teil der Analyse der Antworten in der Online-Umfrage steht die heutige Kultur im Mittelpunkt. Die Frage wird sein, welche Werte, aber auch Unwerte, welche »Stimmungen« das Denken und Tun der Menschen prägen. Werte und Unwerte sind wie zwei Pole. Mit Franziskus könnte man auch formulieren: hier die Wunden der Kultur (Unwerte), dort die Heilmittel (Werte). Mitverfolgt wird auch die Frage, inwieweit das Evangelium als Heilmittel für unsere Kulturen angesehen werden kann.

Bei den folgenden Überlegungen wird allerdings nicht unterstellt, dass es in der Gesellschaft nur Dunkles gebe und im (kirchlichen) Raum des Evangeliums nur Helles. Denn sowohl in der Kirche wie in der Gesellschaft sind das Dunkel und das Licht stets durchmischt. In der folgenden Analyse wird vielmehr eine eher abstrakte Analyse unternommen. Es werden in den Texten genannte dunkle wie helle Kräfte, eben Werte wie Unwerte aufgespürt. Den Anfang machen die Unwerte.

Unwerte

Unsere moderne Kultur ist vielfältig verschattet. Ein Befragter beklagt einen »wachsenden Werteverlust« (Mann, 1949). Dabei sind die Schatten oft Kehrseiten von herausragenden Stärken.

Ein Befragter nennt in seinem nahezu apokalyptischen Statement zu den »Zeichen der Zeit« viele der heutigen »Unwerte«: »Die ›Zeichen der Zeit‹ sind in Europa bzw. in der sogenannten westlichen Hemisphäre ein alles verschlingender Finanzkapitalismus sowie Materialismus, Technokratismus (KI etc.), ein nihilistischer Liberalismus (Deutungshoheit im gesellschaftlichen Diskurs), Hedonismus und Biologismus (Gentechnik, Reproduktionstechnik, Manipulation der Natur). Folgen daraus sind um sich greifende Umweltprobleme, wachsende soziale Spannungen, der Verlust an Achtsamkeit (auch vor dem Leben, siehe Abtreibung und aktive Sterbehilfe), religiöse und soziale Orientierungslosigkeit, kaputte menschliche Beziehungen, seelische Probleme, Vereinsamungen und eine Unkultur des ›Anything goes‹. Wir stehen vor einer Achsenzeit zwischen Gut und Böse.« (Mann, 1967)

Wir beleuchten im Folgenden einige der oft genannten »Unwerte« näher.

Materialismus, Konsumismus

Es gibt Arme auch in unseren reichen Gesellschaften. Ein eigenes Berichtsmodul über die Armen heute zeigt, dass die Befragten für diese Gruppe sensibel sind. Doch die überwiegende Mehrheit lebt in einem historisch noch nie dagewesenen Wohlstand. Die Länder Mitteleuropas gehören zu den reichsten Ländern der Welt.

Eben dieser ökonomische Reichtum, ein »ungezügelter Kapitalismus« (Mann, 1969) kann in Materialismus und in einen auch das ökologische System gefährdenden »überbordenden« (Mann, 1940) Konsumismus kippen. Es herrscht ein »extremer Materialismus, Geld wird zum Gott, bedrohliche Wirtschaftsdiktatur« (NN.). »Der Materialismus und die Gier nach Geld sind in den Köpfen der Menschen eingepflastert.« (Mann, 1945)

Die Ursachen für diesen prekären Zustand werden sowohl im »System« wie bei den Menschen gesucht. Systemkritisch ist diese Wortmeldung: »Die (westliche) Welt ist von einem alles umfassenden Materialismus geprägt. Es geht um den kurzfristigen Gewinn in allen Bereichen. Rücksichtslos wird die Welt ausgebeutet auf Kosten der Umwelt, der Zukunft und der armen Völker. Die Religionen werden zum Teil instrumentalisiert, um politische Interessen durchzusetzen.« (Mann, 1943) »Das gesamte Leben wird unter ›Marktlogik‹ gesehen.« (Mann, 1959)

Mehr in Richtung Person denkt eine Befragte. Sie beklagt »die Klimaveränderung und die Nichtveränderung des Konsumismus in den Industrieländern, Gedankenlosigkeit und fehlender Wille für einen bescheideneren Lebensstil« (Frau, 1940). »Der Konsumismus führt uns zum Ende / Tittytainment verklebt uns den Blick für die Nähe zum Abgrund.« (Mann, 1946) Ein namentlich nicht genannter Umfrageteilnehmender orientiert sich an Zygmund Baumann: »Zunehmender Materialismus: Konsumorientiertheit (Du sagst mir, was du konsumierst, und ich sage dir, wer du bist), auch in der Verweigerung / Besitzstreben, Gewinn als Ziel.« (NN.)

Materieller Reichtum kann mit seelischer Armut, »Unzufriedenheit und Frustration« einhergehen. Selbstentfremdung wird diagnostiziert. Eine Befragte spannt den Bogen weit und listet viele Schattenseiten der heutigen Kultur auf: »Neo-Liberalismus, Klima-Wandel, Welthunger, Kriege, Flüchtlinge, ›Ent-Fremdung‹ von sich selbst, voneinander, von dem Kreislauf der Natur, vom Lebens-Sinn; auch in diesem guten Land mit solider demokratischer Verfassung ist es schwer, sich den Zwängen des Finanz-Kapitalismus, der Konzerne, der Märkte, der Finanz-Spekulation zu entziehen, um eine solidarischere Gesellschaft und ökologischere, solidarischere Wirtschaft zu etablieren. Konsumismus, Sinn-Entleerung wohl auch durch Ent-Fremdung vom ›Glauben‹, oder wie immer jemand es für sich bezeichnen möchte.« (Frau, 1967) Inmitten des Reichtums stellt sich seelische Armut ein: »Die sozialen Aufgaben sind vom Staat gut gelöst und die Menschen, die aus dem ›Netz‹ fallen werden oft von Gemeinden – katholische und evangelische – aufgefangen. Allerdings gibt es eine große innere Leere in vielen, denn Materialismus kann den Hunger nach Sinn nicht stillen.« (Frau, 1967) So leben wir in »einer Welt, die von Materialismus, Konsum und Ausbeutung sowie geistiger Verarmung geprägt ist« (Frau, 1953).

Gleichgültigkeit

Reichtum kann sättigen, bequem machen. Er kann einen Schutzwall um das eigene Ich bilden. Der solidarische Blick auf andere kann dabei erblinden. Eine beklagenswerte »Gleichgültigkeit« (Frau, 1937) stellt sich ein.

Könnte es sein, dass auch der beklagte Materialismus und Konsumismus, wenn er übersättigt ist, kippt? Eine Befragte nähert sich einem solchen Verdacht an: »Wir Menschen suchen nach spirituellem Rückhalt. Die Kirche hätte die Möglichkeit, mit der Frohbotschaft diesen Wunsch nach Spiritualität zu erfüllen. Wir möchten vermittelt bekommen, dass hinter dem ganzen Materialismus unserer Zeit etwas Größeres verborgen ist, das sich lohnt, näher betrachtet und beleuchtet zu werden.« (Frau, 1971)

Me first

Zu den großen Errungenschaften der neuzeitlichen europäischen Geschichte gehören die hohen Freiheitsgrade der Menschen. Sie sind als Menschenrechte verbrieft: Meinungsfreiheit, Pressefreiheit, Religionsfreiheit. Es ist die Möglichkeit, selbst seine eigene Lebensgestalt zu finden. Die Möglichkeiten des Wählens sind enorm. Man kann alles wählen, nur nicht ob man wählen will. Es herrscht also, so Peter L. Berger, ein »Zwang zur Häresie«: Man kann alles wählen, nur nicht ob man wählen will.

Diese errungenen Freiheitsgrade eröffnen die Entfaltung der Einzelnen als Individuen. Individualität gilt als hoher Wert. Sie ist eine Stärke unserer Kultur. Auch diese Stärke kann in eine Schwäche kippen. Individualität mutiert in Individualismus. Statt dass sich ein freiheitsfähiges Ich ausbildet, wachsen Selbstbezogenheit, Egoismus (124 Mal), Narzissmus und Rücksichtslosigkeit. Die reiche Kultur wird zu einer Kultur der Vereinsamung: »Zunehmender Materialismus und Individualismus entfremden die Menschen voneinander. Die Solidarität zwischen einzelnen Gesellschaftsschichten nimmt ab nach dem Motto: me first.« (Frau, 1949) Gesehen wird »das enorme Spannungsfeld zwischen einem konsumorientierten Materialismus in Verbindung mit Entsolidarisierung« (Mann, 1967).

Im Klima des Individualismus werden Bindungen schwach. Es kommt zunehmend zu einem »Verfall der Familie« (Frau, 1957), »zur Vereinsamung, Isolierung der Einzelnen; die Kinder, die nur dies erleben, können natürlich auch später nicht anders handeln« (Frau, 1958).

Diesseitigkeit

Eine Facette des »hemmungslosen Materialismus« sei, so vermerkt ein Befragter, dass dieser die »Fragen der Transzendenz immer mehr ins Abseits drängt«. Abgeschottete Diesseitigkeit mache sich breit. Der Mensch von heute vertröste sich längst nicht mehr auf das Jenseits, sondern auf das Diesseits, was Marx auf den Kopf stellt.

Der Materialismus nimmt philosophische Dimensionen an, die aber nicht den wissenschaftlichen Diskurs prägen, sondern das Alltagsempfinden vieler Menschen. »Zunehmende Gleichgültigkeit bzw. wachsende Ablehnung gegenüber religiösen Themen und religiös geprägten Lebensgestaltungen; wenig reflektierter, aber wachsender Materialismus bzw. Physikalismus; Atheismus wird zur gesellschaftlichen ›Selbstverständlichkeit‹; das ›Ich‹ wird nur noch als Gehirnfunktion gesehen, nicht mehr als Seele; geradezu peinliche Unwissenheit in Bezug auf fundamentale Fakten und Bezüge im Christentum; verbreitete Konsumorientierung und Messen des Lebenserfolgs nur noch in Geldwert; unbestreitbar vorhandene Humanität beruft sich nicht mehr auf das Gebot der Nächstenliebe.« (Mann, 1947)

Kurzum, viele Güter werden gewonnen, der Glaube hingegen verloren. Dieser erstickt im Konsumismus und Materialismus unserer reichen Länder. »Materialismus, Konsum und Individualismus als Religionsersatz. / Sich ausbreitender Atheismus, es gibt kaum noch eine Antenne für das Religiöse.« (Mann, 1954) Oder vielleicht andersherum? Der Materialismus als Folge der inneren Orientierungslosigkeit: »Denn auch der Materialismus fällt ja nicht vom Himmel, sondern ist für mich ein Zeichen von Kompensation oder seelischer Orientierungslosigkeit.« (NN.)

Werte

Den Befragten liegt an »Wert(en)«. 350 Mal wird dieses Wort in den Texten verwendet. Diese Werte in der Kultur zu formen, sehen sie als einen Beitrag der Kirchen, denen das Evangelium anvertraut ist. Zwar sind Werte für das Evangelium mehr eine Auswirkung des Grundvorgangs: dass Gott uns in seinem Erbarmen mit seiner Gnade zuvorkommt. Gott sucht die Einung mit uns, wofür seine »Menschwerdung« steht. Gottgeeinte werden gottförmig, also entängstigt und von Vertrauen getragene Liebende. Die »Werte« sind dann gleichsam spirituell gesprochen die Grundhaltung der Gottgeeinten.

Diese Grundhaltungen finden Eingang in die Kultur, indem Gottverbundene bei der Gestaltung der Kultur mitwirken. Das ist in Europa über Jahrhunderte geschehen und hat das gebracht, was heute als »christliches Abendland« beschworen wird. Dem Glauben ist viel zu verdanken, »z. B.: Aufklärung, Solidarität als Grundhaltung gesellschaftlichen Funktionieren, Friedensimperative, persönliches Wachstum vor Gott« (Mann, 1954). Im Lauf der Zeit ist freilich bei manchen »Werten« in Vergessenheit geraten, dass sie auf dem Boden des Evangeliums gewachsen sind. Manche nennen solche »Werte« »Säkularisate«. Als Beispiel werden die Menschenrechte genannt, die eine hehre Frucht der vom Christentum geprägten Geschichte seien. Es scheint eine Christlichkeit in der europäischen Kultur zu geben, die als solche nicht mehr erkennbar ist – Christlichkeit gleichsam im »säkularen Modus«.

Viele Befragte haben freilich Zweifel daran, ob dieses christliche Grundwasser der Kultur seit geraumer Zeit nicht nach und nach absinkt, seine nährende Kraft verliert. Dagegen scheinen sich viele zu stemmen. Sie wünschen, dass »Werte« erhalten bleiben oder neue Kraft gewinnen: zugunsten des Landes, zugunsten der Menschen im Land, nicht zuletzt auch mit Blick auf die Natur, die Umwelt bzw. Mitwelt.

Die Texte zu diesem Themenfeld sind nahezu unübersichtlich zahlreich. So wird im Folgenden der Versuch gemacht, ein paar »Wertefelder« abzugrenzen und auszuleuchten. Dazu werden gehören:

- die Entwicklung eines modernen, *»aufgeklärten«* Lebensstils, eines engagierten Miteinanders;
- die europäische Werte-Trias *Freiheit-Gerechtigkeit-Wahrheit;*
- die Wiederkehr des Anliegens *Heimat*, Beheimatung, Bindung, Integration, Zusammenhalt;
- das nicht nur gläubige Trio von *Glaube, Hoffnung und Liebe.*

Das Thema »Frieden« ist bei den globalen Challenges positioniert, die Gerechtigkeit bei »Ökonomie und Armut«, das Anliegen der »Bewahrung der Schöpfung« im Ökologiekapitel.

Aufklärung, Dialog und Diskurs, Offenheit und Öffnung

Aufklärung

»Unsere Kirche hat die Aufklärung verpasst, die sollte sie nachholen, damit sie ihre Glaubwürdigkeit in der heutigen Zeit – vor allem auch für die Jungen – wiedererlangt.« (Frau, 1942) Das sei folgenschwer, denn die »Aufklärung« habe sich in der Kultur »voll durchgesetzt und sogar extreme Formen angenommen: Subjektivität, Pluralität, extreme Konsumorientierung, Selbstoptimierung mit Verherrlichung des diesseitigen Lebens. Damit hat die Kirche das Problem, Interesse für ihre Botschaft zu finden. / Situation der Kirche und ihrer Lehre (als Sender): Die Kirchliche Lehre scheint in den Augen vieler Betrachter komplex, inkonsistent und nicht mehr zeitgemäß. Es bedarf vieler geistiger Verrenkungen, die Botschaft zu verstehen, geschweige denn an sie zu glauben.« (Mann, 1951)

Erforderlich sei deshalb eine »Anpassung der Formulierung der Glaubensinhalte an Errungenschaften von Aufklärung und Wissenschaft« (Mann, 1955). Dagegen gebe es tragische Widerstände in der Kirche: »Wissenschaftlich fundierte Aufklärung ist ihr insbesondere dann ein Dorn im Auge, wenn es aus kirchlicher Sicht doch viel ›besser‹ wäre, in kindlicher Gottesfurcht möglichst ohne Widerspruch, aber in ›freiwilliger‹ Selbstzensur das anzunehmen, was angesonnen wird.« (Mann, 1947) Solche Aufklärung »ersetzt nicht die Religion« (Frau, 1940), den Glauben, erschließt diesen vielmehr für die Menschen unserer Zeit. Ein Befragter wünscht sich deshalb »eine Aufklärung, wie der noch vorhandene Glaube eine Erneuerung erfahren kann. Die Neugierde daran wecken. Die Erkenntnisse der Theologie den Menschen näher zu bringen. Wir befinden uns im 21. Jahrhundert und nicht im 18. Jahrhundert.« (Mann, 1939) Religiöser und theologischer Bildung komme dabei eine wichtige Rolle zu. Es gelte, »Aufklärung und Spiritualität in Einklang sehen« (Mann, 1970).

Unabdingbar sei daher eine kritische »Aussöhnung mit der Aufklärung: Die Demokratie ist wichtiger Teil der europäischen (westlichen) Kultur und Geschichte.« (Mann, 1974) Dazu gebe es für die Kirche auch keine Alternative, denn »seit der Aufklärung ist die Herausforderung, dass die Menschen sich nicht mehr jeden Schwachsinn einreden lassen, mit dem die Kirche versucht hat, sie sich gefügig zu machen, ihnen Schuldgefühle einzureden, sie zu erniedrigen und klein zu halten. Seit der zweiten industriellen Revolution (spätestens) erlaubt die steigende finanzielle Unabhängigkeit den Menschen, sich selbst außerhalb der Reglementierung durch die Kirche, die sie am Gängelband hielt, Verwirklichung zu suchen, ohne Repressalien fürchten zu müssen oder soziale Ächtung.« (Mann, 1980) Das betreffe auch Detailfragen wie die Stellung der Frau in der Kirche. Diese stehe »in direktem Widerspruch zu den Menschenrechten bzw. zu den Thesen der Aufklärung. Das irritiert die Menschen heute. Gläubige wie Ungläubige.« (Frau, 1946) Zugleich wünscht sich aber eine Befragte eine »ausführliche Aufklärung über die Genderideologie« (Frau, 1954).

Dialog und Diskurs

Als eine Errungenschaft der Aufklärung gelten *Dialog und Diskurs.* In diesen müsse sich die Kirche angstfrei einbringen und das offene Gespräch auch innerkirchlich pflegen. »Kirche sollte bis in ihre Binnenstruktur dialog- und diskursfähig werden und zugleich an den Errungenschaften der Aufklärung von freiheitlichem, der Wahrheit und Wahrhaftigkeit verpflichtetem Diskurs festhalten. Sie sollte ihre echten katholischen Wurzeln durch die Zeiten hindurch bewahren, d. h., gesellschaftlich, wissenschaftlich, kulturell dazu beizutragen, die binären Codes von schwarz – weiß, Freund – Feind etc. zu überwinden.« (Mann, 1968)

Offenheit und Öffnung

Ein solcher Dialog verlangt nach *Offenheit und Öffnung.* Diese können durchaus unerwünschte Auswirkungen haben: etwa die »Verleugnung der eigenen christlichen Sitten, Werte zugunsten einer sogenannten Toleranz und Offenheit anderen Religionen und Strömungen gegenüber« (Frau, 1963). Die Forderung nach mehr Offenheit kann daher von einer Befragten ausgemacht werden als das »Dauerbrennerthema ›Tradition und Moderne‹: zwei gegenläufige Tendenzen bei den deutschen Christen: Festhalten an festen Regeln und alten Formen einerseits und Suche nach neuen Ausdrucksformen, nach mehr Offenheit andererseits« (Frau, 1978).

Jedenfalls wird Offenheit nicht als Aufforderung zum Verrat an den eigenen Positionen gesehen. Die Kirche habe der Welt auch viel zu geben. Deshalb solle es auch »Gesprächsangebote Richtung Wissenschaft« geben, um etwa »ethische Fragen im Rahmen des wissenschaftlichen Fortschritts« (Mann, 1948) zu diskutieren.

Dennoch sei Offenheit für die Kirche unumgänglich: »Die theologischen Anfragen von heutigen Menschen werden immer noch (in Predigten, im Religionsunterricht, bei der Katechese zu allen Lebensfesten...) mit Antworten aus dem Katechismus alter Schule beantwortet, nur Themen wie Hölle und Fegefeuer werden dabei weggelassen oder verharmlost (oder als moralische Keule hervorgeholt). Als studierte Theologin und Religionslehrerin sehe ich den starken Bedarf an einer neuzeitlich-geistig-kritischen Aufarbeitung auf fast allen Gebieten der Theologie und das nicht nur ›im hohen Turm‹ der Universitäten/theologischen Forschung, wo bis heute immer noch die Ängste vor ›Glaubenswächtern‹ gegenwärtig sind und offenes Ansprechen und Hinterfragen – zumindest verschriftlicht – mit negativen Konsequenzen vonseiten der Kirchenoberen quittiert wird. Bibelkritisches Denken, historisch-kirchengeschichtliches und religionsgeschichtliches Wissen werden aus der christlichen Öffentlichkeit ferngehalten, sodass die geistige Öffnung, die es bereits gibt, den ›braven Kirchgänger‹ nicht in Bedrängnis bringt, die ›nicht braven‹ aber bleiben dann – für mich leider, für andere vielleicht Gott sei Dank – fern.« (Frau, 1967)

Viele Beiträge machen Vorschläge für eine *Kultur des offenen Dialogs.* Dazu zählen Respekt (»Es braucht Offenheit, um auf andere Kulturen und Religionen zuzugehen und miteinander mit den Kulturen in gegenseitiger Achtung und Respekt der Unterschiede zusammen unterwegs zu sein.« Frau, 1977) und Toleranz (Mann, 1961); »Offenheit und Toleranz gegenüber Andersgläubigen, gutes Hinhören auf Probleme der Menschen und der Einsatz für Menschen am Rande« (Frau, o.J.), gleiche »Augenhöhe« (auch in der Kirche selbst: Frau, 1965), »Fähigkeiten zur Empathie und dem Verständnis dem Leben gegenüber haben« (Frau, 1953), Hingehen, Hinschauen und Hinhören: »Aufgeschlossen sein, wirklich hinschauen und zuhören, aufhören zu negieren, was nicht in das überkommene Bild passt« (Frau, 1961). Nicht förderlich ist vorschnelles Urteil: »Hier würde ich mir Offenheit wünschen. Jeder Mensch, der zumindest auf der Suche ist, hat Glaubenspotential in sich. Besser als ein schnelles Aburteilen, wäre zuzuhören.« (NN.)

Eine solche Offenheit gelingt jenen, die Freude an der *Vielfalt* haben. »Öffnung für Vielfalt: in der Kirche müssen alle Platz finden, die Jesus lieben.« (Mann, 1935) Es ist eine Vielfalt, die der Einheit nicht widerspricht, sondern deren Reichtum offenbart: »mehr eine zuhörende als eine belehrende Kirche sein; Öffnung zu einer konziliaren Kirche, die Einheit in Vielfalt bietet, um nicht zur elitären Sekte zu verkommen« (Mann, 1967). Konkret kann das die Kirche mächtig herausfordern: »Der Umgang mit einer komplett veränderten, liberalen Gesellschaft, welcher die Kirche nicht mit alten Regeln und Dogmen, sondern mit Verständnis und Offenheit entgegentreten muss. Neue Lebensweisen in Bezug auf Familie, Geschlecht, Religion/Glaube oder Beruf erfordern einen neuen Umgang. Die Menschen sollen sich nicht der Kirche zuwenden, sondern die Kirche den Menschen. Nur eine Kirche, die den Menschen annimmt, so wie er ist, kann in Zukunft eine wahre Institution in der Gesellschaft bleiben.« (Mann,1995)

Die Bereitschaft zu einem derart wertschätzenden Dialog hat spirituell starke Voraussetzungen, auf die ein Umfrageteilnehmer hinweist: »Vielleicht ist dabei zu allererst der Mut zur Unvollkommenheit gefragt; vielleicht müssen wir zu Bescheidenheit, zu Einfachheit und zu Klarheit des Evangeliums zurückkehren, in den Spuren des Heilands das Heil suchen und die Barmherzigkeit Gottes leben.« (NN.)

Ein Befragter setzt hinsichtlich dieser neuartigen Kultur der Offenheit Hoffnung auf Papst Franziskus. Denn dieser »hat dieses Image durch seine Offenheit wieder stark verbessert« (Mann, 1967).

Freiheit – Gerechtigkeit – Wahrheit

Europas kulturelle und politische Geschichte ist geprägt von einem zähen Ringen um Freiheit und Gerechtigkeit, und das auf dem Boden der »Wahrheit«.

Freiheit

In vielen Revolutionen wurden Freiheitsrechte errungen: individuelle und soziale. Die beiden letzten waren die Französische Revolution 1789 sowie die samtene Revolution von 1989. »Noch niemals – soweit wir die Geschichte der Menschheit kennen – gab es so viele Menschen, die in guten und lebensfreundlichen Verhältnissen leben; ohne Not und in großer Freiheit und weitgehender Selbstbestimmung wie heute.« (Mann, 1948)

Katholische Kirche lernt Freiheit

Die katholische Kirche hatte allerdings in ihrer jüngeren Geschichte große Bedenken gegen die modernen Freiheiten. Papst Pius IX. verwarf diese feierlich im ominösen Syllabus errorum von 1864. Darunter war auch das Verdikt der Religionsfreiheit. Diese Verwerfung moderner Freiheit prägte auch das innerkirchliche Leben. »Die Freiheit des Einzelnen ist einfach ignoriert worden.« (Mann, 144)

Diese Ablehnung der Religions- und Gewissensfreiheit wurde 1965 auf dem Zweiten Vatikanischen Konzil mit dem Recht ersetzt, persönlich seine Religion zu wählen und gemeinsam zu bekennen. Jemand vermerkte: So »finde ich die größer gewordene Freiheit in der Kirche als belebend und sehr positiv« (NN.). Das Konzil nimmt nicht nur die »Anerkennung der »Freiheit« der säkularen Gesellschaft« zur Kenntnis. Sie lehrt vielmehr aus der Kraft ihrer eigenen Tradition[117]: »Das Evangelium kann nur in Freiheit angenommen werden. Ja zur Pluralität der Wege zu Gott. Ja zu den möglichen Umwegen.« (Mann, 1957) Solches hat das Konzil gelehrt – aber ist diese Lehre auch bereits in das alltägliche Leben und Tun der Kirche eingedrungen, so fragen manche besorgt: »Wich-

117 Zweites Vatikanisches Konzil: Dignitatis humanae, 1965.

tige Werte für Menschen sind Freiheit und Gleichheit, die sie in der Kirche häufig nicht verwirklicht sehen.« (Mann, 1975) »Die Tatsache, dass aus Ängstlichkeit und Widerständigkeit noch viele Anregungen des Zweiten Vatikanischen Konzils nicht weit genug umgesetzt worden sind, wo es eigentlich längst eine deutliche kontinuierliche Weiterentwicklung dieser Anregungen und z. B. eine neue Synode geben müsste – die Kirche müsste da viel mutiger nach vorn gehen und generell den Begriff ›Freiheit‹ viel beherzter ins Zentrum christlichen Selbstverständnisses rücken, auch und gerade für die Jugend.« (Mann, 1961)

Dem Bekenntnis zur Religionsfreiheit entspricht eine neue Wertschätzung der Gewissensfreiheit, die aber nicht nur freudige Aufnahme in der Kirche findet – weder bei Leitungskräften noch im Kirchenvolk: »Denk scharf nach und handle dann so, dass du es vor Gott verantworten kannst. / Diese Freiheit ist der Kern des Christentums, nach der sich leider viel zu oft zaghafte Menschen nicht zu leben getrauten, mit welcher sogar schmutzige Geschäfte gemacht werden können. Selbst dies darf nicht in ein allgemein gültiges ›Projekt garantiertes Gewissen‹ einbetoniert werden.« (NN.) Diese Freiheit des Gewissens wird von vielen Befragten eingefordert: »Die Menschen wollen in Freiheit selbst über ihr Leben entscheiden und nicht alles als Pflicht von der Kirche befohlen bekommen z. B. Empfängnisverhütung.« (Mann, 1939)

Freiheitsrisiko und Freiheitsflucht

Die heutige Freiheit ist allerdings »neoliberal« konzipiert. Das hat weithin ökonomische Gründe, um das wirtschaftliche Geschehen möglichst zu deregulieren. Diese Logik prägt aber auch das Freiheitsempfinden der Menschen. Freiheit ist einsam und damit angesichts wachsender Herausforderungen riskant geworden.[118] Weit verbreitet sei »Die Angst vor der Freiheit der Möglichkeiten« (NN.).

Dieses Freiheitsrisiko führt aber weniger zur Entlastung durch freiheitlich gestaltete Institutionen, Normen und Autoritäten, sondern vielmehr zu einer paradoxen Angst vor verantworteten Bindungen und zur Übergabe der Verantwortung an Personen, die versprechen, die Freiheitslast abzunehmen und Sicherheit zu schenken. Eine befragte Person vermerkt diesbezüglich: »Der hohe Freiheitsanspruch des heutigen Men-

118 Beck, Ulrich/Beck-Gernsheim, Elisabeth: Riskante Freiheiten, Frankfurt am Main 1994.

schen verstärkt zudem die Angst vor jeglicher Bindung. Das trifft Kirche, Familie und die Gesellschaft gleichermaßen. Man will eher konsumieren und sich nicht engagieren.« (NN.) Es gilt als Zeichen der Zeit, dass inmitten verbriefter Freiheiten die Zahl der Menschen zunimmt, welche die lästig gewordene Last der Freiheit loswerden wollen: »Die Menschen werden immer unfreier, obwohl augenscheinlich eine große Freiheit herrscht. Man hat sich vielen ›Sachzwängen‹ zu unterwerfen, um ein funktionierendes Rädchen in unserer Leistungsgesellschaft zu bleiben. Wenn du da nicht mitmachst, landest du schnell in einer sog. Randgruppe.« (NN.) Das Freiheitsthema polarisiert also moderne Bevölkerungen: »In meinem Land ist die Gesellschaft tief gespalten zwischen diejenigen, die Autorität und mehr Macht für den Staat anstreben, und diejenigen, die Freiheit und liberale Demokratie mehr schätzen.« (Mann, 1978) Es gibt »das Bedürfnis nach Sicherheit, zugleich starker Freiheit« (Mann, 1982). Freiheit oder Sicherheit heißt die heftig umstrittene Alternative: Es gibt »viele Menschen mit dem Wunsch nach mehr Freiheit und viele andere Menschen mit dem Wunsch mehr Vorgaben, ›wo es langgeht‹ (siehe Erstarken der rechten Parteien)« (NN.).

Um die Menschen freiheitskompetent zu machen, sei eine Erziehung zur Freiheit erforderlich. Zur Frage nach den Zeichen der Zeit vermerkt eine Befragte: »Pluralität und Demokratie, wozu zwingend Freiheit in Kombination mit Bildung gehört. / Für die Kirche folgt daraus ein verstärkter Fokus auf das Gewissen des Einzelnen und auch die Möglichkeit, den Glauben als Lebensweg und nicht nur als zahlendes, brav mitlaufendes Schaf in einer Gemeinde zu leben.« (Frau, 1959)

In Christus befreit

Mit Blick auf das erneute Ringen um Freiheit in den Gesellschaften betont ein Befragter, dass »das Glauben erinnern muss, dass wir durch Christus zur Freiheit befreit sind« (Mann, 1943). Ein Befragter erinnert daran, dass es innere Unfreiheiten gäbe, »Versklavungen« gleichsam. Es sei deshalb Aufgabe der Kirche: »Das Evangelium verkünden und bezeugen und dabei die Quelle nicht verschütten, die darin besteht, fest daran zu glauben und zu hoffen, dass Gott die Verknechtungen von Menschen sieht und zum Weg zur Freiheit und Befreiung führen wird und es tut. Kirche muss aufbrechen und kann es, im Vertrauen auf den Gott, der seine Treue ein für alle Mal zugesagt hat.« (Mann, 1948) Damit schließt sich der Bogen von der Verwerfung der Freiheit zur Ermutigung zur Freiheit durch die Kirche: »Die Kirche muss den Menschen klarmachen, dass auch sie in 2018 angekommen ist, denn Kirche/Glaube wird geschichtlich betrachtet oft als Unterdrückung der eigenen Freiheit verstanden. / Es muss klarer und kommuniziert werden, dass der Glaube an Jesus freimacht.« (Frau, 1979)

Gerechtigkeit

Mehrere Befragte nennen »Freiheit und Gerechtigkeit« (Frau, 1997, 1989; Mann, 1941) gemeinsam. Sie formulieren damit klar, was viele schreiben, dass es Freiheit im Modus der Selbstbezogenheit und Freiheit im Modus der Verantwortung gibt. »Die Menschen streben nach persönlicher Freiheit, verwechseln diese aber oftmals mit starker Ichbezogenheit. Vielfach zeigt sich auch mangelnde Verantwortung, verstanden als die Fähigkeit, auf eigene Fragen und die anderer eine Antwort zu geben.« (Mann, 1946)

Balance Freiheit-Gerechtigkeit

Das Streben in der Geschichte Europas war die Balance zwischen beiden, zwischen dem Anliegen der »Liberalen« und jenem der »Sozialisten« (in deren verschiedenen Ausprägungen). Die Katholische Soziallehre hat die Verbindung beider zum Prinzip erhoben. Auf dieses unentflechtbare Miteinander verweist ein Befragter: »Der Hunger nach Freiheit (freie Meinungsäußerung…) weltweit in vielen Ländern / Einerseits die wachsenden Abschottungen gegenüber Migrantinnen, Flüchtlinge, überhaupt Andersartige und zugleich aufkeimendes und wachsendes Bewusstsein von (Chancen-)Gerechtigkeit und Fairness für alle.« (Mann, 1963) Ein anderer Umfrageteilnehmer sekundiert: »Ein Zeichen der Zeit ist die schnelle deutliche Benennung von Ungerechtigkeiten – die immer noch – in hohem Maß verbleiben: Soziale, biologische, religiöse Unterschiede führen oft zu ungleichen Bedingungen in der Gesellschaft und in der Folge zu Ungerechtigkeiten. Zeichen der Zeit sind auch die Ungeduld und die Vehemenz, mit der eine Lösung wahrgenommener Ungerechtigkeiten nach ihrem schnellen ›Aufdecken‹ erwartet wird.« (Mann, 1948)

Solidarität

Geht es beim Stichwort Gerechtigkeit (wie bei Freiheit oder Wahrheit) um etwas, was uns heilig ist, worüber wir nichts kommen lassen, bringt das Wort Solidarität eine Haltung, ja eine Bereitschaft zu einem bestimmten Handeln zum Ausdruck. Solidarität ist gleichsam die »operationalisierte« Gerechtigkeit. Ein solidarischer Mensch tut die Gerechtigkeit.[119]

Als Zeichen der Zeit: Es gebe heute, so eine Befragte, eine »große Sehnsucht und Suche nach Sinn, nach Solidarität: ›Einer trage des anderen Last‹.« (Frau, 1952) Eingemahnt wird die »Verantwortung für die Armen, wir müssen abgeben und uns sorgen um die Schwachen, Solidarität« (Frau, 1977). Solidarität kommt mit »Gemeinschaft, Barmherzigkeit« (NN.) zur Sprache.

Entsolidarisierung: me first. Zumeist geht es auf dem Wortfeld »Solidarität« um den Wunsch nach Solidarität. Dieser ist die Antwort auf die Beobachtung eines massiven Verfalls des Wertes Solidarität, der in einer christlichen bzw. »christentümlichem« Kultur ein Topwert sein sollte. »Entsolidarisierung – Solidarität erforderlich, gesellschaftlich und weltweit.« (NN.)

Entsolidarisierung ereignet sich, so bemängeln viele, sowohl auf der Ebene der Person wie der Ebene der Gesellschaft: Der »Sozialstaat als ›organisierte Solidarität‹ kommt zusehends unter Druck. / Wachsende Schere zwischen Arm und Reich / Prekarisierung des sozialen Mittelstands.« (Mann, 1962) Beklagt wird eine »mangelnde Gerechtigkeit, zu wenig Gemeinwohl und zu wenig Solidarität!« (Mann, 1947). Es gebe »Egoismus statt Solidarität« (Mann, o.J.). Das »bürgerschaftliche Engagement« werde »Hedonismus und Selbstbezogenheit« (Frau, 1958) geopfert. »Solidarität und Gemeinsinn haben es schwer gegenüber Egoismus und Vereinzelung.« (Frau, 1947) »Die Solidarität zwischen einzelnen Gesellschaftsschichten nimmt ab nach dem Motto: me first.« (Frau, 1949) Die Folge sind »Ungerechtigkeiten, der Verlust von Solidarität und Respektverlust gegenüber Mensch und Natur« (Frau, 1937).

Verschärft wird diese Solidarisierung durch »eine politische Situation, die die Bevölkerung spaltet und ›die eigenen Felle retten‹ vs. Soli-

119 Das Wort Solidarität ist in den Texten stark vertreten (254 Mal). In seinem Umkreis sind Mitverantwortung (12), Verantwortlichkeit (27), Engagement (214), Einsatz (151) und Dienst (131)/Caritas (101) angesiedelt.

darität mit Randgruppen spürbar schärfer erlebbar macht« (Frau, 1971). Solch eine Entsolidarisierung von oben findet einen bereiteten Boden. Denn »der Durchschnitt der Bevölkerung scheint... schon damit überfordert zu sein, für das eigene Leben Verantwortung zu übernehmen. Solidarität geht zunehmend verloren, Menschen vereinzeln.« (Frau, 1966)

Es schrumpft zudem die »Reichweite« der Solidarität. So nimmt nicht nur die »Solidarität innerhalb des Landes ab, sondern »auch gegenüber der sog. 3. Welt« (NN.). Das führt zu einer »nachlassenden Bereitschaft zur Solidarität, Gleichgültigkeit, Gartenzwergmentalität« (Frau, 1967). »Viele Ego-Shooter [sind] unterwegs; [es verbreiten sich] Einzelgängertum und Vereinsamung«. (Frau, 1971) Große Sorge macht daher einem Befragten »die mangelnde Solidarität in der Gesellschaft und die Abschottung in vereinzelte kleine ›Milieus‹«. Das lässt ihn fragen: »Was sind milieuüberschreitende gesamtgesellschaftliche Faktoren? Wie kann der neoliberalen Vereinzelung (jede und jeder ist für sich selbst verantwortlich) eine Kultur der Solidarität entgegengestellt werden?« (Mann, 1971)

Das Ergebnis dieser Entwicklung macht eine Befragte sehr nachdenklich. Sie beobachtet, dass Solidarität gerade inmitten zunehmenden Reichtums nachlässt. Manchmal werden »schwindende Solidarität für Mitmenschen und Notleidende« und »Hass« (Mann, 1949) in einem Atemzug genannt. Das sei ein historischer Rückschritt: Bedrohlich sei der »Abbau der Solidarität in der Gesellschaft, damit das Schwinden deren Werte – uns droht ein ›neues Mittelalter‹ mit dem zunehmenden ›Krieg eines jeden gegen einen jeden‹« (Mann, 1964).

Ein Wortspiel geht in die analytische Tiefe: Es fehlt nicht nur an Solidarität für die Armen, sondern es gibt auch eine Armut an Solidarität. »›Echte‹ Armut finden: Armut an Sinn, Armut an Sicherheit, Armut an Mitgefühl und Solidarität / Natürlich auch die Armut an Bildung und wirtschaftlichen Ressourcen.« (Mann, 1958)

Hintergründe

Viele Befragte forschen nach Ursachen dieser für Europas Geschichte untypischen Entsolidarisierung. Diese werden ganz allgemein in den Personen, aber auch in gesellschaftlichen Zuständen geortet. Ganz allgemein vermerkt ein Befragter: »Die Gesellschaft driftet weiter auseinander, Menschen fühlen sich ausgegrenzt und abgehängt. Fremdes wird allzu häufig als Bedrohung gesehen (Thema ›Flüchtlinge‹ z. B.). Die Solidarität scheint auf der Strecke zu bleiben.« (Mann, 1975)

Im Einzelnen werden folgende Faktoren der beklagten Entsolidarisierung genannt:

- Solidarität schwinde durch »allzu großen *Konsumismus/Hedonismus*« (Mann, 1949).
- *Soziale Netzwerke* verbinden zwar virtuell. Dennoch breiten sich aus »Egoismus, Verlust von Solidarität und Mitgefühle, Vereinzelung und Leben in ›geschlossenen Welten‹ aufgrund der elektronischen ›sozialen‹ Netzwerke, die es erlauben, nur Kontakt mit der eigenen Sphäre zu haben und den Kontakt mit allem zu vermeiden, was nicht der eigenen Weltsicht und den eigenen Interessen entspricht« (Frau, 1962). Das führe zu einem »Einsinken der Massengesellschaft in einen unbewussten ›Geistes-Stupor‹, ausgelöst durch die neuen (›sozialen‹) Medien. Dadurch gehen Solidarität, Mitgefühl und Anteilnahme verloren.« (Mann, 1960)
- Wie schon an anderer Stelle beobachtet, sehen die Befragten einen Zusammenhang zwischen Ökonomie und dem Solidaritätsvorrat in einer Kultur. »Die Individualisierung und der neoliberale Mainstream rauben vielen Menschen den Sinn für Gemeinschaft und Solidarität.« (Mann, 1950)
- Vermutlich als Folge der »neuen Unübersichtlichkeit«[120] komme es zu einem »Rückzug in das ›private Glück‹ und zunehmenden Rückgang der Solidarität auf nationaler und internationaler Ebene, zu einem schwindenden Verständnis für die grundlegenden Menschenrechte; auch der Respekt vor der Würde der Person schwindet!« (Mann, 1937) Eine Befragte zeigt sich irritiert durch »*Egozentrik* – hervorgerufen durch Angst vor Fremden, Neid und mangelnder Solidarität / Populistische Parolen der Politik, die wiederum Neid und Angst schüren / Abbau von sozialen Leistungen und damit verbundene Abnahme von sozialer Einstellung« (Frau, 1957).
- Mehrere der bislang genannten Aspekte sieht ein Umfrageteilnehmer im Zusammenhang, wenn er schreibt. »Es muss die Armut in

120 Habermas, Jürgen: Die neue Unübersichtlichkeit, Frankfurt 1985.

den EU-Staaten nachhaltig bekämpft werden, unter denen am meisten die Kinder zu leiden haben. Dann wird die Welt in Zukunft auch friedlicher werden, zumal auch die Egoismen zurückgedrängt werden. Am schlimmsten finde ich die ›Ideale‹ des Neoliberalismus, der letztlich propagiert, dass man den Staat nicht brauche, da die Märkte ohnedies alles regeln. Das bedeutet aber letztlich nichts anderes als die Durchsetzung eines nackten Egoismus oder noch besser ausgedrückt, die Durchsetzung eines wirtschaftlichen Faustrechtes. Da bleiben dann klarerweise die Solidarität der Menschen untereinander und der Glaube (an das Gute und an Gott) auf der Strecke.« (Mann, 1944) Das Vordringen eines neoliberalen Kapitalismus und einer wachsenden Ichbesorgtheit wird oft miteinander verbunden. »Die Kapitalistische Ideologie und ihre Hauptprofiteure versuchen das ›Jeder gegen Jeden‹ anzuheizen, um eine mögliche Solidarisierung gegen ihre Selbstbedienungsversuche zu verhindern. Die Situation mit den Geflüchteten wird dazu benutzt, die Verlierer des Systems im Gastland gegen die Geflüchteten auszuspielen. Dabei wird es zu einer weiteren Verhärtung der Lage und einem weiteren Abnehmen der Empathie führen. Die Kirche wird es immer schwerer haben, für Selbstlosigkeit und Solidarität zu werben. / In ca. 10 Jahren wird es die Kirche schwer haben, die Gemeinnützigkeit aufrecht erhalten zu können, da die Hauptprofiteure des Kapitalismus auch die Projekte der Nächstenliebe bekämpfen werden, da sie der gewünschten Hoffnungslosigkeit entgegenstehen.« (Mann, 1969) Knapp und kurz: »Die durch den Kapitalismus verursachten Probleme werden immer größer. Gedanken wie Solidarität verschwinden. Die Welt wird immer kälter.« (Frau, 1946)

- Nicht nur die derzeit dominante Form neoliberaler Ökonomie trägt zur Entsolidarisierung bei. Auch politische Kräfte verschärfen die Entwicklung. Verwiesen wird auf einen »Rechtsruck, verbunden mit abnehmender internationaler Solidarität« (Mann, 1971). Zusammen genannt werden »abnehmende Solidarität in der Gesellschaft, Verengung und Ausgrenzung als Reaktion auf rechte Politik, die Ängste schürt (man würde zu kurz kommen, müsste man mit anderen teilen, etc.)« (Frau, 1977). Entsolidarisierend wirken »populistische Politikmodelle, die auf ›niedere Instinkte‹ und

Selbstverteidigungsreflexe abzielen und Werte wie Solidarität aushöhlen und obsolet machen« (Frau, 1957). – Eine Befragte ortet eine »Anfälligkeit für ›Neiddebatten‹, Sündenbockrhetorik« (Frau, 1957).

- Selbst Europa, als Friedens- und Solidarprojekt entworfen, leide unter Entsolidarisierung. »Aktuell erlebe ich die zunehmende Radikalisierung in Europa als größte Bedrohung und den Bereich des Lebens, der unsere größte Aufmerksamkeit und unser größtes Engagement verlangt: Die scheinbare europäische Gemeinschaft hat sich leider als Verpackung ohne Inhalt enttarnt: Solidarität untereinander und mit den Fliehenden aus anderen Teilen der Welt ist leider wenig zu erkennen. Stattdessen ziehen sich immer mehr Einzelpersonen, Teile von Gesellschaften, politische Verantwortungsträger von humanen Grundsätzen zugunsten populistischer Haltungen zurück. Die nationalistischen Töne werden lauter und es hat manchmal den Anschein, als stünden wir – vergleichbar mit dem Ende der Weimarer Republik – wieder an einem schleichenden Übergang in den Faschismus.« (Mann, 1969)
- Nicht zuletzt wird als Ursache wachsender Entsolidarisierung in unserer Kultur das Schwinden des Gottesglaubens erwähnt. »Trotz wirtschaftlicher Prosperität und florierender Konjunktur wenig Bereitschaft zu belastbarer Solidarität (= auch finanzielle Unterstützung der ärmeren Nachbarn). / Wohlstand und Entsolidarisierung gehen Hand in Hand mit dem Verzicht auf einen Gott-Glauben.« (Mann, 1958)

Es klingt wie eine Zusammenfassung der verschiedenen Faktoren der Entsolidarisierung, wenn ein Befragter schreibt: »Verlust von Empathie, Verlust Solidarität in mehrfacher Hinsicht (untereinander, gegenüber allem Fremden); Konsum als Ablenkung von den Fragen des eigenen Menschseins und der Gesellschaft; Streben vor allem nach dem eigenen Vorteil, der Macht; Orientierungslosigkeit als Folge all dieser Aspekte; Konzentration auf Leistung (Ziel: Macht, Anerkennung, Erfolg); neue Reiche aufgrund wirtschaftlichen Erfolgs (mit wenig lauteren Mitteln) ersetzen die Position des früheren Adels in der Gesellschaft und setzen ihre (für die Mitmenschen und die Gesellschaft unmaßgeblichen) Interessen rücksichtlos und wider jede Vernunft durch, Verantwortungslosigkeit des Einzelnen und der Mächtigen, insbesondere der politischen

Kräfte, vor allem Führungsschicht; Gewinne privatisieren – Verluste sozialisieren, Verlust der ›christlichen Werte‹, auch innerhalb der Kirche Machtdenken anstelle der Nachfolge nach Jesus: dies alles als Ergebnis eines ›brainstorming‹, ohne Versuch einer Struktur oder Setzung von Reihungen.« (Mann, 1966)

Solidarität mit…

Die Texte lassen zudem eine Liste jener Personen und Personengruppen erstellen, die »Opfer« der Entsolidarisierung sind und für die deshalb Solidarität eingemahnt wird.

- Der Blick richtet sich auf die *kommenden Generationen* (Mann, 1947) und damit auf die »fortschreitende Zerstörung aller Lebensgrundlagen für zukünftige Generationen, Klimawandel etc.« (Mann, 1979).
- Sodann geht es um *internationale, interkontinentale, ja globale Solidarität*: »in einer globalisierten Welt« (NN.), »mit Asien und Afrika« (Mann, 1942). Hingewiesen wird auf den »wachsenden Unterschied zwischen arm und reich in praktisch allen Regionen der Welt, den zunehmenden Nationalismus, den Verlust der Solidarität mit den Armen und Hilfesuchenden, vor allem den Flüchtlingen, sowie die Relativierung der Menschenrechte in vielen Ländern Europas, darunter auch Österreich« (Mann, 1964).
- *Europa ist besonders gefordert*: »Die relative Sicherheit von uns Europäern vor Natur- und politischen Katastrophen fordert zur Solidarität heraus mit Menschen, die anderswo unverschuldet (oder sogar als Folge des von uns Europäern verursachten Raubbaues) in Not geraten sind. Dafür müssen wir notfalls zusammenrücken und uns einschränken.« (Mann, 1948) Das zählt zu den »Herausforderungen für Europa: Solidarität trotz Vielfalt – Menschenrechte und Demokratie schützen – dem Neo-Liberalismus und der Schuldenkrise entgegenhalten – die Personenfreizügigkeit achten und die Migration bewältigen – Armut und Jugend-Arbeitslosigkeit bekämpfen.« (Mann, 1944)
- Dann umkreist der Wunsch nach (mehr) Solidarität das Feld der *vielfältigen Armen*, Armgemachten und Armgehaltenen: die »Armen« (Frau, 1967), »Kranken und jene, die sonst niemand hört« (Mann, 1961), die« Ausgegrenzten« (Frau, 1967), die »Menschen,

die nicht in Wohlstand leben« (Mann, 1961), die »Hilfsbedürftigen« (Mann, 1934), die »Menschen am Rande« (Mann, 1951), die »weniger Privilegierten«, die übersehen werden, »da jede/r nur noch sich selbst sieht« (Mann, 1979), die »Zurückgebliebenen«, für die Widerstand zu leisten ist »gegen immer mehr Nützlichkeitsdenken« (Mann, 1945); die »sozial Benachteiligten« (Frau, 1961), die »Schwächsten in unserem Land« (Frau, 1974), die »Arbeitnehmenden« (NN.).

Innerkirchliche Aufgaben

Die Entsolidarisierung und der hohe Bedarf an belastbarer Solidarität im familiären, nationalen, europäischen und weltweiten Maßstab fordern die christlichen Kirchen heraus. Kern ihrer Botschaft ist Gottes Liebe zur Welt, die durch uns Menschen in seinem Namen erfahrbar gemacht werden soll. Der Schrei der Armen, den Gott hört, hat auch die Kirche zu hören. Einer wirklich christlichen Kirche kann daher das Absinken des solidarischen Grundwassers in unserer Kultur nicht gleichgültig sein. So stellen sich den christlichen Kirchen hinsichtlich der Mehrung von Solidarität vielfältige Aufgaben. Von solchen ist in den Texten der Umfrage vielfach die Rede.

»Die Kirche (nicht zuletzt die hierarchische Amtskirche) öffnet sich radikal für die grundlegenden Botschaften des Evangeliums Jesu Christi, bemüht sich um möglichst große Transparenz innerkirchlicher Vorgänge auf allen Ebenen und legt ein überzeugendes Zeugnis vom grundlegenden Liebesgebot Jesu ab, im Wesentlichen ein Gebot der Solidarität, der vernünftigen Entfeindungspolitik und der Barmherzigkeit, die sich in der konkreten Zuwendung zum einzelnen Menschen zu bewähren hat (die Werke der Barmherzigkeit haben nichts mit Sozialrecht zu tun, nichts mit kostengedeckelter Fürsorgeindustrie).« (Mann, 1971)

Auftreten gegen Unrecht – das Wort ergreifen: Die Befragten erwarten von den christlichen Kirchen, dass sie nicht schweigen und untätig bleiben, wenn die Gesellschaft sich entsolidarisiert und damit in Gefahr gerät, ihr menschliches Angesicht zu verlieren. Sie sollen »sich an die Spitze der Solidarität setzen« (Mann,1961). Die »Kirche kann die Rolle der Einmahnerin der gesellschaftlichen Solidarität einnehmen« (Mann, 1966). Sie kann »eine gesellschaftliche Stimme sein, die Solidarität und Engagement für andere anmahnt, ohne das, was es davon schon gibt, zu übersehen oder gering zu schätzen; selbst Internationalität und Interkulturalität zu leben; selbst aus einer grundlegenden Sinnerfahrung zu leben und zu handeln, ohne zu predigen oder zu moralisieren« (Mann, 1949).

Pflicht der Kirchen sei es, »die Weltgemeinschaft zur Solidarität aufrufen. Für mehr soziale Gerechtigkeit und Gleichheit. Gegen jede Art von Ausgrenzung bzw. Diskriminierung.« (Mann, 1950) »Sie soll Mahnerin sein und Solidarität mit den Kleinen, Schwachen und Armen zeigen.« (Frau, 1958) Das verpflichtet die Kirche zu »politischer Einflussnahme« (Frau, 1960). Ihre Aufgabe ähnelt den Propheten des Alten Testaments: »Die auseinanderdriftende Schere zwischen Arm und Reich, die verlorengegangene Solidarität, dem Turbokapitalismus etwas entgegenzusetzten. / In einer Welt der Reichen fehlen heute die Mahner und Propheten des Alten Testaments. / Wie kann die Kirche den Armen und der Unterschicht nahe sein mit ihrer Botschaft. Heute ist Kirche die Kirche des Mittelstandes.« (Mann, 1951) Das verlangt von den Kirchen »entschiedenes Eintreten für Solidarität; Aufzeigen von Alternativen, Aufrufe zum Widerstand gegen Ungerechtigkeit; Schaffen von Netzwerken gegen die Armut, Initiativen zum Schutz der Umwelt« (Frau, 1961).

Ins Positive gewendet heißt dies, die Kirchen sollen »den Menschen erklären, dass die Solidarität und das Miteinander sehr wichtige Werte in unserer Gesellschaft darstellen, ebenso die Achtsamkeit und Behutsamkeit, auch mit der Natur« (Frau, 1971).

Delikat wird dieser prophetische Dienst, sich als Kirche gegen eine Politik der Entsolidarisierung auszusprechen, wenn diese (aus wahltaktischen Gründen) von Parteien praktiziert wird, welche sich programmatisch dem »Christlichen« verpflichtet wissen. Dazu eine Befragte: »Solidarität und Nächstenliebe als zentrale Tugend im Kontrast zu Parteien, die christlich vor allem als konservativ definieren. / Betonung der unverfügbaren Würde jedes Menschen.« (Frau, 1967) Und ein Befragter fügt bei: »Standfestigkeit und christliche Solidarität auch gegen den politischen und gesellschaftlichen Mainstream, aber keine Eingriffe in tagespolitische Fragen.« (Mann, 1946)

Darüber hinaus sollen sich die christlichen Kirchen »abgrenzen gegen einfache Antworten, die meist rassistisch oder nationalistisch geprägt sind. Die Menschen stärken im Bemühen um Solidarität und der Suche nach Lösungen.« (Mann, 1958)

Solidarität mit Flüchtlingen

Eine oftmals genannte Gruppe, die unter der Entsolidarisierung leidet, sind die *Flüchtlinge.* Es braucht daher »Solidarität mit Leidenden – Flüchtlingen, manches Wagen im Vertrauen, was die Politik und die ›Gesellschaft‹ nicht wagt, dort hinschauen, wo andere wegschauen – und dort Handeln(!) Nicht nur Negatives Anprangern, sondern positive Zeichen setzen, zeigen, wie's auch gehen kann.« (Frau, 1958) »Mit den Flüchtlingen und Integrationshilfen, die gerade von caritativen Einrichtungen besser zu leisten ist.« (Mann, 1948) »Mit Flüchtlingen, Armen, Ausgegrenzten / Individualismus, der sich oft in Egozentrik und/oder Egoismus äußert (bis hin zu Ausbeutung/ Benutzung von Umwelt, Mitmenschen...).« (Frau, 1963) Mit dem Blick auf diese Herausforderung stellt sich die Frage, »wie damit gut umgehen, dass die Menschheitsfamilie zusammenwächst trotz Nationalismen aller Art und die ansässige Bevölkerung lernt, ihre Identität zu bewahren als auch Willkommenskultur zu leben« (Mann,1954). Die »Migration fordert Kirche und Staat – dieses wachsende Thema fordert Solidarität statt Angstparolen und Hetze« (Mann, 1958).

Derzeit gelangen in Europa immer mehr Parteien an die Macht, welche das Asylrecht immer restriktiver auslegen und mit ihrer Asylpolitik Schutzsuchende »abschrecken« wollen. Auch sind einzelne Länder bislang offener gewesen als andere Länder der Europäischen Union, die sich weigern, zumal muslimische Flüchtlinge aufzunehmen.

Gerade angesichts einer solchen Entwicklung verlangen Befragte »Solidarität mit den Flüchtlingen weltweit, aber auch engagiertes Handeln, das sich nicht durch Regierungen einschüchtern lässt« (Frau, 1958). Es sei zudem nicht unvernünftig, »Solidarität mit den Asylantinnen und Asylanten zu fordern und selbst zu zeigen, ihnen bei positivem Asylbescheid die Integration zu erleichtern – auch aus Eigennutz, denn Österreich braucht bei einer Geburtenrate von 1,4 pro Frau die Zuwanderung« (Mann, 1940).

Zu fördern sei durch die Kirchen auch ein »stärkeres Bekenntnis zu Europa, europäische Solidarität, mehr Engagement in der Flüchtlingsfrage« (Mann, 1937).

Es sei freilich zu wenig, sich nur an die Regierungen zu wenden. Manche fühlen sich aus Gründen des Machterhalts verpflichtet, in ihrem politischen Handeln sich nach den Ängsten der Menschen zu richten. Wer daher in einer Demokratie eine solidarische Politik erhofft, muss sich auch den (begründeten oder politisch wie medial erzeugten) Ängsten der Menschen stellen. Zwei Befragte fordern dazu auf und schreiben: »Am deutlichsten ist der Wandel im Denken bei der Flüchtlingsfrage zu sehen: Ängste nehmen zu, Solidarität nimmt ab. Der Blick auf gesellschaftliche Ränder ist zunehmend nicht von Empathie, sondern von Ängsten geprägt. / Aber in manchen gesellschaftlichen Gruppen wird eben diese Solidarität, die Frage nach alternativem, gutem Leben hochgehalten, diese Gruppen sind auf den ersten Blick nicht kirchennah, können sich aber als wesentliche Verbündete herausstellen.« (Mann, 1966) Es sei daher erforderlich, »offensiv, konstruktiv auf Ängste einzugehen, Beispiele für Solidarität zu geben« (Mann, 1950).

Nicht selten werden heute Menschen, die sich für Flüchtlinge einsetzen, »ironisiert« (Heinz Fischer). Sie werden als Gutmenschen gescholten. Das Wort des Jahres »Willkommenskultur« ist inzwischen zu einem massiven Vorwurf degeneriert. Ein Befragter verlangt daher von den Kirchen nicht nur einen »Kampf für die Würde jedes einzelnen Menschen und die Solidarität unter den Menschen«, sondern zugleich den »Schutz für die Kämpfer der Solidarität und Nächstenliebe. Physisch, materiell, aber auch vor allem geistig gegen Ausbrennen, Anfeindung und Entmutigung« (Mann, 1969).

Innerkirchlich gelebte Solidarität stärken

Das erhoffte mutige, ja prophetische Auftreten der Kirche gegen die schleichende Entsolidarisierung, damit gegen Ungerechtigkeit und Unmenschlichkeit in der Gesellschaft ist aber nur dann glaubwürdig, wenn »Solidarität und Barmherzigkeit … ohne Wenn und Aber gelebt werden« (NN.). Der Aufruf zur Solidarität durch die Kirchen verlangt, dass sie »einstehen für Werte, die dem Leben dienen« (Frau, 1945) – dass als »Gemeinschaftsdenken und (weltweite) Solidarität« vorgelebt werden (Mann, 1954). Die Kirchen sollten daher »›Caritas‹ im ursprünglichen Sinn von praktischer Hilfe und Solidarität leben« (Frau, 1971). Also »Solidarität in der Gesellschaft, aber auch beim ›Kirchenvolk‹ einfordern! Und als Kirche solidarisch mit den vielen benachteiligten Menschen sein.« (Frau, 1947) Solch eine Solidarisierung im Kirchenvolk kann erleichtert werden, wenn das Thema auch in der Formung der Priester einen Platz findet. So wünscht sich eine Befragte, »Solidarität und Offenheit für gesellschaftliche Fragen in der Priesterausbildung zu stärken« (Frau, 1945).

Eine innerkirchlich solidarische Kirche kann »Erfahrungsräume christlichen Lebens und christlicher Solidarität anbieten« (Mann, 1970): also »Räume, um Zusammengehörigkeit, Solidarität zu erfahren« (Frau, 1960). Die Katholische Frauenbewegung Österreichs kann diesbezüglich stolz darauf hinweisen: »Wir verstehen den Weltgebetstag der Frauen mit seiner enormen Verbreitung in Deutschland mit internationaler und ökumenischer Ausrichtung und Solidarität als Zeichen der Zeit.« (Frau, 1961) »Das Thema ›Solidarität‹ muss also konkreter werden.« (Mann, 1954) Und das auch innerkirchlich erfahrbar, und das wider die »fehlende Solidarität der Mitarbeiter untereinander; Strukturen der Zusammenarbeit fehlen« (Frau, 1984).

Arme Kirche mit den Armen

Den Kirchen raten Umfrageteilnehmende, zu einer »armen Kirche zusammen mit den Armen« zu werden. Also »statt Repräsentation Solidarität mit den Schwachen und Abgehängten. Einsatz für Flüchtlinge in Verkündigung, Argumentation und Tat.« (Frau, 1951) »Den Schwachen beistehen, Solidarität leben, nicht nur predigen, ubi caritas bedingungslos leben ohne Vorbehalte.« (Frau, 1949)

Eine »arme Kirche mit den Armen« dient nicht herablassend den Armen, sondern bezieht diese in die Gestaltung ihres Dienstes im Umkreis von Armut ein. So verlangt ein Befragter: »Solidarität wie Subsidiarität in der Kirche, ihre Strukturen stärken; stärkere Einbindung der Randgruppen, Vernachlässigten, Armen auch im kirchlichen Entscheidungsprozess; die Kirche muss ärmer und auch machtloser werden, um frei zu sein für ihren Auftrag, den Menschen zu dienen.« (Mann, 1966)

Zur praktizierten Solidarität vor allem der begüterten Kirchen werden konkrete Vorschläge gemacht: »Die Kirche hat nach wie vor sehr viel Geld. Sie soll da vorangehen und einen ersichtlichen Beitrag zu mehr Menschlichkeit leisten. Viele Klöster stehen fast leer. Hier wäre genug Platz, um geflüchteten Menschen Wohnraum – Herzenswärme zu geben. Diese Solidarität fehlt mir wirklich in unserer Kirche. Es wird geredet, aufgezeigt, aber wo ist dieses sichtbare Wirken. Welche Botschaft hat uns Jesus hinterlassen. Zu den Menschen am Rand der Gesellschaft zu gehen. Ich weiß nicht, wie viel Geld der Vatikan wirklich hat, aber braucht man wirklich so einen eigenen Staat in Rom. Könnte man sich da nicht etwas öffnen und so Geld einsparen. Die Kirche tritt zu wenig energisch auf, wenn es um Menschenrechte geht. Sie hebt sich nicht mehr ab von den Reden der Politiker. Doch wo soll das Soziale, die Herzenswärme herkommen, wenn nicht von der Kirche. Der Papst ist jemand, der immer wieder darauf aufmerksam macht, aber es gibt so viele Pfarrer auf der ganzen Welt, alle diese müssten auch diese Botschaft vom Papst leben, nicht nur schön nachsagen, sondern eben auch Zeichen setzen. Erst wenn die Menschen wieder mehr mit dem Herzen handeln, wird sich hier etwas verändern. Und Jesus hat uns die Botschaft von der Liebe geschenkt – Wieso fällt es der Kirche so schwer, danach zu handeln. Geld, Besitz, Macht sollten nicht so im Fokus stehen – es gibt ja dieses schöne Evangelium, wo es heißt, macht es wie die Vögel am Himmel usw. sorgt euch nicht, der Vater im Himmel wird für euch sorgen – vielleicht würde sich die Welt verändern, wenn die Kirche damit anfangen würde, sich nicht mehr um Geld, Besitz und Macht zu sorgen. Ich wünsche mir, dass in den Medien von der Kirche klar Stellung bezogen wird und aufgezeigt wird, wenn etwas aus dem Ruder läuft – jetzt in Österreich z. B. die Ansage, die Flüchtlinge in Massenquartiere zu verfrachten. Hier müsste ein Aufschrei stattfinden und mit allen Mitteln versucht werden, dass es nicht so weit kommt.« (Frau, 1972)

Kirchen, die so handeln, können ein »leuchtendes Beispiel sein für Solidarität« (Mann, 1976). Der Wunsch, dass sich gerade reiche Kirchen mit Solidarität hervortun, kehrt oftmals wieder: »Die Kirche soll hier in der Region und in Deutschland überhaupt sich in Solidarität mit Armen und Bedürftigen üben, als ›reiche‹ Kirche hat sie die Verpflichtung, sichtbar vom Konsum und Habenwollen-Mentalität sich abzusetzen.« (Frau, 1965) »Sie muss mit mehr Ressourcen an die Grenzen und Peripherien gehen, aus den Mauern der Sicherheit ausbrechen und ihre Solidarität spürbar werden lassen.« (Mann, 1967) Gefordert wird der »Abbau allen weltlichen Besitzes und Reichtums bei Klöstern, Orden und Weltkirche, ein Leben in selbstgewählter Armut und Solidarität, die Freude des Franz von Assisi… eine pilgernde Kirche auf den Wegen der Menschen« (Mann, 1960). Kirchenvermögen soll geteilt werden. Also »mehr Solidarität mit den armen Ländern durch Teilen des Vermögens. Aber auch Benennen der Ungerechtigkeit, wenn in den armen Ländern die Bischöfe nicht dem Armutsideal Jesu nachfolgen. Keine Kooperation und Kampf gegen Korruption!« (Frau, 1952)

Eine Variation kirchlich praktizierter Solidarität ist jene mit der

Schöpfung, der Umwelt, der Natur. Über diese wird an anderer Stelle ausführlich reflektiert. Hier als Platzhalter nur ein Zitat: »Schöpfungsverantwortung angesichts Ausbeutung des Planeten, Solidarität anstelle von Profit, Weltoffenheit statt Narzissmus, Freude statt Angst.« (Mann, 1957)

Wird die Kirche solidarischer, wird sie auch zugleich jesuanischer. »Radikale Besinnung auf die jesuanische Botschaft der Solidarität und Diakonie« (Mann, 1943) ist der gebotene Weg. »Die Kirche soll sich darauf besinnen, dass Jesus das Reich Gottes verkündet hat. Trotz ihrer politischen und wirtschaftlichen Machtlosigkeit soll sie ihre Gläubigen und alle Menschen guten Willens aufrufen, ein Klima der Nächstenliebe und der Solidarität zu schaffen, die die Grundlage von Hass, Neide (s. o.) schrumpfen lässt.« (Mann, 1943)

Ein Befragter nimmt ausführlich und differenzierend Stellung: »Sub ratione societatis: Der Unkultur der Kaltherzigkeit und Lieblosigkeit, der Unkultur des Hasses und der Ausgrenzung, der Erosion sozialer Kohäsion, des Ware-Mensch-Denkens (nach dem Motto: der Mensch soll Kapitalinteressen dienen und nicht umgekehrt, evangeliumsgemäß, das Kapital den Menschen) entschieden entgegenzuwirken. Sub ratione Öffentlichkeitswirkung: Die Kirche kann ihre eklatante Glaubwürdigkeitskrise nur überwinden durch eine radikale Öffnung ihrer Ohren für die grundlegenden Botschaften des Evangeliums Jesu Christi, durch Transparenz innerkirchlicher Vorgänge auf allen Ebenen und durch ein überzeugendes Zeugnis vom grundlegenden Liebesgebot Jesu, im Wesentlichen ein Gebot der Solidarität, der vernünftigen Entfeindungspolitik und der Barmherzigkeit, die sich in der konkreten Zuwendung zum einzelnen Menschen zu bewähren hat (die Werke der Barmherzigkeit haben nichts mit Sozialrecht zu tun, nichts mit kostengedeckelter Fürsorgeindustrie).« (Mann, 1971)

Manche Befragte sehen auch einen Zusammenhang zwischen der Feier der Eucharistie und der Solidarität. Zunächst, so vermerkt ein Befragter, ist die »Eucharistie ein einigendes Band der ganzen Stadtgemeinde und aller Generationen und Milieus wichtig. Die Eucharistie bietet die Chance, in einer anschließenden gemeinsamen Mahlzeit Menschen zusammenzubringen, wirkliche Gemeinschaft zu leben. Verläuft sich die Gemeinde direkt nach der Messe, wie kann dann Solidarität und Gemeinschaft gelebt werden? Gelegentlich sollte die Eucharistiefeier auch ihre Teilnehmer aktivieren und sie anregen, über die Bibeltexte im Rahmen des Gottesdienstes zu diskutieren. Bibelreflexion darf nicht pflichtschuldig in Bibelkreise ausgelagert werden, sondern sollte der Gemeinde und Gesellschaft Impulse und Sinn geben.« (Mann, 1992) Die Feier der Eucharistie formt aber nicht nur eine Gemeinschaft derer, die sich den Leib Christi einverleiben. Sie formt diese auch zu Fußwaschenden. Eine Befragte sieht deshalb »Solidarität als Dienst der Fußwaschung« (Frau, 1934). Das macht die »Liturgie zur Feier der alltäglich gelebten Solidarität in der Nachfolge Jesu« (Mann, 1946).

Si vis pacem, para iustitiam!

Die Welt und die Menschen sehnen sich nach Frieden. Frieden wiederum kommt nicht mit Waffen zustande, sondern nur auf dem Weg der Gerechtigkeit. Das Prinzip der Römer »Si vis pacem, para bellum« (willst Du Frieden, rüste für den Krieg) ist längst mutiert in den Grundsatz: »Si vis pacem, para iustitiam«. Man muss Frieden schaffen ohne Waffen, und dies auf dem Weg wachsender Gerechtigkeit für die Menschen wie für die Schöpfung. Gerechtigkeit wiederum verlangt in Demokratien nach einer Mehrheit in der Bevölkerung, die eine solidarische Politik wählt, die sich für nationale wie internationale Gerechtigkeit stark macht. Wer Frieden will, muss sich gegen die zunehmende Entsolidarisierung in den Bevölkerungen stark machen. Solidarisierung muss auf dem Programm aller friedliebenden Kräfte in den Gesellschaften stehen oder dorthin gelangen.

Die Befragten sind unterschiedlicher Ansicht, ob diese unbedingt erforderliche Solidarisierung gelingen wird. Denn die zu leistende Aufgabe ist nicht einfach. Es besteht »die Notwendigkeit eines neubelebten Verständnisses von Solidarität« (Mann, 1961). Dazu muss die Kirche »Emotion vermitteln: Zusammengehörigkeitsgefühl, Solidarität, ein Miteinander im Leben und im gemeinsamen Feiern!« (NN.)

Hier zunächst zwei zuversichtliche Stimmen: »Unsere Jugend hat einen großen Sensus für Solidarität, Offenheit und Toleranz sowie Spiritualität. Dies gilt es aufzugreifen.« (Mann, 1961) »Die Liebe und christliche Solidarität sind die einzige zukunftsfähige Basis des menschlichen Zusammenlebens.« (Mann, 1943)

Andere Umfrageteilnehmende haben sich mit einem gerüttelten Maß an Pessimismus zu Wort gemeldet, ob eine Neubelebung von Solidarität (Mann, 1961) erfolgen kann: »Ob die Vermittlung der christlichen Werte

(Solidarität, Nächstenliebe, Sorge für Benachteiligte und an den Rand Gedrängte) weiterhin gelingt, wenn das Fundament des christlichen Glaubens ›wegbricht‹, wage ich zu bezweifeln.« (Mann, 1964) Eine Befragte ist deutlich pessimistischer. Ihre Diagnose zur gegenwärtigen Entwicklung lautet: »Mit offenen Augen in den ›Abgrund‹. D.h. wenig Solidarität, Resignation, Hoffnungslosigkeit.« (Frau, 1966)

Der Kirche müsste also das Kunststück gelingen, eine Art »›endzeitliche Solidarität‹ auszuformen, die nicht auf Festklammern, Haben und Sichern abzielt – sondern das sich gegenseitige Stützen und Helfen zum Prinzip macht. Wenn hier das Wort ›Ende‹ auftaucht. Ende ist tot und das gibt es bei unserem Herrn Jesus Christus nicht. Es werden immer wieder neue Anfänge geschaffen durch den Heiligen Geist, den wir heute in besonderer Weise anrufen und erbitten müssen.« (Mann, 1937)

Die Zuversicht einer Befragten stützt sich auf das Wirken von Papst Franziskus. Dieser »bringt mit seiner Agenda gute, zukunftsweisende Impulse ein: Gerechtigkeit, Solidarität mit dem einfachen, kranken, armen Menschen; synodale Strukturen, Fragen, die er an Familien, Jugendliche, usw. stellt.« (Mann, 1970)

Wahrheit

1989 schrieb Václav Havel seinen politischen Bestseller[121] vom »Versuch, in der Wahrheit zu leben«. Charakteristisch für den Kommunismus sei die Lüge. Inzwischen ist der Kommunismus in weiten Teilen der Welt Geschichte. Dennoch ist die Lüge im gesellschaftlichen Leben nicht verschwunden. Sie hat lediglich einen anderen, schon in sich verlogenen Namen erhalten: »alternative Wahrheit«. Von fake news ist die Rede. Die alte Frage des Pilatus aus dem Prozess Jesu hat eine neue Bedeutung erhalten: »Was ist Wahrheit?«

»Noch nie in der Geschichte gab es so viele Möglichkeiten, Wahres/ die Wirklichkeit zu vertuschen, zu verbergen, zu entstellen, zu kompromittieren... zu enthüllen, aufzuzeigen, näher anzuschauen ... / Wenn überhaupt jemand sich ohne irgendeine Ideologie für Wahrheit, Offenheit, Freiheit, Menschenwürde ... in jeder Form für die einzelnen Menschen verbürgen und leben könnte, dann doch die Nachfolger dieses Jesus...« (NN.), schrieb eine namentlich nicht bekannte Person. Dieses

121 Havel, Václav: Versuch, in der Wahrheit zu leben, Reinbek bei Hamburg 1989.

Erstellen verstellter Nachrichten erzeuge »neuartige Bedrohungen von Friede, Sicherheit und Freiheit durch elektronische Innovationen (›cyber war‹ u. ä.)« (Frau, 1960). Es sei eine »Gefahr für Demokratie, Freiheit, Individualität, zwischenmenschliche Beziehungen und Rechte durch die neuen Möglichkeiten der digitalen Welt, den Menschen (heimlich oder mit dessen uninformierter Zustimmung) ›transparent‹ und überwachbar zu machen« (Mann, 1970). Angesichts der »Macht über Information (soziale Netzwerke, fake news)« stellen sich die Fragen: »Wie wird mit Wahrheit umgegangen? Wer filtert die Informationsmenge (Google etc.?)?« (Mann, 1957) Jedenfalls vermutet ein Befragter: »Die Freiheit des Menschen ist massiv gefährdet durch einen Totalitarismus der Weltwirtschaft in Bezug auf Kontrolle aller Informationsströme.« (Mann, 1960) So kommt es zu »Verdrehungen der Wahrheit (fake news)«; es gibt »Wähler/innen, die Bildungsverweigerer sind und darauf stolz sind« (Mann, 1974). »Die Meinung der Mehrheit trifft nicht ohne weiteres die Wahrheit, bzw. was jetzt wirklich daran ist.« (Mann, 1957)

Wahrheitsbedarf in der Welt

Manche Stellungnahmen graben tiefer. Sie sehen einen Zusammenhang zwischen Wahrheit und Demokratie. Ein Befragter argumentiert philosophisch: »Seit Kant liegt der Zusammenhang von Wahrheit und Demokratie zutage. Ein Argument ist eben nur dann schlagend, wenn es grundsätzlich von jedem vernünftigen Wesen eingesehen werden kann. Zeigt der ›herrschaftsfreie Diskurs‹, dass ein großer Teil der Debattierenden dem vorgetragenen Argument die Anerkennung verweigert, sinkt nicht nur dessen Wert, sondern diejenige Wahrheit (einer Überzeugung x), deren Geltung mit seiner Hilfe untermauert werden sollte, verliert Plausibilität. Sinkt auch der Wert aller anderen für sie in Anschlag gebrachten Argumente (immer mehr), lässt sich der vormalige Wahrheitsanspruch (einer Überzeugung x) schlussendlich nicht mehr vernünftigerweise aufrechterhalten.« Nachdenklich blickt diese Person auf den Umgang der Kirche mit der Wahrheit und fragt: »Was heißt das für die Verfassung der Kirche, die einen herrschaftsfreien Diskurs und eine freie Wahl nur im Konklave kennt, darüber hinaus aber auf jeder Ebene nur eine monarchische Verfasstheit fast absolutistischen Charakters kennt? Leider heißt es für die Kirche nichts, denn sie erkennt dieses Zeichen der Zeit nicht.« (Mann, 1964)

Wahrheit und Kirche

Nicht alle sind so kirchenskeptisch, was Wahrheit betrifft. Ein Befragter sieht eine »Unruhe in einer Kultur, die keine von außen vorgegebenen institutionellen Wahrheiten mehr akzeptiert, andererseits aber keine Hirten mehr kennt, die helfen, auf eigenen Wegen zu der einen großen Wahrheit, zu Gott zu stoßen« (Mann, 1970). Die Befragten umkreisen diese Frage nach Umgang der Kirche mit der Wahrheit und den Dienst, den sie mit dem Einklagen von »Wahrheit« an der Gesellschaft leistet.

Hier erste Ratschläge: »Die Kirche sollte die Wahrheit der Frohen Botschaft im Lichte der Evolution und neuerer naturwissenschaftlicher Erkenntnisse neu verstehen und darstellen.« (Mann, 1934) – Die »Kirche sollte bis in ihre Binnenstruktur dialog- und diskursfähig werden und zugleich an den Errungenschaften der Aufklärung von Freiheitlichem, der Wahrheit und Wahrhaftigkeit verpflichtetem Diskurs festhalten« (Mann, 1956).

Bewährt hat sich in der kirchlichen Lebenskultur die Unterscheidung zwischen dem Sünder und der Sünde. Während die Sünde verurteilt werden muss, soll der Sünder nicht verurteilt werden. Diese Unterscheidung erleichtert »das Erkennen von Wahrheit und Verlogenheit, von Gut und Böse« (Frau, 1941). Deshalb soll man »innerhalb der Kirche die Bereitschaft zur Vergebung pflegen und gleichzeitig die Wahrheit des Bösen nicht leugnen, sondern es herausstellen« (Mann, 1968).

Ohne »Wahrheit« ist es zudem nicht möglich, den prophetischen Dienst an der Welt zugunsten der Schwächeren, der Opfer vielfältigen Unrechts, zu leisten. Prophetisch meint, »deutlich die Wahrheit [zu] sagen, wo Entwicklungen schieflaufen und wo Unrecht geschieht« (Frau, 1958). Oftmals erfordert dies ein »konsequentes Eintreten für die Wahrheit / konsequentes Eintreten für die Bewahrung der Schöpfung / konsequentes Eintreten für die Menschenwürde in jeder Hinsicht« (Mann, 1957).

Ein solch prophetisches Eintreten für »die Wahrheit« lässt sich eher verstehen, wenn es bei der »Wahrheit« weniger um Einsichten, Sätze und Formulierungen und den innerkirchlichen, innerreligiösen oder interdisziplinären Streit um diese geht, sondern um einen »personalen Vorgang«, ein »Tun der Wahrheit«, ein Eintreten für die Schwachen – also um die Wahrheit solidarischer Liebe. Dieses biblische Verständnis der unerschütterlichen »Wahrheit Gottes« als »Entgegenkommen Gottes« ist ganzheitlich, lässt sich ebenso wie die Liebe nicht rational fassen. Das Erfassen des Tuns, des Ereignisses ist an die Sprache gebunden, und dies wiederum an die jeweilige Kultur und Lebensphilosophie. In dieser Hinsicht ist einer Befragten zuzustimmen, wenn sie schreibt: »Die Wahrheit ist immer ein Kind der Zeit. Selbst die vermeintliche Wahrheit, in deren Besitz sich Teile der Kirche wähnen, ist ein Kind ihrer Zeit.« (Frau, 1971) Ihr geht es hier nicht um die Wahrheit, die sich ereignet, sondern jene, die »erfasst wird«. So lässt sich die Aussage einer Befragten verstehen, die schreibt: »Dennoch war ich noch nie mehr davon überzeugt, dass Jesus der Weg, die Wahrheit und das Leben ist und dass diese Welt sosehr dies braucht, um zu überleben.« (Frau, 1952) Zugleich haben auch jene Recht, die sagen: »Kirche muss sich als Begleiter auf dem Weg verstehen, nicht als Besitzerin der Wahrheit.« (Mann, 1958) Beim Erfassen der Wahrheit macht es dann Sinn, »auf die Menschen HÖREN, ihr Leben mehr KENNENLERNEN, im DIALOG mit allen nach der Wahrheit und dem Leben suchen. / Bereit sein, lieb Gewonnenes zu hinterfragen und auch aufzugeben – zugunsten neuer Werte. / Andere Auffassungen und Kirchenverständnisse zuzulassen.« (Mann, 1945) Die Kirche kann sich dann »als Begleiterin auf dem Weg verstehen, nicht als Besitzerin der Wahrheit« (Mann, 1958).

Schon gar nicht ist ein fundamentalistisches Wahrheitsverständnis angebracht, dem sich Teile der großen Buchreligionen verpflichtet fühlen. Gegen ein solches mahnt eine Befragte ausführlich: »Weniger beharren auf dieser ›von Gott diktierten‹ Wahrheit; Wer damit zurechtkommt, es zu glauben, darf, aber niemand muss oder ist ein ›weniger guter Christ‹, wenn er oder sie schwer glauben kann, ›das käme alles direkt von Gott‹, den wir nicht kennen können, wenn es einen geben sollte; mehr Zulassen, Anerkennen, Miteinbeziehen wissenschaftlicher Erkenntnisse aus Hirnforschung, Physik, anderen wissenschaftlichen Richtungen, Philosophie usw. Dann kann und könnte das eine spannende, konstruktive, produktive Glaubensrichtung sein, oder bleiben.« (Frau, 1967) Für einen »Wahrheitstriumphalismus« ist dann ebenso wenig Platz wie für einen »anmaßenden Anspruch auf Wahrheit« (NN., 1947).

Wird die geoffenbarte Wahrheit Gottes als Offenbarwerden eines liebenden Entgegenkommens Gottes verstanden, wird also Wahrheit nicht nur an die Erkenntnis der Vernunft, sondern an das liebende Herz gebunden, dann gewinnen Sätze wie diese an Gewicht: »Mut zur Wahrheit« (Frau, 1977), »die Wahrheit ungeschmälert verkünden und danach leben« (Frau, 1980).

Manche Umfrageteilnehmenden ziehen aus Überlegungen dieser Art lebenspraktische Schlüsse. »Wenn wir gefragt werden, sind wir gehalten, klare Antworten zu geben. Wir brauchen nicht ängstlich zu sein, die Wahrheit zu sagen. Aufdrängen sollen wir uns nicht.« (Mann, 1946) Wir sollen »das ›Fragen‹ hochhalten; das ›Gottesgerücht‹ weitersagen; Mut und Courage zeigen, ohne andere zu verurteilen oder sich als Hüterin der Wahrheit zu fühlen.« (Mann, 1964)

Bezugnehmend auf Eugen Drewermann betont ein Umfrageteilnehmer engagiert die untrennbare Verwobenheit von Wahrheit und Liebe. »›Einzig die Liebe ist imstande, die Erde mit dem Himmel zu verbinden, den Geist mit dem Körper, die Seele mit dem Fleisch, die Sinnlichkeit, wie man so sagt, mit der Sittlichkeit, die Wahrheit des Herzens mit der Weisheit des Geistes‹ [Eugen Drewermann: Das Markusevangelium 718f.] ›Die Liebe ist wahrer als alle Macht auf Erden. Sie bindet Menschen unabtrennbar aneinander und fügt sie zusammen für alle Ewigkeit. Sie ist fähig, schon im irdischen Leben die Existenz eines anderen Menschen als Spiegel der Unendlichkeit, als Bild der ewigen Schönheit, als Bezeugung einer ewigen Berufung zu entdecken.‹« (Mann, 1949)

Die meditativen Bausteine, die sich in den Texten zum Stichwort Wahrheit finden, sind wie die Welt gewiss »voller Widersprüche. Wahrheit beinhaltet nicht unbedingt einen Mangel an Widersprüchen. Manchmal ist die größere Wahrheit im Innern des Widerspruchs zu finden. Das ist göttliche Weisheit (göttliche Dichotomie).« (NN.)

Glaube – Hoffnung – Liebe

»Glaube, Liebe und Hoffnung ansprechen jene Momente des Lebens, welche den Sinnhorizont auf des Reich Gottes hin eröffnen.« (Frau, 1991) »Nun aber bleibt Glaube, Hoffnung, Liebe, diese drei; aber die Liebe ist die größte unter ihnen« (Korinther 13,13) – diese drei voneinander untrennbaren göttlichen Tugenden wurden von mehreren Umfrageteilnehmern[122] als wichtigste Lebensorientierungen sowie als Sinnhorizont der modernen Welt genannt: »Wichtig erscheint mir, mehr Gewicht auf die Vermittlung und Stärkung des Glaubens, verbunden mit

122 Das sind die Worthäufigkeiten. Texte mit diesen Wörtern wurden in diesem Kapitel berücksichtigt: Glaube(ns) (579 Mal), Hoffnung (159), Liebe (351).

Hoffnung und Liebe, zu legen.« (Frau, 1947) »Ein Kind Gottes zu sein und in Glaube, Hoffnung und Liebe wachsen können und Versöhnung leben.« (Frau, 1981)

Diese drei Tugenden (Tauglichkeiten, Kompetenzen) geben auch Kraft, als Christin und Christ in der heutigen Zeit zu leben, »sich dem Zeitgeist entgegenzustellen, Glaube, Hoffnung, Liebe, all das braucht die Welt jetzt dringend« (NN.).

Glaube, Liebe und Hoffnung wurden auch als spirituelle Orientierung für die Kirche, die einzelnen Menschen und sowie die kirchlichen Gemeinden genannt: »Die Kirche soll auffallen durch Glaube, Hoffnung und Liebe, nicht durch Pomp, Verwaltung und langweilige Liturgie« (Mann, 1946), sie soll »den Menschen Glaube, Liebe und Hoffnung vermitteln« (Frau, 1947). Eine alternative Kultur könnte sich so entwickeln: »Glaube, Hoffnung, Liebe statt Angst, Engstirnigkeit, Besitzstandsdenken, Feindbilder.« (Mann, 1952) Wo diese drei Tugenden in die Mitte des kirchlichen Lebens gerückt werden, ändert dies auch die Wahrnehmung von der Kirche: »Für kirchliche Lehre darf nicht nur die theologische wissenschaftliche Korrektheit maßgeblich sein, sondern die kirchliche Lehre sollte stattdessen mehr von den Gaben des Hl. Geistes durchdrungen werden: Glaube, Hoffnung, Liebe/Nächstenliebe. Der seelsorgerische Aspekt sollte weiter in den Vordergrund rücken.« (Mann, 1966)

Glaube als Herausforderung unserer Zeit

Säkularisierung und Islam fordern das Christentum im Abendland heraus.[123] Religiöse Traditionen sind nicht mehr selbstverständlich, die traditionelle Funktion der Religion als Träger kultureller Identität ist nicht mehr offensichtlich: »Die Menschen sind nicht bereit, alles hinzunehmen, was die Kirche sagt.« (NN.) Der christliche Glaube geht Hand in Hand mit Fragen, Zweifeln, Überlegungen und Diskussionen. »Häretischer Imperativ«, laut Soziologe Peter L. Berger, ist eine Antwort auf das, was er in der modernen Gesellschaft als »Hunger nach Erlösung und für Transzendenz« ansieht[124]. »Der christliche Glaube erodiert«, schreibt eine Teilnehmerin, »doch das Gefühl der Zugehörigkeit zur christlichen Kul-

123 Mehr zu den Themen »Säkularisierung« und »Islam in Europa« in den Kapiteln »Säkularisierung« und »Islam fordert das christliche Abendland heraus«.

124 Berger, Peter L.: The Heretical Imperative: Contemporary Possibilities of Religious Affirmation, New York 1979.

turtradition ist nach wie vor stark« (Frau, o.J.), es gibt »eine große Suche, Sehnsucht, Hunger nach Sinn, nach Gott, nach jemanden, an dem man sich festmachen kann, dem man vertrauen, sich anvertrauen kann« (Frau, o.J.).

»Christ in der Gegenwart« zustimmend definiert ein Teilnehmer die zentrale Herausforderung unserer Zeit mit dem Stichwort: »Wie sich der christliche Glaube erneuern kann« (NN.). Andere pflichten bei und plädieren für Stärkung, Erneuerung, damit für die Weitergabe des christlichen Glaubens mit vielfältigen Formulierungen: »Der christliche Glaube muss neu formuliert werden... Auch sind viele Traditionen leer geworden. Wir brauchen neue Formen.« (Mann, 1962) – »In Europa sollte der christliche Glaube mehr in den Vordergrund gestellt werden. Weil in Not geratene Menschen meist islamischen Glauben sind und kaum Verständigungsmöglichkeiten zum Christentum haben.« (Mann, 1946) – »Die Weitergabe des Glaubens und der Hoffnung auf Auferweckung an die nächste Generation ist eine Herausforderung.« (Mann, 1964) Dabei bleiben Zweifel freilich bestehen: »In unserer auf Gewinn ausgelegten Bevölkerung lässt sich die Frage: Was bringt mir der christliche Glaube? nicht einfach beantworten« (NN.).

Wir berufen uns auf Glauben: »Wir berufen uns auf Glauben: als Erfahrung statt als leere Lehre, als Vertrauen statt als Wissen, als (Ein-)Üben statt als Ausüben von Gewohnheiten, als Amateure statt als Profis, als Christusnachfolgende statt als In-die-Kirche-Gehende...« (Mann, o.J.) Wir glauben »›an Gott, den Allmächtigen, Schöpfer des Himmels und der Erde‹ und auf die Kirche als Organisationsmittel der Arbeit und Pflege des Glaubens« (NN.), »an Jesus Christus als den Sohn Gottes, zu dem wir als Menschen in Beziehung treten können und der uns drängt, seine Liebe in die Welt zu tragen« (Frau, 1964), »an Gott, welche grösser, allumfassender ist als ich selbst« (Frau, 1965).

Die Aussagen der Teilnehmenden über ihren Glauben sind vielfältig: »Ich glaube an Gott« (Frau, 1953), »an Vater, Sohn und Heiligen Geist« (Mann, 1972), »an den auferstandenen Herrn« (Mann, 1956), »an Jesus Christus als Mitte unseres Lebens; dies ist das Zentrum« (Mann, 1951), »an einen Gott = Liebe, ... an ein Leben nach dem Tod« (Frau, 1966), »an einen ›menschenfreundlichen‹ Gott« (Frau, 1962), »an Jesus Christus, den Sohn Gottes und Retter der Welt« (Mann, 1953), »an eine Auferstehung« (NN.), »an den Hl. Geist Gottes« (Frau, 1969) ... »an eine Schöpfung und einen Schöpfergott, der uns verpflichtet…« (Mann, 1944, 1952), an »Jesus und seine vorgelebte Lehre der Liebe und Barmherzigkeit, im Sinne seines/unseres ›Vaters‹ (mütterlich/väterlichen Schöpfer-Gottes)!« (Mann, 1945).

Die Texte sind also randvoll mit kleinen Glaubensbekenntnissen. Und das in vielen Variationen: Es ist ein Glauben »an die Kraft des Gebetes« (Frau, 1938), »an die Liebe« (Frau, o.J.), »an einen Gott=Liebe« (Frau, 1963), »an die Gemeinschaft« (Mann, 1990), »an die NATUR… an das göttliche IN UNS« (Frau, 1967), »an die Zukunft« (Mann, 1965).

Glaube an die Kirche als Himmel auf Erden: Der Glaube an ein göttliches Geheimnis ist nicht gleichgesetzt mit dem »Glauben an die Kirche«. Dennoch findet sich die Kirche auf diesem Sprachfeld »Glauben«. Träume und Wünsche werden formuliert. Es wäre »ein Stück Himmel auf Erden«, wenn die Kirche »versuchen (könnte), anhand einer zeitgemäßen Interpretation der Frohen Botschaft glaubwürdig, überzeugend und froh machend den Sinn des Lebens (zu) erklären und daraus resultierend Impulse zur Gestaltung einer friedlichen, mitmenschlichen, umweltschonenden Gesellschaft zu setzen« (Frau, 1959), »mit ihren Ressourcen und ihrem Einfluss einen umweltverträglichen und himmelreichverträglichen Lebensstil fördern und selber beispielshaft leben« (Frau, 1958) und »mitten in der Welt zu einer Art großem ›Kloster‹ (wird), in welchem den Menschen Wege aufgezeigt werden, wie sie den Himmel über sich offenhalten und ihren Weg in der Nachfolge Jesu gehen können« (Mann, 1938).

Eine offene, geistvolle, lebende Kirche wird mit dem Kreuz verglichen: »Kirche ist Kreuz! Das Vertikale und das Horizontale haben einen Schnittpunkt, das Herzstück, das sie verliert, wenn sie nur in eine Richtung blickt und tut.« (Frau, 1957)

Vertrauen in den Heiligen Geist: Das Wort »Geist« wurde in der Umfrage mehr als 150 Mal genannt. In vielen Aussagen verbinden die Teilnehmer den Glauben an den Heiligen Geist mit neuen Aktivitäten, Bewegungen und Initiativen in der Kirche, oft in Gegensatz zu den abgelebten Strukturen, konservativen Moralverkündigungen, »Regeln, alten Brauchtümern oder anderen Barrieren« (Mann, 1973). Oft formulieren sie ihre Aussage in Imperativform und enden sie mit Ausrufezeichen: »Strukturveränderungen. Veränderungen im Geist. Neues, weites, offenes Gottesbild. ›Fürchtet Euch nicht!‹ Keine Angst!!« (Frau, 1958) »Mehr Wagemut der Bischöfe, Gemeinden, Priester zum Experiment – kurzum: mehr Vertrauen auf den Heiligen Geist!!« (Frau, 1944) »Neue Spiritualität. Den Geist wirken lassen, nicht ihn in vorgefertigte Bahnen einzwängen wollen.« (Mann, 1961)

Die Befragten glauben, die »Kirche soll sich mehr auf die Führung durch den Hl. Geist verlassen« (Frau, 1963), dass »der Heilige Geist den Weg zeigen wird« (Frau, 1952), und sie verlangen »Vertrauen auf den Geist Gottes« (Frau, 1960; Mann, 1943). Das verlangt »Eigenständigkeit und Mut im Vertrauen auf Gottes Geist auch bei den Bischöfen, ohne dass sie den Gläubigen ihre Wege aufzwingen« (Frau, 1951). Mit Papst Franziskus orten viele das Wirken des Geistes ganz lokal: »Der Geist ist in den Gemeinden, Getaufte und Gefirmte sind in den Gemeinden in Seiner Kraft: Keine Angst! Es bleibt und wird, sagt uns Jesus.« (Mann, 1934)

Auch das Leben der Kirche soll »geistvoller« werden. Sie soll »Rituale mit Leben und Gottes Geist (zu) füllen« (Frau, 1963) und denken, dass die Menschen die »Zeichen von Gottes Geist erkennen« (Frau, 1953) können – überall »in fremden Kulturen und Religionen und in Allem, was existiert« (Mann, 1941). An das Alte Testament wird erinnert: »Wir brauchen ein neues Herz mit dem Heiligen Geist, sonst sind wir tot« (Mann, 1949) und »mehr Betonung des Hl. Geistes, nicht nur zu Pfingsten« (Mann, 1943). Das könnte dazu führen, »in der ›Freude des Hl. Geistes‹ leben lernen. Und: den Weg der Gottsuche gemeinsam gehen. aufmerksam sein, Sehen, – HÖREN, was genau mir und uns gesagt wird. – Sich nicht zu viel mit Strukturen beschäftigen, sondern lebendig bleiben.« (Frau, 1950)

Das Wirken des Geistes müsse sich in alle Bereiche des kirchlichen Lebens ausbreiten. Beispiel: Priestererziehung: »Die Priesterausbildung in den Seminaren ist großenteils sehr konservativ. Da muss ein neuer Geist rein, der Pfingstgeist. Neuer Aufbruch.« (Mann, 1927) Oder auch In der Verkündigung, wo es wichtig sei, »die Freude am Evangelium [zu] wecken bzw. [zu] stärken, statt es zur Moralverkündigung [zu]machen. Die Charismen der Einzelnen wirken lassen, fördern, anerkennen, ohne den Geist vereinnahmen zu wollen.« (Frau, 1951)

»Ein Mann wie Pope Francis«, schreibt ein Teilnehmer, ist »ein Liebling des Heiligen Geistes« (Mann, 1944) und wir sollen »Anregungen von Papst Franziskus als vom hl. Geist gegeben respektieren« (Mann, 1946).

Hoffnungsbotschaften

Hoffnung ist ein Blick der Menschen in die Zukunft. Was sind ihre Hoffnungen? Was gibt ihnen Mut zu leben?

Hoffnung mit der Ewigkeit im Blick: »Unsere Hoffnung ist unbeschränkt und weist über dieses irdische Leben hinaus« (Mann, o.J.), es ist »eine Hoffnung, die nicht auf die Erfüllung der diesseitigen Lebenswünsche beschränkt ist, sondern darüber hinausweist, die Ewigkeit im Blick« (Mann, o.J.), »Hoffnung auf Gottes Gnade« (Frau, 1952), »Hoffnung ... aus dem Glauben an Tod und Auferstehung« (NN.).

»In meiner Hospiz-Initiative«, schreibt ein Teilnehmer, »erfahre ich, dass man mit einer Hoffnung über den Tod hinaus viel leichter sterben kann als ohne eine solche Hoffnung« (Mann, 1953). »Ich kann nur hoffen und darauf vertrauen, dass Gott alles zum Guten wendet.« (Frau, 1981) Ein Teilnehmer bemerkt, dass das menschliche Leben »hoffnungsvoller (sein soll) und letztlich gesünder« (Mann, 1937).

Hoffnung auf eine gerechte Welt: Die Menschen hoffen nicht nur für sich selbst. Sie möchten auch »Hoffnung geben für eine neue, eine bessere, eine gerechtere Welt« (Mann, 1953). Ein Teilnehmer schreibt: »Ich setze meine Hoffnung auf Papst Franziskus und seine Weisung, zu den Menschen an den Rändern zu gehen« (Mann, 1936) und die anderen stimmen zu: »Die Inhalte der Enzyklika ›Laudato si'‹ geben Anlass zur Hoffnung« (Mann, 1959), »es ist zu hoffen, dass es ihr (die Kirche) gelingt, Jüngere, Arme, Ausländer, Einsame anzusprechen« (Mann, 1960).

In der ungerechten Welt – so hoffen viele Befragte – wird die Kirche »jene Instanz, in welche die Hoffnung gelegt werden kann, Leid, Gewalt und Unrecht zu verhindern« (Frau, 1991). Hoffnung ist mit dem Wunsch verbunden, ein »sinnerfülltes Leben« zu leben und Kraft zu haben »zur positiven Veränderung unseres Planeten« (Mann, 1963).

Hoffnung für eine erneuerte Kirche: In die Hoffnungskraft wird nicht nur die Welt, sondern auch die eigene Kirche einbezogen. Die Umfrageteilnehmer wollen nicht »die Hoffnung aufgeben, dass eine Erneuerung der Kirche möglich ist« (Frau, o.J.): »Es braucht Hoffnung und den Mut, Neues zu wagen, auch abseits altbewährter Straßen.« (Frau, 1953)

»Die Kirche soll mit den ›Schäflein‹ leben und nicht die allwissenden Richter spielen« – schreibt ein Teilnehmer und sagt kurz und bündig: »Papst Franziskus ist meine Hoffnung« (Mann, 1953). So sehen es auch andere: »Der Papst schlägt einen hoffnungsvollen Weg ein.« (Frau, 1949)

Ich »hoffe, dass dieser Papst mehr Unterstützer als Gegenspieler hat« (Frau, o.J.). Es gibt eine »große Hoffnung (für die Kirche) durch Menschen wie Papst Franziskus« (Mann, 1947). Diese Zuversicht müsse aber vom Papst auf uns selbst zurückwirken: »Ein Zeichen der Hoffnung wäre, ernsthaften Willen zu beweisen und mutige Schritte zu tun.« (Mann, 1946)

Die Zeichen der Hoffnung sind für mehrere Befragte eng mit der Lösung der Frauenfrage in der Kirche verbunden: »Weihe zur Diakonin für Frauen« (Mann, 1946), »dass Mädchen inzwischen auch Ministrantinnen sein dürfen, ist ein kleines Zeichen der Hoffnung« (Frau, 1959). »Ich hoffe wirklich sehr, dass die Kirche bereit ist, ihre Machtposition zu überdenken und die Frauen mehr wirken zu lassen.« (Frau, 1972)

Andere Teilnehmende hoffen, dass es in der Kirche mehr »starke spirituelle Persönlichkeiten« geben wird (Mann, 1971) und mehr Arbeit mit Jugendlichen geleistet werden kann: »Vor allem die Jugend sucht heute Halt; und den kann ihr die Kirche nicht geben, wenn sie die Polizei spielt. Sie soll zeigen, dass Glaube Liebe, Freude und Hoffnung ist. Dafür könnte z. B. die Seelsorge gestärkt werden.« (Frau, 1996) Man »kann auf einen jungen, frischen Zulauf hoffen und die Kirche wird handlungsfähig bleiben« (Frau, 1970).

Es wird erwartet, gewünscht und gehofft, dass die Kirche selbst sich in eine »Hoffnungsgemeinschaft« (Mann, 1946) verwandelt.

Hoffen mit Zweifeln: Kein Glaube, keine Hoffnung existiert ohne Überlegungen, Fragen und Zweifeln. Wir leben in einer Zeit der »weit fortgeschrittenen Säkularisierung«, so schreibt eine Teilnehmerin, in der »Menschen von der Kirche nicht mehr viel erwarten oder erhoffen« (Frau, 1959). Gleichsam als Antwort auf diese eher depressive Position schreibt ein anderer Teilnehmer: »Menschen, die zwar weniger Glaubenswissen haben, aber doch Erwartungen an die Kirche formulieren, weil sie sich doch noch etwas von ihr erhoffen.« (Mann, 1985)

Insgesamt überwiegt Skepsis, die dennoch in Handlungsaufforderungen mündet: »Die Kirche muss zu den Leuten gehen. Sie müsste sich interessieren, wo der Schuh drückt. Ich habe wenig Hoffnung.« (Frau, 1950) »Die ›Zeichen der Zeit‹ für die Kirche in Deutschland sind alles andere als ermutigend; eher ernst und wenig hoffnungsvoll in Bezug auf die Zukunft der Kirche in Deutschland.« (Mann, 1964) »Ich persönlich halte die katholische Kirche in Europa für hoffnungslos, weil Europa im

Denken von Rom zwischenzeitlich keine wesentliche Rolle mehr spielt.« (Mann, 1946)

Neben solchen Äußerungen gedämpfter Zuversicht finden sich aber auch hoffnungsvollere Antworten: »Hätte ich dort (in der Kirche) nicht Aufrichtigkeit, Vernunft, Trost und Hoffnung erfahren, würde ich mich nicht an Umfragen wie dieser beteiligen.« (Frau, 1954) Auch mit der Aktion ProPopeFrancis verbinden manche Hoffnung für die Entwicklung der Kirche: »Diese Initiative – sie bringt vielen Menschen Hoffnung.« (Mann, o.J.) »Bitte schauen sie, dass aktive Leute ihren ›Kampf‹ weiterführen! Die Hoffnung stirbt zuletzt!« (Mann, 1949)

Zur Kultur der Hoffnung: In einer Welt von Macht, Konsum und Oberflächlichkeit gibt es »noch etwas Anderes«: die Kirche vermittelt Gemeinschaft und vertritt bestimmte tiefere Werte: sie sorgt sich um den »›Sinn des Lebens‹, sie gibt Hoffnung und spendet Trost. Sie kann aufzeigen, dass auch das Leiden einen Sinn haben kann« (Mann, 1938). In unserer hoffnungsarmen Zeit könnte es gerade die Berufung der Kirche sein, »eine Kultur der Hoffnung entgegensetzen« (Frau, 1963), das bedeutet gegen Hoffnungslosigkeit, Machtpolitik, Dogmen und Bürokratie eintreten. Dieser Traum wird in Variationen vorgetragen: »eine Kirche der Hoffnung sein und werden, der Menschlichkeit, der Demut und des Mutes – und nicht des Zauderns und Wartens und Festhaltens an alten Machtpositionen« (Frau, 1965), »sich auf den Grund ihrer Hoffnungen, das Evangelium besinnen und dies leben. Sie kann auf eine Menge Bürokratie verzichten.« (Frau, 1940) »Glaube, Hoffnung, Liebe, Demut, Enthaltsamkeit, Glaubwürdigkeit, nicht nur Erhalt von Machtstrukturen und längst überholten Dogmen: Kirchenpolitik ist immer noch Machtpolitik.« (Mann, 1956)

Den Menschen auf glaubwürdige Weise Hoffnung zu geben, heißt auch, nicht verurteilen, »aufzuhören jene abzuurteilen, die nicht ganz in ihr Bild von einem guten Gläubigen passen«. (Frau, 1983), »den Leuten Hoffnung statt Verdammnis« (Mann, 1983) bieten.

Es gibt viele elementare Sätze der Zuversicht: Die Kirche kann »Hoffnung geben« (Mann, 1962; Frau, 1946, 1959, 1968), »vermitteln« (Frau, 1962, 1978; Mann, 1948; NN.), »schöpfen« (Frau, 1969), »verbreiten und verkünden« (Frau, 1966), »schenken« (NN., 1954) und Angst »abbauen« (Frau 1940). Die Kirche könnte der Welt ein »Hoffnungszeichen« (Mann, 1967) geben. In ihr kann man »Kraft und Hoffnung tanken« (Frau,

1960). Immer wieder wird daher die Kirche aufgefordert, »Wege der Hoffnung auf[zu]zeigen« (Frau, 1951), »Hoffnung… wecken« (Frau, 1951) und »Botschaft der Hoffnung senden« (Mann, 1971). Sie kann »Erfahrungen von Heil und Hoffnung vermitteln« (Mann, 1953), »Hoffnung im Blick zu halten« (Mann, 1969) und »Hoffnung und Orientierung anbieten« (Mann, 1970). Kirchliche Gemeinden können als »hoffnungsvolle Begleiter« (Mann, 1944) und »Hoffnungsschenker« (Mann, 1990) agieren. Laut einer Teilnehmerin gibt es viele kirchliche Initiativen, die für sie kirchliche Quellen der Hoffnung sind: »Hoffnungsschimmer sind für mich die Lorettobewegung, die Charismatische Erneuerung, Radio Horeb, Jugend 2000, Gebetshaus Hochaltingen, Chemin neuf, Nightfever, Key2Life, You Magazin, Gebetshaus Augsburg, Jungfamilienfreffen Pöllau, die Weltjugendtage, die Kisikids und vieles mehr. Wir brauchen eine Erneuerung von innen, aus dem Evangelium heraus. Das ist eine ständige Bewegung. Bei der es sehr wichtig ist, nicht Modeerscheinungen zu folgen oder zu verteufeln, sondern am Wort Gottes zu prüfen.« (Frau, 1955)

Weil die zentrale Herausforderung unserer Zeit »die schwindende Hoffnung bei vielen Leuten« (Mann, 1953) ist, deshalb ist die »Förderung der Hoffnung« (Mann, 1931) in modernen Gesellschaften so wichtig: »Mehr Zuversicht und Hoffnung ausstrahlen, die mitreißt!!!« (Frau, 1963)

Dafür muss die Kirche als Hoffnungsquell für alle Menschen offen werden. Ihre Aufgabe ist es, »Hoffnung… für alle Kinder Gottes (also alle Menschen) vorleben und diese innerhalb und außerhalb ihrer Kirchen einfordern« (Frau, 1956). Dieser Dienst endet nicht bei den eigenen Mitgliedern. Daher ist »die Öffnung, Nach-Außenwendung und ökumenische Gemeinsamkeit… für die Kirchen notwendig, damit die Menschen davon erfahren, welche Hoffnung und Orientierung Kirchen anbieten können!« (Frau, 1938) Das Programm kann daher nur lauten: »Öffnung. Eine freudige, hoffnungsfrohe Öffnung nach allen Seiten.« (Mann, 1944)

Eine Kultur der Hoffnung entgegensetzen bedeutet, mit Menschen zu sein und den modernen Menschen zu verstehen. Wiederholt wird an das Zweite Vatikanische Konzil erinnert: »Freude und Hoffnung, Trauer und Angst der Jünger Christi. Und es gibt nichts wahrhaft Menschliches, das nicht in ihren Herzen seinen Widerhall fände. Kurz zusammengefasst:

Bei den Menschen sein!« (Mann, 1944) Daher muss die Kirche »Interesse für die Sorgen und Nöte, Freude und Hoffnungen der Menschen in unserer Zeit« zeigen (Mann, 1963), »Freude und Hoffnung, Trauer und Angst der Menschen von heute« verstehen (Mann, 1944). Eine Franziskanerin aus Deutschland fordert deshalb: »So leben, dass wir angefragt werden, was unsere Hoffnung ist.« (Frau, o.J.) Das bedeutet, »Hoffnungsbotschaften mit konkretem Handeln hinterlegen« (Mann, 1964) und »durch unsere Leben beispielhaft zeigen, welche Hoffnung uns geschenkt ist« (Frau, 1974).

Ängste in Liebe und Hoffnung umwandeln: »Die Kirche hat die primäre Aufgabe, die Trauer und Angst der Menschen wahrzunehmen und sie, wenn sie sie erkannt und gesehen hat, umzuwandeln in Freude und Hoffnung.« (Mann, 1950) Die Kirche soll »den Menschen Hoffnung schenken und Ängste ernstnehmen, hinhören und an der Überwindung mitwirken« (Frau, 1966), »Ängste, Hoffnungen und Lebensfragen eingehen und diskutieren« (Frau, 1935), »fragen und nach Antworten suchen« (Frau, 1935) und »Menschen mit kraftvollen und hoffnungsvollen Angeboten zu stärken« (Frau, 1964).

Um die Kirche lebendig zu machen, sollten »die Leitungen, allen voran Bischöfe und Priester, sich selbst entängstigen, Mut fassen und grundlegende Reformen einleiten« (Mann, 1954). »Die Kirche kann ihre weltweite Vernetzung für Verständigung, Versöhnung und Entängstigung… einsetzen.« (Mann, 1954)[125] Unentwegt wird das Wechselspiel zwischen lähmender Angst und vertrauensweckender Hoffnung beschworen: »Angesichts der vielen weltweiten Problemen Freude und Hoffnung zu bewahren.« (NN.) – »Weniger Angst, mehr Hoffnung und Mut vorleben.« (Mann, 1950) Daher soll die Kirche sich auch nicht am Erzählen negativer Geschichten beteiligen, sondern gute Geschichten erzählen. Das verlangt ein Befragter nicht ohne Grund. Denn »es gibt die Betonung des Negativen und die Berichterstattung darüber anstatt die Hoffnung auf sich erneuernde Lebendigkeit in den Gemeinden« (Mann, 1964).

Das betrifft auch das Innerste der Verkündigung der Kirche. »Generationen von Menschen lebten in der Angst vor dem Gericht Gottes, statt im Vertrauen auf die Liebe Gottes. Das machen die Jungen nicht mehr

125 Mehr zu diesem Thema in Zulehner Paul M.: Entängstigt euch! Die Flüchtlinge und das christliche Abendland, Ostfildern 2016.

mit.« (Mann, 1963) Die Kirche stehe für »Liebe statt Angst« (Mann, 1952).

Sprache der Hoffnung und Liebe: Um über die Liebe und Hoffnung reden zu können, braucht die Kirche eine neue Sprache, »eine Sprache... die alltagstauglich und verständlich von Gott und der Hoffnung spricht« (Mann, 1978). Storytelling nennt ein Teilnehmer als Beispiel solcher neuen Sprache. Die Kirche soll »Hoffnung in heutige Sprache bringen« (Frau, 1953). An die Warnung Jesu wird erinnert: »Wir müssen auch in den Gaben des Heiligen Geistes wachsen. Der Buchstabe hat schon immer getötet.« (Mann, 1959) »Hoffnung, aber kein frommes Gefasel (theologische Worthülsen müssen den Menschen glaubwürdig und verständlich werden), sondern konkret begreifbar.« (Mann, 1959)

Die Sprache der Liebe und Hoffnung besteht nicht nur aus Worten, sondern auch aus Taten, die man »hautnah spüren« kann: »Den Mut haben, den Menschen die Liebe Gottes hautnah spüren zu lassen durch unsere Taten!« (Frau, 1941) Die »Liebe... darf nicht nur in der Bibel stehen... muss gelebt werden« (Frau, 1955). »Den Nächsten lieben. Das Wort leben und nicht nur verkünden« (Mann, 1993): Man soll gewiss »verkünden – nur wenn es sein muss mit Worten!« (nach Franziskus) »Liebe wird auch ohne Glaube geglaubt!« (Mann, 1948). Das kann das Klima der Pastoral verändern, wie das Papst Franziskus der Kirche zumutet. Ganz in seinem Sinn verlangt ein Befragter: »Die Hl. Schriften (AT und NT) in Liebe und Barmherzigkeit anzuwenden und nicht auf einzelnen Punkten (zB. Geschiedene Wiederverheiratete) auf Komma und Jota herumzureiten.« (Mann, 1946)

Die Sprache der Liebe und Hoffnung, die mit Taten und Lebensgefühlen verbunden ist, macht die Kirche glaubwürdiger: »Die Kirche Europas muss herunter vom hohen Ross der Besserwisserei. Es geht nicht um ›Wahrheit‹, sondern allein um ›Liebe‹« (Frau, 1952), man muss »Liebe über Worte stellen« (Frau, 1948). Die Sprache der Liebe und Hoffnung bedeutet »Gottes Liebe und Gnade verkünden und nicht... Menschen verurteilen« (Frau, 1936), »auf die Menschen zugehen, hinhören und mutig von der Hoffnung auf Gott reden« (Mann, 1962).

Liebe – Kerninhalt der Kirche unserer Zeit

Großen Widerhall findet die Grundmelodie der Barmherzigkeit, die Papst Franziskus in der Kirche verstärkt zum Klingen brachte. »Papst

Franziskus verwendet gerne das Wort ›Barmherzigkeit‹, sein Vorgänger Papst Benedikt hat von Gott als der Liebe gesprochen (›Deus est caritas‹). In unserer Zeit der Umbrüche suchen Menschen Sicherheit, menschliche Zuwendung, Geborgenheit und Liebe. Aus den beiden gedanklichen Ansätzen der Päpste könnte man liebevolle Zuwendung als Kerninhalt der Kirche unserer Zeit formulieren.« (Mann, o.J.) Damit würde sie auch den Menschen gerecht werden, die im Grund lieben möchten: »Die Kirche in unserer Zeit muss sich zurückbesinnen auf grundlegende Ansprüche des Menschen wie Liebe, Dankbarkeit, Zufriedenheit, und den Menschen helfen, klar gegen den alles bestimmenden Materialismus zu opponieren.« (Mann, 1970) Das ist der Grund, warum nicht die Angst, sondern die Liebe in der Mitte stehen sollte: »Die Liebe – in jeder Hinsicht – in den Mittelpunkt allen Handelns stellen! Die Menschen müssen jedenfalls spüren, dass die Kirche für sie da ist, nicht umgekehrt!« (Mann, 1978)

Liebe ist mehr als Gesetz

Liebe ist mehr als Gebote, Gesetze und Traditionen und mehr als kirchliche Regelungen und Vorschriften: »Weniger Regeln, mehr Liebe« (Frau, 1955), »Entwicklung hin zu einer Kirche der Liebe, nicht nur der Gebote« (Frau, 1937), »Liebe und nicht das Gesetz müsste die oberste Norm sein« (Frau, 1947), »Mehr Liebe als Legalismus!« (Mann, 1948), »Liebe und Barmherzigkeit statt Gesetz und Strafe!!!« (Mann, 1945), »Liebe zum Menschen, die Barmherzigkeit. Sakramente dürfen nie und nimmer als Belohnung/Strafe gebraucht werden« (Frau, 1944), »Mut zur Liebe anstatt Bekenntnis zur Gesetzestreue« (Mann, 1966; Frau, 1953).

Es gehe auch mit den Menschen von heute gar nicht mehr anders: Denn die »Menschen lassen sich nicht mehr fesseln, akzeptieren keine Vorschriften mehr, die ihrem eigenen Bedürfnis nach Liebe und erfülltem Leben entgegenstehen. Wenn Gott den Menschen verspricht, dass sie ein Leben in Fülle haben sollen, so ist es Aufgabe der Kirche, sie dabei zu unterstützen und durch alle Schwierigkeiten zu begleiten und nicht zu maßregeln, Gottes Liebe spürbar zu machen und nicht sie zu richten.« (Frau, 1972)

Leider ist die Situation der heutigen Kirche oft umgekehrt: »Allgemein ist das Hauptgebot der Liebe viel zu wenig der Richtungsweiser. Die ›Lehre‹ kommt zuerst.« (Frau, 1952) »Es steht zu sehr das Geldvermögen der Kirche im Vordergrund. Glauben und Liebe sollte mehr im Vordergrund stehen.« (Mann, 1946) »Der pure ›Besitzgedanke‹ – Nächstenliebe steht im Hintergrund und wird als ›Störung‹ empfunden.« (Mann, 1938) »Es fehlt an allen Ecken und Enden in der Kirche eines, der Aufbruch zur wahren Liebe.« (Mann, o.J.) Kritik am Umgangsstil innerhalb der Kirche wird von manchen kantig geäußert: »In christlichen Gruppen, Bibelkreisen habe ich oft erlebt, dass die Gläubigen sich selbst schon für heilig halten und nur über die ›Anderen‹ lästern. Teils wird dieses Denken von Priestern sehr gefördert. Das ist für mich keine offene Kirche. Und Gläubigen muss man ansehen, dass unser Leben reicher ist, dass wir mit Jesus eine Kraftquelle haben, dass wir mit mehr Liebe handeln, weil er uns mit seiner Liebe füllt. Mit Vorschriften kann Kirche in den Wohlstandsländern nicht mehr überzeugen.« (NN.) »Es braucht eine Kirche, die die Liebe Christi in der Welt sichtbar macht. Es braucht keine Kirche, die sich mit dogmatischen Argumenten selbst ›zerfleischt‹, sich spaltet und dadurch unglaubwürdig wird.« (Mann, 1958) Die Kirche muss »nicht die Sünde und Schuldfrage in der Liturgie zum Schwerpunkt machen, sondern die Erlösung, Befreiung, Liebe!« (Frau, 1957)

Viele Nuancen der Liebe

»Massive Veränderungen im gesellschaftlichen Gefüge, bedingt durch die Digitalisierung, durch Finanz- und Wirtschaftskrisen ..., verursachen diffuse Ängste, und diese lassen uns vergessen, worum es hier eigentlich geht: Liebe zu leben, in all ihren Nuancen.« (Frau, 1971) Das sind einige von vielen Nuancen der Liebe, über welche die Umfrageteilnehmenden nachgedacht haben:

- *Nächstenliebe*: »Nächstenliebe weiterhin überzeugend vorleben, Menschenleben ist mehr wert als Kapital« (Frau, 1958); »Diese Liebe zu leben hat oberste Priorität. In erster Linie ist das die Aufgabe jedes Christen« (Frau, 1962); »Nächstenliebe oder Rücksicht aufeinander nehmen haben leider kaum einen festen Platz im Alltag« (Frau, 1987). In der gesamten Umfrage wurde das Wort »Nächstenliebe« 184 Mal genannt.
- *Ewige Liebe:* »Die Liebe ist wahrer als alle Macht auf Erden. Sie bindet Menschen unabtrennbar aneinander und fügt sie zusammen für alle Ewigkeit. Sie ist fähig, schon im irdischen Leben die Existenz eines anderen Menschen als Spiegel der Unendlichkeit, als

Bild der ewigen Schönheit, als Bezeugung einer ewigen Berufung zu entdecken. Wer liebt, lebt ewig.« (Mann, 1949) – Liebe öffnet für Menschen »den Horizont der Ewigkeit. Einzig die Liebe ist imstande, die Erde mit dem Himmel zu verbinden, den Geist mit dem Körper, die Seele mit dem Fleisch, die Sinnlichkeit, wie man so sagt, mit der Sittlichkeit, die Wahrheit des Herzens mit der Weisheit des Geistes.« (Mann, 1949)

- *Bedingungslose Liebe*: »Ich glaube an die Liebe! Ich glaube an die bedingungslose Liebe Gottes, die alles, jeden und jede miteinschließt« (Frau, o.J.); »Liebe ..., die ohne Anspruch und Bedingung geschenkt wird« (Frau, 1944); »Die Botschaft des Evangeliums Jesu Christi, dass Gott jeden einzelnen Menschen bedingungslos liebt, bleibt die beste Botschaft. Die Kirche bzw. jeder einzelne Christ sind aufgefordert, diese Botschaft in Wort und Tag zu leben und zu bezeugen. ... So müssen wir uns überall dort einmischen, wo Menschen ausgegrenzt und abgewertet werden« (Mann, 1975); »... es gibt einen Gott, der jeden Einzelnen von uns bedingungslos und unendlich liebt und NICHT verurteilt, wir verurteilen uns selbst und spüren unsere negativen Taten an anderen« (Frau, 1981).
- *Dienende Liebe*: »dienen statt herrschen« (Mann, 1945, 1953, 1980; Frau, 1959, 1981; NN.), »aufhören zu herrschen, anfangen zu dienen« (Mann, 1950); »Von der herrschenden Kirche zur liebenden und helfenden Kirche« (Mann, 1947); »die Liebe Gottes zu den Menschen als Maßstab nehmen. Die eigene Macht und die eigene wirtschaftliche Stärke kritisch hinterfragen. Dienen und nicht herrschen« (Mann, 1969).
- *Liebe als Orientierung:* Das Problem unserer Zeit ist »die Angst vor der Banalität des eigenen Lebens, die leidenschaftliche Sehnsucht nach Erfüllung und Glück, nach verlässlichen Beziehungen und Liebe, das Ringen mit der Erschöpfung in einem unübersichtlichen Alltag und das Gefühl, in dieser komplizierten Welt überfordert zu sein. Orientierung und Werte sind wieder gefragt.« (Mann, 1955)
- *Grenzlose Liebe:* »grundsätzlich sollte die Nächstenliebe grenzenlos sein: Migranten, Asylanten, Zuwanderer..., aber die meisten Menschen, auch Christen, sind hiermit überfordert.« (Mann, 1950)
- *Feindesliebe/Grenzen setzende Liebe:* »Wir lernen, unsere Feinde lieben zu müssen und keinen Widerstand leisten zu dürfen. Irgendwann

ist man von so viel Feindesliebe überfordert und knickt psychisch ein, dazu kommt das schlechte Gewissen, seinen Feind nicht geliebt zu haben. Die Kirche sollte ausdrücklicher formulieren, dass Liebe nicht auf Wehrlosigkeit beruht, sondern zum aktiven Grenzen setzen und leidenschaftlicher Anteilnahme aufruft... Da darf sie auch mal unbequem sein und Recht und Unrecht stärker definieren, damit die Menschen sich trauen, Widerstand zu leisten und ihren Nächsten wirklich zu lieben, nicht nur in Worten, sondern auch in Taten.« (Frau, 1982) »Es wird viel zu wenig von Feindesliebe gesprochen – ich glaube, das ist schon speziell fürs Christentum (auch wenn sie oft nicht gelebt wird). Wir sollten vor allem zu unseren Werten stehen und nicht immer Kompromisse machen. In der Schweiz hat man Angst, jemanden auszugrenzen, wenn man eine bestimmte Meinung äußert – dabei ist es doch unmöglich, sich mit allen Menschen gleichermaßen verbunden zu fühlen.« (Frau, 1963)
- *Gottesliebe:* »keine Angst vor non-konformen Glaubensformen – Gottesliebe lässt viele Glaubenszeugnisse zu!« (Mann, 1941) Die Kirche soll »das überholte Gottesbild vom strafenden Gott korrigieren, mit dem bedingungslos liebenden Gott Türen öffnen« (Frau, 1944).

Es klingt wie eine Zusammenfassung, wenn ein Befragter schreibt: »Gott ist die Liebe. Diese Liebe zu leben ist die große Herausforderung.« (Mann, 1938)

Kirche als Heimat

Menschen haben das Bedürfnis nach Heimat.[126] Sie suchen »nach innerer und äußerer Freiheit und inneren und äußeren Frieden und nach Heimat: Heimat an einem Ort, bei Menschen, in einer Gemeinschaft, in einer Religion, die zu Freiheit und Frieden führen – Sinnsuche und Suche nach Halt und Orientierung« (Frau, 1982).

Viele Menschen suchen Heimat in der Familie, im engeren Kulturkreis, bei Freunden und Bekannten. Heimat kann auch eine Region, ein Land oder Kontinent sein, wo man geboren und aufgewachsen ist. Behei-

126 In diesem Abschnitt sind Texte aus der Online-Studie mit den Stichworten Integration (166 Mal), Beheimatung (14), Heimat (103), Haus (25), Zugehörigkeit (30), Inklusion (7) sowie Bindung (33) berücksichtigt.

matet kann man in einer Kultur sein, in der man sich zuhause fühlt. Heimat ist oftmals auch mit Sprache verbunden. Und nicht zuletzt finden nach wie vor viele Menschen Heimat in der Kirche. So wünscht ein Befragter, dass »die Kirche für jene, die ihr verbunden sind, eine Heimat ist« (Mann, 1942). Sie ist »Heimat und Kraftquelle der Gläubigen« (Mann, 1951), ein »Ort des Vertrauens« (NN.), der »Geborgenheit, geistige Heimat« (Frau, 1952), ein Ort, an dem die Menschen sich »fest im Evangelium Jesu verwurzeln und beheimaten« können (Mann, 1962). Die Kirche ist ein »Ort, wo Menschen in ihrer Suche, in ihren Zweifeln und Fragen Heimat finden können« (Frau, 1946). Kurzum: die Kirche kann und soll »Heimat geben« (Frau, 1958). Das wird von der Kirche in einer Zeit erwartet, wo viele Menschen eher das Gefühl von Entwurzelung haben: »Als Gegenpol zur Gesellschaft [kann die Kirche] den Menschen Liebe, Vertrauen, Hoffnung, Sicherheit und Heimat bieten« (Frau, 1945; auch Mann, 1952; NN.).

Heimat für alle Menschen

Die Kirche soll für alle Menschen Heimat sein – das sagen die Umfrageteilnehmer, die auch für mehr Offenheit, Flexibilität und Erneuerung der Kirche plädieren: »allen Menschen spürbare Heimat im Glauben und im Leben geben« (Mann, 1951), »Heimat und Hilfe für ALLE sein... Die Menschen in der Kirche müssten so leben, dass alle gerne dazugehören wollten!« (Frau, 1947) Die Kirche kann »Akzeptanz von jedem Menschen, wie Gott ihn schuf« fördern, den Menschen »Beheimatung mit weiten offenen Armen bieten« (Mann, 1969); »vertrauensvolle Zuwendung an Gott und vor allem Liebe üben« (Mann, 1949), »Grundlagen schaffen, dass sich die Menschen angenommen und beheimatet fühlen können« (Frau, 1947).

Diese universelle Aussicht auf die Kirche als Heimat für alle Menschen entspricht der Vision von Papst Franziskus. In seiner Enzyklika Laudato si´ wurde der ganze Planet als unser gemeinsames Haus gesehen: wir sollen den »Planeten als Heimat zu begreifen und die Menschheit als ein Volk, das ein gemeinsames Haus bewohnt« (LS 164).

Unser gemeinsames Haus

Die Teilnehmer der Umfrage sind sehr vertraut mit dem Begriff des gemeinsamen Hauses. Sie benutzen es in verschiedenen Kontexten, wenn sie über die Erde und nachhaltige Ressourcennutzung, über den Menschen und Solidaritätsfragen oder über das innere Leben der Kirche reden. Für sie ist dann »die Erde – das Haus aller Menschen« (Frau, 1957). Dieser Bezug zur Einen Welt ist für die Kirche entscheidend, denn »ohne Bezug zu ALLEN Lebenswelten ›da draußen‹ wird das Haus Kirche wahrscheinlich schlicht und einfach einmal leer dastehen« (Mann, 1967).

Eine Teilnehmerin macht einen weiteren Schritt und vergleicht »das Fundament des Hauses« mit der »Weitergabe und Erhaltung des Glaubens«: »wo kein Fundament, da kein Haus! Also auch keine Arbeit für den Architekten« (Frau, 1962). Ein anderer wünscht sich, dass die Kirche vom hierarchischen Zentralismus abrückt, mehr Verantwortung für die Menschheit trägt und sich vom »›Haus voll Glorie‹ zur ›Raststätte‹ am Wegesrand« verwandelt (Mann, 1958).

In allen Aussagen klingt die Sorge um den Menschen und um ihr gemeinsames Haus wider. Dieses Haus soll stabil, aber auch offen sein. Es soll gemütlich für alle Mitbewohner und auch gastfreundlich für Zugewanderte sein. Dafür sollen wir alle »Verantwortung jedes Einzelnen für sein Umfeld, die Menschen und die Natur aufzeigen (und) Ökumene vorantreiben« (Mann, 1963).

Haus für Menschen in Notsituationen

In unserem »gemeinsamen Haus« gibt es soziale Gruppen, die besondere Bedürfnisse nach Heimat haben. Diese sind »Einsame, Alte, Immigranten«, denen die Kirche »soziale Hilfe, Heimat und Zugehörigkeit bieten« kann (Frau, 1971). »Daneben kann und soll die Kirche nach wie vor Heimat für die entwurzelten und suchenden Zeitgenossen bieten.« (Mann, 1958) »Menschen mit Problemen und Bedürfnissen müssen immer Zugang zum Hause Gottes haben, um dieses als Heimat, Zufluchtsort, Ort der Begegnung, der Hilfe, der Freude, des Vertrauens, des Glaubens, der Ruhe, der Besinnung, des Zu-sich-Kommens... zu erleben.« (Frau, 1963)

Die Kirche soll »Flüchtlingen Heimat geben« (Mann, 1938), »den Kindern, schwachen und alten Menschen eine Heimat geben« (Mann, 1962) und »auf Randgruppen zugehen und wieder Heimat für die Menschen werden« (NN.). Ein(e) anonyme Teilnehmer(in) schreibt über ihre/seine persönliche Erfahrung der Notsituation: »Ich selbst war auch anderweitig auf der Suche, bis ich in einer Notsituation plötzlich wusste, dass die katholische Kirche meine Heimat ist.« (NN.)

Integrationshilfe

Eine Kirche der Armen und der Marginalisierten zu sein, bedeutet, Flüchtlinge und andere Fremde aufzunehmen und zu integrieren. Die Kirche »darf nicht müde werden in ihrem Bemühen um die Integration der Zuwanderer« (Frau, 1959). Sie kann und soll für die Gesellschaft ein Modell für Integration, Dialog, Kooperation und Sozialdienst sein. Die Teilnehmer reden über mögliche »Strategien für Integration« (Frau, 1958). Ganz konkrete Maßnahmen werden vorgeschlagen und von vielen kirchlichen Gemeinden auch durchgeführt:

- »Sprachkurse und Lernhilfen« anbieten (Frau, 1960);
- »Mit guten Beispielen von Aktionen vorangehen« (Mann, 1980);
- »Jeden Flüchtling einem einheimischen Paten zuordnen« (Frau, 1928);
- Flüchtlinge aufnehmen, wie z. B. »Bischof (X) hat eine syrische Flüchtlingsfamilie in seine Wohnung aufgenommen« (Mann, 1940);
- »Empathie zu bedürftigen Menschen zeigen« (Frau, 1936);
- »Fremdenhass und Ausgrenzen von Menschen nicht dulden« (Frau, 1943);
- Integration von Flüchtlingen erleichtern durch »eine achtsame Berücksichtigung und wertschätzende Offenheit für deren spirituellen und menschlichen Erfahrungsschatz und ihre Leidensgeschichte« (NN.);
- Integration in der Form eines »Dialogs zwischen den Religionen« fördern (Frau, 1987);
- als eine Integrationsstrategie wurde auch »Integration durch Taufe und Mitmenschlichkeit« (Mann, 1968) vorgeschlagen.

Eine Willkommenskultur in der Kirche beinhaltet Integrationsmaßnahmen nicht nur für Flüchtlinge, sondern auch für andere ausgeschlossene soziale Gruppen. Maßnahmen könnten sein: Integration von Jugendlichen durch die modernen Medien und eine passende Sprache), Eingliederung von Menschen aus gescheiterten Ehen durch Beratung, Einbeziehen von spirituell Suchenden durch »Angebote einer bibelorientierten, ›erdgebundenen‹ Mystik« (Mann, 1966). Man muss »enges Denken gegenüber Geschiedenen, Homosexuellen, ›Andersartigen‹ aufbrechen« (Frau, 1968) und »immer wieder neue Formen der Integration von bisher Ausgeschlossenen« suchen (Frau, 1991).

Für verschiedene soziale Gruppen könnten in der Kirche »Integrationsräume« eingerichtet werden (Frau, 1954). Auch Möglichkeiten »zu attraktiver Freiwilligenarbeit, wo Talente eingebracht werden können, die im Alltag nicht gefragt sind«, sollen angeboten werden (Frau, 1959). Außerdem wurde vorgeschlagen, sich mehr für die Integration der verschiedenen Altersgruppen zu engagieren, die im Alltagsleben wenig miteinander zu tun haben: »integration of young and old (parishes seem to work well with all the choir members together, all school parents together, etc. but less so across the groupings) as well as with members of other faiths« (Mann, 1949).

Unterstützung der spirituell Heimatsuchenden

Heimat ist nicht nur ein Ort oder eine Region, sondern auch ein Gefühl der Geborgenheit, ein Zustand der inneren Freiheit, in dem man sich seiner eigenen Wurzeln bewusst werden kann. Heimat ist ein Begriff, der tiefe spirituelle Aspekte hat. Viele Umfrageteilnehmer haben sich zum Thema Heimat in einem spirituellen Sinn geäußert: die »Kirche muss spirituelle Heimat bieten können« (Frau, 1963), »Pfarrgemeinde nach wie vor Beheimatung bieten kann« (Frau, 1941). Als eine wichtige Aufgabe der Kirche wird daher die spirituelle Unterstützung von Menschen bei ihrer Heimatsuche angesehen: »Menschen, die eine spirituelle Heimat suchen, unterstützen mit Antworten und Angeboten passend für die heutige Zeit (und) Seelsorge stärken.« (Frau, 1970) »Im Mittelpunkt der Kirche stehen die Menschen, sie sollen in der Kirche Heimat, Zuflucht, Lebenssinn, Spiritualität... finden.« (Mann, 1960) »Man sollte in der Kirche ›Heimat‹ finden können, sich angenommen fühlen können und lebendige Gemeinschaft spüren können...indem man Freunde findet...« (Frau, 1944)

Spirituelle Heimatlosigkeit als Modernisierungsproblem

Die Begriffe »Heimatlosigkeit« und »heimatlose Menschen« werden von den befragten Personen oft mit konkreten sozialen Problemen (Migration, Armut, Entsolidarisierung) assoziiert. Aber sie beziehen sich letztlich auf einen universalen Zustand des modernen Menschen; den jeder

Mensch auf die eine oder andere Weise erfahren kann. Weit verbreitet ist eine psychologische/geistige/spirituelle Heimatlosigkeit, eine »Verunsicherung durch Verlust von Geborgenheit in Heimat und Familie« (Mann, 1938). Ähnlich schreibt eine Befragte: »Unsicherheit und Vereinzelung der Menschen in ihrer Lebenswelt und Arbeitswelt. Zerbrochene Beziehungen und somit Ausschluss und Verlust der Zugehörigkeit zur Gemeinde.« (Frau, 1947)

Ein Teilnehmer beschreibt die spirituelle Geborgenheit des Menschen in der Vergangenheit mit Worten, die ein Gefühl von Verlust und Nostalgie andeuten: »Der christliche Lebensvollzug innerhalb einer Familie, die bislang selbstverständliche Zugehörigkeit zu einer Kirche und der damit einhergehende Alltagsvollzug, wie beispielsweise Tischgebet, Angelusgebet, aber auch religiöse Zeichen in der Wohnung wie Kreuze, Weihwasserbehälter usw. oder das früher ganz selbstverständlich dazugehörende Gesang- und Gebetbuch ›Gotteslob‹ bzw. die Bibel ist heute weitgehend verschwunden oder nur noch marginal vorhanden.« (Mann, 1964)

Die heutige Form der Heimatlosigkeit (Verlust der Geborgenheit in der Gesellschaft, der Familie und in der Kirche) ist ein Teil der Modernisierungsprozesse, so die Soziologen.[127] Die Modernisierungsprozesse, vor allem technologische Produktion, Bürokratie und Globalisierung, geben den Menschen Ängste und Verwirrungen, entziehen das Gefühl der Zugehörigkeit und verstärken das Gefühl der Isolation. Es ist nicht verwunderlich, dass viele Umfrageteilnehmer sich mit dem Thema beschäftigen.

Wie aber könnten die Kirchen und religiöse Gemeinschaften mit diesem Phänomen umgehen? Was könnte als Heilmittel für diese Gefühle der »Entheimatung« dienen?

Paradox der modernen religiösen Zugehörigkeit

Eines der großen Probleme unserer Zeit ist die schwindende religiöse Zugehörigkeit von vielen Menschen in westlichen Ländern: »Die Heimatlosigkeit und die schwindende Hoffnung bei vielen Leuten« (Mann, 1953); »Das Gefühl der Zugehörigkeit zu einer christlichen Kirche schwindet« (Mann, 1949). Das erscheint paradox. Denn auf der einen

127 Berger, Peter L./Berger, Brigitte/Kellner, Hansfried: The Homeless Mind: Modernization and Consciousness, New York, 1974.

Seite gibt es immer mehr »Hunger nach Zugehörigkeit zu einer Gruppe« (Frau, 1956), aber auf der anderen Seite findet sich ein »mangelndes Zugehörigkeitsgefühl zu der Gemeinde« (NN.). Der Sehnsucht nach Heimat steht die Beobachtung gegenüber, dass »immer weniger Katholiken, die in Pfarren beheimatet sind« (NN.). »Immer mehr Menschen erkennen keinen Sinn in der Zugehörigkeit zur Kirche.« (Frau, 1967) Es gibt immer mehr »spirituell Heimatlose« (Frau, 1970).

Dieses Paradox offenbart eine wichtige Transformation der religiösen Zugehörigkeit in der modernen Welt. In der Vergangenheit war religiöse Zugehörigkeit selbstverständlich, heute ist das nicht mehr der Fall: »Zugehörigkeit zur katholische Kirche wird immer weniger selbstverständlich.« (Frau, 1962) Oft findet ein langer Prozess der spirituellen Suche statt, bevor man sich entscheidet, zu einer Kirche zu gehören. Eine selbstverständliche, bedingungslose, gewohnheitsmäßige Zugehörigkeit wird »nicht mehr relevant angesehen« (Mann, 1934).[128] Außerdem kann es sich der moderne mobile Mensch oft nicht leisten, regelmäßig Gottesdienste mitzufeiern und am Leben einer bestimmten Gemeinschaft regelmäßig teilzunehmen: »statt fester Zugehörigkeit eine Zugehörigkeit auf Zeit bzw. weitgehende Unverbindlichkeit.« (Frau, 1949) Auch in den weltanschaulich gemischten Familien wird die religiöse Zugehörigkeit der Kinder immer mehr ökumenisch und sogar interreligiös verstanden. Diese Art der modernen Zugehörigkeit – welche flexibel, temporal, fragend, kritisch und interreligiös ist – bildet eine klare Herausforderung für die Kirche und die kirchlichen Gemeinden.

Beheimatung der modernen Menschen als Herausforderung für die Kirche

Obwohl die meisten Teilnehmer zu diesen Stichworten nur eher kurze Aussagen geschrieben haben, enthalten diese dennoch eine markante Diagnose der Situation in der Kirche. Das Plädoyer für eine Kirche als Heimat ist kräftig: »Nur wenn die Kirche wieder allen ›Heimat‹ bietet, kann sie ihren Auftrag als Hirtin aller erfüllen. Dafür braucht sie aber wieder Glaubwürdigkeit.« (Frau, 1945)

Folglich wird beklagt, was als Hindernisse bei der Beheimatung in der Kirche angesehen wird: »Heimat fehlt, weil die Strukturen des Kirch-

128 Mehr zum Thema »spirituell Suchende« findet sich im Kapitel »Säkularisierung«.

lichen sich nicht anpassen.« (Frau, 1958) Die »konservative und öfters auch vorkonziliare Haltung (von Priestern) lässt die Familien keine Heimat in der Kirche finden« (Frau, 1963).

Weitere Gründe für ein fehlendes Heimatgefühl werden mit Blick auf die Kirche genannt: Das zeigt sich beispielsweise in der Mahnung an die Kirche, »die Sehnsucht der Menschen nach geistiger und geistlicher Beheimatung wahr- und ernst zu nehmen« (Frau, 1934). Auch die Vermittlung des Glaubens verhindert das Aufkommen des kirchlichen Heimatgefühls: »Gemeinden, SeelsorgerInnen, kirchliche Verkündigung vermitteln nicht, dass Glaube und kirchliche Zugehörigkeit zum tiefen und erfüllten Leben beitragen.« (Frau, 1956)

Es werden aus diesen Analysen klare Folgerungen für eine Erneuerung der Kirche abgeleitet. Sie soll »neue Formen entwickeln, [um] fragenden, suchenden Menschen von heute Heimat zu bieten« (Frau, 1951). Der Wunsch wird formuliert, die Kirche solle »neue Beheimatung in den Gemeinden« ermöglichen (NN.). Es könnten sich auch »Klöster als ›geistliche Heimat‹ anbieten, in denen man Orientierung für Leben und Glauben findet« (Frau, 1956). Die Kirche sollte mit all ihrer Erfahrung zur »Gemeinschaft verlocken – durch Lobgesang, solidarisches Handeln und Zugehörigkeit gebend« (Frau, 1945).

Zusammengefasst: Die Kirche muss wachsen, aber auch wurzeln. Sie muss die moderne Mobilität akzeptieren, aber auch die Stabilitätsbedürfnisse der Menschen beachten.[129]

Christliche Gemeinschaft stärken

Die Lebenskultur einer christlichen Gemeinschaft[130] ist durch tiefe persönliche Verbindlichkeit ihrer Mitglieder gekennzeichnet. Beteiligung, Partizipation und Geschwisterlichkeit in den Beziehungen untereinander sowie Bereitschaft, sich ehrenamtlich zu engagieren – diese Eigenschaften prägen die Lebenskultur dieser Gemeinschaft: »Es ist eine Gemeinschaft, in der jede und jeder sich unter den Augen Gottes sehen lassen kann, vor jeder Leistung und in aller Schuld.«[131]

129 Zulehner, Paul M.: »Beheimatung« in: Neue Schläuche für jungen Wein. Unterwegs in eine neue Ära der Kirche, Ostfildern ²2018, 166–169.

130 Die wichtigen Wörter hier sind: »Gemeinde«/«Basisgemeinde«, »Gemeinschaft« und »kleine Gruppe«.

131 Zulehner, Paul M.: Neue Schläuche für jungen Wein. Unterwegs in eine neue Ära der Kirche, Ostfildern ²2018, 80.

Christliche Gemeinden brauchen einen gewissen Grad von »Überschaubarkeit und damit eine gewisse Sicherheit« (Mann, 1937). Dann ist eine Gemeinde wie »ein fester unzerrüttbarer Felsen« (Frau, 1942) inmitten des modernen Lebens, das unstabil und dynamisch ist. Sie bietet »ein Heimatgefühl..., es braucht ein Aushaltenkönnen von schweren Situationen neben dem Wunsch, in kleinen Gemeinschaften/Verbänden miteinander zu kuscheln« (Frau, 1977). Diese persönlich ausgedrückte Beobachtung kommt in mehreren Äußerungen vor: »Gemeinden müssen eine Größe haben, mit der sie als Heimat erfahren werden können; Kern-Einheiten, Hauskreise (ca. 12 Personen), aber auch Offenheit und Platz für Menschen, die nur ab und zu vorbeischauen.« (Frau, 1967) Auch die konkreten Orte und Häuser spielen bei der Beheimatung von Menschen eine Rolle: »Die den Gemeinden zugehörigen Kirchen-/Gebäude sind ein Stück Heimat für viele; wird diese genommen, geht man nicht einfach ins nächste Haus und fühlt sich dort zu Hause; es ist eben emotional ›nicht‹ egal wo man betet; eine Schließung oder ein Abriss bedeutet eben oftmals ein Riss in der Beziehung zur Kirche.« (NN.)

Das Zusammengehörigkeitsgefühl der Menschen in kleinen Gemeinden ist anders als in größeren Gemeinden. Es ist mehr persönlich, tief, überschaubar. Zumeist ist es von einer besonderen religiösen Erfahrung getragen. Deshalb soll die Kirche »Sorge dafür tragen, dass auch die kleinen Gemeinden erhalten bleiben, damit die Menschen sich dort beheimatet fühlen können« (Frau, 1942).

In kleinen Gruppen leben, erzählen und feiern

»Heimat bieten« bedeutet, »in kleinen Gruppen Glaube lehren und leben – beten« (Frau, 1958). Mehrere Teilnehmer der Umfrage weisen darauf hin, dass Zusammenarbeit in kleinen Gruppen das Gefühl von Zugehörigkeit zu der Kirche stärkt und eine besondere menschliche Verbindung gibt. Ein Befragter meint, die »Kirche muss versuchen, Menschen wieder so etwas wie geistliche und menschliche Heimat zu geben durch Aufbau von Teams/Gruppen mit klaren Aufträgen und abgegrenzter eigener Verantwortlichkeit« (Mann, 1939). Ähnlich eine Befragte: »Wir brauchen Gruppen von Menschen, die im christlichen Sinn miteinander leben, sich gegenseitig bestärken, sich gegenseitig Heimat geben, miteinander Gottesdienst feiern, in dem jeder sich seiner Art gemäß einbringen kann.« (Frau, 1947)

Die Kirche soll sich bemühen, »in kleinen Gruppen den Glauben wieder zu beleben« (Mann, 1938). Ein Teilnehmer schlägt vor, dass die Christen sich nicht nur in den Pfarren, sondern auch regelmäßig in den Häusern treffen sollen: Die »Kirche hat ihren Anfang in den Häusern genommen: ›sie brachen das Brot in ihren Häusern‹. Warum könnte sie nicht wieder dorthin zurückkehren? Menschen treffen sich in kleinen Gruppen, erzählen von ihren Erfahrungen, suchen für Nöte oder Konflikte Lösungen, helfen einander aus und ›brechen dann das Brot‹. Haustreffen-Leiterinnen und -Leiter werden geschult, der Bischof schickt ›Paulusbriefe‹. Pfarrer sind da an Lebens-Knotenpunkten und rufen die Hausgemeinden zu besonderen Festen oder Anlässen zusammen.« (Mann, 1940)

Vor Ort bleiben

Die Kirche braucht starke lokale Gemeinschaften. Die Umfrageteilnehmer wünschen sich, dass die Gemeinden in ihren Ortschaften erreichbar sind und Eucharistie feiern können und Jugendliche in der lokalen Kirche beheimatet werden können. Die derzeitigen Strukturreformen stehen dem aber entgegen: »Die Zusammenlegung vieler Gemeinden zu riesigen Pfarrgemeinschaften zerstören jedes Zugehörigkeitsgefühl und wirken zersetzend! Ich fühle mich in dieser Kirche nicht mehr zu Hause.« (Frau, 1943) Und das hat schwerwiegende Folgen. Denn »Kinder, Jugendliche und junge Familien fühlen sich immer weniger in der Gemeinschaft der Pfarre beheimatet; immer weniger Eucharistiefeiern können gefeiert werden, da nur sehr alte oder keine Priester vor Ort sind« (NN.).

Die Kirche müsse auch deshalb vor Ort präsent bleiben, weil sie Identifikationspunkt ihrer Gegend sind, ein Versammlungsort der Gemeinde und eine Anlaufstelle bieten – nicht nur für die Menschen, die zur Kirche gehen, sondern auch für die religiös Suchenden und spirituell Heimatlosen. Daher fordern mehrere Befragte in aller Klarheit: »Vor Ort bleiben – nicht immer mehr Kirchen schließen und abreißen; ich denke, die Zentren vor Ort als Heimat im Glauben – selbst teilweise für die, die gar nicht kommen! – sind wichtig. Sie sind Identifikationspunkt; der mobile Mensch will nicht auch noch in seiner Freizeit unbedingt endlose Reisen antreten müssen. Dafür braucht es Kreativität, wie diese Zentren wirklich Lebenszentren werden können und nicht die Mehrzahl an Zeit vor sich hin stauben.« (Frau, 1973) »Eine Ortsgemeinde braucht in ihrem eigenen Ort einen Versammlungsort, an dem sich die Gemeinde regelmäßig versammeln kann. Das muss gar nicht unbedingt der Gottesdienst sein, aber die Gemeinde braucht Räume, in denen sie sich beheimatet weiß, und Menschen, mit denen diese Beheimatung verbunden ist. Eine Vergrößerung der sogenannten pastoralen Räume fordert zugleich eine Neugestaltung der Ortsgemeinde, die über Familienkreise hinausgeht. Wenn die Kirche nicht mehr als Gottesdienstraum im Dorf steht, dann braucht es eben ein Gemeindezentrum, in dem sich das Gemeindeleben abspielt. Es braucht auch für Menschen, die den Kontakt zur Kirche suchen, Ansprechpartner vor Ort, einen Ort, wohin sie gehen können und der nicht in kilometerweiter Entfernung nur zu ganz bestimmten Zeiten erreichbar ist. Jede Ortsgemeinde braucht ein Pfarrbüro mit regelmäßigen und langen Öffnungszeiten als erste Anlaufstelle im eigenen Ort!!!!« (Frau, 1964)

Vor Ort sein! Das heißt konkret: »keine Großpfarreien!« (Mann, 1983), »lebendige Kirchengemeinden vor Ort« (Mann, 1969), »kirchliche Gemeinschaften als Brennpunkte humaner Gemeinschaft vor Ort« (Mann, 1956); »lebendige Pfarreien vor Ort als Kristallisationspunkte in der Gesellschaft« (NN.), »werbende Kirche vor Ort, Basisgemeinden« (NN.), »ein lebendiges Leben der Gemeinde vor Ort« (Frau, 1954), »mehr Eigenständigkeit der Pfarreien vor Ort!« (Frau 1959; Mann, 1949). Diese Liste von klaren Aussagen, von denen viele mit einem Ausrufezeichen abgeschlossen wurden, könnte noch verlängert werden. Der Begriff »vor Ort« wurde in der Umfrage insgesamt 223 Mal genannt. Das zeigt, dass in der heutigen Welt ein kleiner Ort mit einer Kirche im Zentrum immer noch ein starkes Gefühl von Heimat vermitteln kann. Hier kann Zugehörigkeit, Verbundenheit und Mitmenschlichkeit wieder erfahren werden. Aber dieser Ort muss anderes sein, als er es früher war: mehr offen für Zuwandernde, Suchende, Fragende und Marginalisierten, für alle Menschen auf der Erde. Dann kann sich dieser kleine Ort in ein »gemeinsames Haus« verwandeln – in eine Heimat für alle – wie ein Stück Himmel auf der Erde.

Barmherzigkeit

Zuweg

»An dem Abend, als der neue Papst sich den Namen ›Franziskus‹ gab, hatte ich das Empfinden, ein Strahl von Hoffnung glänzte in der Kirche auf. Seine Botschaften der Offenheit und Barmherzigkeit, vor allem in Amoris laetitia, hat diese Hoffnung wachsen lassen. Gleichwohl scheint sie mir noch ein recht zartes Pflänzchen zu sein. Unser Papst braucht unser aller Unterstützung.« (Martin Winter: em. Prof., MEET – Münster Electrochemical Energy Technology – Applied Materials Science for Electrochemical Energy Storage and Conversion, Deutschland)

Das Thema Barmherzigkeit/Erbarmen durchzieht wie ein roter Faden nicht nur das bisherige Wirken von Papst Franziskus und seine Reden, Texte und sein Tun – bis hinein in seinen Wahlspruch »miserando atque eligendo«[132], sondern auch die vorliegenden Essays, die dem Weg des Papstes theologisch Unterstützung geben: »The pre-eminence of the life of mercy in the Catholic Church has become a hallmark of the present pontificate«. (Oliver Davies)

Bei allen Teilthemen, die in der Einführung bisher vorgelegt wurden, erscheint »Barmherzigkeit« wie ein Cantus firmus, ein Grundton, der vielfältige Variationen findet. »Barmherzigkeit als Programm«, überschreibt Pablo Argárate seinen Beitrag und sieht darin einen neuen Weg, den Rom für die Kirche in der heutigen Zeit einschlägt. Hervorgekehrt wird deshalb, wie der Papst den traditionellen Leitbegriff mit der Lebenslage heutiger Menschen in Beziehung bringt: »Pope Francis's message of mercy concerns seeking truth in the realness of people's lives.« (Mary Catherine O'Reilly-Gindhart) Dabei blickt der Papst nicht auf die Schuld der Menschen, sondern auf ihre Wunden. Er vermeidet die Sprache verurteilender Moral und bedient sich eher einer therapeutischen Zuwendung zum einzelnen Menschen. Geschiedene in einer zweiten Ehe findet er nicht mehr in »irregulären Situationen«, wie dies Johannes Paul II. noch in Familiaris consortio (1981) formulierte, sondern in »komple-

132 »Dieses Wort hat mich so sehr beeindruckt, dass ich es zu meinem Wahlspruch machte.« Franziskus, Verkündigungsbulle des außerordentlichen Jubiläums der Barmherzigkeit »Misericordiae vultus«, Vatikan 2015, 8.

xen Situationen«. Für das Tun der Kirche wünscht er sich den Weg der »personalen Begegnung, die einen Prozess der Heilung freisetzt. Genau das ist das Barmherzigkeits-Verständnis von Papst Franziskus«. (Willibald Sandler)

Die Konsequenz, mit der Papst Franziskus die Barmherzigkeit in die Mitte stellt, macht ihn zu einem »Papst der Barmherzigkeit« (Nikolaus Knöpfler). »Papst Franziskus nimmt aufgrund seiner pastoralen Erfahrung in anderen Milieus als dem dogmatistischen der römischen Kirchenzentrale wahr, dass die Botschaft des Evangeliums Jesu nicht zur Befolgung von selbstgeschaffenen Regeln auffordert, sondern zum Vertrauen auf die Liebe und Barmherzigkeit Gottes.« (Klaus Lüdicke)

Dieses Insistieren auf die Barmherzigkeit polarisiere und verschärfe die gegenwärtige Kirchenkrise in einer freilich andersartigen Weise: »Wir müssen uns darüber im Klaren sein: Damit ist die Kirchenkrise nicht überwunden, sondern sie hat eine neue Gestalt angenommen. Hier müssen wir uns die Bedeutung des Wortes Krise (altgriechisch ›krinein‹) vor Augen führen. Sie nennt nicht eine schwierige oder bedrohliche Situation an sich, sondern die durch eine sich abzeichnende Wende entstehende Situation der Entscheidung. Genau das ereignet sich jetzt in der Kirche. Sie muss sich nun entscheiden, ob sie sich die Haltung des Seelsorgers Franziskus ganz zu Eigen machen will! Ginge die Entwicklung in diese Richtung, entstünde allerdings zunächst ein krasser Gegensatz zur normativ gearteten Kirche, deren Charakter im Canon festgeschrieben ist. Sind uralte Konzilsbeschlüsse nur Etappen auf dem Weg des Glaubens oder noch immer uneingeschränkt verbindlich? Ist Barmherzigkeit wichtiger als Paragraphen? Das wollen viele von denen weder verstehen noch wahrhaben, die heute maßgebliche Positionen in der Kirchenleitung einnehmen und bereits den offenen Widerspruch zum Papst nicht scheuen.« (Herbert Kohlmaier)

Sosehr das Programm der Barmherzigkeit innerkirchliche Gräben sichtbar macht – für Franziskus ist es auch eine Chance, zwischen den »polaren Lagern« Brücken zu bauen. So sieht es zumindest Markus Büning, wenn er in seinem Text schreibt: »Der wirkliche ›Sieg‹ im Kampf zwischen den kirchlichen Lagern ist daher nicht, wenn die eine oder andere der beiden Gruppen die Oberhand behält und diesen Sieg feiert. Der eigentliche Sieg ist eben die Revolution der Liebe, der Barmherzigkeit, von der Papst Franziskus nicht aufhört zu sprechen.« Ähnlich sieht es der Innsbrucker Jesuit Boris Repschinski: Für Papst Franziskus ist offenkundig »Barmherzigkeit… ein nötiges Heilmittel nicht nur für schuldverstrickte Menschen am Rand der Kirche, sondern auch für zerstrittene Menschen in ihrer Mitte. Es braucht den Blick der Barmherzigkeit über innerkirchliche Gräben hinweg, um einander wieder anzuschauen, zuzuhören und bestmöglich zu verstehen, um sich so mit einer neuen Kultur des Dialogs miteinander für eine Kirche einzusetzen, die den Ansprüchen Jesu Christi von Wahrheit und Barmherzigkeit bestmöglich gerecht wird. Von diesem Anliegen einer Entpolarisierung ist die hier vorgelegte Interpretation von Amoris laetitia in Bezug auf einen Zutritt von wiederverheirateten Geschiedenen zu den Sakramenten geleitet.«

Dass der Papst die Barmherzigkeit in die Mitte rückt, hat auch mit dessen Absicht zu tun, jene Erneuerung der Kirche voranzubringen, die das Konzil angestoßen hat. Eine Errungenschaft des Konzils ist aber, dass sich »die Kirche nicht mehr nur auf die Sünden der Menschen und auf Heils-Sicherheit fixiert zeigte, sondern ihre Aufmerksamkeit auf das Leid und die Fragen der Menschen und die gesellschaftlichen Herausforderungen richtete. Das betont Papst Franziskus mit Barmherzigkeit.« (Leo Karrer) »Sein ganzes Pontifikat kann interpretiert werden als eine Rezeption dieses Konzils unter der Matrix Barmherzigkeit.« (Adrian Loretan-Saladin) Dazu setzt der Papst alle verfügbaren Hilfsmittel ein. Ein ganz starkes war für ihn das »Jahr der Barmherzigkeit«: Dieses »ist ja ein Ausdruck der Option für den Menschen vor der Struktur. Wie im frühen Jerusalem gibt es natürlich auch heute zum Teil sehr lautstarke Kritiker solcher Positionen. Medial mögen vier Kardinäle und ihre Dubia interessant sein. Doch der große, weltweite Konsens für die ekklesiologischen Grundoptionen des Papstes ist sehr viel beeindruckender.« (Boris Repschinski SJ.)

Die Kirche war nicht immer barmherzig

Dass Franziskus von der Kirche ein Tun der Barmherzigkeit erwartet, hängt nicht zuletzt damit zusammen, dass die (römisch-katholische) Kirche in der Vergangenheit keineswegs immer »barmherzig« gehandelt hat. Einige AutorInnen erinnern daran. So schreibt Helmut Jaschke: »Nein, es gilt sich schonungslos vor Augen zu führen, dass über Jahrhunderte nicht ein unbedingt liebender, barmherziger Gott den von Daseinsangst gebeutelten Gemütern der Menschen zugesprochen wurde. Vielmehr war die kirchliche Unterweisung geprägt vom Bild eines Gottes, der in seiner unerbittlichen Gerechtigkeit die Sünder straft und dies mit der Drohung der ewigen Verdammnis.« Für die Präsidentin der KAÖ Gerda Schaffelhofer wiegt diese Unbarmherzigkeit schwer. Denn: »Die Unbarmherzigkeit der Kirche steht im krassen Gegensatz zur Performance Jesu im Neuen Testament. Jesu Wirken ist in Wort und Tat von Barmherzigkeit durchwirkt; in Gleichnissen (Barmherziger Samariter, Barmherziger Vater) zeigt er auf, wie sich Barmherzigkeit konkret gestaltet. Die Kirche jedoch hat diesen Weg der Barmherzigkeit verlassen, die Botschaft Jesu seiner größten Attraktivität beraubt, den liebenden Gott ins Hinterzimmer verbannt und sich selbst auf den Richterstuhl Gottes gesetzt.« Ähnlich der Historiker von Brixen, Josef Gelmi: »In der Vergangenheit hat sich die Kirche nicht gerade durch Barmherzigkeit hervorgetan, obwohl der Herr dem Petrus persönlich eingeschärft hat, dass er nicht siebenmal, sondern siebzigmal siebenmal verzeihen solle.« Er verweist dabei auf eine scharfe Kritik des Innsbrucker Bischofs Reinhold Stecher: »Auch der bekannte und beliebte Innsbrucker Bischof Reinhold Stecher (1981–1997) kritisierte kurz vor seiner Pensionierung in einem weit über die Grenzen des Landes hinaus bekanntgewordenen Brief an Papst Johannes Paul II. den Mangel an Barmherzigkeit... ›So wie das derzeit ist, hat Rom das Image der Barmherzigkeit verloren und sich das der repräsentativen und harten Herrschaft zugelegt‹. Schade, dass Stecher, der am 29. Januar 2013 verstorben ist, nicht mehr den Papst der Barmherzigkeit erlebt hat. Bereits beim ersten Angelus-Gebet sprach Franziskus von Barmherzigkeit und sagte: ›Ein bisschen Barmherzigkeit verändert die Welt, macht sie weniger kühl und gerechter.‹ Dabei nannte er das Buch ›Barmherzigkeit‹ von Walter Kasper, das er gelesen hatte, und er lobte Kasper als tüchtigen Theologen. Seitdem wird der Papst nicht müde, von Barmherzigkeit zu sprechen und Barmherzigkeit zu üben. So sagte er bei der Vorstellung des Abschlussdokuments der Bischofssynode über Ehe und Familie im Oktober 2015: Die erste Pflicht der Kirche sei es, nicht zu verurteilen, sondern Barmherzigkeit walten zu lassen.«

Es überrascht nicht, dass gleich zweimal, nämlich in den Texten von Markus Tiwald und Willibald Sandler, eine Kritik von Papst Franziskus an kirchlicher Unbarmherzigkeit zitiert wird: »Wir stellen der Barmherzigkeit so viele Bedingungen, dass wir sie gleichsam aushöhlen und sie um ihren konkreten Sinn und ihre reale Bedeutung bringen, und das ist die übelste Weise, das Evangelium zu verflüssigen (AL 311).«

Diese Kritik gilt aber nicht nur für die Vergangenheit. Es ist Markus Büning – ein der Tradition sehr verbundener Autor –, der »das eigene Lager« in dieser Hinsicht beobachtet und kritisch anmerkt: »Gerade im sogenannten konservativen Lager fehlt es vielfach bis heute an einer selbstkritischen Analyse kirchlicher Zustände. Wo haben wir mit unserem Beharrungsvermögen und Abwehrkampf gegen progressive, ja mitunter durchaus zerstörerische, Tendenzen vergessen, die Botschaft des Evangeliums mit tiefer Freude und Liebe den Menschen zu sagen? Wo stehen wir uns selber bei unseren Missionierungsversuchen im Weg? Welchen Beitrag leisten wir dafür, die Glaubenslehre in unserer Zeit wieder sprachfähig und verständlich zu machen? Bischof Stefan Oster hat in Richtung Konservative vor einiger Zeit folgende Zustandsbeschreibung vorgelegt: ›Auch die sogenannten Konservativen sind oft nicht fruchtbarer. Sie beharren zwar vielfach auf Dogma und Liturgie, aber nicht selten ist auch bei ihnen wenig zu erleben von einem wirklichen liebenden Dienst am Nächsten. Die bloße Beharrung auf einer satzhaften Wahrheit und korrekten Liturgie macht noch längst nicht das eigene Herz größer und weiter.‹ ›Spirituelle Weltlichkeit‹ nennt Papst Franziskus eine Versuchung, die unter besonders geistlichem, aber eben nur äußerlichem Anspruch daherkommt – und dennoch bei sich bleibt, ohne je über sich hinauszukommen. Kirche, die sich bei aller vermeintlichen Frömmigkeit doch nur um sich selbst und den eigenen Selbsterhalt dreht. Nur die Revolution der Liebe selbst, die von Jesus und niemand anderem kommt, bewirkt die Herzenserweiterung. Aber nur sie!«

Barmherzigkeit und Gerechtigkeit

In einigen der vorliegenden Beiträge wird auf die viel diskutierte Frage Bezug genommen, wie sich Gerechtigkeit und Barmherzigkeit zueinander verhalten. »Barmherzigkeit oder Recht?«, fragt Manfred Belok. Klaus P. Fischer vermerkt, dass eine »schiefe Optik« hervorgetreten sei »in der Debatte der letzten Jahre (wo man nur halb begriff, worüber man eigentlich stritt), ob Gottes Barmherzigkeit oder seine Gerechtigkeit Priorität habe«.

Ausführlich kommt der em. Weihbischof von Basel Solothurn (Schweiz), Martin Gächter, auf das Verhältnis von Gerechtigkeit und

Barmherzigkeit zu sprechen. Zunächst vermerkt er, dass für Papst Franziskus Barmherzigkeit ganz wichtig sei. Doch sagen heute »viele fromme Katholiken und manche Privatoffenbarungen: Die Zeit der Barmherzigkeit Gottes sei bald vorbei. Jetzt komme im Gericht Gottes die Gerechtigkeit. Doch Papst Franziskus schreibt den schwer verständlichen Satz: Gottes Barmherzigkeit ist identisch mit Gottes Gerechtigkeit. Es gibt nicht eine Zeit der großzügigen Barmherzigkeit Gottes und nachher ein Gericht mit strenger Gerechtigkeit. Vielmehr ist Gottes Barmherzigkeit immer auch seine Gerechtigkeit. Denn Gerechtigkeit bedeutet nach alter philosophischer Definition nicht ›jedem das Gleiche‹ (idem cuique), sondern ›jedem das Seine‹ (suum cuique).« Diesen Grundsatz illustriert der Schweizer mit einem militärischen Vergleich: »Zum Beispiel ist eine Verteilung von Uniformen (im Militär oder bei einer Blasmusik) dann gerecht, wenn die gleiche Uniform bei jedem seiner persönlichen Größe angepasst wird. Es wäre ungerecht und unmenschlich, wenn jeder die gleiche Uniform mit der gleichen Größe tragen müsste! Gerechtigkeit ist eben nicht ›jedem das Gleiche‹, sondern ›jedem das Seine‹. ›Jedem das Gleiche‹ ist keine wahre Gerechtigkeit, sondern unmenschlich, ungerecht, eher kommunistisch!« Daraus folgert der Weihbischof: »Gott möchte jedem Menschen gerecht werden. Er beachtet bei jedem Menschen seine Voraussetzungen und Möglichkeiten. Ein Junger, der von seiner Familie zum Stehlen erzogen worden ist, muss anders bewertet werden als ein Junger mit einer guten Erziehung. Um jedem Menschen gerecht zu werden, dürfen wir nicht von den für alle gültigen Normen ausgehen, sondern vom einzelnen Menschen. Der Mensch ist nicht für die Gesetze da, sondern die Gesetze sind für den Menschen da. Das ist doch der Sinn der Aussage Jesu: ›Der Sabbat ist für den Menschen da, nicht der Mensch für den Sabbat‹ (Mk 2,27). Der einzelne Mensch ist wichtiger als die allgemeinen Gesetze. Die Gesetze sollen dem Menschen dienen, nicht der Mensch den Gesetzen. Diese Haltung Jesu muss sich in der katholischen Kirche noch mehr durchsetzen, damit wir nicht bei einer pharisäischen Gesetzes- und Pflicht-Erfüllung bleiben, sondern im Sinne Jesu freie Kinder Gottes werden.«

Für den Papst spreche, dass auch »Jesus Gesetzestreue und gelebte Barmherzigkeit – auch über den Wortlaut des Gesetzes hinaus – vereinbaren konnte«. Durch sein Lehren und Tun habe Jesus »der Kirche damit eine Vorgabe« gemacht. Eben deshalb werde das Zusammenhalten von

Gerechtigkeit und Barmherzigkeit auch gelingen. (Willibald Sandler) Aus all dem könne mit Papst Franziskus gefolgert werden, »dass die Barmherzigkeit die Gerechtigkeit und die Wahrheit nicht ausschließt«. Vor allem aber müssten wir erklären, »dass die Barmherzigkeit die Fülle der Gerechtigkeit und die leuchtendste Bekundung der Wahrheit Gottes ist« (AL 311). »Damit ist indirekt eingestanden, dass das positive Kirchenrecht dann ungerecht wird, wenn es gegen ein höheres Recht verstößt, nämlich gegen den Grundsatz der Barmherzigkeit.« (Rudolf Uertz)

Vor einem Missbrauch des Vorrangs der Barmherzigkeit vor der Gerechtigkeit warnt allerdings Karin Heller. Sie befürchtet, dass oft Frauen im Namen der »Barmherzigkeit« Unrecht geschehe. Daraus folgert sie: »Frauen träumen nicht nur von Barmherzigkeit, sondern von Gerechtigkeit.«

Im Mittelpunkt steht Gottes unbedingtes Erbarmen, das in Jesus sichtbar wurde

Die Barmherzigkeit Gottes, so zitieren mehrere AutorInnen[133] Papst Franziskus, sei »das pulsierende Herz des Evangeliums«. Dieses gelte es zu verkünden (AL 309). Der Kirche sei dieses »Evangelium der Barmherzigkeit« für die Welt anvertraut. »Es geht Papst Franziskus um den Weg der Kirche als ›Volk Gottes‹ im Dienst einer Evangelisierung, die das Evangelium der Barmherzigkeit in das Zentrum rückt und in einer von vielfältigster Gewalt und Unfrieden geprägten Welt ›Sakrament‹ des Friedens Gottes für die Welt ist. Und dazu gehört eine neue ›Bekehrung‹ hin zum Evangelium, eine neue, überzeugende Präsenz in der Welt und eine Kritik an Strukturen, die diesem Welt-Kirche-Werden in der Nachfolge Jesu von Nazareth im Weg stehen.« (Margit Eckholt)

In den vorliegenden Texten wird wiederholt darauf verwiesen, wie Franziskus reichlich aus den biblischen Quellen schöpft, um den Begriff des Evangeliums der Barmherzigkeit mit Leben zu füllen und zum Tun anzustiften. Erinnert wird, wie sehr Franziskus durch das Gleichnis vom barmherzigen Samariter[134] inspiriert ist, wie ihn das Gleichnis vom Erbarmen des Vaters und seinen zwei verlorenen Söhnen bewegt und wie er selbst vom Blick Jesu auf Zachäus berührt wurde. Auch auf Mt 25 wird

133 Edmund Arens; Pablo Argárate; Gerda Schaffelhofer.

134 Klaus P. Fischer; Pedro Pizza; Willibald Sandler; Gerda Schaffelhofer; Norbert Scholl; Wolfgang Treitler; Wolfgang Tripp.

Bezug genommen. Willibald Sandler führt dazu aus: »Sowohl biblisch als auch im Verständnis von Papst Franziskus ist Barmherzigkeit ein ›Tun-Begriff‹ und ein ›Weg-Begriff‹. Es geht darum, die Barmherzigkeit zu ›tun‹, indem man Menschen, die vom Weg abgekommenen sind und den richtigen Weg nicht mehr finden und nicht mehr gehen können, neu einen – für sie erkennbaren und gangbaren – Weg zu eröffnen. Eine so verstandene ›rettende‹ Barmherzigkeit ist primär göttliches Tun. Menschlich ist es nur jenen möglich, die sich zuvor von Gottes Barmherzigkeit selber verwandeln ließen. Damit die Kirche Menschen in komplexen Situationen einen Weg der Barmherzigkeit – zu dem unter Umständen die Spendung der Sakramente gehört – öffnen kann, muss sie sich zuerst selber neu der Barmherzigkeit Gottes aussetzen und sich durch sie verwandeln lassen. Das ist das Programm, das Franziskus selber durchschritten hat und nun der Kirche ›verordnet‹. Eine durch Gottes Barmherzigkeit gewandelte Kirche mit durch Gottes Barmherzigkeit gewandelten Seelsorgern kann Instrumente der Barmherzigkeit einsetzen, die in den Händen von Gleichgültigen jener Vergleichgültigung sakramentaler Vollzüge zuarbeiten würde, die von konservativen Kritikern an Amoris laetitia so befürchtet wird.«

Barmherzigkeit und die Armen

Die Barmherzigkeit wird von Autoren bei Franziskus in enger Beziehung mit den Armen gesehen. Wolfgang Beinert vergleicht Papst Franziskus mit seinem Vorgänger Benedikt XVI.: »Nun aber kommt ein Mann, der zwar treu zur Lehre steht, aber erst einmal Hirte sein will. Er möchte den ›Geruch der Schafe‹ annehmen, so wie er es bald unermüdlich den Bischöfen aufträgt. Jene ›Schafe‹ sind arme Menschen, mittellos und ohne seelische Kraft. Er erhebt darum die Behebung der Armut zum leitenden Begriff seiner Amtsführung – jene Armut, die sein Namensgeber, der Poverello von Assisi, vorgelebt hatte. Das große Remedium gegen sie ist die Barmherzigkeit, jene Barmherzigkeit, die das Wirken Jesu von Nazareth gekennzeichnet hatte. Weil es sie gibt, weil sie der Kirche aufgetragen ist, wird der Papst zum Optimisten, der nicht, wie der Vorgänger, zuerst das Schlimme sieht, so zweifellos es existiert, sondern das Gute, das die Erlösung unverlierbar in die Welt eingestiftet hat. Bezeichnend sind die Initia seiner großen Enzykliken: ›Evangelii gaudium – Die Freude des Evangeliums‹, ›Amoris laetitia – Die Freude der Liebe‹ und

›Laudato si´ – Sei gepriesen‹ ein Schreiben über die ökologischen Probleme.«

Willige und unwillige Akteure

Barmherzigkeit kennt in den Texten viele Handelnde. Der gleichsam »Ur-Barmherzige« ist Gott. Sein innerstes Wesen ist Erbarmen. Dieses göttliche Erbarmen leuchtete in Jesus auf, springt auf seine Jüngerinnen und Jünger über und wird so zum Grundhandlungsmuster der Kirche. Den Mitgliedern der Kirche werde es gelingen, in der Welt, besonders der Armen, »barmherzig wie der Vater« zu sein, wenn sie das Erbarmen Gottes selbst erlebt haben und sich der Not der Armen aussetzen. Franziskus, wie Christian Smekal beobachtet, hat beides erlebt: »Für Franziskus, dem Armut, Verelendung und Leid aus seiner Heimat ›von Kind an‹ vertraut sind, ist daher besonders die Kirche berufen, ›Zeugin der Barmherzigkeit zu sein‹.« So kann der Papst glaubhaft sagen: »Wir sind also gerufen, Barmherzigkeit zu üben, weil uns selbst bereits Barmherzigkeit erwiesen wurde.« (AL 310)

Nicht alle in der Kirche stimmen dieser Einladung des Papstes an die Kirche zu, sich in der Nachfolge Jesu auf den pastoralen Weg der Barmherzigkeit einzulassen: »Auch die Botschaft bzw. die Interpretation des Evangeliums durch Papst Franziskus, die gerade in diese Richtung geht, den Menschen aus den Erniedrigungen zu erheben, Barmherzigkeit erleben zu lassen, weil sie dieser Würde des Menschen entspricht, wird von vielen Christen deutlich widersprochen – zumindest mit Skepsis betrachtet. Dies führt zu einer Gottesverdüsterung (Biser 1997, 213), die dem Guten (›Gutmenschen‹) im Namen Gottes das Böse unterstellt.« (Willibald Sandler) Gerda Schaffelhofer, Präsidentin der Katholischen Aktion Österreichs, ist diesbezüglich skeptisch: »Papst Franziskus hat mutig erste Akzente gesetzt, um eine Kurskorrektur einzuleiten. Er selbst glaubt an die alles verwandelnde Kraft der Barmherzigkeit, wenn er den Propheten Ezechiel (Kapitel 37) zitiert, wo es heißt, dass die Barmherzigkeit Gottes auch das trockenste Land erblühen lassen, selbst ausgetrocknete Gebeine wieder lebendig machen kann. Wir sind – bildlich gesprochen – eine ›ausgedörrte Generation‹, wir bedürfen dieser göttlichen Barmherzigkeit, die Kirche möge endlich den Weg dazu freigeben. Dies aber nicht nur im vom Papst ausgerufenen Jahr der Barmherzigkeit! Es bedarf generell einer neuen Pastoral der Barmherzigkeit.«

»Ein Schlüsselwort des pastoralen Denkens und Handelns von Papst Franziskus, das denjenigen, die moralischen Gesetze anwenden, ›als seien es Felsblöcke, die man auf das Leben von Menschen wirft‹ (AL 305), zur Weißglut treibt, ist das der Barmherzigkeit. Letztere sollte ihm zufolge sowohl für die einzelnen Seelsorgenden als auch für die Kirche als ganze maßgebend sein. In der Barmherzigkeit, das heißt in einer Haltung des offenen Herzens, erkennt der Papst ein Handeln, welches der Zerbrechlichkeit, der Schwäche und der Unvollkommenheit der Menschen mit einer starken Geste entgegenkommt. Der Weg der Kirche folgt dabei dem Weg Jesu; es ist dies ›der Weg der Barmherzigkeit und der Eingliederung‹ (AL 296).« (Edmund Arens) »Siebenmal nennt der Papst das Wort Barmherzigkeit. Er beginnt mit der Aussage: ›Die Barmherzigkeit ist größer als der Fall, den Sie vorstellen‹. Größer ist die Barmherzigkeit, weil sie sich nicht auf den Casus, die ›irreguläre Situation‹ fixiert, sondern den Menschen sieht. Sie schaut auf die betroffenen Menschen nicht als Sünder, sondern als Verwundete. ›Die Kirche ist Mutter: Sie muss hingehen und die Verwundeten pflegen, mit Barmherzigkeit‹. Leitend ist die Barmherzigkeit Christi, die in der Vergebung besteht. Von daher sind wir Menschen in der Kirche, die wir von ihm barmherzige Vergebung empfangen haben, dazu befähigt und gerufen, jene verwundete Menschen, denen sich Christus mit derselben vergebenden Barmherzigkeit zuwendet, zu pflegen.« (Willibald Sandler) Die Kirche sei also berufen, in einer unbarmherzigen Welt (und Kirche) ein »Bollwerk der Barmherzigkeit Gottes« (Eva Jaeggi) zu sein, ein »Weg, der Gott und Mensch vereinigt«, so Christian Smekal, den Papst zitierend. In einem Gebet für Papst Franziskus formuliert die Dominikanerin Jessie Fontallio aus England: »In this world we live in where the sheep has lost their identity, and gone after other shepherd only through mercy and compassion can we bring them back but if there are wolves in the church who are destroying through the back door God is coming. He is coming to react because he is already acting. I am praying for you shepherd.«

Viele Texte belegen, dass das Eintreten des Papstes für eine barmherzige Kirche nicht einem seichten Mitgefühl entspringt, sondern seinem Erahnen der Tiefe Gottes. Dessen »barmherzige Liebe sei ›immer unverdient, bedingungslos und gegenleistungsfrei‹ (AL 296)« (Klaus Lüdicke), »unconditional divine mercy in spite of human unfaithfulness« (Krzysztof Bardski). »Nothing of what a repentant sinner places before God's mercy can be excluded from the embrace of his forgiveness. For this reason, none of us has the right to make forgiveness conditional. Mercy is always a gratuitous act of our heavenly Father, an unconditional and unmerited act of love.« (Mary Catherine O'Reilly-Gindhart) »Das Gleichnis vom barmherzigen Vater kann als eine Schlüsselstelle gesehen werden. ›Um diesen sich selbst entfremdeten Menschen zu sich zurückzuholen und ihn für die Heraufführung des Gottesreiches zu gewinnen, verweist er (Jesus) ihn in einem kunstvoll gestalteten Lehrgedicht an den ihm in seinen Sorgen liebevoll zuvorkommenden Vatergott.‹ (Biser 1997).« (Hans Neuhold) Es gehe dem Papst um »eine Botschaft vom Gott des Exodus und der Barmherzigkeit, die Christen und Christinnen hintreiben soll zu den Entstellten, Gebrochenen, Beschädigten, Zerstörten« (Wolfgang Treitler).

Zur Praxis der Barmherzigkeit

»Wir dürfen nicht vergessen, dass Barmherzigkeit nicht nur eine Eigenschaft des Handelns Gottes ist. Sie wird vielmehr auch zum Kriterium, an dem man erkennt, wer wirklich seine Kinder sind. Wir sind also gerufen, Barmherzigkeit zu üben, weil uns selbst bereits Barmherzigkeit erwiesen wurde« (AL 310).

Die gläubige Logik ist klar: Wenn Gottes innerstes Wesen Barmherzigkeit, die Kirche aber Gottes Volk ist, dann kann sie gar nicht anders, als selbst barmherzig zu sein. »Barmherzigkeit ist jedoch nicht nur die letzte und vollkommene Offenbarung der Trinität im Antlitz Jesu Christi, sondern wird auch ›zum Kriterium, an dem man erkennt, wer wirklich seine Kinder sind. Wir sind also gerufen, Barmherzigkeit zu üben, weil uns selbst bereits Barmherzigkeit erwiesen wurde‹. Diese Übung der Barmherzigkeit richtet sich vor allem an die Sünder, Armen, Ausgestoßenen, Kranken und Leidenden, die Verachteten, mit denen Gott sich identifiziert.« (Pablo Argárate) Norbert Arntz zitiert den Papst: »Die Kirche darf [den Schrei der Ausgesonderten, der Überflüssigen, der Armen] nicht ignorieren, und sie kann auch nicht das Spiel der ungerechten, hinterhältigen und eigennützigen Systeme mitspielen, die die Armen am liebsten unsichtbar machen würden… [Als] samaritanische Kirche da sein. Das ist der Schlüssel. Das konkrete Zeugnis der Barmherzigkeit und der Zärtlichkeit, das in den existentiellen und armen Peripherien präsent sein will, [...] Initiativen, die das Reich Gottes gegenwärtig machen, indem sie es aufzeigen und ausweiten. (Papst Franziskus, Ansprache an den Kongress über Großstadt-Pastoral vom 27. Nov. 2014).«

Zur Praxis der Barmherzigkeit ist die Kirche verpflichtet ohne Wenn und Aber, und deshalb auch in den rund um Amoris laetitia viel diskutierten »irregulären Situationen«: »Pope Francis is clear that forgiveness and mercy can never be conditional. Therefore, the dioceses and parish communities helping Catholics in ›irregular situations‹ cannot use mercy as a quid pro quo approach when caring for these persons. What I mean by this, is that priests and parish communities cannot use mercy as an exchange or a favour granted in return for something from Catholics in ›irregular situations‹ i.e., to separate from a partner (cohabiting or married). Mercy is not conditional. He continues, ›the experience of mercy enables us to regard all human problems from the standpoint of God's love, which never tires of welcoming and accompanying‹ (FRANCISCUS I 2016b, § 14). Mercy is something that is to be celebrated, and the experience of mercy brings joy (ibid.). This is the message of the Gospel. Pope Francis's theology of mercy from this apostolic letter is inspiring because it describes God's mercy as a mercy which is not limited to certain moral situations. Mercy can be for all persons, including those in ›irregular situations‹. The foundation of mercy always stays constant and always includes love since mercy involves compassion, which derives from God, who is all-loving. Forgiveness and repentance are also consistently connected to the virtue mercy. Pope Francis makes many comments concerning the ›repentant sinner‹ and the weakness of situations of sin, in his Apostolic Letter, and so mercy cannot be understood without these elements of forgiveness and repentance. Therefore, Pope Francis is clear that mercy is the key to welcoming those Catholics in ›irregular situations‹ back into the Church and sacraments (FRANCISCUS I 2016a, footnote 351). This is visible in paragraphs 310 through 312 of Amoris Laetitia when Pope Francis comments on approaching these »irregular situations« (FRANCISCUS I 2016a, §310–12). Pope Francis's pastoral approach of mercy will allow Catholics from unique situations to feel included and a part of their Church community. I value this approach because Pope Francis is adamant that mercy cannot be made conditional (ibid., §311–12. By not making mercy conditional, it allows a true sense of compassion that is to remain concrete and truly significant throughout all situations (ibid.; FRANCISCUS 2016b, §2). Mercy is not to be mistaken for a change in the Church's tradition regarding matters in sexual ethics. Instead, his approach is full of pastoral understanding and free from judgment and critical condemnation.« (Mary Catherine O'Reilly-Gindhart)

Aber nicht nur um die Geschiedenen geht es, die standesamtlich wieder geheiratet haben. Im Blick des Papstes, so sehen es die AutorInnen klar, sind alle »Armen«, die Menschen am Rand, und in unseren Tagen vor allem die Migranten und schutzsuchenden Flüchtlinge: »Die Vorliebe gehört der Barmherzigkeit, den Armen, Flüchtlingen, Migranten und der Peripherie.« (Josef Gelmi) Und das heute in Europa: »In Europe we face the vital problem of refugees and migrants from Near East and Africa. … ›Be merciful, just as your Father is merciful‹ (Luke 6,36).« (Krzysztof Bardski). Dasselbe gilt auch auf anderen Kontinenten: »›Mercy‹ is the word that is uttered in connection with the Holy Father. His concern for the poor, homeless, immigrants and refugees, for the nature has endured him even to those who are not part of the Christian communities in the country.« (Roy Lazar A.)

Oliver Davies gibt eine tiefschürfende Begründung dafür: »As Church we are in principle a community of those who are called to love in action. To be Church, we need to accept the primacy of that love. Mercy is our radical openness to others, and we need to maintain a commitment to such openness. But the extent to which we can manifest that openness is a matter of grace. The nature of our advanced linguistic consciousness is such that it wants to limit our openness. We form strong bonds relatively easily with those close to us (our friends and families), but not with those further away from us. Indeed, we may quickly feel that those less familiar are exploitative or aggressive: perhaps we will identify those in need as ›migrants‹ who are ›on the make‹. Our strong sociality, or mercy in the narrow sense, operates best within the range of the face-to-face. But how can it also operate beyond the face-to-face, as is the calling of the Church?«

»Relativismus« anderer Art

Barmherzigkeit ist nicht allgemein, ist konkret. Sie hat einen Blick für den Einzelnen. Ein »Relativismus« entsteht – freilich anderer Art[135] als

135 »Es gibt einige sehr konkrete Konsequenzen aus dieser Sicht: dass die Kirche sich zum Beispiel heraushält aus Geboten (meist: Verboten), die die Gestaltung der menschlichen Sexualität be-

im philosophischen Diskurs, an dem Papst Benedikt XVI. sich engagiert beteiligt hatte. Er bedeutet jetzt pastorale Bezogenheit, Verbundenheit. Er geht einher mit einer »Mystik der offenen Augen« (Thomas Schmidt mit Bezug auf Johann B. Metz[136]) für die Leiden der Menschen. Michael Plattig OCarm. führt dies näher aus und verbindet die »offenen Augen« mit einer Spiritualität der Tränen:

»Diese Anspielung auf den barmherzigen Samariter zeigt, dass Jesus eine ›Mystik der offenen‹ Augen lehrt, offener Augen, die sich gerade wegen ihrer Offenheit oft mit Tränen füllen angesichts dessen, was ihnen vor Augen geführt wird. Gott wird die Tränen abwischen, wenn er sein Reich errichtet. Soll das keine Vertröstung sein, dann gilt es jetzt mit den Weinenden zu weinen (vgl. Röm 12,15), denn diese Tränen sind bereits Anteil am neuen Reich, denn es sind Tränen der Solidarität, des Mitgehens und damit des Trostes, denn die Leidenden bleiben nicht allein. Echte Tränen sind immer Trost und Antrieb zugleich. Im Sinne der emotionalen inneren Bewegung bezeugen sie Angerührtsein, Bewegtsein, Begegnung und Beziehung, die Voraussetzung sind für humane Aktion. Nicht umsonst preist Jesus die Weinenden selig (vgl. Lk 6,21), denn sie sind und bleiben offen für den Trost Gottes und können deshalb auch selber trösten, die mit den trockenen Augen, die Reichen und Satten mit dem selbstgenügsamen Lachen, haben keinen Trost mehr zu erwarten (vgl. Lk 6,24f.) und können deshalb nur vertrösten. Die politische Dimension ist a priori in die spirituelle Bewegung einzubringen, damit diese nicht zur Regression in einen konfliktfreien Binnenraum steriler und banaler Frömmigkeit wird oder zu einer Flucht in die heile Welt angeblich mystischer Verwandlung.«

Diese Mystik der offenen Augen steht aber nicht nur gegen eine Implosion der Frömmigkeit in die private Innerlichkeit. »Die Mystik der offenen Augen benennt allerdings nur die eine Seite der Irritation: Für Christinnen und Christen gibt es keine glaubwürdige Mystik ohne politische Komponente. Aber es gilt eben auch der Umkehrschluss: Ohne

treffen. Welche Art der Empfängnisverhütung, welche Form von Beziehung Sexualität gestattet (ob verheiratet oder unverheiratet, ob in einer Zweitehe oder nur in einer Erstehe, ob hetero-oder-homosexuell etc.) – all dies ist der Dynamik gesellschaftlicher Entwicklung geschuldet und kann nicht für alle Zeiten feststehen. Gegen den oft beschworenen ›Relativismus‹ steht, wie ein Bollwerk die Barmherzigkeit Gottes (und, wie man immer wieder betonen muss: die davon abgeleitete menschliche Barmherzigkeit).« (Eva Jaeggi)

136 Kaufmann F.-X./Metz J. B., Zukunftsfähigkeit. Suchbewegungen im Christentum, Freiburg 1987, 106.

spirituelle Grundierung wird die diakonische Kirche atemlos. Es handelt sich also um eine Mystik, die ihre Augen weder stets geschlossen noch ständig offenhalten kann, vielmehr ihren Sinn darin findet, zwischen Öffnen und Schließen Gott zu erfahren. Zwischen Spiritualität und Solidarität hin- und herzupendeln: das ist unser Auftrag. Und die Herausforderung liegt darin, dies in einer Zeit wachsender Beschleunigung durchzuhalten. Wir brauchen eine Mystik, die blinzeln lernt. Aus der Medizin wissen wir, dass unsere Augen uns durch das Blinzeln barmherzig überlisten vor dem Austrocknen: Zehn Prozent einer Minute sind wir blind, ohne es zu merken. Wir können unsere Blindheit gemeinsam überwinden, und dazu brauchen wir beide Bewegungen: Rückzug und Aufbruch. Seriöser formuliert, lautet meine erste These: Die Kirche der Zukunft wird eine mystagogische Kirche sein, die gelernt hat, kontinuierlich zwischen spiritueller Selbsterfahrung und politischer Solidaritätsstiftung zu oszillieren.« (Thomas Schmidt)

Werke der Barmherzigkeit

Zur Mystik der offenen Augen gehört also sowohl karitative Hilfe für die Menschen in Not in der Gestalt der »Werke des Erbarmens«[137] als auch politischer Einsatz zur Vorbeugung gegen Not. Die Werke der Barmherzigkeit erhalten wieder Gewicht: »Zu den Aufgaben der Kirche gehören in diesem Zusammenhang die Werke der Barmherzigkeit. Nun verlangen die Hungrigen, die es in diesem Teil Deutschlands zu speisen gilt – ganz gleich, ob sie suchende Religionslose (im engeren Sinn) oder zweifelnde Gläubige sind –, vor allem nach geistiger Nahrung. Sie bedürfen, um im Bild des Feldlazaretts zu bleiben, der geistigen Pflege. Die Kirche muss ihre ›Pflegekräfte‹ stärken, wobei dies nicht nur für die Seelsorgerinnen und Seelsorger, sondern auch für die Theologinnen und Theologen gilt.« (Nikolaus Knöpfler/Martin O'Malley) »Die neue Kirche sollte viel präsenter in der Welt durch Werke der Nächstenliebe werden als bisher trotz des Einsatzes des Staats. Das würde der Kirche mehr Ausstrahlungskraft verleihen, die den Glauben noch glaubwürdiger machen würde.« (Olivier Ndjimbi-Tshiende)

137 »As the Jubilee of Mercy approaches, I make an appeal to parishes, religious communities, monasteries and shrines throughout Europe, that they express the Gospel in a concrete way and host a refugee family. A concrete gesture in preparation for the Holy Year of Mercy. May every parish, every religious community, every monastery, every shrine of Europe welcome one family, beginning with my Diocese of Rome.«

Die Pastoral der Barmherzigkeit fordert alle Mitglieder der Kirche. Alle Christinnen und Christen sind dazu aufgefordert, vornehmlich die Priester, die »Diener der Barmherzigkeit« sein sollen: »And the ministers of the church must be ministers of mercy above all.« (Anthony Spadaro, zitiert von Mary Catherine O'Reilly-Gindhart) »Pope Francis has acknowledged the pastoral need to think and act in new ways that proclaim God's mercy and compassion in response to the needs of the here and now.« (Bernard Prusak) Dem steht ein unbarmherziger Klerikalismus im Weg. Die beiden Pfarrer Július Marián Prachár und Karol Moravčík aus der Slowakei klagen deshalb: »Die Kirche, deren Oberhaupt Papst Franziskus ist, ist eine Kirche, die schwarz-weiße Sichtweisen hinter sich lässt, die weniger gesetzestreu und näher am Evangelium ist, das heißt, die Barmherzigkeit lebt. Franziskus hat wiederholt vor einer Klerikalisierung der Kirche gewarnt. Dieses Phänomen hat sich jedoch in der Slowakei nach 1990 außerordentlich verstärkt. Die Kirche war nun politisch frei, lebte diese Freiheit jedoch nicht mit all ihren Mitgliedern. Es geht nicht um Freiheit im Sinne von Machtausübung, aber um Freiheit nach dem Prinzip einer Familie, welche nicht in erster Linie durch Gesetze miteinander verbunden ist, sondern durch das Interesse ihrer Mitglieder am gemeinsamen Zusammenleben und verantwortungsvoller Liebe, die schützt, heilt, Schwierigkeiten überwinden hilft und Freude bereitet. Die Bischöfe werden im Unterschied zu den vergangenen kommunistischen Zeiten nicht mehr durch mächtige Staatsorgane kontrolliert, ihre Entscheidungen treffen sie jedoch nicht im Hinblick auf die Kirche als eine Familie, sondern im Rahmen ihrer Ämter. Priester erleben es sehr selten, dass sie von ihren Bischöfen als Mitarbeiter angenommen werden, da Gehorsam gegenüber dem Bischof wie in der Armee und nicht wie in einer Familie gehandhabt wird. Dies führt lediglich zu einer Verstärkung des klerikalen Grabens zwischen Bischöfen und Priestern sowie auch zwischen Priestern und dem Gottesvolk.«

Der Papst verlangt aber nicht nur von anderen ein Tun der Barmherzigkeit, er geht selbst all diesen vorbildlich voran: »Franziskus zeigt in seinem Denken und Handeln einen durch und durch pastoral beseelten Papst, der den Geruch der Herde angenommen hat. Für ihn steht eine den Menschen bejahende, ihre Freuden, Sorgen, Ängste und Träume teilende Heilssorge im Mittelpunkt. Von daher stellt er die reine, kalte, angeblich unveränderliche Doktrin keineswegs über die Bedürfnisse und begrenzten Möglichkeiten der Gläubigen in ihrer Verschiedenheit, sondern er sucht deren bisweilen verfahrenen Situationen und ausweglosen Lagen gerecht zu werden und darauf kreativ einzugehen. In seiner Praxis tritt eine pastorale Handlungsorientierung zutage, die Einheit nicht mit Uniformität verwechselt, weil sie den seelsorgerlichen Hirtendienst als inkarniert und inkulturiert begreift und betreibt. Eine solche Pastoral hat Verständnis für das Besondere, Abwegige und Schräge; sie bildet in ihrem bejahenden Zugehen auf die Ränder gerade Gottes Zuwendung zu den Armen, Sündern und Ausgegrenzten ab. Bei der von Papst Franziskus proklamierten und praktizierten Pastoral der Barmherzigkeit handelt es sich um eine prophetisch und jesuanisch inspirierte Pastoral der Nähe zu den Randexistenzen, eine Pastoral der Aufmerksamkeit und Anerkennung, welche Möglichkeiten eröffnet für kreatives, befreiendes und integratives kirchliches Handeln.« (Edmund Arens)

Sakramentale Barmherzigkeit

Willibald Sandler hat in seinem fundierten Beitrag den Begriff der »sakramentalen Barmherzigkeit« geprägt. Damit fasst er viele Aspekte einer Pastoral des Erbarmens bei Papst Franziskus zusammen. Dann ist die Beichte keine Folterkammer, sondern ein heilsamer Ort des Erbarmens. Auch die Eucharistiefeier und der Zutritt zur Kommunion werden in diesem Zusammenhang erhellt. »›Sakramentale Barmherzigkeit‹ bedeutet also einen barmherzigen Umgang mit Bedürftigen, indem ihnen Gottes Barmherzigkeit durch die Hilfe von Bußsakrament und Eucharistie zugewandt wird, wo sie diese für ein Voranschreiten auf dem Weg mit Gott nötig haben.« In einem Abstract resümiert Sandler seine Überlegungen so: »Sacramental mercy for people in ›complex situations‹. Access to the sacraments for the divorced who live in second partnerships according to Amoris laetitia. For Pope Francis the triad see – judge – act means acknowledging mercy for people in complex situations before judging their case as irregular. In this way, moral judgement is still possible, but it has to function as a redeeming action of God. Accordingly, Pope Francis advocates an ›operational understanding of mercy‹: The Church acts mercifully to the extent that she opens up to ways of salvation for persons entangled in guilt. However, she can be merciless, if she ›abandons‹ these people ›to their own‹, as a result she ›does not safeguard growth in maturity‹ for them. This approach leads to the ›principle of sacramental mercy‹ according to which the Church in some special cases must not exclude divorced and remarried Christians from receiving the sacraments. According to Pope Francis, a polarised Church will be able to make such reforms to the extent that she exposes also herself to divine mercy as understood in this functional way.«

Der Papst wünscht eine Theologie der Barmherzigkeit

Papst Franziskus praktiziert nicht nur Barmherzigkeit. Er wünscht sich nicht nur eine Pastoral des Erbarmens. Er fordert auch die Theologie heraus, sich noch mehr[138] dem Thema zuzuwenden und das Thema Barmherzigkeit in allen ihren Fächern zu beleuchten. In den vorliegenden Texten gibt es viele Ansätze dazu:

»There needs to be a theology that helps all Christians proclaim and show, most of all, the salvific face of God, the merciful God, especially given the presence of some unprecedented challenges that involve humanity today, such as: the environmental crisis; the development of neuroscience or technology that can alter human beings; ever greater social inequalities or the migration of whole peoples; and relativism in theory and practice.« (Carol Glatz)

Wolfgang Treitler, Fundamentaltheologe in Wien, greift das Anliegen des Papstes auf und bedenkt die für die theologische Forschung nötige

138 »In the recent work of Cardinal Walter Kasper, mercy has received a full systematic theological treatment«, vermerkt Oliver Davies. In den Texten werden wichtige Monographien zu einer solchen (Pastoral-)Theologie des Erbarmens vorgelegt; in ihnen werden einschlägige Werke zitiert, beispielsweise:
Franziskus, Der Name Gottes ist Barmherzigkeit. Ein Gespräch mit Andrea Tornielli, München 2016.
Azcuy, Virginia/Bachmann, Mercedes García/Bedford, Nancy, Teología feminista a tres voces, 2016.
Kasper, Walter: »Amoris laetitia«: Bruch oder Aufbruch? In: StdZ 11 (2016), S. 723ff.; ders.: Barmherzigkeit. Grundbegriff des Evangeliums – Schlüssel christlichen Lebens, Freiburg 2012, S. 175;
Kasper, Walter Cardinal: Mercy. The Essence of the Gospel and the Key to Christian Life, 2013. Lüdecke, N.: Déjà vue, in: Theosalon. Meinungen zu Kultur und Religion, 27.10.2015. Lüdicke, Klaus: Wieso eigentlich Barmherzigkeit? Die wiederverheirateten Geschiedenen und der Sakramentenempfang. In: HerderKorrespondenz 66 (2012), 335–340, 339. Lazar, Roy A.: Pastoral Spirituality in the Footsteps of Pope Francis, ²2017. Parmeggiani, Aldo: Barmherzigkeit vorrangig, in: Dolomiten v. 26. 10. 2015. Sandler, Willibald: Sakramentale Barmherzigkeit. Amoris laetitia als Weiterführung von Familiaris Consortio in der Frage der wiederverheirateten Geschiedenen, http://www.feinschwarz.net/sakramentale-barmherzigkeit-amoris-laetitia-als-weiterfuehrung-von-familiaris-consortio.
Theobald, Christoph: »Mystik der Fraternité«. Kirche und Theologie in neuem Stil, in: Kurt Appel/Jakob H. Deibl: Barmherzigkeit und zärtliche Liebe. Das theologische Programm von Papst Franziskus, Freiburg 2016, 21–38.
Zulehner, Paul M.: Gott ist größer als unser Herz. Eine Pastoral des Erbarmens, Ostfildern 2006.

Methodologie: »Die Praxis der Barmherzigkeit ist für ihn [Papst Franziskus] Basis des Christseins, und diese Praxis hat eine markante Intelligibilität, denn aus ihr entsteht lehramtliches und theologisches Nachdenken. Dieses Nachdenken begleitet und schützt die Praxis der Barmherzigkeit, es ersetzt sie nicht und setzt sie nicht zur Verlängerung des eh und je Gedachten herab. Die Praxis der Barmherzigkeit wird dem Nachdenken zu einer Aufgabe, bewusst zu machen, was Barmherzigkeit anspricht, was sie fordert und welchen Grund sie hat.

Understanding of Mercy

Oliver Davies hat zu einer Theologie der Barmherzigkeit einen Grundlagenbeitrag geschrieben, in dem er sich mit dem »Understanding of mercy«[139] befasst. Er geht seine Forschung zur Barmherzigkeit interdisziplinär an, führt einen wissenschaftlichen Dialog mit Naturwissenschaften, Evolutionstheorie, aber auch Neurowissenschaften. »Mercy« ist für ihn kein Insiderthema der Theologie, sondern die »Sprache« der Menschheit:

»Today however, for the first time, there is the possibility of a science of mercy. It goes without saying that this is not straightforward since, if mercy is central to what it is to be a human being, no one scientific field will help us understand what it is.« We shall for instance need evolutionary anthropology, since it is imperative that we understand the process whereby we became merciful. But we shall also need neuroscience to tell us what is going on inside our brains when we are being merciful. And, in all probability, we shall also need to think about what connection there might be between these fields of knowledge and the deep physics of the universe. We shall need to be open to the possibility that the cosmological dimensions of our belonging within the creation, as understood in medieval times but lost in modern times, are returning within our contemporary image of the human but in a new – though arguably – equally powerful way. It also goes without saying that such a project will only be possible if contemporary science is finally reaching a point where the different elements of the human, and our capacity for mercy, are beginning to be legibly present across these fields of science, especially where they seem to overlap. If this is indeed the case (and we would

139 Der Untertitel lautet: »The heart of the Catholic Church in its turn toward the future.«

argue that it is), then there will be a further methodological challenge firstly in the combining of different scientific fields, and then in the integration of this ›hard‹ scientific knowledge with ›soft‹ philosophical, cultural and social meanings.«

Gestützt auf diese Erkenntnisse heutiger Wissenschaften buchstabiert er die großen Traktate wie Gotteslehre, Christologie, Pneumatologie und Ekklesiologie unter Berücksichtigung der Barmherzigkeit durch. Seine reichhaltigen und überaus lesenswerten Analysen fasst er selbst so zusammen:

»The cultivation of mercy is today at the heart of a Catholic identity. But what exactly is mercy? How does it work? This paper sketches an outline of how evolutionary anthropology and social neuroscience together can cast new light on this ancient Christian theme. This gives us both an anthropological outline and the basis of a theological anthropology, whose point of departure is the phenomenon of mercy. If mercy is the fundamental language of humanity in which we seek to speak to our human future, as the Catholic Church, then contemporary scientific insights, which can preserve its humanity and its sacrality, are a powerful support for underlining the relevance of mercy today and the depth of its possibilities.«

Die Sozialpsychologin Sonja Angelika Strube aus Osnabrück (Deutschland) verweist in ihrem interdisziplinären Beitrag über den Rechtspopulismus in Europa, wie es in dessen Kraftfeld zu einer Beschädigung der Fähigkeit der Menschen zu empathischer Barmherzigkeit kommen kann. »Im Bereich sozialpsychologischer Forschung haben sich zwei psychologische Konstrukte, die persönliche weltanschauliche Prädispositionen beschreiben, als zuverlässige Prädikatoren (Kriterien großer Vorhersagekraft) für Gruppenbezogene Menschenfeindlichkeit und rechtsextreme Einstellungen erwiesen (Iser 2007). Zum einen ist dies eine starke persönliche Orientierung an Macht und Leistung – als ›Soziale Dominanzorientierung‹ (Sidanius/Pratto 1999) bezeichnet –, durch die die Welt maßgeblich als von Konkurrenz geprägt erlebt wird. Noch gewichtiger ist die in der Sozialpsychologie als ›Autoritarismus‹ bezeichnete Haltung. Ihre Erforschung geht auf Studien Erich Fromms (1920er-Jahre) und eines Teams um Theodor W. Adorno (1940er-Jahre) zurück; Adornos ›Studien zum autoritären Charakter‹ (Adorno 1950/1995) lösten zahlreiche Folgestudien aus. Heute wird Autoritarismus in der Regel beschrieben durch die drei Komponenten des Konventionalismus als Fixiertheit auf Konventionen, der starren autoritären Unterordnung unter äußere Autoritären – Ideologien, Normengerüste oder Führungspersönlichkeiten – unter Verzicht auf die Wahrnehmung eigener Bedürfnisse ebenso wie auf die Herausbildung eines autonomen Urteilsvermögens und Gewissens, sowie der autoritären Aggression gegen alle Menschen, die sich dem eigenen verabsolutierten Regelwerk nicht unterordnen. Analysen der Kommentarspalten sich katholisch verstehender privater Internetportale mit explizit neurechter politischer Präferenz erweisen einen verbreiteten Autoritarismus zahlreicher UserInnen sowohl in politischen als auch in religiösen Fragen, oft verbunden mit einer ausgeprägten ›Anti-Intrazeption‹ (Adorno 1950/1995, 53f) als Abwehr alles Empathischen, Sensiblen, Prozesshaft-Dynamischen und Ambivalenten – konkret u. a. als Abwehr gegen und Abwertung von Barmherzigkeit (Strube 2018).«

Barmherzigkeit als Praxis

Wolfgang Treitler hat, seine wertvollen Gedanken resümierend, einige Eigenschaften einer Praxis der Barmherzigkeit zusammengestellt:

- »Barmherzigkeit als Praxis braucht einen wachen Geist, der versteht, die Geister zu unterscheiden – ein Prinzip der Jesuiten.
- Barmherzigkeit als Praxis braucht den Mut, sich dahin zu begeben, wohin man nicht will, um in den Zonen, in denen Menschen leben müssen und doch kaum mehr leben können, gegenwärtig zu werden als Glaubender.
- Barmherzigkeit als Praxis braucht die Gegenwart eines Glaubenden, der an Gott nicht verzweifelt trotz allem, was die Erfahrungen gegen ihn aufbieten und ausrichten können.
- Barmherzigkeit als Praxis ist deshalb eines der eindeutigsten Zeugnisse für Gott und gegen den Untergang, ein Zeugnis, das wesentlicher klarer und wirksamer ist als versponnene dialektische Bestimmungen, die kaum mehr als die Größe spekulativer Kapazitäten von Menschen bezeugen.
- Barmherzigkeit als Praxis ist gebunden ans Gebet – und das bedeutet ein Zweifaches: ständige Ausrichtung dieser Praxis auf das absolute Geheimnis hin; und wiederkehrende Zeiten der Unterbrechung durchs Gebet, in dem klar wird, dass kein Mensch alles

machen kann, weil er nicht Gott ist, und die Praxis der Barmherzigkeit ein Handeln ist, das allen großen Religionen gemeinsam ist.

- Barmherzigkeit als Praxis impliziert daher die Pluralität der Handelnden, die Pluralität der Motive und die Pluralität der Situationen, in die Menschen geraten.
- Barmherzigkeit als Praxis schließt Menschen unterschiedlicher religiöser, politischer, ideologischer und im weitesten Sinn anthropologischer Herkunft zu der einen großen Menschheit zusammen, deren Einheit nicht durch Mission, sondern durchs Geschaffensein gegeben ist, das bewusstgemacht werden muss. Denn Geschaffensein ist die einzige tatsächlich lebbare Grundlage, die Menschen von der Verfügungsgewalt anderer freihält, weil sie nur Gott gehören.«

Auch der Papst braucht Barmherzigkeit

Wird eine interdisziplinär fundierte Theologie der Barmherzigkeit entfaltet, könnte seinerseits davon auch der Papst für seine weitere Amtsführung profitieren. Ein Beispiel: Es sei erforderlich, so Karin Heller, »dass endlich aufgehört wird zu unterscheiden zwischen den der kirchlichen Autorität Ergebenen und denen die am Rande des Kirchengesetzes stehen wie selbstständige Frauen, Geschiedene, ledige Mütter, Menschen der LGBTQ Gemeinschaft und alle die ihr ›katholisches Leben‹ nicht in einem konventionellen Rahmen gestalten. Auch diese Menschen haben eine Expertise in Sachen Menschlichkeit wie Sie, Papst Franziskus, das schon durch viele großartige Gesten bewiesen haben. Was diesen mutigen Gesten aber noch fehlt, ist eine Theologie, die nicht propositionell funktioniert wie das System von Thomas Aquinus, sondern den Menschen einen holistischen Zugang zu den Glaubenswahrheiten eröffnet. Barmherzigkeit alleine wird es hier nicht schaffen!«

Dem Papst wird auch ihre knappe Aussage gefallen, wenn sie ihre kantige Kritik an Franziskus in der Frauenfrage abmildernd umschreibt: »Auch ein Papst braucht Barmherzigkeit!«

Liste der Beiträge aus dem eBook »Wir teilen diesen Traum.«

*Theologinnen und Theologen aus aller Welt argumentieren PRO POPE **FRANCIS***

Zulehner, Paul M.: Weltweiter differenzierter Support ProPopeFrancis (ein Überblick)

Ackermann, Lea: Für eine Kirche, die Zeichen setzt
Allen, Rosamund: some suggestions and ideas
Andonie, Thomas/Kölbl, Maria-Theresia [BDKJ]: Die Wahrheit des Evangeliums im Dialog
Arens, Edmund: Papst Franziskus, ein Gottesgeschenk für die Gegenwart
Argárate, Pablo: Neue Wege in Rom. Barmherzigkeit als Programm
Arntz, Norbert: Welche Kirche? Sieben Stichworte zu einer theologisch-politischen Debatte im Franziskus-Pontifikat
Bárdos-Féltoronyi, Miklós: A Laudato si' és a világcégek
Bardski, Krzysztof: Church facing the challenges of our times – Revolution of tenderness
Bardski, Krzysztof: Kościół wobec wyzwań naszych czasów: Rewolucja czułości
Bauer, Christian: Kirche als Societas Jesu. Mit Papst Franziskus in die Spur der Nachfolge
Baumgartner, Konrad: Ecclesia semper reformanda – ein ökumenisches Programm
Beinert, Wolfgang: Kranke Kirche. Versuch einer Anamnese
Belok, Manfred: Glaubwürdigkeit als aktuelle Herausforderung für die Kirche
Biberacher, Christa: Kirche, Mensch und Digitalisierung
Blank, Renold: Papst Franziskus und der Aufbruch hin zu einer neuen Art des Kirche-Seins
Blatezky, Arturo: Das Reich Gottes im Kampf gegen die kapitalistische Entmenschlichung.
Bogner, Daniel: Die Gretchenfrage der Kirche
Boidol, Bernd: Kirche updaten!
Bucher, Ernst: Die Anforderungen sind extrem drängend

Büning, Markus: Wir besitzen nicht die absolute Wahrheit, nein: Sie besitzt uns!

Busek, Erhard: Religionen wandern durch Europa. Was ist zu tun?

Byrski, M. Krzysztof: The Sacrifice of God in the Vedas and Christianity

Carisch, Reto: Alles mit dem Blick auf die Liebe

Červenková, Denisa: Teologie kultury a spiritualita dialogu

CLUB DER TYGODNIK POWSZECHNY: »Es ist auch unser Traum« – die Vision der Kirche von Papst Franziskus

Courau, Thierry Marie: Une Église dia-logue

D'Ambrosio, Rocco: La sfida di Francesco

D'Sa, Francis X. SJ.: Pope Francis: A New Way of Being Church

Dantscher, Jörg/Kellerer, Theo: Träume für die Kirche von heute und für morgen

Davies, Oliver: Understanding Mercy. The Heart of the Catholic Church in its Turn toward the Future

De Giorgi, Fulvio: Il cambiamento d'epoca: inaugurare una seconda era cristiana

Denicolò, Herbert: Der zweite Schritt – die (pastoral-) theologischen Argumente im Vordergrund von Gaudium et spes bis Lumen gentium

Dopplinger, Ursula: A Gaudium et spes ad Lumen gentium

Eckholt, Margit: »Sitz der Weisheit« – mit Maria befreiende und partizipative Räume der Kirche erschließen

Eckl, Hermann Josef/Hauber Michael: Mensch, sei Dein! Dialog über den Weg der Kirche zum Menschen

Eder, Anselm: Zeichen der Zeit und der Beitrag der Kirche

Epe, Bernd: Eine lernfährige Kirche

Etl, Maria/Schäfers Michael [KAB]: »Wir teilen diesen Traum« – Die »Zeichen der Zeit« erkennen und Arbeit und Leben neu gestalten

Faber, Eva-Maria: Andiamo avanti

Findl-Ludescher, Anna: Vergebliche Liebesmüh?

Fischer, Klaus P.: »Wandelt euch durch ein neues Denken!«

Fontallio, Jessie: Gebet für hl. Vater

Förster, Othmar: Fünf Jahre Pontifikat Franciscus

Gächter, Martin: Wir teilen diesen Traum

Gelmi, Josef: Ein neuer »Sprung nach vorn«, damit die Lichter nicht ausgehen

Glatz, Carol: Complex world needs clear essentials of Gospel, pope tells theologian
Glück, Alois: 2008–2018. Ein Jahrzehnt epochaler Veränderungen
Groß, Engelbert: Zeichen der Zeit im Abendmahlsaal
Grün, Anselm: Kirchenträume
Gutheinz, Aloisius SJ.: Kirche auf Taiwan
Haidinger, Christian: Heute Wege für die Kirche von morgen suchen und planen
Halík, Tomáš: Populismus in Europa
Handschin, Sr. Herta OP: Brief an Papst Franziskus
Hanglberger, Manfred: Drastischer Glaubensschwund in den Ländern der ehemaligen DDR
Hartmann, Richard: Pastoral als Grundhaltung – Wiederkehr einer Kirche mit den Menschen
Healy, Nicholas M.: Pneumatological Tension: Formation, Authority, and Dissent
Orzechowski, Cristy: Zwischen-Texte
Hebblethwaite, Margaret: Church in UK and Paraguay
Hellemans, Staf/Jonkers, Peter: Reforming the Catholic Church beyond Vatican II
Heller, Karin: Die Frauenfrage – Wendepunkt im Kirchentraum von Papst Franziskus?
Hisch, Johann: Die Pädagogik von PILGRIM für Nachhaltigkeit und Spiritualität
Hoffmann, Johannes: Meine Träume zu Kirchenfinanzen. Einige Auslöser meiner Träume
Huber, Alfons: Katholisch 2.1 ins 21. Jahrhundert
Inman, Anne: Signs of our Times
Jaeggi, Eva: Wünsche an die Kirche von einer katholisch erzogenen Psychoanalytikerin
Jaschke, Helmut: Glaube, der heilt
John, TK SJ.: Challenges before the Church in India
Kaplanek, Michal: Zur Lage der Kirche in der Tschechischen Republik
Kaproń, Kasper: Abiertosa la novedad des espíritu
Karrer, Leo: Kirche – ein kreatives Tätigkeitswort
Karrer, Matthäus: Den Aufbruch wagen

Knoepffler, Nikolaus Mart/O'Malley Martin: Incarnating Authority: The Time is Ripe for a Fresh Look at Rahner's Ecumenical Theology
Knoepffler, Nikolaus: Papst Franziskus – Papst der Barmherzigkeit
Köck, Heribert Franz: Die Zeichen der Zeit
Kohlmaier, Herbert: Kirchenpolitik als Kunst des Möglichen
Krabbe, Till/Possmeyer, Berthold: Welche sind die Zeichen der Zeit, die die Kirche in Ihrem Land, in Ihrer Region herausfordern?
Krause, Andrej: Über die Vision der Kirche der Zukunft
Lang-Wojtasik, Gregor: Franziskus – ein hoffnungsstiftend weltbürgerlicher Lehrmeister
Lazar A., Roy: Church as Mother and Shepherdess in Indian Context
Lebzelter, Thomas: Was zählt
Loretan-Saladin, Adrian: Die Bekehrung der Kirche zu den Menschenrechten. Ein Zeichen der Zeit
Löwenthal, Paul: Une réponse de Belgique
Lüdicke, Klaus: Das Recht ist das Recht der Menschen
Mayerhofer, Sr. Beatrix SSND: Ecce homo
Meier, Johannes/Kruip, Gerhard: Welche Christen brauchen Kirche und Welt heute?
Meier, Johannes: Tulio Botero Salazar CM (1904–1981)
Mette, Norbert: »Wir stecken mitten in einem dritten Weltkrieg« (Papst Franziskus)
Mikluščák, Pavel: Kirche als Mutter und Hirtin – eine Position aus der Slowakei
Ndjimbi-Tshiende, Olivier: Pro Pope Francis
Neelamkavil, Raphael: What could the Church, the Pope and the Bishops not do for refounding the Church?
Neuberger, Manfred: Kirche als Gegenmodell
Neuhold, Hans: Freude am Evangelium
Neuner, Peter: Die Vision einer ökumenischen Kirche
Nieswandt, Reiner: Abschied vom »Konsumchristentum« – Ein Gedankengang
Nieswandt, Reiner: Epochaler Gestaltwandel der Kirche? – Eine Vermutung mit Blick auf Deutschland
Nieswandt, Reiner: Machtverlust oder Bedeutungsverlust – Gedanken zu einer Re-Formation der Kirche in Deutschland

O'Reilly-Gindhart, Mary Catherine: Pope Francis and Joseph Selling: A New Approach to Mercy in Catholic Sexual Ethics

Oberndorfer, Wolfgang: Wie eine Kirche als Mutter handeln würde

Ockel, Josef: Zeichen der Zeit und angemessene Antworten aus christlicher Sicht

Opatrný, Michal: Solidarität der Christen mit der Welt im Milieu der fortschreitende Dedraditionalisierung und Individualisierung der Religion

Orzechowski, Cristy: »Wir teilen deinen Traum«. Zum 5. Jahrestag der Papstwahl: Francisco

Pastirčak, Daniel: Ecce homo

Pawlowsky, Peter: Die Rolle der Mutter

Peböck, Karl: Die Kirche in einer Gesellschaft der Singularitäten

Pitzl, Annemarie: Sich auf den schöpferischen Geist einlassen

Piza, Pedro: A Igreja à beira do caminho: propostas pastorais para o catolicismo brasileiro

Piza, Pedro: The Church by the roadside: pastoral propositions for Brazilian Catholicism

Plattig, Michael: Weniger Bürokratie mehr Empathie. Papst Franziskus und die Gabe der Tränen

Pogoda, Thomas: Minderheit – Gottes Grammatik neu lernen

Prachár, Július Marián/Moravčík, Karol: Für Franziskus und das Evangelium!

Prachár, Marián/Moravčík, Karol: Za Františka a evanjelium!

Prusak, Bernard: Ontologized Inequality in the Church: Deconstructing the Hierarchical Strategy

Remele, Kurt: Eine Kirche, die gut für Tiere ist

Renz, Monika: Ich träume von einer Kirche, die aus Prägung erlöst

Repschinksi, Boris SJ.: An Konflikten wachsen und Kirche werden

Riedl, Toni: Denn wo zwei oder drei in meinem Namen versammelt sind, da bin ich mitten unter ihnen (Mt 18,20)

Sandler, Willibald: Auf den Knien und auf Augenhöhe

Sandler, Willibald: Sakramentale Barmherzigkeit für Menschen in »komplexen Situationen«

Schaffelhofer, Gerda: Schubumkehr. Chance für die Kirche im 3. Jahrtausend

Scherzberg, Lucia: Keine Angst vor »Gender«!

Schmidt, Alfons Maria: Zeichen der Zeit. Beitrag der Kirche zur Bewältigung, notwendige Entwicklung der Kirche
Schmidt, Sr. Martina: Den franziskanischen Traum weiterträumen
Schmidt, Thomas: Mystik und Management. Synodale Hoffnungszeichen für eine Kirche der Zukunft
Scholl, Norbert: »Für eine Kongregation für das Glaubensleben«
Schönhoffer, Peter: Kirche als »mater et magistra«?
Schüngel-Straumann, Helen: Wir teilen diesen Traum
Shen, Vincent: Information Technology, the New Sign for our Times and Catholic Church
Siefer, Gregor: KIRCHE 21
Siefer, Georg: Krise oder Ende?
Smekal, Christian: Macht hoch die Tür, die Tor macht weit!
Steindl-Rast, David: Von Eis zu Wasser zu Dampf
Stellungnahme des Schweizerischen Katholischen Frauenbundes (SKF)
Stosiek, Daniel: Körperliche Geistlichkeit von unten nach oben
Strube, Sonja Angelika: Rechtspopulismus als »Zeichen der Zeit«, dem aufgrund unseres Glaubens zu widersprechen ist
Suchanek, Waltraud: Der Christ – ein Mystiker?
Svobodová, Zuzana: Církev jako společenství nelhostejných
Svobodová, Zuzana: The Church as a Community of those who do not Act and Live with Indifference
Tiwald, Markus, Proaktive Heiligkeit: eine jesuanische »Theologie des Scheiterns«
Tomka, Ferenc: Vision der Kirche der Zukunft
Treitler, Wolfgang: Papst Franziskus und seine Grundbotschaft: ein Christentum des Gebets und der Praxis
Tripp, Wolfgang: »Geh und handle genauso!« Caritas – eine missionarische Kirche lernt glauben
Trummer, Peter: Tacheles geredet
Uertz, Rudolf: Vom Dekalog bis zu Papst Franziskus
Ulanowicz, Robert E.: Pope Francis encourages a »less is more« attitude
Virt, Günter: Moral Norms and the Forgotten Virtue of Epikeia in the Pastoral Care of the Divorced and Remarried
Vogt, Markus: Meine Vision der Kirche der Zukunft: Die Kirche als Sauerteig des ökosozialen Wandels
Vonwyl, Gottfried: Zur Lage der Kirche auf Taiwan

Weidenfeld, Werner: Die Kirche der Zukunft
Werbick, Jürgen: Atemlos kommunizieren
Wess, Paul: Anmerkungen zu Papst Franziskus
Winter, Martin: Wie kann die katholische Kirche den Herausforderungen der Zeit begegnen
Wolf, Hubert: Die vielen Gerüche der Schäfchen
Zenkert, Ruth/Sporschill, Georg SJ.: Sieben Fragen, auf die die gute Hirtin hört